高等学校电子商务专业规划教材

网络营销与创业

（第2版）

戴建中 著

清华大学出版社
北京

内容简介

随着我国推出"互联网＋"和"大众创业、万众创新"战略，移动互联网日益普及，网络技术飞速发展，商务活动向数字电子化转型越来越快，传统的商务交易方式正向网上商务方向全面演变。电子商务类的课程已成为高校经济管理类专业的主要课程，也是其他相关专业的必修课。本书全面阐述了网络营销的基本理论、发展历史和发展趋势，及其包含的电子商务方面的相关知识，重点介绍了的互联网营销的实用方法，突出网络营销在互联网创业活动中的实际应用，结合具体商业模式和典型实例来阐述创业方法和经营规律。

本书共包含网络营销媒介、私域流量、微信平台、社群裂变、直播平台、搜索引擎、传统网络营销、营销型网站、创业前置准备、创业模式选择、创业资源介绍、创业案例分析共12章内容。

本书既可作为高等院校电子商务类课程的教材，也可作为企业开展网络营销的实用指导书，还可作为广大读者进行电子商务理论学习和互联网创业实践的入门参考书。

图书在版编目（CIP）数据

网络营销与创业/戴建中著.—2版.—北京：清华大学出版社，2020.9（2022.1重印）
高等学校电子商务专业规划教材
ISBN 978-7-302-56248-1

Ⅰ.①网…　Ⅱ.①戴…　Ⅲ.①网络营销－高等学校－教材　Ⅳ.①F713.365.2

中国版本图书馆CIP数据核字(2020)第151764号

责任编辑：袁勤勇　杨　枫
封面设计：常雪影
责任校对：焦丽丽
责任印制：宋　林

出版发行：清华大学出版社
网　　址：http://www.tup.com.cn，http://www.wqbook.com
地　　址：北京清华大学学研大厦A座　**邮　　编**：100084
社 总 机：010-62770175　**邮　　购**：010-83470235
投稿与读者服务：010-62776969，c-service@tup.tsinghua.edu.cn
质量反馈：010-62772015，zhiliang@tup.tsinghua.edu.cn
课件下载：http://www.tup.com.cn，010-83470236
印 装 者：三河市龙大印装有限公司
经　　销：全国新华书店
开　　本：185mm×260mm　**印　　张**：19　**字　　数**：441千字
版　　次：2008年1月第1版　2020年10月第2版　**印　　次**：2022年1月第2次印刷
定　　价：58.00元

产品编号：089434-01

前言 Foreword

目前市面上网络营销类的书籍很多，但是让人满意的精品之作却寥若晨星，能阐述网络营销具体方法的书籍少之又少。有的教材引用了大篇市场营销理论的内容，从而使市场营销与网络营销两类书的内容重叠部分太多。“网络营销”是一门实践性很强的学科，若仅阐述大篇理论而使读者得不到操作的具体方法，那么仍然起不到引导读者在互联网中进行实战的目的。本书适当阐述理论，侧重于具体方法、工具和实践经验的介绍。

互联网凭借巨大的资源优势和低成本优势，正在深刻而广泛地改变着人们的工作、生活、娱乐习惯，互联网的商业应用价值与日俱增。通过互联网，企业与顾客之间可以实现全天候信息交流，并可在网店系统中向客户展示产品和服务。互联网突破了时间限制和空间距离，使得上网企业能够在任何时间与顾客零距离交流，因此它蕴含着无限的营销机会。如何适应网络经济？如何建立健全网上的服务模式？如何改变企业的经营战略？如何在网上开发商机？等等，网络营销这一全新的营销模式将为读者找到答案。

“网络营销与创业”课程是高校电子商务专业的核心课程，也是高校电子商务相关专业的主要课程。随着网络技术的飞速发展，商务活动电子化的优越性显而易见，传统的商务交易方式正向网上商务方向演变。本书适度阐述网络营销的基本理论，重点介绍网络营销的实用方法，突出网络营销在商务活动中的实际应用，结合典型实例和软件工具阐述方法和原理。

在本书编排上，每章开头都有【关键词】栏目，结尾都有【本章小结】和【作业】栏目，有助于读者在学习中抓住重点。本书包含网络营销媒介、私域流量、微信平台、社群裂变、直播平台、搜索引擎、传统网络营销、营销型网站、创业前置准备、创业模式选择、创业资源介绍、创业案例分析共12章内容。

网络营销的理论基础依然跳不出市场营销的理论体系。它仍然是营销，只是手段和工具变了，但营销的本质没有变。

千万别小看这些“手段”和“工具”，正由于手段和工具变了，使得网络营销迅速从传统市场营销体系中分离出来,成为一个朝气蓬勃的分支。

本书是作者在写完第1版后,时隔十年后对其改版修订,它是在十余年教学、咨询经验积累的基础上动笔完稿的,也可以说整整写了十年。书中所引用的工具和软件,都是作者亲自使用和实践过的。“宗棠小店”也是作者亲自建立和用于教学研究的网站,其经验均来自于实践。

从这几年的教学实践来看,学生在学习“网络营销”课程的同时,纷纷开店进行网络创业实践活动,并对用网络营销的具体方法来指导创业有浓厚的兴趣。鉴于目前大学生就业形势严峻,适当鼓励学生创业并教授一些具体方法是利国利民的有益之举,所以在本书中加入围绕网络营销方法为核心的网络创业部分。

网络营销是开展电子商务的重头戏,是决定电子商务能否成功的关键手段。本书讲解了十余种网络营销的方法,在实际应用中,并不是要全部都用上,只要用上一两种自己最擅长的方法即可,但要用足用透,用到淋漓尽致。每一种方法都是要花很大力气才能做好的,想轻轻松松把网络营销做好是不可能的。要么花钱,要么花力气,两者都不做就想增加网站流量,那是不可能的。这里所谓的花钱就是做广告,在抖音、百度、今日头条等做广告,那会很快得到流量,但费用较高,想少花钱得到流量,那就要下很大的工夫。这里说的要下很大的工夫是指,一是需要一个营销团队,光靠一个人的力量是不够的;二是指要坚持较长时间,一般半年以上才能得到明显效果。

网络营销是中小微公司、大学生等能使用的最好营销武器。学好网络营销的途径只有实践、实践、再实践。

本书计划课时58学时,“网络营销媒介”4学时、“私域流量”6学时、“微信平台”6学时、“社群裂变”8学时、“直播平台”8学时、“搜索引擎”4学时、“传统网络营销”2学时、“营销型网站”4学时、“创业前置准备”4学时、“创业模式选择”4学时、“创业资源介绍”4学时、“创业案例分析”4学时。

本书的内容体现了时代性和职业性,汇聚了国内外网络营销发展中的新动态、新知识、新方法、新工具,可作为高等院校经济管理类专业的电子商务类课程的教材,也可作为广大朋友进行网上创业的入门参考书。

由于本人水平有限,书中难免有不足之处,请广大读者批评指正。

作　者

2020年9月

目录 Contents

第1章 chapter 1

网络营销媒介

【关键词】 网络媒介、新媒体、微信、微店、直播、短视频

在人类历史上，只要有人类活动，就伴随着商务活动。任何一种科技的发明和应用，都对人类社会的进步产生巨大的影响，也对商业活动的方法和效率产生重大影响。

对商业活动产生重大影响的科技发明有电报、电话、传真、互联网等，如图 1.1 所示。收音机从发明到普及至美国 5000 万个家庭，大约花了近 40 年的时间，模拟电视花了近 12 年的时间，数字电视花了不到 10 年的时间，而互联网只花了 5 年左右的时间，这说明科技从发明到普及的速度越来越快，对商业活动的影响效果越来越明显。

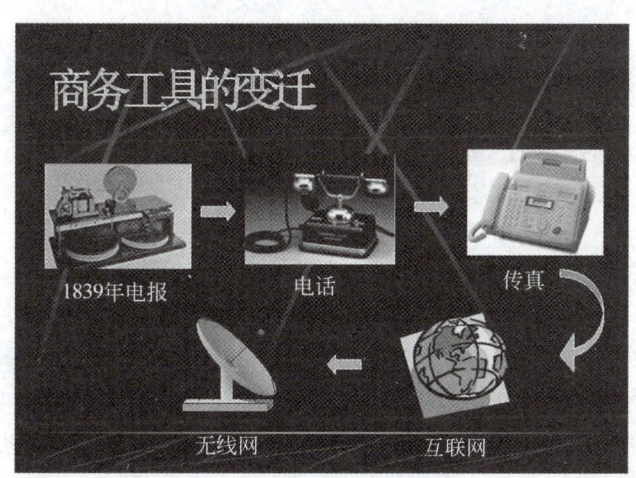

图 1.1 商务工具的变迁

电子商务的发展是伴随着互联网等电子技术的发展而逐步发展起来的，因此，互联网是电子商务发展的技术基础。随着 4G、5G 移动网络的普及，互联网技术和应用环境日趋成熟，成本日趋降低，电子商务的发展可谓一日千里，应用的模式和呈现的形态千变万化，各种平台更迭周期越来越快，业内人士稍有懈怠就会掉队，行外商家看得更是眼花缭乱，为了为广大企业家和创业者更快、更好地搭上电子商务的快车，有必要对电子商务的各种表现形式做一个梳理。

1.1 新媒体概述

在互联网时代，人与人在网络上的活动都需要依靠一个媒体来维系，这个媒体有人称为平台，有人称为工具，有人称为软件，有人称为App，一般统称为营销媒体或网络媒体，简称媒体，所以这里的媒体并不是狭义地专指报纸、杂志和电视。

1.1.1 新媒体定义

新媒体是一个相对的概念。目前所谈的新媒体包括互联网媒体、手机媒体、数字电视等形态，但回顾新媒体的发展过程，就可以看到新媒体是伴随着媒体发生和发展而不断变化的。广播相对报纸是新媒体，电视相对广播是新媒体，网络相对电视是新媒体。科学技术在发展，媒体形态也在发展。

新媒体没有一个明确定义，目前多数学者认为新媒体是指基于互联网出现之后的媒体形态。凡是利用数字技术、网络技术，通过互联网、宽带局域网、无线通信网等渠道，以及计算机、手机、数字电视机等数字或智能终端，向用户提供信息、商品和服务的传播形态，都可以看作新媒体。严格地说，新媒体应该被称为数字化时代到来后出现的各种媒体形态。

1.1.2 新媒体特征

进入互联网时代后，新的“新媒体”层出不穷，不同的媒体，有时甚至是同样的媒体，其最大的特点是覆盖的人群对象不同、规模不同。

1. 不同媒体覆盖人群的不同

对于每个媒体，首先要了解的就是其在人群覆盖上的特点，这样才能知道应该在哪一种媒体上投放广告才更有针对性，实现精准营销。

例如，报纸媒体可能对政府官员、国企或事业单位更有影响力，电视媒体对中老年人更有影响力，而广播电台越来越多地关注私家车主和专车司机，每一类媒体都有自己人群到达的有效半径。

2. 不同媒体覆盖场景的不同

即便是同样的人群覆盖，不同的媒体对人群传播达到的效果也是不同的，这是因为不同的媒体产生转化的场景是不同的。

例如，同样是城市的上班族，是报纸达到的效果好，还是调频电台、地铁广告更好，这并不是一件容易判断的事情。因为首先要判断目标用户采用的是何种通勤方式，一个走路或跑步上下班的人，眼睛要观察路况，就不能太分心看手机，那么依赖手机到达的新媒体就不太适合这类上班族。

3. 不同媒体风格适应性的不同

选择一种媒体，不仅要考虑这种媒体覆盖的人群和场景，还要考虑这种媒体本身的内涵和气质是否和人群的价值观、生活习惯相契合。

1.1.3 新媒体发展趋势

以信息技术为基础的移动互联网模式下的新媒体对商务活动产生越来越深刻的影响，传播方式的改变，影响着社会文化的进步，更对电子商务的品牌推广、产品销售、售后服务带来了巨大的变化。新媒体发展有以下几个趋势。

1. 注意力经济时代

人类信息阅读的载体大的变化趋势是从岩画到纸书，从书籍到报刊，从报刊到计算机，从计算机客户端到手机移动端。在变化方面，大的趋势是阅读屏幕越来越小，阅读时间越来越短。

在这种趋势下，更强调排版的长文章、更强调轻松阅读的图形化文章、更强调趣味性的短视频和更强调游戏性的交互式 H5 等新的阅读载体，它们比传统的大段文字更有吸引力，这也成为新媒体从业者必须掌握的运营新武器。

2. 移动场景阅读时代

今天，智能手机已经普及，很多人现在已经习惯了用手机取代原来很多必须依赖计算机完成的工作，如工作交流、邮件收发，甚至是文字排版编辑等内容制作。如今阅读已进入了移动场景下的碎片化时间阅读模式，在公交、地铁、餐馆、会议、课堂等场合，只要有一点点碎片化时间，越来越多的人就会变成“低头一族”，阅读手机上的信息。

进入移动阅读时代后，手机屏幕相对计算机阅读而言，屏幕减小了一个数量级，一页屏幕上宜显示的内容会越来越少，能展示在屏幕上的内容会得到更多人的关注，没有出现在首页上的内容会很容易被海量信息淹没。“头部内容”就是指总是能在主流移动 App 上抢占头条的内容。如果商家的产品信息经常产出头部内容，那么就会形成强大的品牌效应，进而占领消费者的视野。同时也因为“头部内容”效应的存在，人的注意力会进一步被集中到头部内容，大家讨论和分享的内容越来越同质化，结果又呈现、回归到“二八法则”和赢家通吃的模式。

3. 参与感时代

最早的电视综艺节目是先录制再定期播放的，观众只能看节目；慢慢就增加了直播类型的节目，开始有主持人串场，这就让综艺节目变得有个人的风格；后来综艺节目也允许观众加入交流，最开始是支持热线电话打入发表意见，但电话交流只有极少数人才能成功参与，到了短信时代终于可以实现全民投票参与了。

解决带宽问题以后，互联网时代越来越多的人喜欢在网络上观看综艺节目，因为可以在线评论、分享、点赞，允许每一个人都发表自己的看法。一旦内容市场习惯了参与感，媒体的运营者又无法创造出参与感，那么这个媒体就可能会被用户抛弃。所以传统媒体都在纷纷寻求转型，内容的制作方式也要从传播型设计到参与感设计进行全方位的转变。

4. 社会化传播时代

传统媒体更多是依赖渠道的流量去传播。当网络分发流量的渠道是百度的时候，大家都必须在百度上投入推广费用；当网络流量渠道转移到微信的时候，大家又都通过微信公众号做推广。这种推广，业内人士叫“导流”，但是质量最高的流量往往不是渠道流量，而是商家社交圈里信任的人推荐的。有些人在社交圈里能量高，在某些专业领域有眼光，大家都信任他，他推荐的产品或服务大家都很信任，会直接去选用。如果他能影响的人足够多，他就开始在某些领域形成了个人品牌，开始成为更多人的“信任代理”，有意识地强化个人品牌的标签识别度，不断曝光自己在某个领域的影响力，鼓励对这个领域感兴趣的人直接通过社交媒体和自己互动，积累粉丝订阅数，这样的人一般被称为“网红”。

今天的互联网越来越强化人和人直接的链接，而不仅仅是人和组织、人和社会的链接。人和人的关系链逐步演化成社会化网络媒体最重要的组成部分。所以说，社会化传播背后是一种“信任经济”，“网红”就是信任经济的一种典型产物。但要持续得到别人的信任，对大部分人而言，最好的方式不是做“网红”，而是培养专业化的品牌，做持续的原创专业内容产出。

5. 短视频时代

“视频”这一媒体形态其实诞生已久，优酷网、土豆网、爱奇艺等视频网站在2005年左右先后上线；而短视频作为视频的一个分支模块，在2015年以后才快速崛起，成为企业互联网营销必须重视的一大平台。其主要原因是智能手机的普及和互联网的提速降费，短视频平台的内容通常仅15s左右，充分满足了网民在等人、坐车等碎片化场景的娱乐需求。

在这种趋势下，企业的网络营销工作要做到以下3点。

(1) 风格娱乐化。短视频平台的整体内容风格以轻松、娱乐为主，因此企业在短视频平台发布的内容需要减少枯燥的说教，增加其趣味性。

(2) 视频真人化。新媒体营销者除了具备文案创作能力及内容策划能力外，还需要拥有一定的“镜头感”，感受到镜头的位置并使其表情、肢体语言能被镜头以最佳角度记录。

(3) 内容系列化。新媒体营销者对内容进行精准定位，防止出现“昨天拍花草、今天拍生活技巧、明天拍工作技能分享”的情况，最终对粉丝增长产生不利的影响。

6. 信息流时代

“信息流”指的是平台按照一定的顺序进行内容呈现，像水流一样将内容逐个呈现在用户面前。以前的信息流呈现以时间顺序为主，但是现在多数平台的信息流呈现已经由

“时间顺序”改为“算法分发”，即平台数据系统会记录注册用户的每一次浏览行为，并基于此计算用户的喜好而向用户推送可能感兴趣的内容。

在以算法分发为主的信息流时代，新媒体营销者需要加强内容原创水平，防止被系统判定为“抄袭”而不被推荐。

7. 内容电商时代

十年前，国内三大门户平台——新浪、网易、搜狐与电商平台——阿里巴巴、当当网、京东等呈相互分离状态，门户平台负责内容传播，电商平台负责产品销售，两大类平台平行发展，互不干扰。随着微信公众平台、今日头条、大鱼号等新媒体内容平台的崛起，新媒体平台与电商平台开始广泛融合，越来越多的新媒体运营者开始通过文字、视频等内容形式，直接销售商品。互联网时代进入了内容电商时代。这个时候，消费者的互联网消费习惯正在发生变化，以前是“先有购物需求，后去电商平台，再搜索比对下单”，现在是“浏览内容，被吸引后冲动消费”。

因此，企业新媒体运营者要重点策划独特的内容吸引读者持续浏览，将广告“无缝”植入文章，营造稀缺感并引导读者下单。

1.2 早期的网络媒体

自从我国于 1994 年加入国际互联网组织以来，经过几年蓄势，从 1997 年开始，各类平台崭露头角，并在此后的二十年中得到了蓬勃发展。

1.2.1 门户网站

我国典型的综合型门户网站有新浪、搜狐、网易、腾讯四大网站。

互联网在中国开始广泛为人所知，是始于 1998 年开始的门户网站建设热潮，人们对建设互联网的热情一点都不亚于今天建设移动互联网的热情。当时很多门户网站只提供搜索服务和网站目录服务，但是在后来的发展中，这些门户网站快速地拓展各种新的业务，如电子邮件、发布新闻、在线调查、开通话题专栏、提供论坛博客等，功能越来越全面，架构也越来越复杂。

(1) 把门户网站按照网站内容和定位分类，可以分为网址导航门户网站、综合性门户网站、地方生活门户网站、垂直行业综合性门户网站及公司组织门户网站。

(2) 网站平台新媒体广告的主要形式有横幅(banner)广告、焦点图广告、对联广告、漂浮广告、文字链接广告、弹窗广告、拉链广告、导航广告、视频广告等。

(3) 在选择网站投放广告的时候，需要考虑以下几点。①网站人气。对很多网站，可以通过百度等搜索引擎去搜索相关的热门关键词，如果找到该网站的关键词越多，信息排名越靠前，那就证明该门户网站的人气越旺。②该网站的定位是否与商家定位一致。③理性分析其广告位置的人气与性价比，确定最适合的广告位置和广告展示形式及内容。网站平台人气主要集中在首页及各主流频道上。④可通过网站平台的网站导航、商务合作等方式找到投放广告的入口，并了解各网站各广告位置的价位及展现形式。

1.2.2 电子邮件

今天虽然有了微信，但很多人还在使用自己的电子邮箱，电子邮箱依然是人们办公必不可少的工具之一。知名跨国企业正式的商函往来依旧使用电子邮件。

电子邮件(electronic mail，e-mail)，一般通过互联网或其他电子通信系统进行书写、发送和接收信件。通过电子邮件系统，用户可以在几秒之内发送到世界上任何指定的目的地，与世界上任何一个角落的网络用户联络，电子邮件的内容可以是文字、图像、声音等各种多媒体信息，这是传统的信件方式难以比较的。

用户在主流邮箱系统中可以选择订阅自己喜欢的企业邮件，在这些推送的邮件中就可以搭载企业的营销信息。邮件地址管理是包括电子邮件营销在内的所有直复营销方式的中心环节，再出色的营销信件如果无处投递或者投递给了无关的人群，都不会收到好的效果。获取目标市场人群邮件地址的方法有两种：自己积累或者租用第三方现成的邮件地址列表，二者各有优点。自己积累名单定向性好，但耗时耗力。使用租用名单可以很容易达到需要的发件规模，但定向性较差，退信率高，甚至有时还会成为垃圾邮件。

电子邮寄营销目前已经渐渐退出主流网络营销市场。

1.2.3 论坛与贴吧

论坛(Bulletin Board System，BBS)，又名网络社区、贴吧，是互联网上的一种电子信息服务系统。论坛的主要功能是用户可以自由发布主题和回复帖子，内容多变，具有极强的交互性。

1998年开始，国内论坛发展如火如荼，天涯、西祠胡同、猫扑、凯迪等中文论坛逐渐兴起，甚至连百度也建立了“百度贴吧”。不同的论坛为了争取用户、获取流量，开始走细分道路，由此出现了如文学领域的“榕树下”“红袖添香”；IT领域的DoNews；手机领域的“手机之家”；汽车领域的“汽车之家”等大量专业论坛，中文论坛开始步入繁荣时期。

论坛营销就是企业利用论坛这种网络交流的平台，通过文字、图片、视频等方式发布企业的产品和服务的信息，从而让目标用户对企业的产品和服务产生兴趣，最终达到宣传品牌、带动购买的网络营销活动。

论坛营销可以自己策划，选择合适的论坛投放，这种对企业而言主要成本是注册账户和安排人力投放，但是很多论坛为了打击广告帖，会大量删除这类软文，所以要确保投放效果，企业还需要和论坛营销的公关公司进行付费合作。

随着人们泡论坛的时间逐步减少，论坛似乎成为过时的新媒体。但问答论坛社区——知乎和百度知道却热度不减，成为社区营销的首选。

1.2.4 博客与微博

1. 博客

(1) 博客是第一代自媒体。博客(blog)指网络日志，是一种以网络作为载体，由个人管理，张贴新的文章内容、图片或视频的网站或在线日记，用来记录事件、抒发情感或分享信息、传播个人思想，带有知识集合链接的出版方式。

(2) 博客兴起后出现了很多博客门户网站，如“博客中国”“博客大巴”“牛博网气”，但随着各大门户网站都开通了博客频道并展开竞争，这些专门的博客门户网站都逐步在竞争中被淘汰了。

(3) 知名博主获取回报的方式有3种。①写公关软文，为企业品牌“背书”，获取商业回报。②在博客页面嵌入广告链接，通过付费广告分成获得收益。③读者的打赏收益。

2. 微博

(1) 微博就是微博客(microblog)的简称，是博客的一个子类型，用户可以通过微博平台发布140字左右的文字更新信息，并实现即时分享。2009年以来，随着推特、饭否等微型博客的兴起，以新浪微博为代表的中国国内的微型博客也迅速发展，吸引了大量博主加入，还扩展了大量普通人群进入微博。

(2) 微博快速兴起与智能手机的普及有很大关系，用户可以利用PC端、移动端等各种可连接网络的终端进行访问，随时随地发布文字、图片、音频、视频等类型信息，再将自己的最新动态以短消息、短信等形式发送给关注者。微博逐步取代了博客的影响力。

(3) 微博是进化版的博客，它的出现具有划时代的意义，标志着个人互联网时代的到来，它极大地拉近了网络上名人与普通用户的距离。今天的微博营销不仅可以做产品品牌宣传，还能够直接引导用户在线支付和购买，实现完整的业务闭环。

(4) 商家可以请明星、名人在微博帮助转发自己的活动微博，让自己的品牌活动借助名人微博的能量扩散，这是传统的博客营销很难做到的。

1.2.5 电商平台

淘宝、天猫、京东是电商平台的代表，十几年一直占有较大的市场份额，目前仍然是市场上的主流平台。电子商务平台可以分为B2C、B2B、C2C、B2G、O2O五种模式，如图1.2所示。

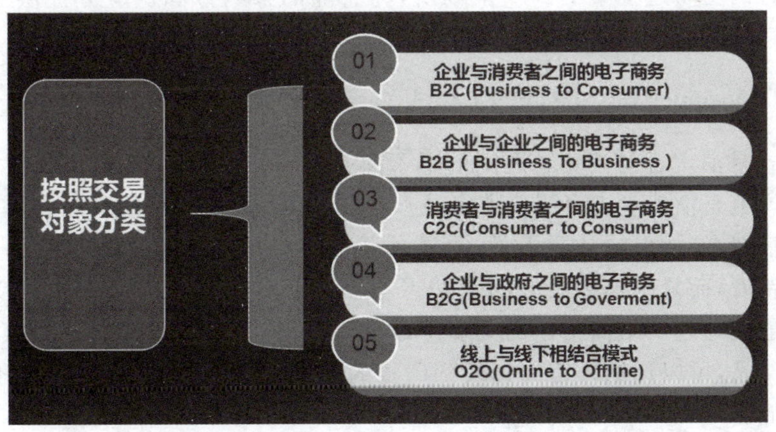

图1.2 电子商务五种主要交易模式

1. B2C(Business to Consumer) 模式

B2C 模式是企业与消费者之间的电子商务，如亚马逊、当当、卓越网、京东等平台和生产企业自建的独立平台。

B2C 模式交易的商品特点是适合在网上销售。第一类是低值、不易变质的大众消费品，如 50～1000 元的服装、鞋帽等。化学原料是生产资料，不适合在网上销售；有些食品易变质，也不适合在网上销售。第二类是标准化的物品，只需说明品牌和型号，就能让买卖双方弄清楚的商品，如电子原材料、数码产品和书等。第三类是个性化产品，商店和超市一般没有现成的产品而需定做的，如手工刺绣、手工布鞋、电脑瓷像、生日礼品等。第四类是无须物流配送的产品，如软件、充值卡、资料、信息等。

2. B2B(Business to Business)模式

B2B 模式是企业与企业之间通过互联网进行产品、服务及信息的交换，如阿里巴巴、慧聪网、买麦网、环球资源网等大型交易平台。这种模式是电子商务的主流，也是企业面临激烈竞争，改善竞争条件，创立竞争优势的主要方法。因此，基于互联网的 B2B 模式的发展速度十分迅猛。

B2B 不仅是建立网上的买卖者群体，也为企业之间的战略合作提供了基础。任何一家企业，不论它具有多强的技术实力或多好的经营战略，要想单独实现 B2B 是完全不可能的。单打独斗的时代已经过去，企业间建立合作联盟逐渐成为发展趋势。网络使得信息通行无阻，企业之间可以通过网络在市场、产品或经营等方面建立互补互惠的合作，形成水平或垂直形式的业务整合，以更大的规模、更强的实力、更经济的运作，真正达到全球运筹管理的模式。

B2B 第一个模式是面向制造业或商业的垂直 B2B。垂直 B2B 可以分为两个方向，即上游和下游。生产商或零售商可以与上游的供应商之间形成供货关系，与下游的经销商形成销货关系。

B2B 第二个模式是面向中间交易市场的 B2B。这种交易模式是水平 B2B，它是将各个行业中相近的交易过程集中到一个场所，为企业的采购方和供应方提供了交易机会，像阿里巴巴、慧聪网、环球资源网等。

3. C2C(Consumer to Consumer) 模式

C2C 模式是消费者与消费者之间的电子商务，如淘宝、易趣等网站平台。

简单地说就是消费者本身提供服务或产品给消费者，最常见的形态就是个人工作者提供服务给消费者，如保险从业人员、直销人员的在线服务、商品竞标网站，此类网站不是企业对消费者，而是由提供服务的消费者与需求服务的消费者私下达成交易的方式。C2C 交易一般是通过网络商搭建的大型平台进行交易，也可通过建设个人服务网站进行交易。通过网站，可以让销售范围拓展到广阔的领域，并可给客户提供无所不在的服务，而成本却较低。

4. B2G(Business to Goverment)模式

B2G模式是企业与政府管理部门之间的电子商务，如海关报税的平台、国税局和地税局报税平台等。

5. O2O(Online to Offline/Offline to Online)模式

近几年来，O2O这个名词使用越来越频繁，它实际上是将传统营销模式与网络营销模式相结合的一种模式。

O2O模式是利用互联网使线下商品或服务与线上相结合，线上生成订单，线下完成商品或服务的交付。

整体来看，O2O模式将会达成“三赢”的效果。

(1) 对本地商家来说，O2O模式要求消费者网站支付，支付信息会成为商家了解消费者购物信息的渠道，方便商家对消费者购买数据的搜集，进而达成精准营销的目的，更好地维护并拓展客户。通过线上资源增加的顾客并不会给商家带来太多的成本，反而带来更多利润。此外，O2O模式在一定程度上降低了商家对店铺地理位置的依赖，减少了租金方面的支出。

(2) 对消费者来说，O2O模式提供丰富、全面、及时的商家折扣信息，能够快捷筛选并订购适宜的商品或服务，且价格实惠。

(3) 对服务提供商来说，O2O模式可带来大规模高黏度的消费者，进而能争取到更多的商家资源。掌握庞大的消费者数据资源，且本地化程度较高的垂直网站借助O2O模式，还能为商家提供其他增值服务。

1.3 现行的网络媒体

近几年来，随着4G网络的普及，网络平台代际更替周期明显缩短，新产品层出不穷，因此，有必要了解它们，以便在商业经营中选择1～2种适合自己的网络媒体开展营销活动。

1.3.1 微信

即时通信(Instant Messaging，IM)，是一种可以让使用者在网络上进行似私人聊天室(chatroom)交流的实时通信服务，提供文字、语音、视频通信的功能，已经完全取代了传统电话的功能。即时通信也称为实时传信，与电子邮件最大的不同在于不用等候，只要两个人同时在线，传送文字、图片、声音、视频都可以实时接受。在国内互联网二十几年的历史上，曾经有一定规模用户的即时通信软件包括腾讯QQ、微信、易信、钉钉、百度HI、移动飞信、千手、陌陌、探探等，其中有的已经停止运营，只有QQ与微信成为家喻户晓的通信软件。

微信(WeChat)是腾讯公司于2011年1月推出的为智能终端提供即时通讯服务的免

费应用程序，由张小龙所带领的腾讯广州研发中心产品团队打造。微信支持跨通信运营商、跨操作系统平台通过网络快速发送免费语音短信、视频、图片和文字，同时也提供了公众平台、朋友圈、消息推送等功能。

QQ是适应PC互联网时代的即时通信工具，微信是适应移动互联网时代的即时通信工具。但在移动互联时代，QQ的许多适应PC端的功能就显得不重要了，移动互联网时代的用户更喜欢在手机上就完成各种交流和互动，专注移动端更轻便、更简洁的微信就更加适合用户的需求。虽然QQ也有移动端，但手机QQ是PC上QQ在移动端的延伸，而微信是针对智能手机等移动平台量身定做的，所以微信智能移动端的属性更强一些。

由于微信用户众多，超过9亿用户，所以商家都乐于围绕微信新媒体平台开展营销活动。微信营销模式概括起来有以下几种。

1. 微信公众号模式

不管是企业还是个人都可以开通微信公众号，通过微信公众号推送文章和提供用户需要的服务。有的企业微信公众号积累了几千万用户，可以直接针对自己的客户进行精准的信息推送，大大提高了企业的用户管理和运营水平。

2. 微信朋友圈模式

微信朋友圈可以看到朋友分享的内容，因此，有的用户就通过在朋友圈发软性文章做推广。微信目前限制好友数量的上限是5000个，假如拥有5000个好友，就相当于拥有了一个活跃度很高的微博账户。通过在朋友圈发导购信息，然后转入微信私聊，进入微店成交，已经成为很多电商运营的重点模式。

3. 微店模式

微信鼓励和支持企业在微信平台上开店，把自己的商品和服务通过微信销售出去。

4. 微信广告模式

微信针对中小型企业推出了广点通业务，可以在微信公众号文章底部插入用户的商品广告链接，也可以在朋友圈投放广告。

1.3.2 小程序

微信小程序，简称小程序，英文名为mini program，是一种不需要下载安装即可使用的应用，用户扫一扫或点一下即可打开应用。

小程序是一项门槛非常高的创新，经过近几年的发展，已经构造了新的小程序开发环境和开发者生态。小程序是这么多年来中国IT行业里一个真正能够影响普通程序员的创新成果，已经有超过几百万的开发者加入了小程序的开发队伍中，小程序应用数量也在日新月异地发展，覆盖了几乎所有细分的行业，日活跃用户数以亿计，在多个城市实现了支持地铁、公交服务。

小程序的出现,迅速给社群电商带来了强劲动力,主要源于它的如下特点。

1. 根据距离排名

小程序有基于LBS推广模块,自带的“附近的小程序”功能,帮助商家被5km范围内的微信用户搜索到,解决当下商家广告无处可打的尴尬。店铺根据距离来排名,与品牌大小无关,也就是说,用户离商家越近,商家就排得越前。

2. 触手可及,用完即走

小程序是一种无须下载安装即可使用的应用,能以最低成本触达用户。

随着小程序市场的打开,在未来两年内,80%的App将会被取代,而且小程序还可以将图标生成到手机桌面,不占手机内存,不耗手机资源,入口很多,无处不在。

3. 搜索

微信开放小程序关键字搜索,提高了企业商家被搜索到的机会。同时微信搜索页面还有小程序的快捷入口,为常用的小程序带来更多的曝光和开启机会。

4. 小程序码

小程序码外观与二维码不一样,但使用方法一样,在场景中推广打开率很高,可以让消费者看到商家的详细经营情况和折扣优惠券,“再小的店也有自己的品牌”通过小程序就可以实现。

5. 成本更低

小程序可以大大降低开发运营成本。①对于大众创业者而言,很多人的启动资金并不多,因此,小程序成了许许多多互联网创业者的首选,毕竟开发一款App成本太高,运营维护以及推广成本更高;②对于一般的线下零售商家而言,除了每年要交给平台固定的套餐费用外,还需要被平台从流水里抽出几个点佣金,一年下来被平台抽去的利润惊人。小程序的花费仅为App的十分之一,无论是对创业者还是传统商家来说都有不可或缺的优势。

6. 更流畅的使用体验

小程序的流畅度几乎可以媲美App了,在微信生态里,小程序在功能和体验上是可以完胜H5页面的,H5页面经常出现卡顿、延时、加载慢、权限不足等问题,而这些问题在小程序里不会出现。小程序重在用户体验和线上线下的打通,逐渐地将微信公众号和H5的功能进行融合,进而补充其不足点。

7. 更多的曝光机会

小程序自上线以来不断开发新功能,商家可以通过更多的渠道来推广自己的小程序,进而实现店铺及商品的推广交易。

8. 使用即是用户

用户只要使用过小程序，就会成为小程序的用户，该小程序会自动进入用户的发现栏小程序列表中，小程序实现了用最低的成本，让产品出现在用户的微信中。

9. 在微信中打开率更高

同样的一个广告链接，在公众号图文中插入外链、阅读原文、文末广告和小程序广告位所获得的打开率完全不用，小程序比阅读原文的打开率高了20倍左右。

10. 高效的流量召回

小程序链接线上电商快速地实现了用户的变现和转换，这一点公众号和H5是做不到的。

11. 公众号＋小程序完美结合

朋友圈、公众号和小程序分别对应着社交、内容和服务，这三者加起来正好是小程序目前最火爆的变现方案——社交电商。

公众号提供优质的内容为小程序进行导购，小程序负责展现商品交易及提供相关服务，这就是公众号 ＋ 小程序模式。

12. 让积累用户成为可能

社交电商最响的一个口号是，让商家建立自己的流量中心，摆脱平台的绑架。小程序就完全可以实现这个功能。用户点击之后就会成为小程序用户，即便不消费都会与商家产生关联。

1.3.3 App

App是英文Application的简称，即应用软件，通常是指装有iOS、安卓等操作系统的手机应用软件。为了弥补手机原始系统的不足，使手机应用更具个性化，用户往往会在手机里安装十几个甚至几十个App，以往需要用计算机才能完成的网络购物、金融理财、浏览资讯等操作都可以通过手机App完成。

手机App有两个明显的不足。①App往往占用较大的存储空间。当太多App占满用户的手机内存时，用户手机就容易出现运行速度变慢的情况，部分用户甚至需要卸载不常用的App才能有空间安装其他App。②App需要较大的开发成本。企业需要聘用专业的软件工程师、UI设计师才能完成App的持续优化工作，因此，App高昂的开发及维护成本令企业不堪重负。

尽管如此，App目前仍然是主流社交电商工具，是企业进行社交电商所采用的主要工具之一。

1.3.4 直播

2015年以来，网络直播开始渗入日常生活，成为网上热门的新媒体。

网络视频直播最大的特点是可以让用户与现场进行实时连接，具备最真实、最直接的体验。从信息传播的角度来看，文字可以编辑，图片可以修饰，视频也能剪辑制作，唯独直播的真实性最强，主播和用户如何互动是无法提前安排的，这才给用户足够的想象空间和惊喜，吸引用户收看，而其强大的互动性也拉近了粉丝和主播的距离。如果运营商请的直播主持人有影响力或是大明星，那么直播同样可以创造出具有超高影响力的话题，并与直播的粉丝实时互动，带动更多用户一起参与进来，使话题更具传播力。

如果主持人在直播平台上有足够吸引力的话，就能成为人们心目中的“网红”，就具有引导流量变现的能力。因此，网络直播成了现在热捧的一种新媒体营销方式。

直播营销也有一个“高门槛”，就是对直播主持人魅力要求很高。优秀主持人的影响力会有效辐射到商品销售上，这也是企业把优质“网红”培养和争夺当作直播营销重头戏的原因。目前，有影响力的直播平台有如下几种。

1. 抖音

抖音是很短时间就快速崛起的一个平台，凭借自己的特色吸引了一大批用户，现在可以说，80%的人手机上都会有这个软件，是观看人数最多的直播平台。

2. 虎牙直播

虎牙直播是以游戏直播为主的弹幕式互动直播平台。当年从YY直播改名而来，将YY里的一系列游戏和其他直播分离出来，相比于斗鱼，虎牙靠的是一些颜值和才艺直播，也导致了很多方面虎牙不如斗鱼，但还是拥有着相当庞大的用户群体。

3. 斗鱼直播

斗鱼直播一直站在直播行业前列，拥有着超高人气的网红主播。

4. YY直播

YY直播，隶属于欢聚时代YY娱乐事业部，是国内网络视频直播行业的奠基者。其同样具有相当大的直播人气。作为最早的直播平台，留住了那些有才艺和颜值的主播，同样也拥有游戏和户外的一些直播。

5. 映客直播

映客直播是最火的模特演员艺人直播平台，这里汇集了超过千位明星模特、网络红人、大学美女帅哥，由北京蜜莱坞打造，以直播交友为主题，汇集着众多的网红和粉丝，超过10万的帅哥美女，让主播贴近生活，面对面互动。

6. 触手直播

触手直播是主打手游直播和陪玩的平台，拥有众多的游戏主播，退役选手等，让主播能与玩家一同开黑竞技，无论是吃鸡、王者、球球大作战等，一同畅玩畅聊到天亮。

7. 花椒直播

花椒直播是为广大年轻人准备的交友直播平台。各类帅哥靓女，互相聊天唱歌，24小时不断的娱乐聊天，为心仪的主播送礼打 call。每一场直播都不需要专业的设备，花椒直播 App 自带美颜效果，每一个场合都是拍电影。

8. 企鹅电竞

企鹅电竞是由腾讯公司打造的直播平台，整合了腾讯旗下的各类游戏赛事，聚集广大的游戏主播，以及一些线上游戏赛事的举办。

9. 新浪秀场

新浪秀场是一个集合社区聊天和视频直播的互动娱乐性平台，用以丰富网民的网络娱乐生活；另外，新浪秀场也是草根明星的理想舞台，为拥有美丽嗓音和非凡魅力的平凡你我提供一个展现自我的，秀出自我的闪亮舞台。

10. 酷狗直播

酷狗直播是酷狗旗下的直播软件，是最火的在线视频互动演艺平台，汇集千万粉丝。

1.3.5 短视频

短视频是指在各种新媒体平台上播放的、适合在移动状态和短时休闲状态下观看的、高频推送的视频内容，几秒到几分钟不等。内容融合了技能分享、幽默搞怪、时尚潮流、社会热点、街头采访、公益教育、广告创意、商业定制等主题。由于时间较短，可以单独成片，也可以成为系列栏目。

相比微电影和直播，短视频制作并没有特定的表达形式和团队配置要求，具有生产流程简单、制作门槛低、参与性强等特点，又比直播更具有传播价值，超短的制作周期和趣味化的内容对短视频制作团队的文案以及策划功底有着一定的挑战，优秀的短视频制作团队通常依托于成熟运营的自媒体或 IP，除了高频稳定的内容输出外，也有强大的粉丝渠道。短视频的出现丰富了新媒体原生广告的形式。一般而言，短视频有以下特点。

1. 制作门槛低

传统视频生产与传播成本较高，不利于信息的传播。短视频则大大降低了生产传播门槛，即拍即传，随时分享。短视频实现了制作方式上的最简单化，一部手机就可以完成拍摄、制作、上传分享。目前主流的短视频软件中，添加现成的滤镜、特效等功能则使制作过程更加简单，功能简单易懂，软件使用门槛较低。

2. 符合快节奏的生活

短视频的时长一般控制在5分钟之内，内容简单明了。现在快节奏的生活使得用户在单个娱乐内容所占的时间越来越短，短视频则更符合碎片化的浏览趋势，充分利用用户的零碎时间，让用户更直观便捷地获取信息，主动抓取更有吸引力、有创意的视频，加快信息的传播速度。

3. 更具个性化

相比文字，视频内容能传达更多、更直观的信息，表现形式也更加多元丰富，这符合当前90后、00后个性化、多元化的内容需求。短视频软件自带的滤镜、美颜等特效可以使用户自由地表达个人想法和创意，视频内容更加多样，内容更加丰富。

4. 社交属性强

短视频不是视频软件的缩小版，而是社交的延续，是一种信息传递的方式。用户通过短视频拍摄生活片段，分享至社交平台，短视频软件内部也设有点赞、评论、分享等功能，短视频信息传播力度强、范围广、交互性强，为用户的创造力、分享欲提供了一个便捷的传播通道。短视频在近两年呈井喷之势，越来越多的人投入到短视频行业中，短视频市场持续扩大但市场的同质化也越来越严重，在这种行业趋势下，短视频软件只有找准自己的定位，发展优质的内容，才可在众多短视频App中脱颖而出。

目前最流行的短视频App有抖音、快手、西瓜视频、火山小视频、好看视频、美拍视频等。

1.3.6 装机工具

初看装机工具与网络新媒体并无什么关系，但仔细一想，装机工具覆盖人群之多是其他软件所不能相提并论的，对于使用计算机和智能手机的9亿多用户而言，这个工具是刚需，不可或缺。所以商家围绕装机工具推广产品是一个绝佳的机会。

装机工具是指集软件下载、更新、卸载、优化于一体的工具。人们使用装机工具可以方便快速地安装计算机中所必备的每一类软件，如聊天软件、播放软件、办公软件、游戏软件等。目前，市场上比较流行的装机工具有360安全卫士中的360软件管家、腾讯电脑管家中的管理软件、金山卫士的管理软件、百度卫士的管理软件等。

装机工具下载软件本身是免费的，因此它的使用率越来越高，慢慢成为人们计算机里的必备工具。各种装机工具在不断迭代的过程中，形成了在工具平台内植入商业广告的模式。所以装机工具是一种良好的推广渠道，特别是App类商品，如果没有装机工具的推荐，就很难做到爆款。

装机工具不仅具有工具类的属性，而且还有媒体传播的特性。它既满足了人们下载、安装软件工具的需求，又满足了企业投放广告、传播产品的需求，具有用户数量大、用户忠诚度高、各领域品类齐全等特点。

1.3.7 网络游戏

网络游戏是以互联网为依托，可以多人同时参与的游戏项目。网络游戏有两种存在形式：一种是网上人与人之间博弈，一种是人与机器博弈。

网络游戏让现实中的人们进入电子虚拟世界，摆脱了原有的身份，摇身一变而成为一个手持长矛的骑士，或者成为一个法术强大的魔法师，又或者成为国王、王子，体会一把黄金贵族的感受。网络游戏的诞生让人们的生活更丰富，让人们的生活的品质更高，让人们的生活更快乐。收费模式是网络游戏主流模式，收费模式主要分3种：道具收费、时间收费和客户端收费。

网络游戏平台由于参与人众多，是一个典型的新媒体平台，用其引流会得到意想不到的效果。

【问答】

1. 问答社区知乎有什么特点？

知乎是一个真实的网络问答社区，需要实名认证，有形成实名社区的氛围，更容易培养友好与理性沟通的文化，避免过去中文论坛上常见的“拍砖”文化。

知乎的运营策略是“先精英，后大众”，先联系各行各业的精英入驻，形成高质量问答的氛围，然后带动普通用户逐步加入，这样很容易让用户分享彼此的专业知识、经验和见解，理性沟通的文化得到传递和扩散，从而持续创造高质量的问答信息。

知乎的问答，引入了社交网络服务(Social Network Service，SNS)，是人、话题和问题的相互联系。

2. 怎样在 BAT 大平台做广告？

BAT 是中国三大互联网巨头百度公司(Baidu)、阿里巴巴集团(Alibaba)、腾讯公司(Tencent)的首字母缩写，它们占据着中国大半的互联网市场，分别掌握着一般型数据、交易型数据和关系型数据领域的话语权，如何利用好 BAT 的广告资源、借助其优质数据做好营销，是商家们关注的焦点，所以了解 BAT 三大平台各品牌下的产品与产品广告形态很有必要。

1) 百度公司

百度产品广告投放体系包括搜索推广、网盟推广、产品推广、社区营销(百度问答、百度文库、百度贴吧)等。

(1) 搜索推广是基于百度搜索引擎，在百度搜索结果的显著位置展示 企业推广信息，并帮助企业把网民有效转化为客户的一种营销方式。企业可以让推广信息在自己指定时间段、指定地域，根据网民搜索的关键词出现。百度广告平台主要利用用户主动搜索的关键词挖掘用户需求，以此实现广告的精准投放，但毕竟用户的搜索内容丰富多样，绝大多数搜索内容并不是用户的消费欲望所驱使的，百度大数据目前还难以分析出用户的真实搜索意图；再加上百度的广告竞价体系缺乏透明度，在多家竞价的情况下，投放成本越来越高。

(2) 网盟推广是百度联合5万个以上合作App,针对客户在网上的行为轨迹,圈定目标用户进行广告的精准投放,按照曝光付费,商家选择可根据年龄、性别、兴趣爱好、地理位置等维度来进行推广。

(3) 产品推广是围绕百度产品进行推广的,如在百度地图品牌专区,当网友在百度地图搜索了指定关键词后,弹出来的占据第一个位置的信息就是一条广告信息。其支持省市级别定向,按照关键词付费。

2) 阿里系

阿里系所有的广告资源都由阿里妈妈进行管理与投放。阿里妈妈拥有淘宝自身资源以及合作平台资源(高德地图、UC浏览器等),拥有包括用户详细地址、消费习惯等在内的优势数据。阿里妈妈最好的广告资源就是淘宝自身的广告位。

企业通过阿里妈妈进行广告投放,利用曾经已有用户的数据,阿里妈妈可通过底层数据进行匹配,运用大数据帮助企业绘制用户画像;根据用户画像,淘宝资源可进行精准投放,圈定用户地域、消费偏好、性别等,让目标用户精准看到项目的广告。

阿里妈妈投放广告的主要形式有淘宝/天猫直通车、钻石展位、麻吉宝、淘宝客、淘宝联盟。除了在站内进行广告投放外,广告主还可以选择投放联盟平台,类似于阿里联盟的需求方,可以投放到阿里妈妈以及其他合作网站和App上。阿里妈妈平台主要帮助广告主根据用户的网购及浏览商品的数据进行广告的精准投放。当用户浏览网页时,经常会看到阿里妈妈的推广广告,通常是在右下方轮番显示用户最近在淘宝的一些商品浏览行为,进而引导用户点击相关产品。

3) 腾讯公司

腾讯的广告投放产品分为广点通、智汇推和朋友圈广告。

(1) 广点通可以根据人群特征,在腾讯的社交产品上投放广告。广点通投放的广告资源主要在QQ客户端、手机QQ、QQ空间、手机QQ空间、微信公众号、朋友圈、QQ音乐客户端等位置。广点通的人群定向可根据多个维度进行选择,如性别、年龄、兴趣标签、历史行为等,按照点击量付费。

(2) 智汇推的投放资源主要集中在腾讯新闻客户端和腾讯视频客户端。其广告投放可按照用户性别、年龄、地域和人群类别进行筛选。智汇推的人群筛选是按照行业进行分类的,自动给用户打标签,按照点击量收费。

(3) 朋友圈广告是在朋友圈中投放的原生广告,包括图文、视频、原生推广页等方式,按照曝光次数进行收费,可按照用户地域、年龄、性别、兴趣等进行人群选择,价格5万元起。目前,朋友圈广告已开放自主投放,企业只需5个流程(开户、创建广告、方案审核、广告上线、效果跟踪)即可投放广告。企业可以在广告投放端选择目标人群标签,包括地域、年龄、性别、兴趣等,此后朋友圈广告系统将根据企业的设置定向分发广告。一条朋友圈广告投放一般需3～15个工作日才能上线;上线后,企业可在广告投放后的3个工作日内在线查看结案报告。

腾讯的广告体系更适合按人群属性、兴趣、爱好进行广告投放,其更关注社交化考量因素。

3. 在当今移动网络时代，PC端是否可以不再重视？

不可以，移动端虽然快速发展，但也无法取代PC端，两者会在相当长的一段时间内共存。

(1) PC端界面大，显示的信息量多，界面交互友好，专业的设计操作方便，效率高。

(2) PC机无论运行速度，还是内存容量，都是手机无法相提并论的，在大数据云计算的今天，拥有超大数据量的商务应用，离不开PC。

【主要知识点】

1.**【新媒体】** 新媒体没有一个明确定义，目前多数学者认为新媒体是指基于互联网出现之后的媒体形态。凡是利用数字技术、网络技术，通过互联网、宽带局域网、无线通信网等渠道，以及计算机、手机、数字电视机等数字或智能终端，向用户提供信息、商品和服务的传播形态，都可以看作新媒体。

2.**【电子商务交易模式】** (1)B2C(Business to Consumer)模式：是企业与消费者之间的电子商务，如亚马逊、当当、天猫、京东等平台和生产企业自建的独立平台。(2)B2B(Business to Business)模式：是企业与企业之间通过互联网进行产品、服务及信息的交换，如阿里巴巴、慧聪网、买麦网、环球资源网等大型交易平台。(3)C2C(Consumer to Consumer)模式：是消费者与消费者之间的电子商务，如淘宝、拼多多等网站平台。(4)B2G(Business to Goverment)模式：是企业与政府管理部门之间的电子商务，如海关报税的平台、国税局和地税局报税平台等。(5)O2O(Online to Online/Offline to Online)模式；利用互联网使线下商品或服务与线上相结合，线上生成订单，线下完成商品或服务的交付。

3.**【关键词】** 关键词源于英文keywords，特指单个媒体在制作使用索引时，所用到的词汇，是图书馆学中的词汇。关键词搜索是网络搜索索引的主要方法之一，是希望访问者了解的产品、服务或者公司等的具体名称的用语。

4.**【邮件列表】** 邮件列表就是邮件地址的集合。

5.**【垃圾邮件】** 大量发送未经过接收邮件者许可的广告邮件，并且该邮件无法退订，这类邮件称为垃圾邮件。

6.**【电子杂志】** 电子杂志是定期向订户发送的关于某特定主题的一系列电子邮件。该邮件往往图文并茂，是多媒体杂志。

7.**【虚拟社区】** 虚拟社区又称在线社区(online community)或电子社区(electronic community)，作为社区在虚拟世界的对应物，虚拟社区为有着相同爱好、经历或者专业相近、业务相关的网络用户提供一个聚会的场所，方便他们相互交流和分享经验。

8.**【BBS】** BBS的英文全称是Bulletin Board System，翻译为中文就是“电子公告板”。

9.**【论坛】** 论坛就是以主题分类的电子公告板。

10.**【博客】** 博客就是以作者分类的电子公告板。

11.**【网站联盟】** 网站联盟，专业术语叫作网络会员制营销，通常指网络联盟营销，也称联属网络营销。网站联盟的平台网站将广告主与广大网站联系起来，结合成一个销售联盟。广告主的网站称为宿主网站，在自己网站上投放广告主广告的中小网站叫加盟网站。网站联盟本质上来说是一种按效果付费的网络广告形式。当访问者点击加盟网站上的广告,进入宿主网站,产生诸如点击广告、下载程序、注册会员、实现购买等行为后,宿主网站根据这种行为支付给加盟网站一定数额的佣金,一般一周或一个月支付一次。

12.【移动营销】 它是利用以手机为主要传播平台的第五媒体,直接向分众目标受众定向和精确地传递个性化即时信息,通过与消费者的信息互动达到市场沟通的目标。

13.【二维码】 二维码是一个矩阵式的图片,包含了商品信息和加密信息。

【本章小结】

1.1 节 新媒体概述

新媒体是指基于互联网出现之后的媒体形态。凡是利用数字技术、网络技术,通过互联网、宽带局域网、无线通信网等渠道,以及计算机、手机、数字电视机等数字或智能终端,向用户提供信息、商品和服务的传播形态,都可以看作新媒体。

1.2 节 早期的网络媒体

(1) 我国典型的综合型门户网站有新浪、搜狐、网易、腾讯四大网站。

(2) 电子邮箱依然是人们办公必不可少的工具之一。知名的跨国企业正式的商函往来依旧使用电子邮件。

(3) 论坛,又名网络社区、贴吧,是互联网上的电子信息服务系统。论坛的主要功能是用户可以自由发布主题和回复帖子,内容多变,具有极强的交互性。

(4) 微博快速兴起与智能手机的普及有很大关系,用户可以利用 PC 端、移动端等各种可连接网络的终端进行访问,随时随地发布文字、图片、音频、视频等类型信息,再将自己的最新动态以短消息、短信等形式发送给关注者。

(5) 淘宝、天猫、京东是电商平台的代表,十几年一直占有较大的市场份额,目前仍然是市场上的主流平台。电子商务平台,可以分为 B2C、B2B、C2C、B2G、O2O 五种模式。

1.3 节 现下流行的网络媒体

随着 4G、5G 网络的普及,网络平台代际更替周期明显缩短,新网络媒体层出不穷,十几年前的门户网站、电子邮件、论坛与贴吧、博客与微博逐步退出主流市场,微信、小程序、App、直播、视频等新媒体已成为电子商务角逐的主战场。

【作业】

1. 假如你是苏宁易购商城的营销主管,在 6 月 18 日这天想让大家记得去参加苏宁大促销活动,你应该选择下面哪个媒体投放广告?说说你选择或不选择的理由。

A. 某百万粉丝级微信大号　　　　B. 百度搜索引擎

2. 请写出 5 个常见的现在流行媒体的名称。

3. 小程序是一种无须________即可使用的应用,不占手机________,不耗手机________,入口很多,无处不在。

第 2 章 chapter 2

私域流量

【关键词】 流量、私域流量、公域流量、社交电商、微商

近年来，一个全新的名词“私域流量”频繁进入我们的视野，它是社交电商和微商的产物。这个“私域流量”已经悄然改变着整个电商的营销格局。私域流量的崛起，标志着流量红利逐渐消失和公域流量逐步淡出，也是营销数字化的必然产物和追求。

2.1 从平台获客的成本不断上升

这几年平台流量成本上涨，商家压力越来越大。图 2.1 是阿里巴巴、京东、拼多多、唯品会四家大型平台的引流成本，无一例外都在呈现上涨趋势。

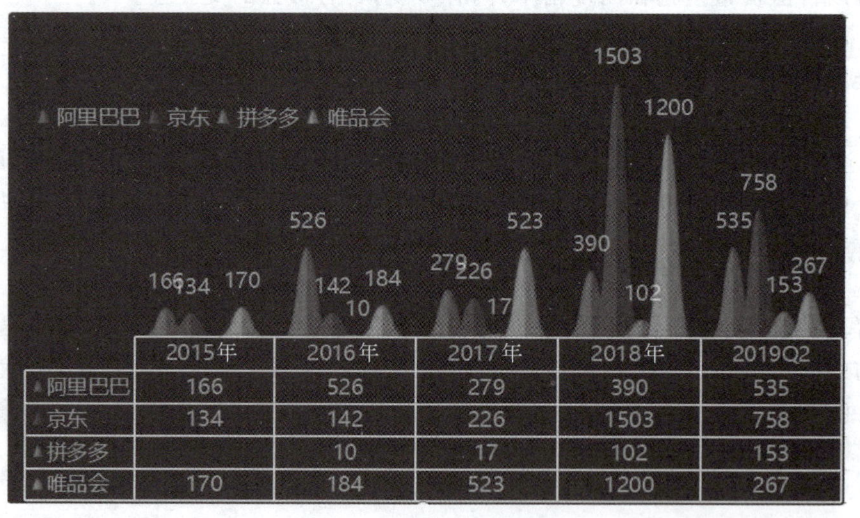

	2015年	2016年	2017年	2018年	2019Q2
阿里巴巴	166	526	279	390	535
京东	134	142	226	1503	758
拼多多		10	17	102	153
唯品会	170	184	523	1200	267

图 2.1 主流电商获客成本

以美团为例，早期商家抽成 5%左右，现在已经涨到 23%甚至更多。按每天售出 50 份单价 50 元的外卖计算，商户每天将要付给美团 575 元，每个月就是 17250 元。这也是为什么每次平台提高抽成后总会引发部分商户强烈抵制并且退出的原因，因为小商家的利润已经趋于零了。

阿里巴巴、天猫、京东、拼多多、唯品会等平台的流量称为公域流量，普通商家进驻这些平台，就是为了把平台的流量能引进自家的店铺，给自己的商品增多一些曝光率。为了争夺这些流量，商家要交钱给平台打广告、做促销、搞活动，以便在人流中分到一杯羹。大平台赚得盆满钵满，小商家在零利润边缘挣扎。更关键的是花钱办活动得来的流量，不能重复触达，自己不可把控，只能使用一次，不能永远属于自己。

例如，某个品牌在百货商城里开一个专柜。这个百货商城假设每天人流量是10万人，每天10%的人会经过这个品牌专柜，也就是1万人。其中5%的人就是500人会停下来询问，最后真正产生购买行为并留下客户信息的可能只有其中的10%，也就是50人。虽然百货商店流量很大，但是专柜能留下的客户只有50人。

从图2.2可以看出商业机构获得流量越来越贵，在获客成本不断上升的现状下，商家们只能另辟蹊径，建立自己的流量池。

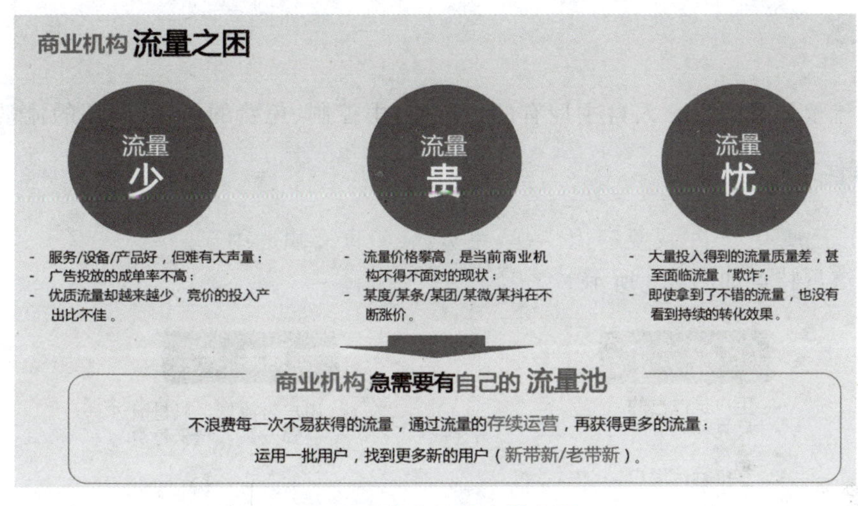

图2.2 商业机构流量之困

2.2 私域流量基本概念

本节介绍流量、私域流量、公域流量的概念。

2.2.1 流量

这里的“流量”不是指移动、联通公司的流量套餐，而是指互联网网站的访问量。通俗地说，流量就是有多少人来到了商家的网站、公众号、App、网店。

流量在互联网诞生以前就一直存在，如电视台也有流量，到了除夕晚上20点，人们坐在电视机前看春晚，于是春晚就拥有了世界上同一时刻最大的流量；又如步行街也有流量，上海南京路挤满了来自全国各地的人群。在移动互联网的普及时代，大家认识到流量的重要性。那么这些流量是属于谁的呢？谁能拿来变现呢？对于网站而言，流量是属于网站主的，淘宝的流量属于阿里巴巴，百度搜索的流量属于百度；对于电视节目而言，流量是属于电视台的，春晚的流量是属于央视的；对于步行街而言，流量属于谁呢？应该是属于大家的，是公有的。

流量严格的定义是指，线上网站或线下某一特定区域的到访人数，包括线上和线下的客户访问量。

2.2.2 私域流量概述

通过上面的分析，我们发现对于步行街和电视台是两种不同的流量，于是可以将流量按照所有权划分为两类：公域流量和私域流量，公域流量是指不属于单一个体，被集体所共有的流量；私域流量是指属于单一个体的流量。图 2.3～图 2.9 很形象地展示了私域流量的内在属性。

1. 定义

私域流量是品牌或个人自主拥有的、可以自由控制、免费的、多次利用的流量。

2. 特征

(1) 自己所有。(2)反复利用。(3)免费。(4)直接触达用户。

私域流量特点如图 2.3 所示。

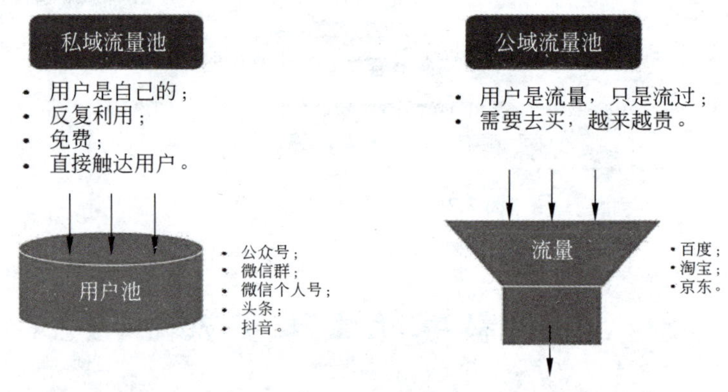

图 2.3 私域流量特点

3. 呈现形式

通常的呈现形式是微信个人号、微信群、小程序、自主 App、企业微信等网络媒介。

4. 阐述

私域流量是商家可以自己去把握的流量，如抖音流量、快播流量、小程序等渠道引进的流量，统称为私域流量，目前抖音为其中非常重要的一个入口。私域的含义是，品牌或个人自主拥有的、可以自由控制、免费的、可多次利用的流量。

私域流量指的是需要通过沉淀及积累来获得的、更加精准、转化率更高的垂直领域流量。主要例子有微信公众号内容推文带来加微信的用户、微信朋友圈分享进群的用户、淘宝直播粉丝等。

私域流量可以通俗地认为是互联网时代以前的客户通讯录。

流量与客户的关系如图 2.4 所示。

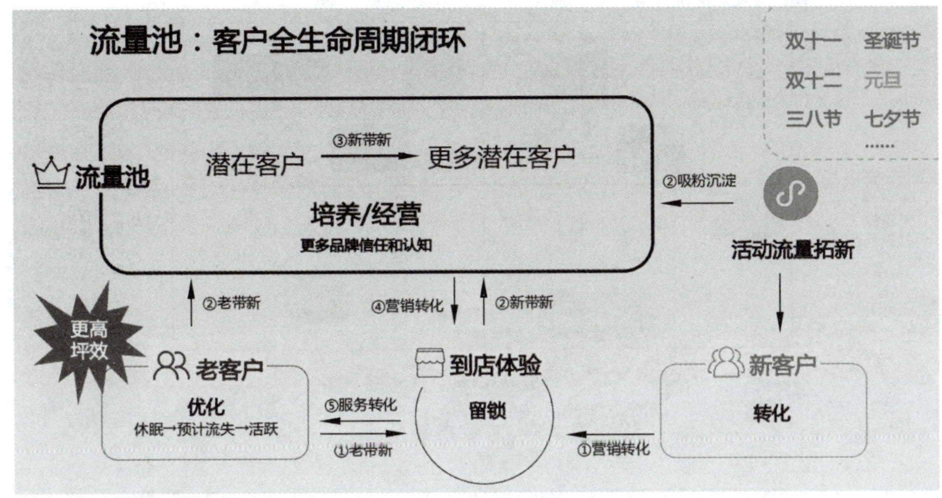

图 2.4 流量与客户的关系

2.2.3 “公域”和“私域”的相对性

公域流量和私域流量并不是绝对概念，而是相对概念。

一家商场开在步行街上，商场里的流量相对于步行街就是私域流量，而步行街的流量相对于商场就是公域流量。

从百度搜索结果里打开了京东，京东里的流量相对于百度就是私域流量，而百度的流量相对于京东就是公域流量；从天猫里打开一个网店，网店里的流量相对于天猫就是私域流量，而天猫的流量相对于网店又成了公域流量；商家的公众号流量相对于微信就是私域流量，微信的流量相对于公众号就是公域流量，但是微信的流量相对于苹果 iOS 就是私域流量。

百度、淘宝和京东这些流量大的平台，其流量都是要花钱买的，而且越来越贵。如医美等行业的商家去百度投直通车、做网络广告，是从公域流量里为自己的私域流量池积累用户。百度每年从自己的私域流量池收获 1000 亿元左右的广告收入；对阿里巴巴来说，淘宝和天猫是自己的私域流量，在做电商的人眼里，拥有数亿用户的淘宝和天猫，是能帮商家卖货赚钱的公域流量，因此商家要不断付钱给阿里巴巴，购买直通车和钻展，向用户展示商品，实现销售转化。

2.3 私域流量的分析

对于市场上的流量池平台，图2.5是其维度分析图。

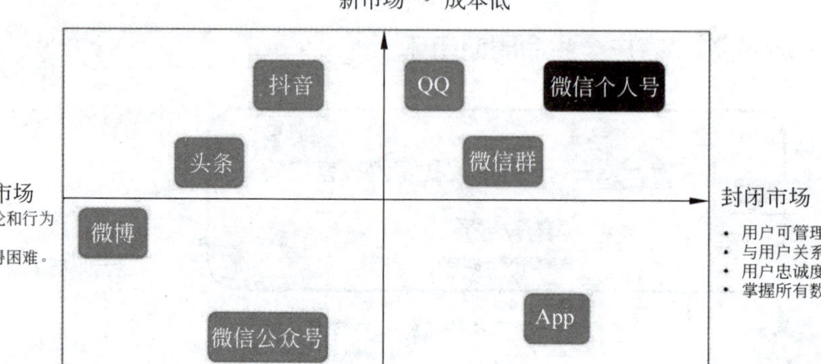

图2.5 流量市场分析

(1) 从平台的开放程度来看，越是封闭的市场，用户越是可以集中管理，与用户的关系更加紧密，从而可以获得更高的用户忠诚度。越是开放的市场，用户言论和行为不可控，用户数据的获得更难。

(2) 从市场成熟度看，新的市场成本更低，无论是用户获取成本还是维护成本，都更有优势。成熟市场成本更高。

2.4 私域流量池的作用

私域流量池不能解决流量从哪里来的问题，但是可以解决进来的流量怎么留住的问题。购买进来的流量通过漏斗模型进来之后怎么办？它不再是流量，是用户，一定要把用户养起来。

2.4.1 私域流量池模型

传统的漏斗模型只有一个漏斗，而私域流量池是一定会将漏斗里的流量放入用户池，在用户池中做更深层次的用户运营，与用户建立关系和信任，如图2.6所示。

2.4.2 提升用户终身价值

商家手中几十万的用户资料，应该如何复用和变现？最简单的办法是把这些存量用户导入微信个人号，这些用户不再是一批用户信息，而是一个个可以直接触达的用户了。与用户建立关系和信任后，在微信个人号的运作中，存量老用户的复购率自然会提高。

由于微信个人号中可以销售客单价更高、毛利更高的商品，所以提高了老用户的客单价和毛利额。老用户养好了，还可以继续做裂变，带来新用户。

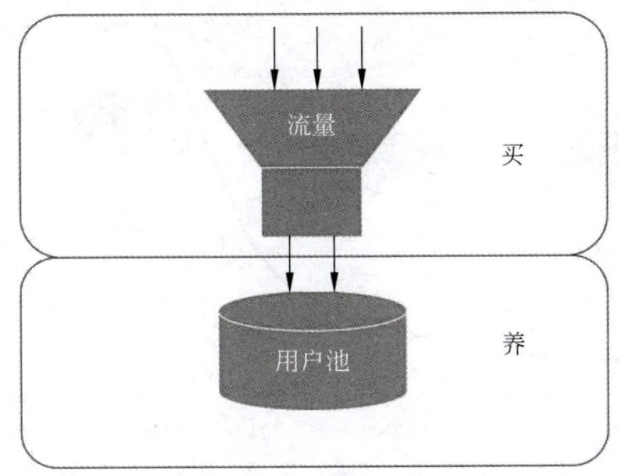

图 2.6　流量漏斗模型

2.4.3　提升投资回报率

获得流量的支出是必不可少的，与公域流量不同，私域流量池可以延伸出更高的收入。例如，淘宝上购买流量，用低毛利产品引流提升转化率，然后将这些流量沉淀到微信个人号中，用高毛利产品带来复购和更高的转化。整个过程降低了获客成本，提高新用户转化率以及提升了客单价，如图 2.7 所示。

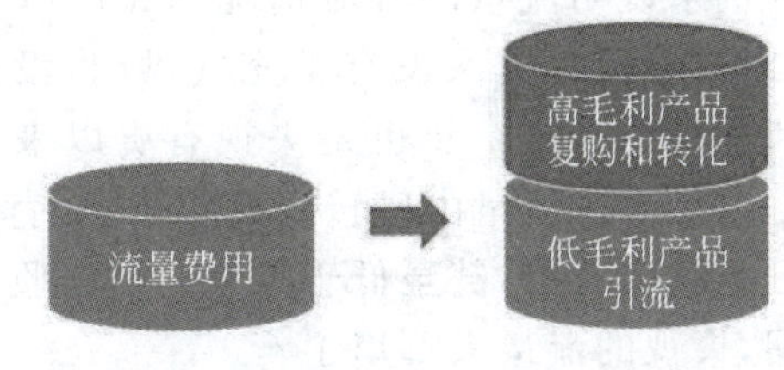

图 2.7　流量转化分析

2.5　流量发展趋势

私域流量不是什么新概念，它早就存在，只是现在人们更加关注，原因就是公域流量正在逐层裂变，裂变为一个又一个小群体的私域流量，私域流量又裂变为更小私域的流量，已经到了个人的维度，所以互联网时代的商家、个体户更加强烈感知到它的作用，如图 2.8 所示。

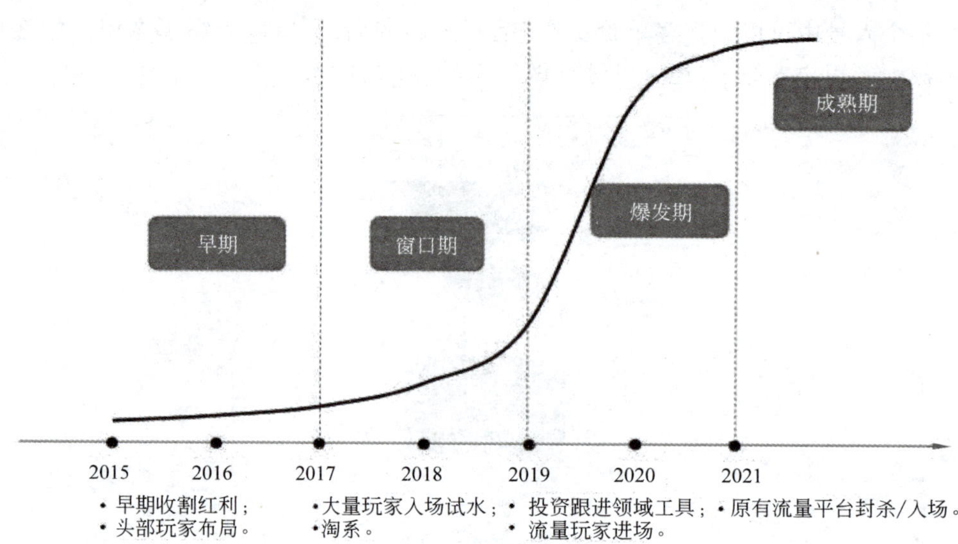

图 2.8 流量发展趋势

2.5.1 顶层私域流量被瓜分

过去顶级私域流量主——中央电视台可以触达几乎每一个中国人，只要能在央视上唱首歌就能成为全民明星，只要在央视上打个广告就能成为全国知名品牌。当年无数企业不惜用尽所有资金去争夺央视标王，就是因为这是一场必赢的豪赌。例如，1995 年，山东临朐县一县属小型国有企业的秦池以六千万元抢摘“王冠”后，次年营销收入便高达 9.8 亿元；再如，1997 年，28 岁的爱多 VCD 胡志标以 2.1 亿元戴上“标王”桂冠，当年便实现 16 亿元营销收入。

我们以央视为例来说明流量的分流情况。2013 年 11 月 18 日，第 20 届央视招标会依旧在梅地亚中心举办，但是这次没有了充气拱门，没有了气球，没有了各种条幅，所有人都能感觉到冷清和萧条。这一年也是央视有史以来，第一次不对外公布招标数据，因为数据实在低迷。这是央视流量由盛转衰的转折点，背后的根本原因是流量的缩小。如今央视广告收入已经跌出三甲，甚至低于京东的广告收入。

人们不禁要问，央视的流量去哪里了？

真正的原因是央视的流量被新型媒体所瓜分，如百度、淘宝、微信、京东、抖音、芒果 TV 等，虽然这些新媒体平台远不及央视当年的流量强大，但是它们在各自的细分领域瓜分了央视的很多流量，成为该细分领域的公域流量。像百度、淘宝这样的私域流量，相对于它们平台上的小私域，这些平台太强大了，让人感觉它就是公域。这些新媒体如同前几年的央视一样，它们也在流量裂变的过程中，被更新的新媒体继续瓜分，拼多多、小红书从淘宝瓜分了很多流量。

2.5.2 新媒体私域流量被继续瓜分

下面以百度为例来说明新媒体私域流量将被继续瓜分。百度相对于央视来说是新媒体，今日头条、抖音相对于百度来说又是更新的新媒体。

自从移动互联网和智能手机兴起，强大的百度私域流量也不行了。

在PC终端时代，大家上网的入口就是百度。国内几百万大大小小的网站，都要通过百度搜索引擎的入口进去，也就是要从百度那里分得一些流量到自己的网站。那个时候，包括阿里、腾讯在内的所有网站都要对百度十分友好，以便当用户搜索相关关键词的时候，能更大概率展现自己的网站，进而打开网站，成为自己的流量。为了争夺流量，大家愿意花大价钱去直接购买百度的竞价排名，让用户搜索关键词的时候一定能在第一页前排看到自己的网站。

但是到了移动终端时代，大家很少再打开浏览器去看内容，自然也就很少去用百度搜索，因为在手机的App里，点击图标就能直接打开，体验远远好于百度搜索的效果。用户不去百度了，百度的私域流量减少了，企业在百度投入的广告也就减少了。从2015年开始，百度营收增速就大幅放缓，最近两年，百度的广告收入占比连续下降，2019年一季度财务报表出现了自2005年上市以来首次亏损。

微信、爱奇艺、今日头条、淘宝等平台发现用户已经不再经过百度，而是直接到达自己的App，那就没有必要在对百度友好了，百度的流量被这些平台再次瓜分。原因是移动互联网时代内容为王，内容才能吸引用户，而不是靠搜索便捷。

2.5.3 极微私域崛起

私域流量在近20多年间，持续不断地裂变分层，不断下沉，而这个趋势还将继续，越来越多的大私域流量演变为微小私域流量。

随着微信公众号的兴起，微信的私域流量进一步被分裂成上千万的公众号。每一个公众号都是一个小小的私域流量。因为粉丝对它们的关注，使得它们每次的推文都能直达用户，也就完成了一次曝光；从个人海淘开始，人们发现原来每个人都可以成为一个经营的商家，每个个体的朋友圈就是一个极微私域流量池。这样一来，微信的流量又被进一步分裂成为数亿用户的私域流量。微博、小红书、抖音也是一样，它们的私域流量被无数的新人草根博主、网红所瓜分。私域流量不断瓜分如图2.9所示。

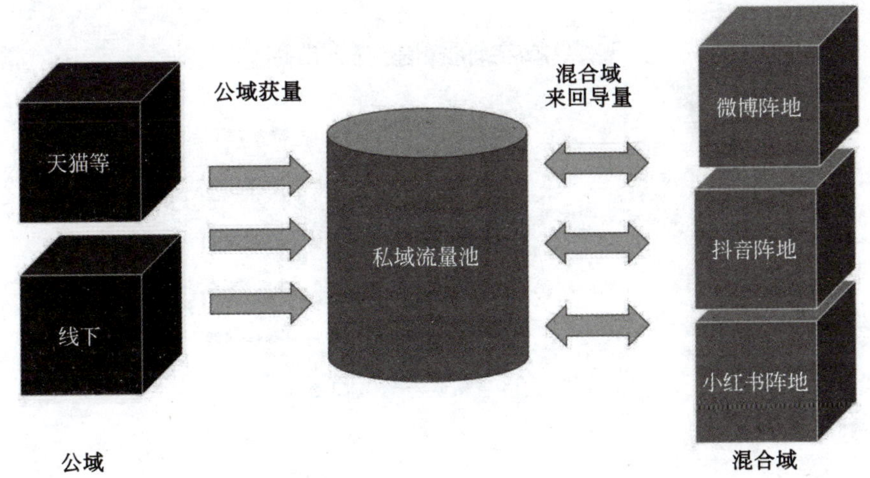

图2.9 私域流量不断瓜分

极微私域流量因为到了最小维度，离最终客户很近，不再像超大私域流量感觉像公域流量。极微私域流量虽然小，但效率却很高，通过二级分销模式，能很高效地把产品销售出去。

这便是极微私域流量的崛起。“再小的个体，也有自己的品牌”已经不再是一句空话，而是能够落地的商业模式。

2.6 私域流量的运营途径

建设私域流量池，经营私域流量，是一件长期的工作，不能一蹴而就，需要商家的耐心经营，与粉丝互动交流。我们可以从图 2.10～2.17 有个大致的了解。

2.6.1 流量入口

私域流量入口如图 2.10 和图 2.11 所示。

流量池用什么来构建？
微信线上店铺
把店铺开到“潜在客户·新客户·老客户”的微信上
小程序店铺
公众号店铺
无需“店铺租金”

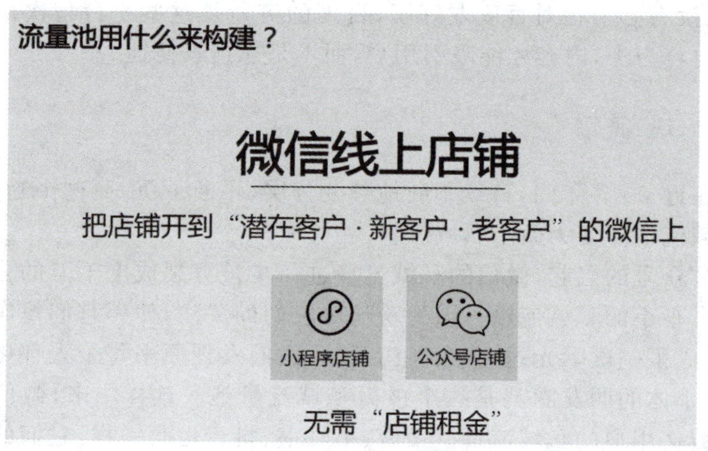

图 2.10 私域流量入口 1

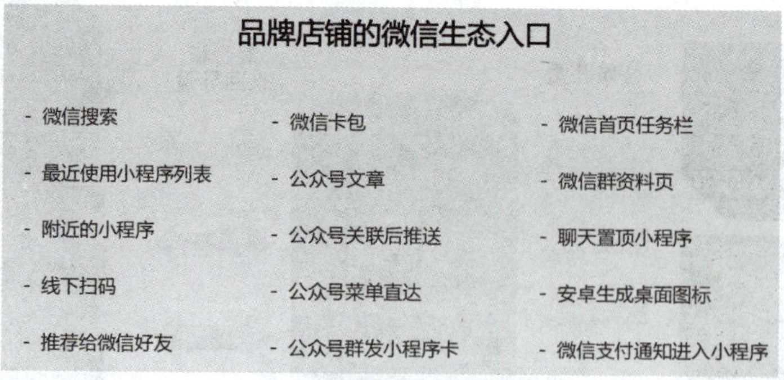

品牌店铺的微信生态入口
- 微信搜索
- 最近使用小程序列表
- 附近的小程序
- 线下扫码
- 推荐给微信好友
- 微信卡包
- 公众号文章
- 公众号关联后推送
- 公众号菜单直达
- 公众号群发小程序卡
- 微信首页任务栏
- 微信群资料页
- 聊天置顶小程序
- 安卓生成桌面图标
- 微信支付通知进入小程序

图 2.11 私域流量入口 2

2.6.2 流量多途径传播

私域流量多途径传播如图 2.12 和图 2.13 所示。

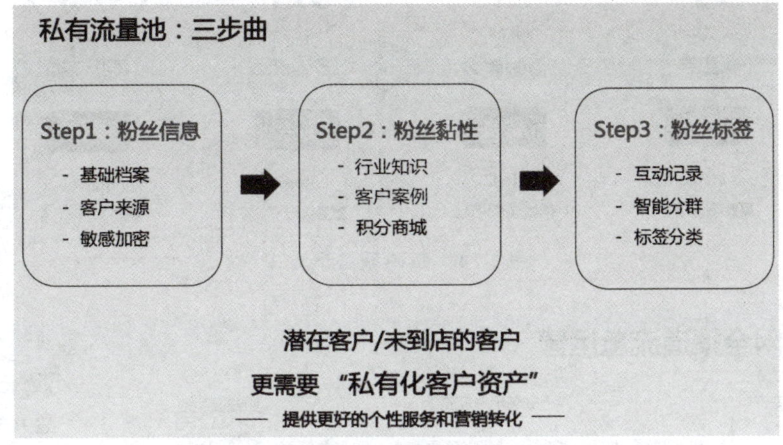

图 2.12 私域流量多途径传播 1

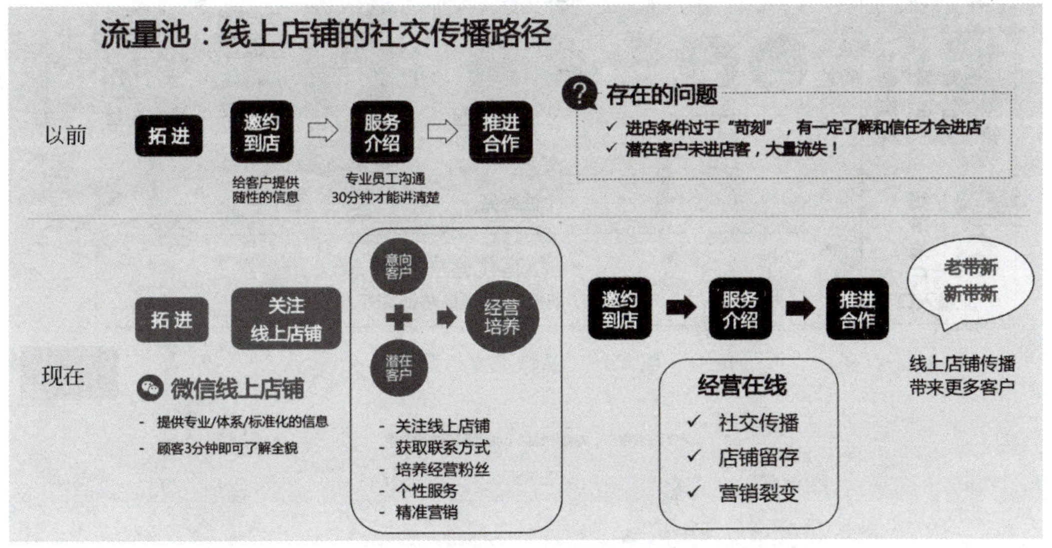

图 2.13 私域流量多途径传播 2

2.6.3 流量运营

私域流量运营如图 2.14 和图 2.15 所示。

2.6.4 流量转化

私域流量转化如图 2.16 和图 2.17 所示。

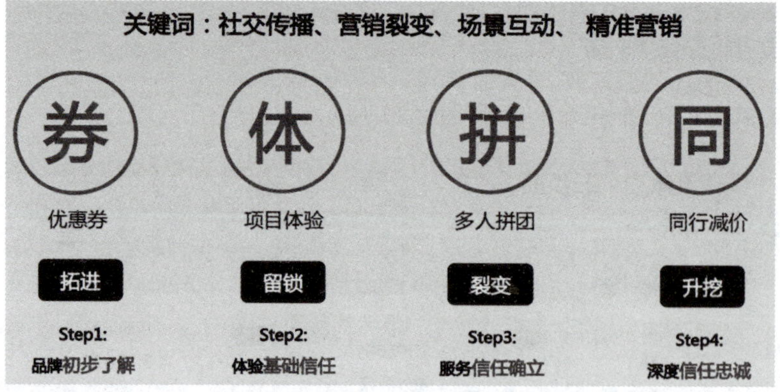

图 2.14 私域流量运营 1

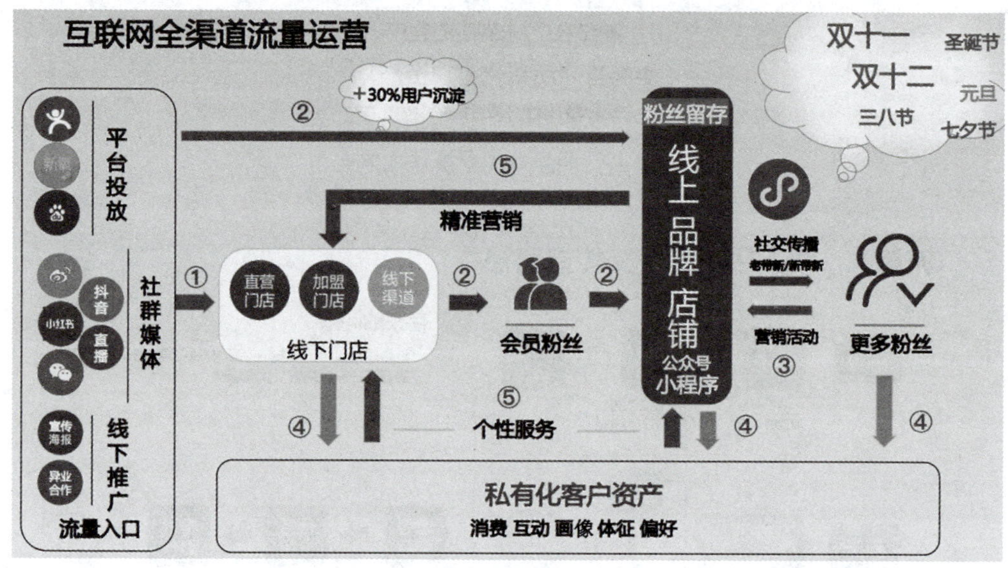

图 2.15 私域流量运营 2

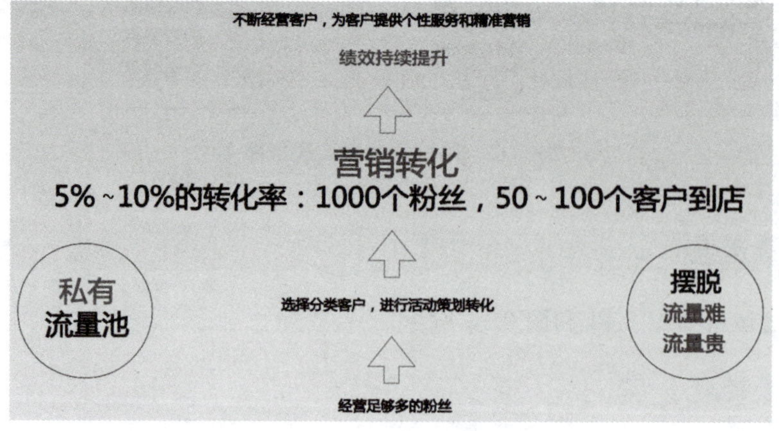

图 2.16 私域流量转化 1

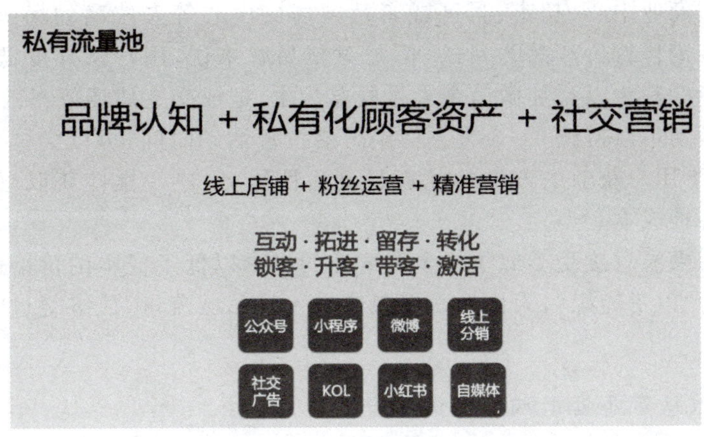

图 2.17　私域流量转化 2

【问答】

1. 私域流量是否要分类?

应及时将客户分类,在微信上加标签。

运营者可以从零开始,设计全新用户获取的策略,但更多的是要在现有的经营基础上,把原来散落在不同渠道的成交用户变成微信个人号好友。运营者要有清晰明确的用户获取意识,一定要从以前成交过的用户开始收集私域流量。

很多运营者成交的用户都是沉睡资产,这些人沉睡在手机号码里,沉睡在网站会员系统中,运营者要善于用微信个人号唤醒沉睡用户,唤醒后,他们都是无价之宝。

唤醒成交用户的步骤是,先发短信,再打电话,而且一定要设计一个唤醒的理由,如"老板亲自做用户回访""送新品体验福利"等,用户经过几年的洗礼,对于加微信送 3 元、5 元的红包已经很熟悉、很麻木了,因此不建议再做类似的活动。除此之外,可以提醒用户加微信并在朋友圈做评论、晒好评就有机会参与抽奖,得奖的发 500 元、200 元红包,不得奖的送满赠券等。

如果运营者有店铺,无论是线上商城还是线下店铺,都要注意把进店用户变成微信个人号好友,这是基本工作。不要舍本逐末,把时间和精力浪费在盲目开拓新用户上。

运营微信个人号时应该精细化运营,用户越精准越好,从成交用户和进店用户入手,成功率会更高。

当我们强调用微信个人号来运营私域流量的时候,必须把商用微信个人号与私人微信号彻底分开,尽可能保证运营账号上只有成交用户和潜在用户,不要把自己亲朋好友放在一起,保证用户的纯粹性。

2. 怎样在实体店开展私域流量的收集?

从零开始的运营者,一般应以做现场活动为主来获得私域流量。做现场活动的主战场可以选择大型商业中心、超市、景区或者社区居民中心等人气高的场所。传统的现场活动常常以直接销售特价产品为目的，但是对新品牌来说，用户认知度低，成交难度大，所以应该把目标调整为以添加微信个人号好友为主，把成交主战场放在微信个人号上。

一场现场活动可以持续1～3天。如果想要拉长活动时间，可以尝试开1～3个月的快闪店，这种线下用户获取的方法的优点是灵活性强，用户一次性获取，长期受益，免去了长期开店的各种成本。

新手商家如果愿意接受类似于拼多多这样的平台以低于成本的价格进行销售，就可以把目标锁定为“以货为媒”，为自己蓄积微信个人号私域流量，最终绕过平台，直接跟用户交易。

3. 是否可以从专业公司购买微信好友？

可以的，一般应购买同行的微信好友，如果是同行且同地段的微信好友，那就更有价值。不同的行业，获取用户的成本也不一样，作为创业者，要有足够的预算用来“获取用户”。传统的服务行业，以民营医院、美容整形、出国留学、婚纱摄影等类型的企业获取用户的成本较为昂贵，获取一个进店成交用户的成本达几百元，有些甚至达两三千元，大家都在抢用户，抢来抢去，老板们会发现，还是把用户抢到自己的微信个人号上最安全。

如果创业者要开一家实体店，除了房租、工资、装修、进货等费用外，一定要有足够的预算来发展用户，把周边5km内的用户都圈进自己的微信个人号里。

商家生意不好的原因也许并不仅是商店位置不好、产品不好，主要原因之一还是经营者手里的用户太少。按照获取一个用户10元计算，5万个用户要花费50万元，很显然，任何一个店铺有5万用户支撑，生意一定会兴旺，但是很多经营者不愿意这样做。

我们一起来算笔账就清楚了。在2020年的今天，一般情况下获取一个用户花10元，已经很便宜了，花钱为自己建一个微信个人号私域流量池，确实是最划算的生意，因为请人在周边店铺做地推也是要花钱的，如送小礼物要花钱，到店打折也要折算成钱。因此备足预算，新店开业之初就获取3万～5万私域流量用户是高明的经营之道。

电商行业是中国互联网商业化起步最早的行业，也是市场最成熟、竞争最激烈的行业。随着巨头的形成，流量获取越加困难，获客成本居高不下。新崛起的美团外卖平台、抖音小视频平台，想要在上面获取流量也是越来越贵了。

【主要知识点】

1.【流量】 流量是指线上网站或线下某一特定区域的到访人数，包括线上和线下的客户访问量。

2.【私域流量】 私域流量是品牌或个人自主拥有的、可以自由控制、免费的、可多次利用的流量。

3.【公域流量】 公域流量是一个相对概念，是与私域流量相比较的一个概念。例如，一家商场开在步行街上，商场里的流量相对于步行街就是私域流量，而步行街的流量相对于商场就是公域流量。

4.【获客成本】 商家得到一个成交客户所花费的所有营销费用，包括广告费、业务员工资、推广员佣金、平台使用费等。

5.【流量池】 通过各种营销方式沉淀下来的客户信息，存放在网络媒体中并可反复使用。

【本章小结】

2.1 节　从平台获客的成本不断上升

在获客成本不断上升的现状下，商家们只能另辟蹊径，建立自己的流量池。

2.2 节　私域流量基本概念

流量严格的定义是指，线上网站或线下某一特定区域的到访人数，包括线上和线下。

私域流量，是商家可以自己去把握的流量，如抖音流量、直播流量、小程序等渠道引进的流量，统称为私域流量，目前抖音为其中非常重要的一个入口。私域的含义是，品牌或个人自主拥有的、可以自由控制、免费的、可多次利用的流量。

公域流量和私域流量并不是绝对概念，而是相对概念。从百度搜索结果里打开了京东，京东里的流量相对于百度就是私域流量，而百度的流量相对于京东就是公域流量；从天猫里打开一个网店，网店里的流量相对于天猫就是私域流量，而天猫的流量相对于网店又成了公域流量；商家的公众号流量相对于微信就是私域流量，微信的流量相对于公众号就是公域流量，但是微信的流量相对于苹果 iOS 就是私域流量。

2.3 节　私域流量的分析

新兴市场流量成本是比较低的，无论是用户获取成本还是维护成本，都比成熟市场要低很多。

2.4 节　私域流量池的作用

商家手中几十万的用户资料，应该如何复用和变现？最简单的办法是把这些存量用户导入微信个人号，这些用户不再是一批用户信息，而是一个个可以直接触达的用户了。提升用户终身价值是私域流量池的目标。

2.5 节　流量发展趋势

新媒体私域流量将被继续瓜分，导致极微私域流量的崛起。极微私域流量因为到了最小维度，离最终客户很近，“再小的个体，也有自己的品牌”已经不再是一句空话。

2.6 节　私域流量的运营途径

一般有流量入口、流量传播、流量经营、流量转化等环节。

【作业】

1. 请到朋友的美容店调研，该店获取一个客户平均需要多少成本。

2. 调研周边的朋友，每个人的微信号平均有多少好友。

3. 您本人的微信好友中，有多少人是您曾经的客户？多少人可能会成为您以后的客户？您是否将个人朋友圈和商务圈混在一个微信号中？怎样将两类人群在微信中分开管理？

第3章 chapter 3

微信平台

【关键词】 微信个人号、微信服务号、微信订阅号、企业微信、私域流量

3.1 微信平台特点

作为即时通信的微信平台，相信大家非常熟悉了。对于大多数人来说，只熟悉微信的常用功能，而个人微信、企业微信、公众号等众多营销功能，并不是很熟悉。对于社群电商的玩家，更有必要作一个全面了解。

3.1.1 信息传递多样性

微信支持文字、语音、图片、视频、表情的即时传送，支持位置分享，支持红包发送。红包金额为0.01～200元，最大不超过200元。

3.1.2 二维码识别

微信创始人、腾讯公司高级副总裁张小龙说：营销的目的是让用户感觉到爽，口碑宣传的基础是好玩。“爽”就是用户体验，比功能更容易传播。二维码帮助微信完成了这一使命，简单扫一扫，就可以添加好友，就可以关注公众号，更重要的是可以进行扫码支付。二维码在支付领域的应用为微信商业化提供了便利，同时也使用户支付体验更加流畅。

3.1.3 强关系链接

微信的本质是点对点的私密社交，是以手机通讯录和QQ好友为基础的强关系链接网络。这种基于强关系发展起来的特点，非好友无法查看他人评论等设置都保证了私密性。陌生人的言论人们可能不信，但朋友之间的信任使信息传播更加可信，如果用户信任一家企业或某一产品并为其在朋友圈宣传的话，效果会非常好。

3.2 微信营销的优势

3.2.1 定位精准

微信从诞生之日起，一直在移动互联网方向做应用，现在已有9亿多用户都在使用微信，而且大多绑定了手机号。相比其他新媒体，微信的受众群体除了数量惊人，基于强关系的链接，粉丝质量也更高。另外，微信公众号的关注用户本身可能对公司产品感兴趣，可以通过后台的用户分组和地域控制，实现精准的消息推送。

3.2.2 成本低

传统媒体宣传成本都非常高，而微信推广的成本非常低，尤其是在用户关注公众号之后，每次群发推送图文内容，都是通过计算机群发软件来进行的。用户需求的把握和公众号设计，都可以根据用户反馈和后台数据及时调整，效果不好的设计和内容可以在第一时间进行修改，修改的成本几乎为零。

3.2.3 营销到达率高

用户只要关注了某一个公众号，那么该公众号的信息，用户都会100%收到。用户数据统计分析非常便捷，微信的数据统计可以直观地看到用户数量变化趋势，及用户的性别、语言、地理分布及所占比例等特征，还可以直观看到用户接收、图文阅读、分享转发次数、原文阅读次数等。这些数据都可以为企业制订营销计划提供比较好的参考。

3.3 新人利用微信开展营销活动

3.3.1 准备工作

（1）设置好昵称。昵称是建立信任的第一个关口，在互联网社交时代，微信朋友圈作为社交最大的基石，只有信任才能建立自己的圈子，通过影响他人的行为习惯来创造价值。

（2）设置好头像。头像的设置也特别重要，可以通过头像给人留下第一印象。

（3）设置好签名。签名是非常重要的，它就是用一句话来告诉别人你的作用，可以设置品牌个性签名，巧妙地利用签名给自己打广告。

（4）设置好朋友圈封面。封面的布局和头像的布局非常类似，但是为了追求最大影响力，朋友圈的营销布局也需下一番功夫。

3.3.2 利用微信自带功能进行网络营销

1. 漂流瓶

用户可以发布语音或者文字，然后投入大海中，如果有其他用户“捞”到则可以展开对话。举办全国性的促销活动时,可借助漂流瓶发放优惠券或打折卡,再借助微信公众号、微博、论坛等引发事件,带来口碑宣传。

2. 位置签名——附近的人

借助微信基于位置的服务(Location Based Service,LBS)插件,可以搜索到半径1000m以内的微信用户。在促销活动地点、产品卖场或者人流量较大的区域,搜索附近人群,打招呼,加好友,发送活动信息。同时顾客查看招呼或信息时,微信的个性签名就是免费的广告位。

借助微信营销软件,可实现批量搜索附近的人,批量打招呼,批量"摇一摇",批量修改签名等。

3. 二维码

微信二维码是O2O模式的接入点,顾客在线下终端或者网上均可扫描二维码,获得虚拟会员卡,关注微博,进入活动页面等。二维码在线上和线下的充分利用、曝光,无论在促销端还是在推广端,都将起到巨大的作用。

终端二维码可以全方位体现产品。每一个产品的信息,及其和竞品的比较,均可制作一个二维码链接到专门的权威网站上,如百度百科、百度知道等,辅助成交,甚至不用讲解就成交。

4. "摇一摇"

在活动现场,通过微信"摇一摇"功能,实现现场抽奖,并添加好友的目的。借助微信营销软件,在活动现场或者人流量较大的地方,多账号同时摇,自定义每个微信账号的"摇一摇"次数,完美实现同一账号"摇无上限",增加品牌曝光度,实现营销机会。

5. 朋友圈

微信4.0版本以上具备朋友圈功能,可以把收到的信息或者自己的照片,分享给所有的微信好友。

通过微信公众平台收到的信息,可以分享到朋友圈中,所有好友均有机会看到,感兴趣的好友会主动加入到公众平台中。

6. 群发助手

传统营销的短信信息裂变,同样适合微信,甚至更加适合微信。通过二维码扫描,加入微信公众平台。公众平台群发图文信息或者文字信息给会员。群发信息免费,且无须手动编写信息,更有助于营销人员进行有效信息裂变。

7. 账号推荐——公众平台的推广利器

所有会员可在私人微信账号里面,将微信公众平台群发推荐给所有的好友,推广效果非常显著。

将账号推荐、群发助手、朋友圈联合公众平台推广，病毒营销必将做到极致、产生效果。

3.3.3 利用微信公众平台进行网络营销

1. 公众平台——微信线上活动

通过一对一的推送，厂商可以与“粉丝”开展个性化的互动活动，提供更加直接的互动体验。同时将活动信息通过朋友圈等分享给好友，增加会员活跃度，提高粉丝数量和质量。

2. 开启微信会员资格——O2O 模式

将所有的目标客户，通过微信公众平台，纳入会员体系，给予一定的优惠，通过扫描二维码，加入公众平台，发放电子会员卡，开拓 O2O 营销模式，定期推送专门针对会员的活动或者优惠信息。

3. 接入第三方应用

通过微信开放平台，应用开发者可以接入第三方应用，还可以将应用的 Logo 放入微信附件栏，使用户可以方便地在会话中调用第三方应用进行内容选择与分享。例如，用户可以将自己在公众平台中推送的内容分享到微信中，可以使商品得到不断传播，进而实现口碑营销，可借助微信，将内容分享到朋友圈，既宣传了活动又能提高高质量粉丝数量。

长期维护的公众平台粉丝是高质量的潜在消费者。通过微信精准地投递到目标客户手中，促销活动信息有效性大大增加。

3.4 商家微信营销方法

现在的实体企业，往往都有公众号、小程序、PC 网站、App，它们在不同的经营场景里发挥了与用户沟通的良好作用，但只有微信个人号可以把所有不同领域、不同场景、不同工具上的用户统一起来，因为微信个人号在流量世界里处在最低处，所有渠道的流量都可以流进来，它有海纳百川的能力。

商家要成功运营微信个人号，必须建立专门的微信运营部门，配备内容创作人员、活动策划人员、在线销售人员等，运营成百上千部手机，与数十万用户互动沟通。这种情况正在成为一种新趋势。

根据腾讯发布的报告，从 2019 年开始，互联网用户特点发生了一些新的变化，必须引起商家的注意。

(1) 中国的移动互联网正在向新板块迁移，在一二线城市及 18～40 岁的核心用户中，互联网红利日渐稀少。

(2) 老年网民增幅比我们想象得更大，不论是规模还是消费能力，老年网民都有可能是未来红利中最大的一个板块。

(3) 县城及农村是互联网新的热土,那里的年轻人同样习惯了熬夜,有很多需要填满的时间。

(4) 母亲身份网民群体扩大,消费导向从女性向孩子转移,这给互联网母婴、教育领域带来更大的利好。

(5) 移动支付的全面普及,将线下零售高效接入互联网体系,整个市场将进入线上线下一体化新阶段。

真正的O2O一体化新商业已经到来,微信个人号是最简单,又是最实用的营销工具。下面介绍微信个人号建立私域流量池的几个方法和注意事项。

3.4.1 花钱圈粉

不同的行业获取用户的成本不一样,民营医院、美容整形、出国留学、婚纱摄影等行业,获取一个进店成交用户的成本达几百元,有些甚至超过一千元。

我们都知道,一个商店生意好坏与地理位置、产品性价比有关,但最直接的原因是商店的客户数量多少。一家店铺,无论快餐小店还是国际品牌加盟店,如果有5万用户支撑,生意一定会兴隆。所以把周边3km内的用户都圈进店主的微信个人号里,花一些钱也是值得的。

目前百度竞价广告点击一次,有些行业的花费已经高达几十元,网民点击一次,商家未必就能永远锁住该客户。微信获得好友成本目前不会超过10元/个,而且能长期保留强联系方式,所以微信加粉,然后再进行转化,是一个获得客户的价值洼地。

现在很多企业花钱做广告去推广微信公众号,若这些企业变换思路,用做广告的钱去推广微信个人号,无论是宣传品牌还是销售产品,都会取得很好的效果。为了避开微信个人号5000人的上限,可以采用多个微信号分时段分区域投放广告。

3.4.2 主动出击加好友

所有人群聚集的场所,如公园、广场、店铺周边的街道都可以推广微信个人号。例如,有家卖老年保健鞋的电商,在300多个城市里发起针对早晨跳广场舞大妈的地推活动,不到半年时间,就加满100多个微信个人号,积累了50万微信粉丝。

开在大型商城的店铺,要想办法与购物中心的管理层取得联系,可用一年中几次大小黄金周的活动把整个商场的流量转化到自己店铺。这些人中大多数都是有很强购买力的高净值用户。

3.4.3 主动点赞、评论

很多做不好微信个人号运营的商家都抱怨发了朋友圈没有人看,担心自己的员工不够专业,不知道从何处入手。微信个人号私域流量池里最有效果的用户触点在哪里?是用户发的朋友圈!注意是客户的朋友圈,不是商家的朋友圈,也不是商家发起的私聊。

人们之所以发朋友圈,就是在等待有人点赞和评论,如果你及时出现,而且经常出现，你就是用户众多的微信好友里最贴心的朋友。所以商家应该安排员工先去给用户的朋友圈多多点赞，巧妙评论。这件事最简单，人人都会，而且最有效，哪怕一条朋友圈都不发，照样能够激活很多销售机会。

经常给用户点赞、评论，走进用户心里的人，需要有非凡的耐心和坚持。真正的微信个人号私域流量运营不只是做买卖，更是要通过用户触点改善客户关系。商家和用户之间要有高频次的互动，有彼此认可的文化符号和仪式，这才是专业的互动激活。

3.4.4 坚持每天发 10 条朋友圈

一条朋友圈的生命周期从发出被微信好友看到开始，到收获点赞和评论，再到没有任何互动结束。一条朋友圈的生命周期一般是半小时左右，因此，商家如果有内容生产能力，应该保证每隔一小时发一条朋友圈，每天发 10 条以上朋友圈。

1. 朋友圈的内容要充分体现互动性

发朋友圈不是目的，激活用户对话才是目的。朋友圈中的文字、图片和小视频，可以针对产品提问，也可以针对热点提问，总之一定要吸引用户留下评论，这样运营人员才有机会把每一次评论变成一次销售机会。

内容的好坏决定了互动性，不同类型的内容有多少人点赞和评论，做好数量统计，对获得点赞、评论多的内容进行总结分类，受欢迎的类型留下来，不受欢迎的类型坚决淘汰，以此调整内容创作方向。

2. 朋友圈的内容要做好规划

朋友圈内容要做一周 7×10 表格的预排表，把不同类型的内容放在不同的格子里，填满 70 个格子，然后按时间先后顺序生产内容，定时发布，并且统计每一条朋友圈带来的点赞、评论数量，同时还可以在不同的格子里填上转化销售收入。

3.4.5 做好用户裂变

根据微信官方公布的数据显示，70%的微信用户都有 200 个以上的微信好友。如果商家经营的微信账号有 2000 个微信好友，假定每个微信好友只推荐一两个新用户，那么商家经营的这个个人账号就会很快加满 5000 人。

我们知道，老用户推荐过来的新用户，是基于对老用户的信任，所以商家与之沟通的成本更低，成交概率更大。如果商家把加上来的每一个好友都看作是种子用户，种子用户带来新用户，这是做微信个人号必须努力实现的目标。

商家应该在朋友圈定期搞用户裂变活动，鼓励所有微信好友参加，也可以充分利用私域流量私密性的特点，跟好友单独互动。用户裂变的互动活动可以长期、持续进行。

3.4.6 做好分组标签

微信个人号本身具备功能齐全的客户管理系统，备注、分组、标签、描述、电话、照片都可以给每个好友贴上概貌标签。

标签、分组功能是一个很重要的功能，可以对每一个微信好友加多个不同的标签，详细为用户画像，如可以按性别、年龄、成交意向、地区、行业、兴趣、用户特点描述、推荐人分组等，这种结构化的标签分组方式，可方便我们在通讯录和查询里快速查找不同用户，也可以针对不同的分组用户发送不同的朋友圈内容。

用昵称的备注功能可以详尽描述当前成交状态，方便商家在给用户朋友圈点赞和评论时第一时间分辨出重点用户。

3.5 微信公众号

微信公众号可以分为订阅号、服务号和企业号，在选择微信公众号的时候，要明白这几个公众号的作用和入驻条件。

3.5.1 微信公众号类别

（1）订阅号。订阅号为媒体和个人提供一种信息传播方式，主要偏向为用户传达资讯（类似报纸杂志），主要的定位是阅读，每天可以群发一条消息。

（2）服务号。服务号为企业、机构组织的用户提供服务，主要偏向服务交互（类似银行提供服务查询），每个月只可群发4条消息。

（3）企业号。企业号已与企业微信合并，主要用于公司内部通信、移动办公。

3.5.2 微信公众号选择

（1）如果想简单地发送消息，达到宣传效果，建议选择订阅号。

（2）如果想用公众号获得更多的功能，例如开通微信支付，建议选择服务号。

（3）如果想用来管理内部企业员工、团队，对内使用，可以申请企业号。

订阅号通过微信认证资质审核后有一次升级为服务号的机会，升级成功后类型不可再变，服务号不可变更成订阅号。

3.5.3 微信公众号营销

微信公众号营销，是一个很专业的领域，需要高水平的运营团队来运营，这个团队包含编辑、美工、推广等岗位，并且需要良好的策划功底。具体需注意以下几方面。

1. 微信公众号名称

微信公众号名称方面有许多注意事项，除了精准匹配，还有关键词匹配，微信公众号的名称要包含词根，这样的公众号可以在搜索引擎中获取一定的自然排名，这种自然排名也能为商家带来部分用户。如做化妆品的公司，取名兰朵海藻泥，兰朵是公司名，海藻泥是化妆品的品类，准客户一看便明白是卖海藻泥的商家。

2. 微信公众号介绍设置

虽然微信公众号的介绍对公众号排名没有任何影响，但功能介绍也是显示到搜索结果详细页面的，直接影响用户的选择，当排名靠前的时候，有一个好的功能介绍直接影响用户关注量，而经常被选择关注的公众号会被腾讯判断为精准需求，给予更好的排名。最好的写法就是适当出现关键词，但切忌堆砌关键词，语句要通顺，有吸引力，字数在40字左右。

3. 微信公众号认证

认证的公众号排名一般都高于未认证的，这和天猫、淘宝的排名规则类似，天猫都是有营业执照的商家，而淘宝有个人的，也有商家的，但是让人感觉天猫比淘宝相对靠谱一些。对于微信公众号而言，企业认证过的，给人感觉靠谱和专业度高一些，通过认证的公众号的排名绝对排在非认证的公众号前面，这个原则是确定的，占有绝对优势。

4. 微信公众号内容

微信时代，内容为王，优质的内容才能吸引用户关注，所以，公众号的内容很重要。内容要与公众号主题内容相关，这是相关度。内容要原创，排版要漂亮，图文并茂，文章要长，这是内容质量好坏的衡量方式之一。发布内容的次数要定期，如每周五发表新内容，越有规律越好，这是用户体验的衡量标准之一。

5. 公众号粉丝活跃度

与粉丝在后台的互动很重要，这是用户黏度问题，属于更深层次的用户体验。例如，粉丝在后台的提问要及时回复，经常要有福利或者活动让粉丝在后台留言或者回复。最好还要有个微社区，经常在微社区里面调动用户的活跃度。

3.6 微信直播

网络技术经过30余年的发展，互联网开启了全新的时代篇章——5G时代。在3G时代，网民体会到了图文并茂；在4G时代，网民体会到了娱乐视频；到了5G时代，我们来到了直播为王的时代，可以轻松实现随时随地高清、无延迟、无卡顿的直播。直播本身有实时性、互动性、直接性、真实性的特点，所以说5G的到来将会进入全民直播的时代。

3.6.1 微信直播的概念

微信直播就是以小程序为载体，看客不用下载App，通过微信的关联，一键进入到自己的直播间，实现一键下单，一键分享，一键转发，一键致富的直播平台。微信直播社交电商的出现，不仅可以赋能商家、主播，还可以让很多不会直播的普通人、创业者通过推广微信直播来享受到这次5G风口的红利。

3.6.2 微信直播的优势

（1）微信直播更快速。店主直接开直播，微信好友直接观看到人、货场景。

（2）无限流量。享受微信庞大流量，朋友可直接在朋友圈群发分享，分享赚红包。

（3）实时在线互动。用户可以在直播间评论、问答等。

（4）销售更简单。通过直播销售自己的产品，也可销售直播平台的产品。

（5）粉丝黏性强。基于社群，养粉更容易。

（6）实时推送通知。每次开播都会在微信提醒，可及时观看直播，也可回看，回看同样可以留言互动，购买。

（7）分享裂变。设置商品佣金，分享直播间可以赚取佣金。

3.7 视频号

2020年，微信已增加了视频号功能。微信视频号不同于订阅号、服务号，而是一个全新的内容记录与创作平台，也是一个了解他人、了解世界的窗口。视频号的位置也不同，放在了微信的发现页内，就在朋友圈入口的下方。

视频号内容以图片和视频为主，可以发布长度不超过一分钟的视频，或者不超过9张的图片，还能带上文字和公众号文章链接，而且不需要PC端后台，可以直接在手机上发布。视频号支持点赞、评论进行互动，也可以转发到朋友圈、聊天场景，与好友分享。

3.7.1 微信视频号和朋友圈小视频的区别

朋友圈小视频主要是分享自己的一些日常生活、美食、亲子的内容，也就是展示我们日常生活的碎片化内容。而视频号，因为现在可以发一分钟的视频，相对门槛高一点，针对一些短视频内容创作者，可以根据网民的一些特长发布一些精心制作、具有一定知识科普性的内容。随着视频剪辑工具的普及，视频制作的门槛将进一步降低，未来肯定会涌现更多的短视频内容创作者。

3.7.2 微信视频号和公众号的区别

微信公众号是图文创作平台，视频号是短视频内容创作的平台，二者的功能就是丰富微信的内容生态，让大家社交分享的时候有优质内容。

与公众号相比，短视频创作的门槛更低，但是生产优质内容却比图文要难得多。现在，视频号的内容，可以附带公众号的链接，二者之间可以流量互通。视频号和公众号有一个共同点，就是二者都很简洁，只有一个发布框。

3.7.3 微信视频号与抖音、快手的区别

抖音更偏向娱乐和剧场类内容，抖音已经拥有4亿日活，在泛娱乐领域已经确立了

自己的地位，其优势将会继续保持；快手也获得3亿日活，在下沉市场也站稳了脚跟，它的领域别人也很难竞争；而目前微信的视频号，则更加偏向于轻知识和资讯类内容，未来短视频很可能在该领域得三分天下。网民可根据具体情况选择相关领域。

抖音、快手、微信视频号都在使用推荐算法，但又有细微的差别。抖音的运营能力很强，通过算法把最优质的内容筛选出来，内容非常具有爆发力，所以打开抖音，系统上推荐的内容多是百万级的点赞量，而快手上“发现”的视频基本维持在几万至几十万级别。短视频的用户主要分成两类：一类是看视频的用户，一类是内容创作者。抖音是“用户导向”，而快手则是“创作者导向”。在抖音“高热度不断提高曝光机会”，头部创作者集中大量用户注意力，这种中心化让普通创作者、草根创作者望而却步。

快手的算法为了内容分发的去中心化进行了流量调控，则将头部内容流量限制在30%左右，70%流量分配给中长尾内容，就是想强化创作者导向和社区属性。对于一个短视频平台而言，用户导向的平台，具有很强的媒体属性，基本上用户喜欢什么，平台就给你推荐什么。而对于一个创作者导向的平台，社区属性就会更强一些，这就是为什么快手上会有“老铁经济粉丝”。

但是，推荐算法在内容分发上很难实现真正的公平和去中心化。而人的审美、趣味和需求又是多维度的，既需要那种让网民感觉非常爽的内容，也需要更高层次的内容。就像马斯洛的需求层次理论一样，人既要满足最基本的生理需求，也需要有社交尊重、价值实现等更高层次的需求。

像快手、抖音上的美女、美食、搞笑、娱乐、旅游这种直接的感官刺激的泛娱乐内容，通过算法就可以简单地实现推荐，大家在快手、抖音上都可以得到满足；而对于价值较高的趣味爱好，如创业、投资、学习等，这种内容不能直接依赖机器分享，而是需要社交关系圈去做一些推荐和筛选，原理就是社交推荐在理论上可以修正算法的单一化，让内容更加丰富和多维度。因此，视频号是最有可能实现内容去中心分发的平台。

3.8 企业微信号

2019年12月，企业微信3.0正式发布，完成了与微信个人号的全面互通，个人微信能做到的事情，企业微信大部分都能做到，还有很多个人微信做不到的事情，企业微信也能够做到。企业微信已经成为市面上合法且功能丰富的私域流量运营工具。

3.8.1 企业微信的重要性

微信把商业属性和社交属性分离开来，由企业微信承担商业属性，微信个人号将逐步回归到纯净的社交领域。

从外部获取流量是企业微信的必由之路，商业中每一个B(商家)一定是对应着若干个C(客户)，而每一个C肯定又会是对应若干个B，帮助B锁住这些C，或者为C找到他们所需要的B，这是腾讯系产业中最大的想象空间。无论是用C找B，还是用B连接C，企业微信无论如何都绕不开拥有流量第一宝座的微信生态。

商家一直希望在成熟微信生态换取利润，微信个人号的用户又不愿意自己被广告打扰。这一不可调和的矛盾一直伴随着微信发展。朋友圈的广告满天飞，微信群的外链封杀，这9亿多微信用户和商业之间的平衡点究竟在哪里？企业微信成功充当了微信和商业之间的缓冲器。

企业微信现在的定位已经非常清晰，将来会去连接微信9亿多的流量，通过企业微信去准确地触达B端企业的目标客户。企业微信在后端连接到了企业内部，同时还是一款内部高效办公的IM工具，在外部连接到了微信生态，以最高效额方式建立自己潜在的规模化流量池。

企业成员的好友关系属于企业，员工离职不能转走。带不走，意味着是好友关系的资产化和资本化。

3.8.2 企业微信新功能

1. 客户朋友圈

(1) 成员可发表内容到客户的朋友圈，告知客户活动信息、产品动态。

(2) 企业可查看成员发表的内容，也可统一创建内容，成员确认后发表到客户的朋友圈。

2. 客户群与好友

(1) 成员可创建包含微信用户的客户群，在群内进行服务，同时群聊人数上限提升至100人。

(2) 成员可为客户群配置一条欢迎语，当有新成员加入群聊时，系统将自动发送这条欢迎语。

(3) 企业可查看并管理成员的客户群、对离职成员的客户群再分配，企业资产不流失。

(4) 企业可通过群聊数据统计查看客户群数据，掌握成员服务情况。

(5) 企业微信成员可以加微信个人号，且好友数量不限。

3. 集成多款效率工具

(1) 日程。可快速向同事发起日程邀约、将聊天中的工作添加为日程，并在日程中统一管理自己的工作安排。支持多终端同步及同步手机系统日历。在聊天中使用“约时间”功能，可查看群成员的日程，选择大家的有空时间发起时间邀约。成员投票后，还可快速基于此时间发起日程。

(2) 会议。进入工作台——会议应用，可随时随地发起和参与音视频会议。支持25人同时参会，并为主持人提供了一些管理功能。发言的同时还可向参会同事演示文档或计算机屏幕，并支持实时标注演示的内容，会议沟通更清晰。群聊发起多人通话，最多可以选择25人，超过9人时将自动转为会议发起。

(3) 微文档。可个人创作或与同事共同编辑的文档和表格，企业和创作者可设置文档的内外部访问权限、文档水印。文档修改实时更新，同事间共享无须多次传输。

（4）微盘。可与同事们创建共享空间，文件修改实时同步，每次打开都是最新版本。可为指定部门、成员设置浏览或编辑的权限，管理更灵活。统一存储企业文件，支持成员操作审计，保障企业数据安全。

4. 基础 OA 应用优化

（1）打卡。手机打卡支持人脸识别，自动校验员工身份，打卡更可靠。管理员可配置下班提醒时间，减少多余提醒。

（2）审批。管理员可在管理后台为审批模板进行分组和排序，分类展示，方便提交和查看。可以创建班级群，邀请家校通讯录中的家长进群与老师沟通。

企业微信经过轮番升级后，已经与微信个人号有一致的沟通体验感，简单易用，零成本上手，具体功能有：可以添加客户的微信；可以通过单聊、百人群聊，向客户提供服务；可以发表内容到客户的微信朋友圈；可以使用小程序，具有支付能力等。企业微信的具体功能可以到网站 https://work.weixin.qq.com/做详细了解，本书不做一一介绍。

3.9 微信号的管理方法

微信个人号里的好友是公司的客户或者潜在客户，是公司的命脉，其账号安全是头等大事，因此账号的管理工作不容小觑，否则将会给企业带来不可估量的损失。

3.9.1 明确微信账号的产权

微信个人号私域流量的产权，包括手机固定资产、账号资产和用户资产 3 部分，其中最值钱的是用户资产。

从目前市场行情来看，一个发生过在线支付的网络客户，估值可以达到 500 元以上。因此一个拥有 5000 个客户好友的微信个人号，估值最高可以达到二三百万元。

如果从销售收入的角度估值，平均每一个用户每一年复购一次，平均每次 100 元，按 20%的毛利计算，一个拥有 5000 客户好友的微信个人号，一年的收入可以达到 50 万元，毛利 20 万元。

因此，商家应该投入资金用于①购买手机，②购买手机号申请微信号，③购买流量包。交给员工做销售和客户服务之用，并明确手机中客户资源属于公司，员工不得将资源分享给别人，也不得将资源用于工作以外的生意。员工离职时收回手机，人力资源部门立即更改密码，转给新接手员工。公司老板切忌为了省钱，用员工的微信号加入公司客户资源，使得公私不分，表面上省了几千元，一旦员工离职，实际上将损失几十万、几百万元。

3.9.2 谨慎建群

社群电商是这几年的发展趋势，但社群电商不等于在微信群里做营销。如果随意拉人建一个微信大群，然后开始在群里做销售，效果一定不会好到哪里。盲目建微信群，会有以下几个弊病。

（1）乱发广告。有人在微信群里乱发广告，而且群主无法预知谁会在群里发违反相关法律法规的不当言论。一旦有这类事件发生，不但群会被封掉，群主还可能要承担法律责任。

（2）生命周期短。微信群通常是刚开始热闹，以后就逐渐冷却下来，最终变成死群。因此，如果确实要建群，快速建群，快速解散，用完即走，解散前让群成员都添加群主微信个人号。

（3）客户抱团。商家没有义务和责任为用户相互认识而建群，如果用户在群里认识并相互添加了好友，很有可能因痛诉各自对产品的不满而放大对产品的负面印象。

（4）劫持流量。有些别有用心的人会组团进群打劫群流量，他们会相互配合、“吹吹打打”把用户骗走。

因此，商家一般不宜建大群，只鼓励建小群，可以为每一个用户都建一个专属服务的VIP小群，群里除了用户，都是企业各岗位的服务人员，老板最好也在每一个VIP小群里，这样能随时掌握客户情况。老板不一定非要加每一个用户为好友，也不一定非要在VIP小群里亮明身份并发言。

3.9.3 避免封号

近年来，微信官方对微信个人号的管理愈加严格，如果经营了几年的微信账号被封，就等于是客户资源被判了“死刑”，企业会损失惨重。

因此，商家要严禁使用微信个人号从事各种违法活动，例如售卖野生动物制品、催情迷药、非法保健品、非法销售药品、淫秽色情相关产品，以及违法办证、贩卖公民个人隐私、进行传销等，也不要使用各类非法工具或外挂软件。

为了保证微信个人号的安全，应该做到以下几点。

（1）一部手机装一个微信，不要使用第三方软件进行微信多开（多开是指一部手机利用软件装多个微信号）。

（2）一个微信对应一个手机号，不要使用虚拟手机号申请微信号。

（3）一个手机号使用一个流量包，不要使用WiFi流量，因为微信的安全机制会扫描手机识别码，也会扫描WiFi设备。

（4）把每一个微信账号都进行实名认证，绑定银行卡，建议可以购买微信支付里的理财通产品，这样可以降低被封号的概率。

（5）使用微信要做到真人真机真动作，通过微信官网获取微信官方版本客户端，不要使用经过任何修改的微信软件。

（6）不要使用各类非法工具、插件或外挂软件。

（7）不要频繁主动添加微信好友，包括用手机号添加、扫码添加，进微信群添加。

（8）不要频繁群发消息骚扰用户，24小时以内发红包次数不要超过100个。

（9）不要同一台手机频繁登录不同的微信号，同一台手机多开不同的微信号，是有极高被封号风险的。

（10）不要使用微信账号为淘宝、天猫店铺刷单，反复提及微信和阿里巴巴的账号也有被封号的可能，另外，炒股群、荐股群、利用微信做资金盘也会成为被严加监控的对象。

3.9.4 避免账号老化

随着时间的推移，用户的需求会发生变化，微信号上的成交会减少，会产生账号老化现象。至于如何避免微信个人号老化，可以尝试以下几个办法。

（1）推出新的产品。在微信个人号里做新品测试，多收集用户的反馈意见。

（2）推出新的朋友圈活动，吸引用户参与，增加对用户朋友圈的点赞和评论。

（3）持续做用户分层，筛选出 VIP 用户、忠实用户、粉丝用户和沉默用户，并适当删除沉默用户，为微信个人号腾出位置。

（4）不断从新渠道获取新用户，用新的微信个人号摸索新用户的需求，鼓励老用户推荐新好友，为账号注入新鲜血液。

创新互动方法，除旧立新，是从根本上解决账号老化的方法。

【问答】

1. 为什么不要在朋友圈里转发公众号文章？

微信公众号文章需要用户点击查看，这不仅是一次链接跳转，更是用户注意力的跳转。一般情况下，有 80%以上的跳转再也回不到原来的起点，这对商家来说是一种损失，会让好不容易吸引过来的用户注意力分散。商家如果确实要引用微信公众号文章，可以选取文章里的图片和几行文字，发起一个小话题，这样可以避免用户注意力跳转，从而创造直接在朋友圈评论里与用户对话沟通的机会。

2. 微信个人号推荐团购为什么更容易成功？

因为购买首先来自于客户对运营者推荐的产品和服务的信任，其次客户的购买会引发客户的推荐，从而影响到更多的人。最重要的是，微信个人号可以通过私密性带给用户专属特权的购买体验。

3. 为什么让微信好友去天猫刷单是不可取的？

运营者跟微信好友之间正常的关系是“卖方”与“买方”的关系。刷单则是一门生意，需要运营者付费给用户，把原本的成交关系颠倒过来，对客户关系是巨大的破坏，失去了挖掘复购和用户推荐的机会，得不偿失。

天猫电商往往“鄙视”微信电商，却又喜欢用微信个人号好友去给天猫店铺刷单，这是害人害己的运营思路，会被微信封号，也会被用户抛弃，浪费运营的时间和金钱。

微信里放上店铺微信二维码，加微信好友、给好评返现 3～5 元红包。但是目前阿里巴巴官网指出邮件里放微信二维码是违规行为，那么变通的做法是采用智能电话自动回拨，用电话语音配合短信回访已购买用户，并引导用户添加店铺微信。有了微信个人号流量池，电商才有真正的经营自主权。

4. 新项目开张要留多少预算用于获取微信好友?

一个实体店铺,如果有5万周边住户是微信个人好友,不愁没生意。按照目前市场行情,每获一个好友花费3~10元,不同行业成本有所不同,细分行业的粉丝成本要高出很多。因此,新开商店,至少获取1万微信粉丝,需要10万元预算。开实体店生意不好的根本原因是没有激活用户,因此,没有必要把所有的钱用于装修和进货。

5. 为什么商店经理一定要与客户同框,多多亮相?

商家要始终与用户在一起,商店负责人与客户同框的合影发到朋友圈,不仅是刷存在感、让更多用户记住你,更重要的是让其他好友知道店铺在不断产生销量。

6. 微信运营的员工为什么要定期轮换岗位?

微信个人号运营主要有两个岗位,一个是内容岗位,一个是销售岗位。以微信聊天为主的销售岗位转岗去从事内容创作,可以把销售时跟用户打交道的心态把握得更清楚,知道哪些"痛点"是能打动用户的,从而把更多成交时的"客户见证"变成内容,影响更多用户。以内容创作为主的内容岗位,其主要工作是靠撰写内容吸引用户,在朋友圈里与粉丝相互点赞和评论,创造销售机会。这些内容有文字、图片、视频等媒体形式。销售离钱更近,内容离人更近,这两个岗位需要密切配合,1~3个月轮换一次。

7. 怎样把10个微信好友裂变成100个微信好友?

在微信朋友圈里做点赞活动,发动10个种子用户来给用户自己投票,获得点赞数量最多的种子用户送奖品,这是一种低成本高效率的裂变方法。因为种子用户发动亲朋好友来点赞的前提就是先与运营者添加好友。一般情况下,每个种子用户人均能推荐10个好友,10个种子用户可推荐100个以上好友。

8. 亏本的商家应该首先从哪里找原因?

应该首先从客户的数量找原因。传统营销理论只强调产品、价格、渠道和促销等要素。在移动互联网时代,要素的权重发生了变化,只有客户才是决定生意好坏的最根本因素。今天,即使是最传统的街头餐饮生意,除了饭菜好吃、价格合理外,还需要用微信连接足够多的客户。如果赔钱了,一定要先关注用户数量是不是变少了。

9. 是否可以花钱收购同行的微信个人号?

如果价格合理,一定要收购。目前行情大概是10万粉丝的微信个人号价值为10万~20万元,就是一个粉丝大概一两元。同行的微信号有一定数量的微信好友,这是宝贵的财富,同行做不好,主要是不懂得关系运营的技巧,不懂内容输出。收购的微信个人号要重新做角色定位,重新做好内容互动。商家不必担心微信角色转换后的影响,微信个人号不是公众平台,换人换角色没有多大影响,无须公开解释,只需要向有疑问的用户解释一句"换了经理",大家都能理解。

10. 二维码有什么特点?

二维码是一个矩阵式的图片，包含了商品信息和加密信息，如图3.1所示。

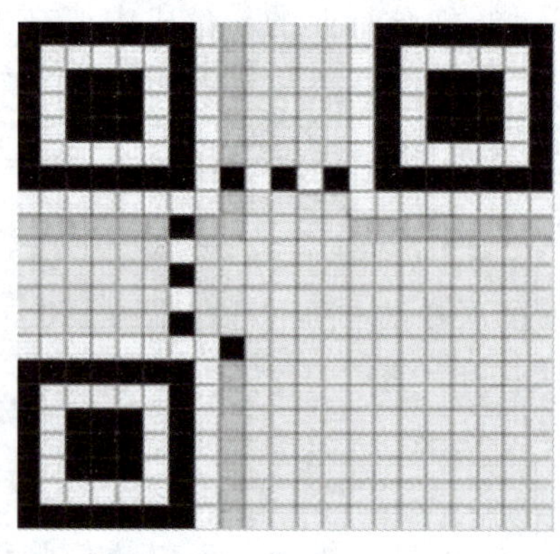

图3.1 二维码示意图

二维码的使用方式主要如下。

(1) 商家将二维码通过彩信发到用户手机上，用户使用时通过设在服务网点的专用读取设备对手机上的二维码图像进行识读认证，作为交易或身份识别的凭证来支撑各种应用。

(2) 用户在手机上安装二维码客户端，使用手机拍摄或扫描媒体、报纸等上面印刷的二维码图片，获取二维码所存储内容并触发相关应用，如名片识读、拨打电话等多种关联操作。微信软件就包含对二维码的识别功能。

二维码的应用主要有：

(1) 信息获取(名片、地图、WiFi 密码、资料)。

(2) 网站跳转(跳转到微博、网站)。

(3) 广告推送(用户扫码，直接浏览商家推送的视频、音频广告)。

(4) 手机电商(用户扫码，手机直接购物下单)。

(5) 优惠促销(用户扫码，下载电子优惠券，抽奖)。

(6) 会员管理(用户手机上获取电子会员信息和 VIP 服务)。

11. 怎样给视频号的内容加上封面和字幕?

推荐视频编辑软件“剪映”，它是一款抖音旗下的产品，容易上手，可以非常方便地给视频加上封面和字幕，这个软件还有一个字幕识别功能，导入视频之后，可以自动识别字幕，如果普通话标准，基本不用修改。它还有一个非常强大的功能，就是为视频配音，让视频更加有活力。

12. 微信企业号能做视频号吗?

视频号与微信个人号是一体的，企业或者机构也应通过个人微信号来申请，但认证的主体是企业。

【主要知识点】

1.【微信订阅号】 为媒体和个人提供一种信息传播方式，主要偏向为用户传达资讯(类似报纸杂志)，主要的定位是阅读，每天可以群发一条消息。

2.【微信服务号】 为企业、机构组织的用户提供服务，主要偏向服务交互(类似银行提供查询服务)，每个月只可群发4条消息。

3.【企业微信】 主要用于公司内部通信、移动办公，2019年已经与微信个人号实现全面互联互通。

4.【微信多开】 微信官方只能允许一部手机同时运行两个微信号，微信多开是指一部手机利用第三方软件装两个以上微信号。

5.【微信公众号】 微信公众号是微信订阅号和微信服务号的统称。

6.【无线营销】 无线营销(wireless marketing)也称作手机互动营销或移动营销，它是利用以手机为主要传播平台的第五媒体，直接向“分众目标受众”定向和精确地传递个性化即时信息，通过与消费者的信息互动达到市场沟通的目标。

【本章小结】

3.1节 微信平台特点

微信的本质是点对点的私密社交，是以手机通讯录和QQ好友为基础的强关系链接网络。

3.2节 微信营销的优势

微信具有定位精准、营销成本低、营销到达率高的优势，它从诞生之日起，一直在移动互联网方向做应用，现在已有9亿多用户都在使用微信，而且大多绑定了手机号，其受众群体数量大、质量高。

3.3节 新人利用微信开展营销活动

应设置好昵称、头像、签名、朋友圈封面等微信基本功能。

3.4节 商家微信营销方法

商家要成功运营微信个人号，必须建立专门的微信运营部门，配备内容创作人员、活动策划人员、在线销售人员等，运营成百上千部手机，与数十万用户互动沟通。

3.5节 微信公众号

(1) 订阅号。为媒体和个人提供一种信息传播方式，主要偏向为用户传达资讯(类似报纸杂志)，主要的定位是阅读，每天可以群发1条消息。

(2) 服务号。为企业、机构组织的用户提供服务，主要偏向服务交互(类似银行提供查询服务)，每个月只可群发4条消息。

(3) 企业号。企业号已与企业微信合并，主要用于公司内部通讯、移动办公。

3.6节 微信直播

5G时代，我们来到了直播为王的时代。微信直播就是以小程序为载体，看客不用下载App，通过微信的关联一键进入到自己的直播间，实现一键下单、一键分享、一键转发、一键致富的直播平台。

3.7 节 视频号

视频号内容以图片和视频为主，可以发布长度不超过一分钟的视频，或者不超过9张的图片，还能带上文字和公众号文章链接，而且不需要PC端后台，可以直接在手机上发布。视频号支持点赞、评论进行互动，也可以转发到朋友圈或聊天场景，与好友分享。

3.8 节 企业微信号

微信把商业属性和社交属性分离开来，由企业微信承担商业属性，微信个人号将逐步回归到纯净的社交属性。

企业微信3.0正式发布，完成了与微信个人号的全面互通，个人微信能做到的事情，企业微信大部分都能做到，还有很多个人微信做不到事情，企业微信也能够做到。企业微信已经成为市面上合法且功能丰富的私域流量运营工具。

3.9 节 微信号的管理方法

公司经营者要明确微信账号的产权，切忌为了省钱，用员工的微信号加入公司客户资源，使得公私不分。

【作业】

1. 盲目建微信大群，会有以下________个弊病：①________②________③________④________。

2. 商家应该投入资金用于①购买手机；②购买手机号，申请微信号；③购买流量包。交给员工做销售和客户服务之用，并明确手机中________属于________，员工不得将资源分享给别人，也不得将资源用于工作________的生意。员工离职时________，人力资源部门立即更改________，转给新接手员工。

3. 为了保证微信个人号的安全，应该做到一部手机装________微信，不要使用第三方软件进行微信多开；一个微信对应________手机号，不要使用虚拟手机号申请微信号；一个手机号使用一个________。

4. 成员可创建包含________的客户群，在群内进行服务，同时群聊人数上限提升至________人。

5. 请比较企业微信与钉钉的功能相同点和不同点，谈谈哪个更有利于建立私域流量池。

6. 微信官方对微信的管理规则越来越严，而且不断变换。商家要长期安全地经营微信个人号流量池，只要坚持一条规则，那就是只做________。

7. 以微信为代表的移动互联网时代，我们把微信个人号的好友称为微信________。

8. 如果运营商有商店，无论是在线商店还是线下商店，都必须注意将进入商店的用户转变为________。

9. 标签分组功能是一个很重要的功能，可以对每一个微信好友加多个不同的标签，详细为用户画像，如可以按________分组、按________分组、按________意向分组、按________分组、按________分组、按________分组、按________特点描述分组、按推荐人分组等等。

10. 人们之所以发朋友圈，就是在等待有人________和________，如果你及时出现，而且经常出现，你就是用户众多的微信好友里最贴心的朋友。

11. 客户触点的场景可能是：偶尔路过门店、看到广告彩页、搜索关键词、浏览电商详情页等，用户触点很可能是一触即开，转瞬即逝，________形成品牌记忆，因此商家要想尽办法把客户变成________。

12. 公众号营销

以班级为单位，建立一个微信公众号，并且确定一个主题，每个同学都尽力宣传该公众号，安排同学轮流值班，发布主题内容，并且回答粉丝问题。经过一个学期的努力，看看该公众号的粉丝能否到达10万人。由于微信的操作方法已在当代青年中普及，所以操作步骤不再赘述，重点是看如何吸引最大量的粉丝，而且是忠实的粉丝。

第4章 chapter 4

社群裂变

【关键词】 社群、社群裂变、KOL、流量

裂变营销可以说是伴随互联网行业快速发展应运而生的产物，因为在这个快节奏的时代，大部分企业已经没有条件再花数年的时间打造一个口碑老店，在各项成本都逐年增加的情况下，做生意如果不能迅速地获客，往往就会死亡。只有借助互联网工具和营销手段，商家的产品和服务才能通过用户的分享和互联网的关系链传遍全国，这是一种成本相对较低的获客方式，比较适合营销费用并不充裕的中小企业。

4.1 社群裂变的概念

4.1.1 裂变的追溯

早期接触互联网行业的网民，大多是做PC端电子商务的。他们开发PC端购物网站，并做好百度网站的SEO优化工作，保证用户在搜索产品关键词的时候能轻松地找到网站。考虑到有很多用户会直接上淘宝网搜索产品，商家也会同时把产品信息上传到淘宝网，并在站内设置好产品关键词，保证用户在搜索产品关键词的时候，很容易就能找到相关产品。在做好产品信息上传和关键词优化后，接下来就是引流的问题。商家一般采用的主要方式是在论坛里发布各种推广产品的软文，通过宣传产品的卖点来吸引用户，感兴趣的用户就会在百度或淘宝网搜索产品的关键词，从而找到商家的产品或店铺，进而产生购买行为。

这就是互联网行业最常见、最传统的产品销售流程，通过投放广告招揽用户，用户点击广告，跳转到产品页面了解相关信息，最终产生购买行为或者关掉页面。从商家广告投放到最终用户形成购买的过程中，大量的用户流失了。这是因为很多用户关掉购买页面后，商家就再也找不到这个用户了。而事实上，每个点击广告的用户都是潜在目标用户，都有购买产品的可能，只是他们现在暂时没有产生购买需求，但这并不代表这些用户在未来不会购买产品，可最终的结果却是可能会购买产品的用户流失了，而流失则意味着商家再也没有转化成交的机会。

对此，解决方法是将所有点击的用户沉淀下来，再对用户进行不断的培养和宣传，最终促成交易。只有这样，商家为促使用户点击所付出的广告成本才是有价值的，短时间

内的得失就变得没那么重要了。只要用户有需求，即使今天没有购买，通过不断培养和宣传，未来购买的可能性也是非常大的，只要保证用户需要购买产品的时候能找到商家或商家的产品就行了。

在移动互联网时期，最大的改变就是将之前点击的方式变成了关注微信公众号，用户关注之后，微信公众号自动向用户推送商品的链接介绍和购买地址，这样用户既关注了微信公众号，又可以购买产品。通过微信公众号，还能对用户进行跟踪，如用户点击了哪些商品，查看了哪些信息，关注了哪些内容，参加了组织的 哪些活动，针对不同的用户，可以制订不同的营销策略，从而实现转化的最大化，只要这个用户没有取消关注，就有转化的可能。

4.1.2 裂变的定义

在互联网普及以前，每个人能影响的人群只有身边的亲朋好友，每个人的影响力都非常有限。而在移动互联网时代，人们能很容易地与和自己拥有共同爱好或利益相关的人进行连接，形成一个虚拟的社交网络。每个人都是一个传播的媒介，也连接着各种形形色色的人和圈子，而人与人之间的口碑传播，总是要比某些组织或平台推送的信息更令人信服。

在社交媒体时代，大部分成功的营销活动都是依靠消费者之间的互相推荐完成的，而企业要做的仅仅是充分利用个体的力量，激发每个消费者进行自主传播，最终实现产品的全面传播。

互联网行业中的裂变，是基于用户社交圈的裂变，通过社交工具在用户自有的圈子里进行一次或多次传播，在很短时间内形成用户介绍用户的目的，从而在短时间内实现大量的用户及销售额的增长。社交裂变营销得以实现的基础是社交媒体的出现，人与人之间不再是简单的单向或双向沟通，而是形成了一张巨大的关系网，有了关系网后，裂变就随之产生。

4.1.3 裂变传播原理

裂变传播通常有 3 个要素：传播源、激发层、裂变层。传播源通常是发出活动信息的渠道，如该企业的公众号、微博、微信群、朋友圈等渠道，我们称之为 A；激发层主要是种子用户，包括 A 的员工、忠实粉丝、朋友、KOL（意见领袖），我们称之为 B；裂变层则是 B 的亲朋好友、忠实粉丝等能和 B 产生关系的人，我们称之为 C。

裂变传播路径如图 4.1 所示，从 A 到 B，再从 B 到 C。如果一个裂变活动是成功的，那么裂变的层级可能会有无数层，它能激发用户一直传播下去。而且，越往下传播，因为基数的增大，增长会越来越快，也就是呈指数级增长。但是绝大部分的裂变活动，可能在第四层就结束了，当 C 转发后没有在各自的朋友圈形成再次分享，传播就会中断，裂变就此结束，也就形成不了规模性的影响。

在裂变营销中，最关键的一环是用户的自主传播，那么怎样才能引发传播？用户转发信息的动机是什么？为什么用户会自愿帮助传播呢？这最主要的因素是利益诱导。

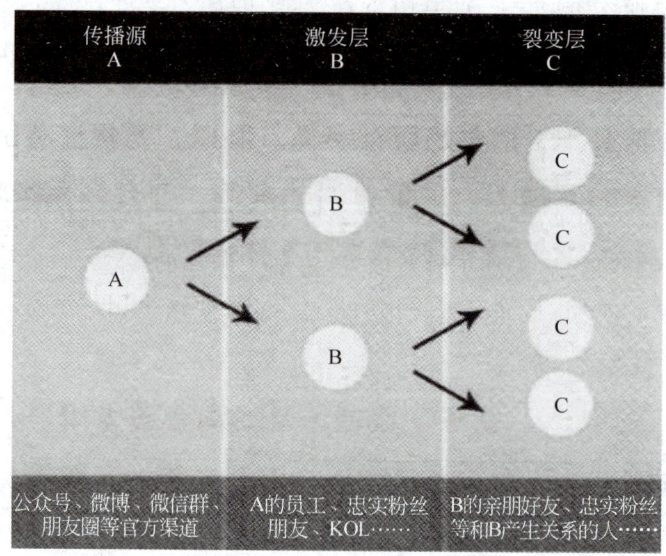

图 4.1 裂变传播路径

利益诱导是人们最常用的方式，如转发领红包、领电子书、领礼品，朋友购买有提成等，这是利用了用户“占便宜”的心理。但是，利益诱导的缺点是其带来的用户忠诚度很低，这些用户极有可能领完奖品就走了，用户的留存率低。所以，要想提高留存率，还需要在利益诱导的基础上，尽量让活动有趣，并且和品牌高度契合，不然一场活动做完，人们可能根本记不住品牌。

接下来，以拼多多为例来详细说明。拼多多的主要用户群体喜欢用低价购买货品，所以无论是拼多多的微信公众号推文还是各种活动形式，都非常简单直接。当用户看到“砍价可以免费拿”的链接之后，一边带着好奇心，一边抱着占便宜的心理去点开。无论出于什么目的，用户愿意点开就代表活动有吸引力。点开之后用户发现真的可以砍价，于是兴致勃勃地分享出去，看着价格越低就越兴奋：为了砍到0元，会不停地邀请好友帮忙。这期间的每一次分享都是一次传播，这就是活动的传播力。最后，如果用户成功砍到了0元，那么下次还会继续参与，就算没砍到0元，价格也很低了，用户还是愿意下单购买。在整个传播过程中，平台也推荐了很多其他便宜的商品，也发放了一些优惠券，用户看到后就会发现这也想要那也想要，不知不觉下单买了很多，这是最厉害的转化能力。至此，整个活动流程结束时，就实现了很好的转化。

4.1.4 裂变的推动机制

裂变的推动机制一般设计为两层推动机制。常见的裂变活动一般是这样的：商家发起一个活动，然后由公司内部人员在朋友圈进行分享，有人看到这个活动的海报便报名参加了活动(即为第一批用户)，他们在朋友圈进行了分享并且引来了第二批用户，这时就形成了第一层裂变(公司内部人员分享裂变不算在内)。也就是说，截至目前，裂变活动已经达到了传播的目的。但第二批用户是否会进行下一步裂变是不受控制的，大部分的裂变活动没有考虑到第二批用户的传播动力。

这时候，我们就需要设置一个两层推动的机制，让第一批用户来影响第二批用户的裂变，将双方的利益在一定程度上进行捆绑，进而让第一批用户去推动第二层用户进行裂变。

例如，我们可以组建一个团长团。参与活动的用户需要招10个团长，如果招够数量的话，用户可以得到一定的奖励。但是如果用户想得到更大的奖励，除了要招够10个团长外，还需要这10个团长中起码有3个人，也招够了10个团长。双重的奖励机制，让参与的用户有充足的动力引导下一层的用户进行裂变，就这样一层一层地推动，只要诱饵设置得足够有吸引力，裂变活动就能保持较高的概率持续裂变下去。

4.1.5 适合裂变的高频低价产品

网民去逛实体商场的时候，应该不难发现，所有商场里的超市，都不是一进门就能看见的，通常要在商场里走好久才能找到超市入口。这就是一个很典型的以高频带动低频的例子。逛超市的行为属于经常性的活动，如果在人们去超市的路上开设一些低频消费的门店，如服装店、美甲店、珠宝店等，人们经过的时候，或许就会产生消费行为。

在线上，商家裂变活动的最终实现都需要让用户去分享，然后再带动这个用户圈子里的其他用户去分享。但是，分享只解决了传播的问题，并没有解决用户到店的问题。无论是线上还是线下，都要让用户先去“店里”才能进一步去转化，促成购买。如果两个裂变活动，一个达成了一万次传播，最终成交了10单，另一个达成了一千次传播，最终成交了100单，那我们肯定毫不犹豫选择第二个活动。所以，筛选出高质量用户显得尤为重要。我们不需要过多的低质量用户来消耗为数不多的资源，要的是实打实的成交量。要想实现较好的传播效果，所投入的产品必须是高频次、低客单价的产品，如花20元买张代金券，花69元买个游乐场的20次使用卡。高频次意味着用户要经常消费，决策时不用过多犹豫是否用得上；低客单价意味着决策门槛低，不用担心万一买不好怎么办、能不能退等一系列问题。

如果在高频次、低客单价的基础上再加一个“刚需”的条件，对于传播就会更加有利。无论是线上还是线下，通常都会拿高频、低价产品去做流量池来带动低频产品的消费。

4.2 裂变方式

裂变活动经常使用的操作方法包括口碑裂变、拼团裂变、邀请裂变、助力裂变、分享裂变等。在具体的实践过程中，由于行业不同、产品不同，需要采用的裂变方式也是不同的。因此，我们应该根据产品的属性、优势及自身拥有的资源，来选择合适的裂变方式。

4.2.1 “老带新”裂变

“老带新”即老用户邀请新用户，平台会给一方或者双方奖励。目前，大部分平台都是同时给邀请方和被邀请方奖励，在邀请方发送邀请链接时，相当于分享了一件互惠互利的事,而不是纯粹请求帮忙,双方也就更容易接受。

最典型的案例是瑞幸咖啡,老用户邀请新用户,双方可以各得一杯咖啡;还有滴滴出行的老用户邀请新用户,也是双方同时获得打车优惠券,让推荐者与被推荐者都能获利,才能让裂变持续下去。

4.2.2 分享领红包裂变

分享领红包裂变形式是从外卖行业兴起的,即如果使用过美团外卖或饿了么,会发现在完成一笔订单后,平台会给你发一个红包,但是这个红包必须做分享后才能领,红包可用于下次消费抵扣现金。

对于经常点外卖的城市白领人群来说,一顿饭需要花费几十元,每次分享都有机会得到大额红包还是挺有吸引力的。活动设计的巧妙之处就在于,用户如果想领到金额最大的红包,就必须分享给朋友帮忙把前面的名额都领完,自己来领最后一个大红包,这样一来,拉新的目的就实现了。

4.2.3 砍价裂变

砍价是很常见的裂变方法,用户为了能以极低的价格购买到商品,可以邀请好友帮忙砍价,一个人能砍掉多少是随机的,所以用户需要分享给很多人,直至砍到最低价格。不过,这种裂变方式有一个明显的缺点,即大家都只是砍价,能被转化的人寥寥无几。于是后来的砍价活动在此基础上对玩法进行了升级,例如,在砍第二次价格时需要关注公众号,而且系统会设置如果每人都是只砍一次价格,就无法砍到最低价,这样就会驱动用户去引导他的朋友关注公众号再砍一次。

砍价活动一般在电商平台应用比较多,当然,砍价也有另外一种形式——助力,助力与砍价的原理一样,只是呈现形式略有不同。助力通常出现在想要得到某种权益或礼物的时候,邀请朋友助力,因为这些东西往往不是用价格衡量的,所以不能叫砍价,而叫助力。

4.2.4 拼团裂变

拼团的典型代表是拼多多,也正是拼团的裂变模式让拼多多迅速获取了大量用户。具体形式是:用户发起拼团活动并邀请好友一起参团,组团成功后即可以低价购买商品,个人单买的话就需要花更多钱。目前,拼团裂变应用比较广泛,很多电商平台都在使用。

拼团形式已经衍生出了很多新形式,如抽奖团、分销团等。

用户都有占便宜的心理,抱团获得的低价让他们以为自己占了便宜,不买就是吃亏,所以各种拼团方法屡试不爽。在面对拼团价 39 元和单独购买价 69 元的选择时,大部分人都会选择拼团。再加上大部分拼团活动门槛都不高,一般只需要邀请三五个好友就能成团。组团人乐意邀请,被邀请人也乐意接受。从表面上来看,买家和买家都获得了好处,实际上平台用很低的成本收割了大量的下沉用户。正是基于这种占便宜的心理,拼团裂变成为最有效的裂变方式之一,不仅能促成高分享率,还能达到高转化率。

4.2.5 线上赠送裂变

线上赠送裂变这个提法可能比较抽象，通俗点来讲，就是用户在线上购买了一个礼品或礼券，通过分享图片或链接等线上方式赠送给朋友，朋友可以凭礼券去线下领取实物。这是一种比较新的玩法，也比较有创意，典型的例子就是星巴克的小程序“星巴克用星说”的裂变玩法。

这种裂变具备很强的社交属性，因为赠送礼物一定是好朋友或者比较熟悉的人之间的行为。用户打开“星巴克用星说”即可购买咖啡饮品或者电子星礼卡，并通过微信赠送给朋友，赠送的时候还可以写几句留言，或是附上一张图片、一段视频。朋友收到礼品后，点击即可保存到微信卡包，去门店的时候展示二维码给收银员便可使用。

对于实体店来说，有到店就有机会成交，那些收到星礼卡的朋友，想要花完里面的储值额度，一定会进行二次消费。因为星礼卡的额度设计得非常巧妙，就以最小额度 50 元来说，可能购买一杯咖啡有余，购买两杯咖啡又不足，为了不浪费储值卡里的钱，用户有很大概率会再次消费。

4.2.6 拆红包裂变

拆红包裂变和上文所说的分享裂变有点相似，但玩法又不太一样。拆红包的玩法是用户在某次消费之后可以获得一个红包，但是需要把这个红包分享出去，有用户点击拆红包，用户才能得到相应红包，同时对方也能得到。跟分享领红包唯一的不同是，这个红包没有最大金额，每个人拆到的都是随机金额，拆多少双方就获得多少。

这种玩法最典型的是贝店。关于贝店的案例前文有讲过，它的套路除了邀请大量用户去开店裂变，就是购物后的拆红包裂变。每个人在贝店下单成功后，都会收到一个红包提示，只要把这个链接分享给别人，对方点了之后该用户就能获得随机金额的贝币，而贝币可做等额人民币使用，在下次下单时直接抵扣。因为使用贝币的用户多是在家带孩子的妈妈，属于一群比较热衷于参与活动的群体，所以这种拆红包的形式裂变效果比较明显。

4.2.7 分销裂变

分销裂变是目前很火爆的玩法。用户通过海报或推文的形式将活动分享到社交网站，若有人成功注册或购买，则分享者会赚取随机或一定金额的赏金，如某些平台的推广员模式，还有我们所熟知的支付宝赚钱红包和新世相、网易等刷屏的知识付费课程都是利用这种方式。

新世相的课程一度在朋友圈刷屏，当时因为其争议性还出了很多新闻，但不可否认的是，它所采用的分销裂变玩法是成功的。那次活动之所以火爆，首先是因为新世相本身的影响力巨大；其次，它的分销模式驱动了人们去主动分享，只要有人通过裂变海报购买了课程，那么分享者就可以获得一定数额的佣金。

4.2.8 情绪裂变

情绪裂变所说的情绪泛指感动的情绪、被触动心弦的情绪，还有炫耀的情绪、获得成就感的情绪，以及渴望被关注、被了解的情绪。总之，是不带有任何物质利益驱动，但是用户愿意主动去分享的东西。例如，网易新闻的“我的新年 Flag”案例满足的是人们想被关注的情绪，支付宝年账单满足的是人们炫耀的情绪，网易云音乐“性格、星座分析”满足的是人们渴望被了解的情绪，而游戏“里程碑或成就”的分享满足的是人们渴望被夸赞的情绪。

通过分析以上 8 种裂变方式，我们能够看出，每一种活动的玩法都精准地把控着用户的心理。总的来说，一个活动想要吸引用户参与或者分享，活动的设计必须符合用户想要展示自己好的一面、获得成就感、满足攀比心理、获得利益等多种动机中的任意一个或多个。

4.3 诱饵设计

裂变活动能够有效传播，其中诱饵的设置起着非常关键的作用，具备吸引力的诱饵，才能驱动用户主动分享或付费。诱饵分为实物诱饵和虚拟诱饵两种。虚拟诱饵边际成本为零，是非常好的裂变诱饵，但同时又有很大的局限性，因为虚拟诱饵种类有限，适用的行业也非常有限：如母婴行业，可以用儿童绘本电子书作为诱饵；知识付费课程，可以用免费课程引流。但还有很多其他的行业，用电子书就不行，只能选择实物诱饵。因此，实物诱饵更具普适性，以下主要讲述在选择实物诱饵时须要遵循的原则。

4.3.1 设计诱饵的原则

1. 与自身品牌相关

最好选择和自身产品有一定相关性的商品，如做母婴的电商，可以送和孕妇、宝宝、宝妈相关的产品，如婴儿推车、宝宝理发器等。如果奖品和行业不相关，一是会显得不专业，二是无法获得精准的目标用户。

2. 实用性较强

产品的实用价值主要表现在生活中是否经常用到，用户是否要经常为此付费，只有具备实用价值的产品，才会吸引更多的人参与。以母婴行业为例，纸尿裤比宝宝定制相册更具实用性，也许有时候宝宝定制相册对某些用户来说更吸引人，但它一定不如纸尿裤吸引用户的范围广。

3. 普遍适宜

普遍适宜其实和实用性有点类似，但普遍适宜主要针对目标人群覆盖范围，如纸尿裤是实用的，但未必是通用的。选择通用的产品就需要分析目标用户，看他们都需要哪些东西，这就是通用，你在用我也在用。如果产品目标用户不是小众群体，那就尽量选择通用性的产品。

4. 生活必需用品

可以选择目标用户必须用到的商品。对妈妈来说，宝宝推车和宝宝防晒霜相比，更需要推车，防晒霜则是可有可无。

总的来说，吸引人的诱饵，对用户来说必须具有高价值，但对企业来说，必须是低成本，两方面要综合考量。

4.3.2 设计二级诱饵

要不断提高诱饵的吸引力，那就必须有高价值的诱饵，这也提高了商家的成本，但如果进行二级诱饵的设置，就能有效提高诱饵吸引力。

所谓二级诱饵，就是设置两层奖品，用户完成我们设定的第一个任务，就能得到第一层奖品，完成第二个任务，就能得到第二层的奖品。当然，这两个任务不是彼此分裂的，是同一件事情，只是要求不同。打个比方，邀请10个人关注公众号可以获得一个故事机，但如果再努力下，再邀请30个人，一共完成40个人的邀请任务，就可以得到第二层的奖品，一个理发器。这就是“两层任务设定＋两层奖励机制”。

当然，这个任务的设定和奖励的发放都是有其内在逻辑的，不是随便设定的。例如，邀请10个人得到一个故事机，可能这个故事机的成本就10元，我们设置邀请10个人，也就代表着获得一个用户最多只想花一元。一元获取一个关注，对于企业来说成本已经不算低了，毕竟后期还会面临流失，但是对于用户来说，吸引力就不是很大，而故事机市场售价在20元左右，所以还是有一部分人愿意参加，毕竟邀请10个人不是难事。

如果想让更多的人参加，就必须再抛出一个更有吸引力的奖品，如理发器，理发器的市场价在120元左右，但对于企业来说，产品的成本只有80元，设置邀请40个人，成本就是2元一个关注。这是否提高了企业成本呢？没有。

原因在这里：邀请10个人可能很容易，于是大部分人都完成了任务，当然也有小部分完不成的，这些人邀请的用户就相当于没花成本。完成任务后获得故事机的用户的心理会产生两个变化，第一个是这个活动是真实的(可能之前有所怀疑)；第二个是既然都拿到一个奖品了，不妨再往上冲刺试试，说不定能拿到理发器。所以，这些拿到故事机的用户会有一部分人选择继续冲刺。但是，并不是每一个冲刺的人最后都能拿到理发器。

所以，最终的结果是小部分人最后拿到了理发器，对于这批用户企业付出了每人2元的成本。但是，大部分的用户并没有完成40个人的邀请任务，他们可能邀请了20～30个，但只要没完成，付出的就还是之前的一元钱成本，却获得了大量成本之外的用户。通过两层奖品的设置，可以把成本降低到原来的1/3，同时，活动的吸引力却大大提高了。

4.3.3 物质奖励与精神鼓励并用

驱动用户分享的因素主要分为两类：物质奖励和精神鼓励，而物质奖励又分为省钱和赚钱，精神鼓励则表现在人们想要获得认同感、关注度、炫耀、对比等。

1. 物质奖励

以拼多多为例说明如何省钱。拼多多能够这么快火起来，正是因为平台主打的拼团，给人的惯性思维就是，拼团买就是比别的方式更便宜，就是能省钱。并且在产品详情里，明明白白地标着单独买和拼单买的价格，较大的价格差会让人们产生一种“拼团的确很省钱”的错觉。大家可不要小看“省钱”两个字的威力，有些消费者会觉得省钱就相当于赚钱，便宜的时候没买就相当于吃亏。所以，各种形式的团购一茬接一茬，却仍能赚得盆满钵满。

以淘小铺为例说明如何赚钱。淘小铺于 2019 年年底上线，发展得非常快，正是得益于店主赚钱的驱动。淘小铺的商业模式拥有极强的社群属性，每个店主都通过微信群来运作，且一个店主一般有很多个微信群，有自己的普通用户群，有平台的培训群，有同级的店主群，还有自己的下级店主群，身为店主，可以自用省钱、分享赚钱、拉新赚钱。

2. 精神鼓励

第一种精神鼓励是自我情绪表达。人的情绪有时候需要一个出口。在社交时代，人们常常在自己 的各个社交软件上抒发情绪，不管是正面的情绪还是负面的情绪，都需要一个宣泄的地方。至于是否会得到反馈，可能并没有那么重要，最终目的是表达出来，只要满足了表达的需求，用户得到的便是正面的情绪。

第二种精神鼓励是渴望得到反馈。除了通过表达来抒发自己的情绪，还有一种是人们渴望通过别人的反馈来获得正面情绪，这种情绪的关键点在于别人的反馈。至于用户分享的是正面情绪还是负面情绪都不重要，重要的是别人的反馈。如果没收到反馈，用户就会失落。反之，哪怕分享的是负面情绪，得到了别人的反馈，也能获得一些正面情绪。例如，小王出去旅游了，拍了很多精美的照片，她觉得景点很美，照片拍得也很有格调，同时她希望朋友也觉得美，于是挑了几张最好看的照片分享到朋友圈，想得到别人的赞美。半个小时后，她获得了 30 个赞，还有一些评论说照片美、人美的，她觉得开心极了，因为自己的表达得到了反馈。反之，如果发出去很久都没有获得任何评论或点赞，她就会很失落。

总的来说，无论是自我情绪表达还是渴望得到反馈，用户的最终目的都是通过表达获得正面情绪。宣泄自己的不幸遭遇，虽然事情是不愉快的，但宣泄的那一刻能给自己带来快感。包括让人感动、引起共鸣的活动也同样如此，通过引起共鸣，抒发了自己内心的感受，获得的也是一种正面情绪。

以发朋友圈来获得点赞为诱饵，就是利用精神鼓励的要素来设计的裂变活动。如在餐饮店饮食，店主让食客发一张吃东西的照片上朋友圈，照片是要有小店的 Logo，如果在离开小店前获得 50 个点赞，就可以给这个客人一张 8 折优惠券，点赞的好友如果扫了小店的二维码，也可以得到一张 8 折优惠券。这样就达到了宣传裂变的效果。

4.3.4 诱饵转化

在裂变活动中，设置诱饵的目的是驱动用户分享，但最终要的还是转化，如果活动仅仅带来了到店，那么用户转化仍然需要一个过程。怎样才能在设置诱饵的时候转化用户导向呢？下面通过一个案例进行分析。

有一个母婴综合体商场，一楼是母婴用品零售，二楼有婴儿游泳池。就此条件策划了一个裂变活动，用户可以花58元购买一个到店的门票，而这个门票里包含的内容就是设置的诱饵，诱饵包括：满158元立减58元；两次儿童泳疗套餐；全素能量谷物棒一盒；产后修复项目大礼包；宝宝教育大礼包；免费微量元素检测等。这些诱饵中，除了58元券和儿童泳疗，其他全部都是合作商家免费提供的，所以本次活动，该母婴商场所付出的成本就是两次儿童泳疗。但是整个活动的诱饵是非常吸引人的，因为仅仅是两次儿童泳疗的价值都高于58元。

通过这个诱饵想要吸引用户分享拉新很容易，但是商家考虑到想要的不仅仅是到店的用户，而是即时转化的用户，所以就在诱饵设置中加了一项——58元优惠券（满158元可用）。这一项为何能引导用户转化呢？因为到店门票是用户花58元买来的，买来的门票用户基本都会去使用，所以大部分用户都会到店消费。而到店优惠里面又包含了58元优惠券，这就会让用户认为，这个优惠券也是花钱买来的，所以大部分人都会选择使用优惠券，因为除了是花钱买的这一点，使用优惠券购买比平时购买要优惠很多。无论从哪方面考量，用户都没有不使用的道理。这就是利用诱饵直接把用户导向转化，而不仅是到店。

当然，除了优惠券这一项，还有一点值得注意，免费送的儿童泳疗是两次。其实送一次就有足够大的吸引力，因为已经有很多其他礼品了，但是依然坚持送两次泳疗，这是有目的的。有用户到店才会有转化，考虑到一次泳疗可能还不足以吸引用户成为这家母婴店的付费用户，所以多增加一次泳疗，也就增加了一次到店，从而增加了一次转化的机会。同样，合作商家赠送的各种大礼包，最终的导向依然是用户的转化，因为用户想要领取大礼包就得到店，有到店就有可能消费。

不管是线上的平台还是线下的实体店，做裂变的最终目的都是用户的转化，所以在诱饵设置中巧妙地增加用户到店的机会，便是给用户的转化提供了可能。

4.4 意见领袖

意见领袖（很多媒体上直接用KOL），通常是指拥有更多、更准确的产品信息，且为相关群体所接受或信任，并对该群体的购买行为有较大影响力的人。

4.4.1 KOL的人设特征

（1）影响力大。之所以能成为KOL，是因为该类人群相比其他的普通用户群体，对某类产品或某领域有着更深入的了解和更丰富的知识及经验，可以对其他人产生影响，为其他人的购买决策提供依据。

(2) 社交能力强。每个KOL都有一群追随者，因此他们会经常参加各类活动，活跃在各个社交渠道，具有很强的社交能力和人际沟通能力。

(3) 领域先行者。KOL观念开放，接受新事物快，关心时尚、流行趋势的变化，愿意优先使用新产品。

4.4.2 KOL营销要点

想要通过KOL推广取得一个比较好的效果，找对KOL非常重要，因为KOL很多，质量参差不齐。因此，在找KOL时，有几个要点需谨记。

1. 注意平时积累

选择一个合适的KOL并不容易，不仅需要考察他(她)的粉丝量、评论、点赞数、转发量，还要看看他(她)在历史推广中的转化率如何、他(她)的粉丝是怎样的群体、和目标用户是否重合、粉丝对KOL的信任度高不高等问题。这需要平时有意识地去积累，和各行各业、不同粉丝群体的KOL建立联系，这样在有需要时就可以第一时间合作，而不是每做一次推广都要重新筛选。

KOL的范围很广，只要是在某领域有一定影响力和发言权的人，大到名人明星、自媒体人、各领域达人，小到QQ及微信群的群主，都可以是KOL，也许身边就有这样的人，只是没发现而已。例如，某个朋友有一个非常活跃的宝妈育儿交流群，那她就是一个KOL，因为在这个几百人的微信群里，她是有话语权的，群员是会在某些方面跟随她、信任她的。这些人就是平时需要积累的人脉。

2. KOL知名度要适中

很多品牌热衷于找明星代言，因为明星是一个超级KOL，他(她)们粉丝量大且忠诚度高，很多粉丝热衷于在明星身上投入大量的金钱。但是KOL推广并不是越知名越好，需要根据自己企业的情况进行选择。明星带货能力虽强，但投入也高，不是一般企业能承担的。而且，明星资源还需要跟产品有好的结合点，充分利用，否则投入太大很浪费金钱。

3. 垂直细分领域KOL

垂直细分领域的KOL往往都是在某领域具有影响力的人物，具有受众聚焦、号召力强、粉丝信任度高的特点。和明星KOL相比，他(她)们是“专业”的，是有发言权的，在特定领域，他(她)们的影响力比明星KOL更大，更能带动粉丝参与。例如，要推一款护肤品，找一个有医学背景的护肤达人，他(她)会通过专业的测试对护肤品提出专业的见解，会告诉用户这款护肤品适合哪种肤质的人、它的成分怎样、有哪些优缺点等。但如果找一个明星KOL，他(她)可能就只是发布一条广告，告诉用户这款护肤品不错。如果你是一个在挑选护肤品的用户，你会更信任哪个？显然，我们都会对领域内的专业人士更加信任。

现在,已经有越来越多的大品牌愿意找垂直细分领域的小 KOL 合作,对品牌进行精耕细作。因为小 KOL 没那么大的粉丝量,所以时间更自由,和品牌的配合度也会更高,愿意在推广方案上花更多心思。

4. 与品牌调性相互匹配

KOL 是什么调性,就决定了粉丝是什么调性,他们在某些方面是有共同点的。品牌的目标用户是什么样,就在一定程度上代表品牌要找的 KOL 是什么样。品牌只有找到和自身调性相符的 KOL,才能找到更精准的用户,实现更好的推广效果。如果找的 KOL 不合适,还有可能给品牌带来负面影响。

5. KOL 推广能力要有特点

广告的投放渠道数不胜数,人们每天都生活在广告轰炸中,随便打开手机上的任何一个软件都能看到广告,导致人们被广告触动的阈值越来越高。这个时候,KOL 便有了独特的优势。其他广告可能需要快速占据人心,没时间讲好一个故事,但 KOL 可以。作为一个真实的个人,KOL 有足够的时间去讲一个打动人心的故事。

这就需要商家帮助 KOL,一起走进产品挖掘细节,亲自体验产品,输出有价值的内容,引导消费者更深入地了解产品。比起干巴巴的广告宣传,粉丝更希望看到真实的使用感受,像朋友与朋友之间的好物推荐。

4.5 防作弊设计

4.5.1 "职业投机者"的利弊

说起裂变,就不得不提到"羊毛党",因为在所有有利可图的活动中,几乎都充斥着大量的"羊毛党"。**"羊毛党"是指那些专门选择互联网公司的营销活动,以低成本甚至零成本换取高额奖励的人**,是一群职业投机者,网民普遍称其为"羊毛党"。最重要的是,他们是真实的用户而不是机器操控的账号,是真实用户就有消费需求。

可能很多人都对"羊毛党"有偏见,觉得"羊毛党"出现在裂变活动中会破坏活动,其实并不一定,如利益驱动型的裂变,本质上都是用补贴换流量,商家一边希望自己的补贴能够换来流量,一边又拒绝爱占便宜的"羊毛党",显然是不合理的。在某些情况下,如果没有"羊毛党",活动可能无法推进。

1. "职业投机者"的特点

(1) 传播能力强。这一点是在说他们的传播门槛低,不在意社交形象,也不觉得找人寻求帮助会影响形象,商家只要付出少量成本就可以驱动他们分享传播。

(2) 人群密度大。他们主要分布在三四线及以下城市,也正因为地域分布广,所以人群基数非常大。

(3) 消费水平偏低。买东西看重实惠,不在乎品牌,消费水平相对较低。

2. “职业投机者”的害处

“职业投机者”的有害之处就是会扰乱目标用户群。在很多情况下，由于大量“羊毛党”的参与，企业投入大量的资金举办活动，却得不到相应的传播效果。例如，最常见的P2P平台，这类平台推广App通常采用的是实打实的现金奖励，“羊毛党”为了拿到这些奖励，会把自己的亲戚朋友都拉过来注册。而他们拉过来的绝大部分用户，都不是平台的目标用户，也就是说，平台花大价钱买来了一群无效的注册用户。这种“褥羊毛”手段也存在于各种有利可图的活动中，如萌宝大赛等以拉关注为主要方式的活动，最后得奖的通常是“羊毛党”，因为他们会活跃在各种“褥羊毛”群，与群友之间进行互助，他们拉来的还是一群“羊毛党”。这对企业来说是会造成损失的，因为付出了成本，却没获得相应的用户。

3. “职业投机者”的益处

“职业投机者”有利之处就是对裂变有帮助。

(1) “羊毛党”可以烘托整个裂变的氛围，给活动营造一种很多人参与的热闹气氛，让真正的目标用户受到影响更愿意参与。

(2) 把活动带到目标用户的面前。“羊毛党”可能不是目标用户，但他的圈子里一定有目标用户。

举个例子，某电商平台举办了一个砍价活动，为了预防“羊毛党”参与，通过技术手段在用户的砍价次数、砍价频率和白名单上做了限制，成功地把很多“羊毛党”拒之门外，然而，活动上线后很快就结束了，因为参与者寥寥无几。通过分析，该活动运营人员发现，他们产品的价格通常在三四百元，客单价较高，而且活动还把一定会感兴趣却不是目标用户的“羊毛党”排除在外，初期传播的人少，这样一番操作下来，活动想不提前结束都难。

后来，为了让活动起死回生，运营人员想出了一个办法，把“羊毛党”都拉来建了很多砍价群，同时把砍价门槛提高，要想完全免费，起码要砍上百次，“羊毛党”爱占便宜就占吧，只要能把砍价页面分享给更多的人，哪怕被占点便宜也是值得的，因为“羊毛党” 找的这几十个帮砍价的人里，一定有几个是目标用户。而目标用户和“羊毛党”又不一样，他们也想要产品，也会去参与砍价，只要以一个比平时低一点的价格买到产品就满足了。

所以，“羊毛党”现象是双刃剑，要理性地看待，既不能一竿子打死，也不能完全放任不管，可以通过活动门槛的设置，把“羊毛党”控制在一定范围内。

4.5.2 防漏洞的方法

为防止过多的“羊毛党”加入，通常采用两种方法：一是增加参与的成本，二是有针对性地设置奖品。

1. 从技术层面增加用户的注册门槛

如果是真实的用户，哪怕只为了占便宜，不会形成二次转化也好，虽然不是目标用户，但起码不会对活动造成太大的影响。但有一种“羊毛党”是一个人拥有很多账号，每个账号参与一次，账号所对应的并不是一个真实的用户，这就会给商家带来很大的损失。为了杜绝这种“羊毛党”的存在，通常会在注册流程中设置门槛。如除了微信注册，还要手机验证，或者同一个手机 IP 只能参与一次等。

2. 有针对性地设置奖品

把活动的奖品设置成专门针对特定人群的，其他人就算拿到也没用的，如待产包、特大号鞋等。这种并非大众通用的奖品，即使“羊毛党”拿到了对他来说也没有价值，奖品的设置还是能起到一定的预防作用的。

还有一种就是采用付费制的裂变方式，如知识付费类的课程在进行裂变时，用户是需要付费的，付费之后再通过分享给好友购买而获得一定的奖励，这个奖励可能会弥补之前所付的费用，也可能会赚更多。这种裂变通常不是“羊毛党”会感兴趣的，因为课程本身就不是他们感兴趣的东西，更何况还要为此付费，而且分享出去也不一定能把之前付的钱赚回来，他们不会去做有亏本风险的买卖。

3. 在转化环节设卡

在转化环节对领取奖品设置门槛，能有效挡住“羊毛党”。例如瑞幸咖啡的 0 元喝咖啡活动，邀请一个新用户，双方各免费得一杯咖啡，虽然咖啡是免费的，但配送费不免，想要喝免费的咖啡可以，要么自己去店里取，要么出 6 元配送费，要么再买点其他东西凑够免运费消费金额。这样一来，如果不是爱喝咖啡的用户，基本不会因为一杯免费的咖啡而去店里取或者付费，这就有效地屏蔽了“羊毛党”。

4.6 分销裂变模型

目前普遍采用分销裂变方式开展社群裂变，其模型大多采用三级分销模型，严格地说，是多级分销、三级分润。分销的层级可以不受数量限制，但佣金分润，最多只能三级，目前腾讯系、阿里系旗下公司大多数是二级分润。其逻辑模型如图 4.2～图 4.5 所示。

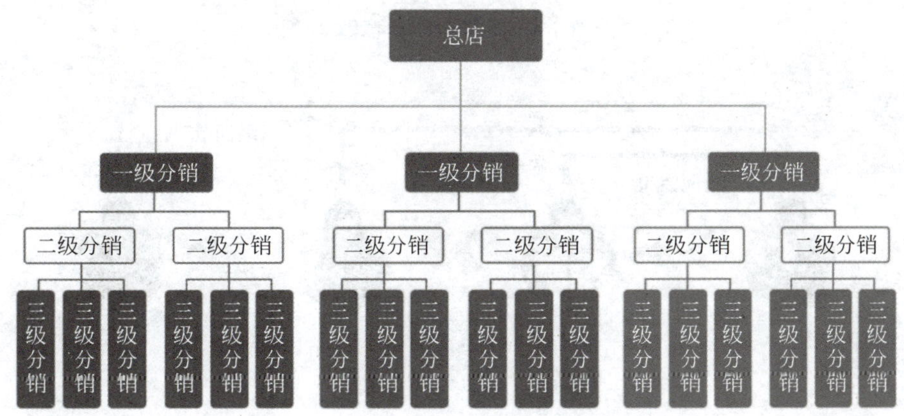

图 4.2 三级分销示意图 1

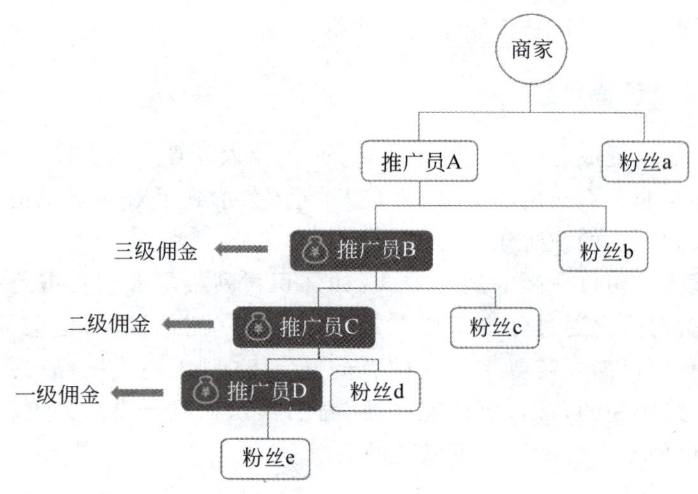

图 4.3　三级分销示意图 2

图 4.4　三级分销示意图 3

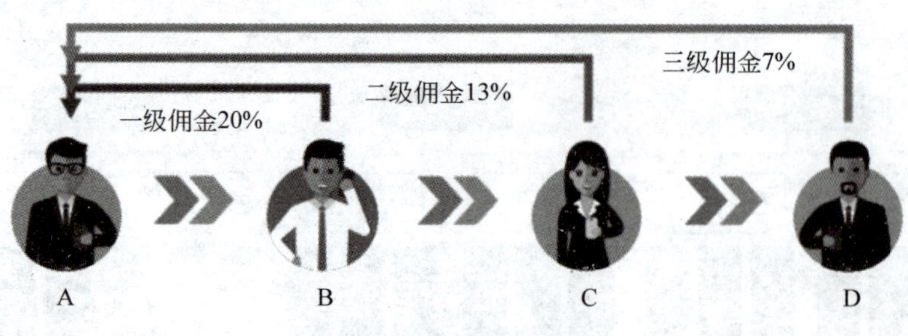

图 4.5　三级分销示意图 4

4.6.1 模式说明

(1) 这里的总店可以是实体店,也可以是微商本人。

(2) 图4.2中的三级分销商可以继续发展第四级分销,四级分销商可以继续发展第五级分销,依此类推。

(3) 不管发展了多少层级的分销商,分润最多三级。

举例:假定商品售价为100元,第1层级分润20%,第2层级分润10%,第3层级分润3%,A推荐B,B推荐C,C推荐D,D推荐E,当客户E购买了100元商品,D得佣金20元,C得佣金10元,B得佣金3元,A得佣金0元。

4.6.2 模式裂变威力

对于总店来说,这种分销裂变是几何级数裂变,速度惊人,可以迅速扩大分销队伍,把货卖出去,把市场做起来。

举例:假定商品售价为100元,减去进货成本和三级佣金,每件商品利润为10元。第1层级分润20%,第2层级分润10%,第3层级分润3%,A推荐30个B,B推荐30个C,C推荐30个D,D推荐30个E,若每个E买一个产品,那么,

若A是总店,则A共卖出810000件产品,得到利润为810万元。

若A是分销商,则A共得到佣金:

$$30\times100\times20\%=600$$

$$30\times30\times100\times10\%=9000$$

$$30\times30\times30\times100\times3\%=81000$$

共计 90600元

因此,这种分销模式如果成功运营起来,参与其中的每个人都有经济利益的驱动,都会有积极性,一个商店或者一个微商很快就建立起一支不用支付工资的销售队伍。

4.6.3 变形为区域分销模式

(1) 一级分销商变形为省级代理,二级分销商变形为市级代理,三级分销商变形为区(县)级代理。乡镇、街道、村根据产品的属性也可设置四级分销、五级分销,但最多只能三级分润。所属区域内的客户产生消费就可得到佣金,而不管这个客户是由谁推荐的。

(2) 由于线上推广往往是跨地区的,确定某单是否属于某区域代理,以收货地址为准,而不是以付款者所属区域为判断标准。如消费者张三的注册地址是深圳南山区,购买商品寄到广州越秀区,那么这单提成是广州越秀区代理得到一级佣金,广州市代理得到二级佣金,广东省代理得到三级佣金。

(3) 区域范围一般以自然行政区域为准,每个行政区域只能有一个代理商(分销商)。对于行业代理,要明确代理界限,如张三是广州番禺区的区级代理,李四是高校的代理,那么广州番禺区里的大学城是属于李四而不属于张三,这个界限要在招募代理时明确说明,在软件系统后台也要设置好参数。

4.6.4 分销操作要点

（1）分销系统能生成代表自己的唯一的二维码，通过微信或其他渠道扩散推广。

（2）分销系统能自动结算佣金，以日、周、月结算，或以整数金额结算。

（3）分销系统能经常变换不同的海报形式供分销商在微信中推广。

4.6.5 三级分销的优势

（1）把消费者变成消费商，让每一个消费者自觉或不自觉地为商城推广宣传，是一种观念的突破，是一种理论的飞跃。它将“公司＋雇员”的形式转变为“平台＋合伙人”模式，迅速扩大销售员队伍，降低创业者风险，同时造就了自由职业者施展才能的空间，为社会提供了就业岗位。

（2）网络技术的不断成熟和成本降低，手机和微信的普及，给三级分销带来了便利的工具，使得三级分销很容易操作和实施。因此，三级分销是很容易被广大消费者接受的创业模式，利于普及，是大众创业、万众创新的一个具体实践。

（3）三级分销模式同时适用于线上与线下，线上为线下引流，线下为线上体验，O2O新零售业态将会获得迅猛发展。

4.6.6 三级分销的注意点

（1）三级分销不能演变为多级分销分润，不能演变为传销，不能突破法律的底线。

（2）分销模式归根结底属于市场营销的范畴，受市场营销理论的规范约束，必须遵循市场规则，诚信经营。在一个小社群里，利用自己相对较大的影响力去哄抬物价、夸大功效、欺骗网友都将搬起石头砸自己的脚，不能长久经营。情节轻微者将失去个人信用，经营失败，情节恶劣者将会受法律制裁。

（3）分销模式是否能行之有效，还与社群管理能力有关。这与一个企业是否成功要仰仗于老板的管理能力是一个道理。社群人多嘴杂，素质参差不一，组织结构松散，很不容易管理。商户要将分销模式来开发用户，一定要聘请专业人士管理社群。

4.7 裂变模型升级

把三级分销模型升级，继续细分，就演变成了“三三分销模型”。具体来说，是在“三级分销模型”的基础上，把每一级的推广员再划分为三个等级，故推广员等级就细分成了“3×3”这9个角色，推广员得到其相应等级比例的奖励。

4.7.1 模式说明

平台运营者把三级分销模式中的每一级别的推广员再划分为3个角色，如“一级铜牌推广员”“一级银牌推广员”和“一级金牌推广员”，并设置相应的佣金比例，推广员获得相应细分等级比例的佣金；最高细分级别的三个级别佣金比例之和不能大于整数1，即一级金牌推广员＋二级金牌推广员＋三级金牌推广员≤1；三级细分角色的推广员名称可自定义，如“铜牌、银牌、金牌”或“初级、中级、高级”等，如图4.6所示。

平台运营者在原来“三级分销”的基础上，再把每一级的推广员再分成3个角色。这样，在“推广员顺序自动形成”的基础上，每一级别的推广员，可以通过努力达到“平级上升”，如“一级铜牌推广员”“一级银牌推广员”“一级金牌推广员”，从而逐渐获得更高的佣金；而平台运营者不仅借此充分利用好了佣金资源，还激励和优化了推广队伍，如图4.7所示。

三三分销模式等级划分			
等级/比例	一级	二级	三级
铜牌	0.3	0.1	0.05
银牌	0.4	0.2	0.1
金牌	0.5	0.3	0.2

图4.6 分销裂变升级示意图1

普通三级分销等级划分			
等级/比例	一级	二级	三级
普通推广员	0.5	0.3	0.2

图4.7 分销裂变升级示意图2

传统的“三级分销”是以推广员的推广顺序自动形成的(A推荐B、B推荐C、C推荐D)，粉丝购买产品后，推广员获得相应的佣金奖励，如一级佣金、二级佣金、三级佣金。

当推广社群小的时候，平台运营者采用这种简单、直接的奖励方式可以达到快速推广的目的，但这种奖励方式在后期的发展中，尤其是当佣金比较大的时候，难以充分利用好佣金资源，起到的激励作用也相应减小。而“三三分销模式”，把每一级的推广员再分成3个角色。这样，在“推广员级别顺序自动形成”的基础上，每一级别的推广员，可以通过努力达到“平级上升”，如“一级铜牌推广员”“一级银牌推广员”“一级金牌推广员”，从而逐渐获得更高的佣金；而平台运营者不仅借此充分利用好了佣金资源，还激励和优化了推广队伍。

4.7.2 同级晋升方法

(1) 直接招募的推广员(不含间接，下同)达到一定数量后可得到晋升，如铜牌推广员直接招募5个推广员可晋升银牌推广员，银牌推广员直接招募20个推广员可晋升金牌推广员。

(2) 直接招募的推广员销售额达到一定金额后可得到晋升，如铜牌推广员直接招募若干个推广员，销售额达到3万元可晋升银牌推广员，银牌推广员直接招募若干个推广员，销售额达到10万元可晋升金牌推广员。

(3) 直接投资一定金额后可得到晋升，如铜牌推广员购买5000元充值卡可晋升银牌推广员，银牌推广员再购买10000元充值卡可晋升金牌推广员。

4.7.3 举例

假设：商家拿出10元来作为佣金奖励，佣金比例设置如图4.8所示。

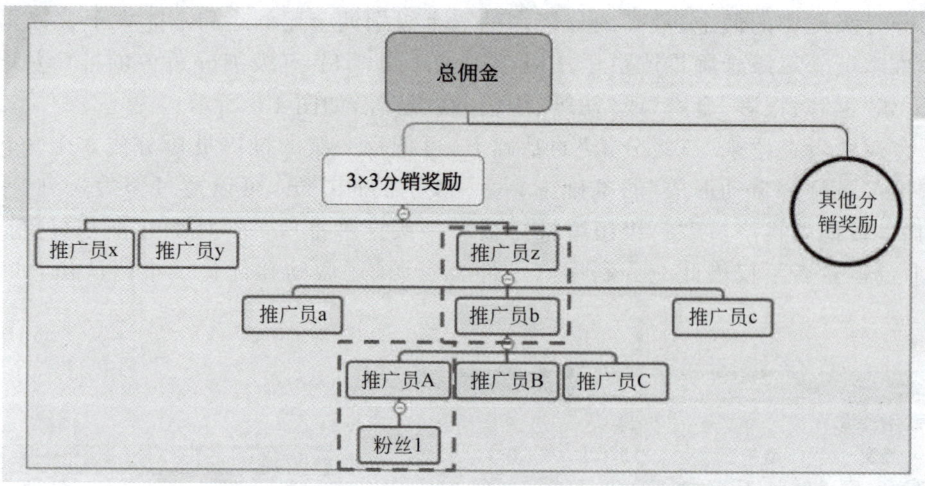

图 4.8 佣金比例设置

如果，粉丝 1 购买产品，则

A 是一级铜牌推广员；
b 是二级银牌推广员；
z 是三级金牌推广员；

那么，

推广员 A 获得佣金：10×0.3＝3.0 元；
推广员 b 获得佣金：10×0.2＝2.0 元；
推广员 z 获得佣金：10×0.2＝2.0 元；

未分完的佣金归商家留存。

【问答】

1. 为什么近年来三级分销裂变渐渐流行起来？

三级分销裂变的原理早就被大众认知，渠道销售中的多级代理就是三级分销的雏形。原来的区域代理都是实体企业，是法人单位，代理体系中的分销者数量较少，且要认证，优点是易于管理，缺点是难以裂变，建设一个销售通路需要昂贵的成本。

当网络技术日益成熟的今天，网络使用成本几乎可以忽略不计，人人拥有手机，人人拥有微信。便捷的通信工具，使得个人有可能成为渠道销售体系中的一员，适当的激励机制就能充分调动消费者个人的积极性，使得消费者成为消费商，为产品的分销起到宣传、推荐、推销的作用。由于是消费者自发的行为，以病毒营销方式传播，分销体系很快建立起来，成本低廉。

所以在当下，三级分销模式发挥着巨大的市场能量。

2. 三级分销裂变与传销有什么瓜葛？

《最高人民法院、最高人民检察院、公安部关于办理组织领导传销活动刑事案件适用法律若干问题的意见》中对传销的认定为："以推销商品、提供服务等经营活动为名，要求参加者以缴纳费用或者购买商品、服务等方式获得加入资格，并按照一定顺序组成层级，直接或者间接以发展人员的数量作为计酬或者返利依据，引诱、胁迫参加者继续发展他人参加，骗取财物，扰乱经济社会秩序的传销组织，其组织内部参与传销活动人员在三十人以上且层级在三级以上的，应当对组织者、领导者追究刑事责任。"

传销以拉人头和缴纳入门费为特征，以直接或间接发展人员数量为依据来计算报酬，所以一个计酬体系中，三级以上的计酬和返利，可能会涉嫌传销。

三级分销模式本身没有什么问题，但有的商家在执行中，以引诱、夸大、欺骗的方式要求消费者购买一定金额的产品才能具备分销资格，要求分销商发展一定数量的社群组织才能晋升高一级的代理，甚至修改三级分销分润模式为多级分销分润模式，都有可能触碰法律红线，经营者要认真对待。

3. 做好三级分销，有什么前提条件？

（1）需要一套具备分销模式的商城系统。

（2）需要一支有经验的社群运营管理团队。

（3）需要老板有互联网营销的理念。

4. 为什么要在三级分销的基础上又把推广员分成三级？

（1）有激励才有动力，平台运营者可通过此方式激励推广员以平级上升的方式逐渐获得更高的奖励。

（2）这种分配方式更具有激励作用，同时也优化了推广队伍。

（3）平台运营者通过这种模式直接获得"特殊推广员"的投资，从而直接给予高级推广员身份。

5. 什么情况下适宜用三三分销模式？

（1）单项商品佣金比较高的情况下适宜用三三分销模式。

（2）紧密性组织的社群，适宜用三三分销模式。如总公司下辖若干个销售团队，业绩好的团队成员整体晋升为金牌级别，还有以大学生为主的社群等。

【主要知识点】

1.**【社群裂变】** 互联网行业中的裂变，是基于用户社交圈的裂变，通过社交工具在用户自有的圈子里进行一次或多次的传播，在很短时间内形成用户介绍用户的目的，从而在短时间内实现大量的用户及销售额的增长。社交裂变营销得以实现的基础是社交媒体的出现，人与人之间不再是简单的单向或双向沟通，而是形成了一张巨大的关系网，有了关系网后，裂变就随之产生。

2.**【KOL】** KOL 就是意见领袖，通常被定义为拥有更多、更准确的产品信息，且为相关群体所接受或信任，并对该群体的购买行为有较大影响力的人。

【本章小结】

4.1 节　社群裂变的概念

裂变传播通常有 3 个要素：传播源、激发层、裂变层。传播源通常是发出活动信息的渠道，如企业的公众号、微博、微信群、朋友圈等渠道，称为 A；激发层主要是种子用户，包括 A 的员工、忠实粉丝、朋友、KOL（意见领袖），称为 B；裂变层则是 B 的亲朋好友、忠实粉丝等能和 B 产生关系的人，称为 C。

4.2 节　裂变方式

裂变方式通常有"老带新"裂变、分享领红包裂变、砍价裂变、拼团裂变、线上赠送裂变、拆红包裂变、分销裂变、情绪裂变等几种方式。

4.3 节　诱饵设计

吸引人的诱饵对用户来说必须具有高价值，但对企业来说，必须是低成本，两方面要综合考量。

4.4 节　意见领袖

意见领袖具有影响力大、社交能力强、专业知识多的特点，当下已经有越来越多的大品牌愿意找垂直细分领域的小 KOL 合作，对品牌进行精耕细作。因为小 KOL 没那么大的粉丝量，所以时间更自由，和品牌的配合度也会更高，愿意在推广方案上花更多心思。

4.5 节　防作弊设计

"羊毛党"现象是双刃剑，要理性地看待，既不能一竿子打死，也不能完全放任不管，可以通过活动门槛的设置，把"羊毛党"控制在一定范围内。

4.6 节　分销裂变模型

目前普遍采用分销裂变方式开展社群裂变，其模型大多采用三级分销模型，严格地说，是多级分销、三级分润。分销的层级可以不受数量限制，但佣金分润，最多只能三级，目前腾讯系、阿里系旗下公司大多数是二级分润。

4.7 节　裂变模型升级

在"三级分销模型"的基础上，把每一级的推广员再划分为 3 个等级，故推广员等级就细分成了"3×3"这 9 个角色，推广员得到其相应等级比例的奖励。

【作业】

1. 仔细阅读下面的案例，并谈谈自己对商品组合销售的体会。

某电商网站的首页有 10 个商品，每天会进来 1000 个用户。假设商品的数量 10 和用户数 1000 是固定的，那么我们的任务是采用能想到的所有办法，让这 1000 个用户产生更多的点击，因为点击数越高，成交量通常也会越高，所以最终的目的是获得尽可能多的成交。那么，到底该如何做呢？

我们所知道的变量是，这10个商品是不一样的，价格也不一样，而且商品的位置是可以随意调换的，这就涉及网站的运营策略。例如，把用户最有可能喜欢的商品放在最显眼的位置。假设商品A的点击率是5%，觉得这个数据有点低。于是把商品B放在了最前面，经过测试发现商品B的点击率是10%，比A高一倍，说明策略是正确的。同时又发现，虽然商品C单独放在前面时点击率只有5%，但是当把商品B调在前面，让B和C形成一个组合，这两个商品的点击率又明显地上升了一个档次。这就说明，商品B和商品C组合出售的效果比单独出售要好得多。虽然同在一个页面，但位置放得不一样就有可能会影响点击量，同理，商品之间的搭配也是如此。

2. 仔细阅读下面的案例，并谈谈自己对裂变率的体会。

在一次裂变活动，商家花2000元找了一家自媒体投放活动信息，通过这个自媒体账号转化过来的用户总共有1000人。然后让这1000个人分享裂变活动海报，通过他们分享，又获得了200个用户。那么，那1000个花钱投广告买来的用户就是启动量，而通过分享裂变海报引来的1200个用户就是裂变量。而裂变率，即是裂变量除以启动量。在本案例中，裂变率=1200/1000=1.2。

3. 三级分销模式，严格地说，是多级分销、三级________。

4. 在三级分销系统中，假定商品售价为100元，减去进货成本和三级佣金，每件商品利润为10元。第1层级分润20%，第2层级分润10%，第3层级分润3%，A推荐30个B，B推荐30个C，C推荐30个D，若每个D买一个产品，那么B得到佣金________元。

5.《最高人民法院、最高人民检察院、公安部关于办理组织领导传销活动刑事案件适用法律若干问题的意见》中对传销的认定为："以推销商品、提供服务等经营活动为名，要求参加者以缴纳费用或者购买商品、服务等方式获得加入资格，并按照一定顺序组成层级，直接或者间接以发展人员的数量作为计酬或者返利依据，________、________参加者继续发展他人参加，骗取财物，扰乱经济社会秩序的传销组织，其组织内部参与传销活动人员在________人以上且层级在________级以上的，应当对组织者、领导者追究刑事责任。"

6. 假设：商家拿出7元来作为佣金奖励，佣金比例设置如图4.6所示。

如果：粉丝1购买产品，则：A是一级铜牌推广员；b是二级银牌推广员；z是三级金牌推广员。那么：推广员A获得佣金________元；推广员b获得佣金________元；推广员z获得佣金________元。

7. 图4.9中的比例是否合适？为什么？

三三分销模式等级划分			
等级/比例	一级	二级	三级
铜牌	0.3	0.1	0.05
银牌	0.4	0.2	0.1
金牌	0.5	0.25	0.2

图4.9 作业7示意图

8. 讨论传统三级分销模式与三三分销模式哪个更利于自身企业的市场推广。

第5章 chapter 5

直播平台

【关键词】 直播、短视频、抖音、网红、直播带货

传统媒体平台早已经有基于电视或广播的现场直播形式，如晚会直播、访谈直播、体育比赛直播、新闻直播等。随着互联网的发展，尤其是智能手机的普及和移动互联网的速度提升，直播的概念有了新的延展，越来越多基于互联网的直播形式开始出现。

所谓“网络直播”或“互联网直播”，指的是用户在手机上或计算机上安装直播软件后，利用摄像头对发布会、采访、旅行等进行实时呈现，其他网民在相应的直播平台可以直接观看与互动。2016年起，互联网直播进入爆发期，直播平台超过300家，用户超2亿人。现阶段谈到的“直播营销”“移动直播营销”等，多数情况下默认是基于互联网的直播。互联网直播营销有以下两个显著的优势。

(1) 参与门槛大大降低。网络直播不再受制于固定的电视台或广播电台，无论企业是否接受过专业的训练，都可以在网上创建账号，开始直播。

(2) 直播内容多样化。除传统媒体平台的晚会、访谈等直播形式外，利用互联网可以进行户外旅行直播、网络游戏直播、发布会直播等。

5.1 直播发展进程

近二十年来，互联网直播大致经历了图文直播、秀场直播、游戏直播、移动直播等几个历史阶段，它们直接改变了年轻人的生活方式，也对电子商务的模式产生了重大影响。

5.1.1 图文直播

拨号上网与宽带上网刚兴起的时候，网速普遍较慢，网民上网以聊天、看新闻、逛论坛为主。因此，这一时期的直播形式仅支持文字或图片，网民通过论坛追贴、即时聊天工具分享等形式，了解事件的最新进展。

5.1.2 秀场直播

随着网速的提升，视频直播开始出现。但受制于计算机运行速度及内存容量限制，网民无法同时打开多款软件进行“一边玩游戏一边直播”或“一边看体育比赛一边做解

说”等操作，仅支持利用网页或客户端观看秀场直播。

5.1.3 游戏直播

随着计算机硬件的发展，网民可以打开计算机进行多线操作，“一边听语音直播一边玩游戏”的形式开始出现，游戏直播开始兴起。与此同时，国内外一系列游戏直播平台开始出现。

2008年，主打语音直播的YY语音面世，并受到游戏玩家的推崇。在早期网游领域，使用YY语音进行游戏沟通成为游戏爱好者的默认共识，2013年YY游戏直播上线，2014年斗鱼直播上线，国内PC端游戏直播平台初具规模。

5.1.4 移动直播

随着智能手机硬件不断升级，互联网逐步提速降费，网民进入全民移动直播时代，与之对应的是大批移动直播网站的火爆。

2015年，国内映客、熊猫、花椒等平台纷纷布局移动直播市场，相关直播创业公司也顺势成立，市场上最多曾有300余个直播平台。

2016年，网络直播市场迎来了真正的爆发期，手机视频直播备受各大直播平台的青睐，直播内容覆盖生活的方方面面，包括聊天、购物、游戏、旅游等。这些直播平台利用“明星＋主播”的形式，请明星助阵、对明星专访、让明星做主播，通过一系列活动，迅速占领了移动直播的一部分市场。

5.2 网红介绍

直播离不开主播，主播又常常与网红联系在一起。在互联网普及之前，一个人如果想从零开始成为明星，一般是参加电视选秀、尝试出版书籍、拍摄电影和电视剧等，但这些渠道需要大量的资金投入，且短期内无法制造影响力。而互联网可能会给个人更多的低成本曝光机会，尤其是随着直播的发展，一部分有个性、有鲜明特点的“草根”开始利用互联网，成为“网络红人”或“网络明星”。

“网络红人”指在网络中因为某个事件或者某个行为而被网民关注从而走红的人。其“走红”通常因为自身的某种特质在网络作用下被放大，与网民的审美、娱乐、刺激、偷窥等心理契合，刻意或无意间受到网民的追捧。“网络红人”与互联网的发展密不可分，从早期的文字、图片、视频，到现在的直播与短视频等，每个阶段都有具备鲜明特征的“网络红人”活跃在互联网上。

5.2.1 网红1.0时期

在以文字为主的互联网时代，网络文学作者成为“网络红人”。这个时期众多文学作者通过在互联网发表连载文学作品，而成为被网友追捧的“网络红人”偶像，由于这个时期网速慢，互联网普及程度不高，所以网红概念并不很清晰。

5.2.2 网红 2.0 时期

2005 年前后，互联网带宽增加，图片得以在网络上流畅传输，互联网从充满想象的文字时代进入到丰富视觉的阅读时代。在这个时期，通过充满个性的图片展示自我的人，会受到网民的追捧。这个时期，在水木清华和猫扑等论坛上上传夸张照片而成为红人的"××姐姐"一度引起网民的关注。

5.2.3 网红 3.0 时期

在 2010 年前后，一批"意见领袖"网红出现。"意见领袖（KOL）"是指在人际传播网络中经常为他人提供信息，同时对他人施加影响的"活跃分子"。随着微博等产品的出现，越来越多的个体能够发出自己的声音并及时传播，此时言辞犀利、见解独到的用户更容易成为"意见领袖"，获得粉丝的关注，顺势成为"意见领袖"类的网络红人。阿里巴巴集团的创始人马云在电子商务领域发表的演讲观点，都会影响一大批同行业的职场人。

5.2.4 网红 4.0 时期

从 2015 年开始，"网络红人"进入 IP 时代，其变现能力获得显著的提升。IP（Intellectual Property）直译是知识产权，它可以是一个故事、一种形象、一件艺术品或一种流行文化，也指适合二次或多次改编开发的影视文学、游戏动漫等。粉丝出于对某部作品的喜爱而不断追随与此作品相关的游戏、电影、动漫甚至相关人物，且其消费能力不容小觑。

IP 时代，网民对于"网络红人"的认识也不再局限于搞怪等行为，通过互联网分享生活、传授知识、经验等的个人都有机会成为网络红人。在线教育领域知识型"秋叶大叔"、凭借原创短视频内容而走红的 papi 酱等都比较成功地营造了个人 IP。

由于网络直播的参与门槛低，越来越多的网络直播主播通过幽默的语言、富有特色的才艺或独特的直播场景而逐渐被粉丝追捧，成为 IP 时代直播行业的新"网络红人"。

5.3 直播筹备

现在几乎人人都知道直播是一种很好的营销方式，但不少企业真正想进入直播时却感到束手无策，主要表现在没有思路、不会方法、不懂细节，下面就介绍一下具体操作流程。

5.3.1 场地选择

进行场地筛选时，要优先选择消费者购买与使用产品频率较高的场所，以拉近与观众之间的距离，加深观看直播后的产品印象。与此同时，可以根据活动策划需要，根据人数、游戏内容、产品摆放等筛选场地。

当直播活动需要长时间占用场地时，场地负责人需要提前与场地管理方及相关部门进行沟通报备，确保直播时段场地顺畅使用。场地负责人需要了解场地在安保、硬件设备、场地面积、搭建要求等方面的要求，以防止直播当天因以上问题造成直播活动的中断。

5.3.2 直播道具

直播道具由展示产品、周边产品及宣传物料等组成。

(1) 产品作为直播活动的主角，需要在直播的各个方面均有所展现，其中有直播时使用的产品、产品展示架。提前对场地进行考察和测量，有助于制作规范适用的产品物料。

(2) 直播中的宣传物料范围较广，包括企业定制化的海报、台标、胸卡、贴纸、气球等一系列能够出现在直播镜头中的宣传物料。

5.3.3 直播设备

直播设备是确保直播清晰、稳定进行的前提，在直播筹备阶段，需要对手机、电源、摄像头等设备进行反复调试，以达到最优状态。目前直播的主流设备是手机，直播方在手机端安装直播软件，通过手机摄像头即可进行直播。当使用手机进行直播时，需准备至少两台手机，并且在两台手机上同时登录直播账号，以备急用。由于手机受到电池电量、网络信号等因素制约，因此，还需要借助直播辅助设备进行优化。

1. 电源

便捷携带的移动充电宝是移动直播的必备电源，经实测，直播手机电量剩余50%左右时就必须开始对手机进行充电，以剩余电量的续航时间换取充电时间，满足后续直播用电，保障直播不因电量原因而中断。

2. 无线网络

无线网络的网络速度直接影响直播画面质量及观看体验。在户外进行直播时，无线网络往往无法满足直播需求。此时需要购买流量卡支持网络需求，流量卡与手机卡相似，可以直接插入手机使用，或购买移动 WiFi，把流量卡放入移动 WiFi 设备中，发射无线网络热点，直播所用手机连接无线网络热点进行直播。

3. 支架

直播支架包含固定机位直播支架和移动机位防抖直播支架两种。固定机位直播支架又包含单台手机及多台手机固定机位支架。单台手机直播时，可以使用如三脚架、懒人手机支架；多台手机直播时，可以使用多平台直播支架，可支持5台以上手机同时直播。对于主播而言，长时间手持手机进行直播并不实际，手机直播时的抖动会对观看效果造成影响。目前市场上仅支持单台手机的设备防抖处理。关于移动机位防抖，可以使用手持手机稳定器，或手机防抖云台进行防抖处理，三轴防抖效果最好。

4. 补光灯

直播时多使用前置摄像头进行直播，在暗光环境下进行直播时并不能取得较好的观看效果。因此需要对主播进行补光。补光灯建议使用支持冷光和暖光两用类型的灯，同时打开冷光和暖光，避免因冷光造成的皮肤过白或因暖光造成的皮肤过黄的现象。在进行大型活动直播补光时，还需使用专业补光灯。

5. 收音

即便是在安静的环境下，直播手机距离主播越远，手机的收音效果越差；如果是在嘈杂的环境下，距离一米以上就需要外接收音设备来辅助收音。收音设备分为两种，第一种是蓝牙耳机无线收音，随着越来越多的直播支持蓝牙耳机功能，可以使用蓝牙耳机进行辅助收音；第二种是外接线缆收音，适合对多人进行采访时使用，

6. 提词

直播活动的及时性要求在直播中不能出现任何差错及穿帮行为，在直播过程中，想要向主播提示某些关键词时，就需要提词器来配合提词。

提词内容包括产品关键信息、抽奖信息、后续活动信息和向其他平台导流的台词等。一场直播内容较多，主播要讲的内容也非常多，不做提词难免会在直播中遗漏关键信息。

提词器包括主播手卡和白板。手卡中需提前填写直播中需要主播讲出的信息，其中有产品名字、构成成分、使用人群、优惠活动、抽奖规则等。白板为手写板，尺寸不宜过大，白板不会出现在直播中，其用途为在直播过程中，当需要对主播进行场外沟通而又不方便出现在直播镜头中时，可以将沟通内容通过手写板向主播传达。

7. 相机

相机并不出现在直播中，但是直播活动的宣传需要高清大图，因此需要使用专业相机来拍照；同时专业相机可以对现场进行视频录制，以便后期剪辑视频用于宣传。

相机方面推荐使用单反相机，若需要录制视频并后期剪辑，至少需要两台单反相机，方便固定机位全程录制、移动机位随机录制以及拍照。

5.4 直播执行

直播营销包括直播前的策划与筹备、直播中的执行与把控、直播后的传播与发酵三大模块，在细节层面每个模块又可以继续拆分与细化。

5.4.1 直播活动的开场

开场是直播留给观众的第一印象，观众进入直播间后会在一分钟之内决定是否要离

开。直播活动的开场设计需要从以下 5 个层面出发。

1. 引发观众兴趣

直播开场时的观众来源分为两部分：第一是前期宣传，通过直播开始前微博、微信等自媒体平台宣传，粉丝会点击链接来到直播间，作为第一批观众；第二是平台流量，在该直播平台随意浏览的网友，看到有趣的直播会点击进入。

主播需要利用语言、道具等，充分调动观众的积极性。

2. 促进观众推荐

前期宣传及平台流量带来的观众是有限的，甚至一部分观众会因为临时有事、网络故障等情况而退出，因此在开场时，主播需要主动引导观众邀请自己的朋友加入直播间，促进直播间的持续火爆。

3. 带入直播场景

观看一场直播，观众所处环境各不相同，有的正在办公室加班，有的在宿舍上网，也有的在赶往飞机场的路上。主播需要利用开场，第一时间将不同环境下的观众带入直播所需的场景。

4. 渗透营销目的

直播营销属于营销活动的一种形式，但本质上都需要达成相应的营销目的。在开场时，主播可以在 3 方面进行渗透。

(1) 将企业广告语、产品名称、销售口号等穿插植入台词中。

(2) 充分利用现场的道具(产品、旗帜、玩具、吉祥物等)对企业品牌进行展示。

(3) 提前声明利他的营销信息(特价产品、独家链接等)，促成销售。

5. 平台资源支持

资源位置包括首页轮转图、看点推荐、新人主播等，除事先购买广告位置的资源位置外，一部分资源位置会安排给当日直播表现好、口碑佳的直播间。因此，利用开场迅速积累人气并引导互动，会带来可能的资源位置，从而更快聚集直播间粉丝。

常见的直播活动开场包括以下 6 种形式。

(1) 直白介绍。

在直播开场时，直接告诉观众直播相关信息，包括主持人自我介绍、主办公司简介、直播话题介绍、直播大约时长、本次直播流程等。一些吸引人的环节(如抽奖、彩蛋、发红包等)也可以在开场中提前介绍，促进观众留存。

(2) 提出问题

开场提问是在一开始就制造参与感的好方法。一方面，开场提问可以引导观众思考与直播相关的问题；另一方面，开场提问可以让主播更快地了解本次观众的基本情况，如观众所处地区、爱好、对于本次直播的期望。

(3) 抛出数据。

数据是最有说服力的。直播主持人可以将本次直播要素中的关键数据提前提炼出来，在开场时直接展示给观众，用数据说话。特别是专业性较强的直播活动，可以充分利用数据开场，第一时间令观众信服。

(4) 故事开场。

通过一个开场故事，带着听众进入直播所需场景，能更好地开展接下来的环节。

(5) 道具开场。

主持人可以借助道具来辅助开场。开场道具包括企业产品、团队吉祥物、热门卡通人物、旗帜与标语、场景工具等。

场景工具根据直播内容而定，如趣味拍卖直播，可用拍卖槌作为场景工具；知识分享直播，可以借助书籍作为场景工具；户外运动直播，可以加入足球、篮球等作为道具。

(6) 借助热点。

上网的人，尤其是参与直播的观众，普遍对于互联网上的热门事件和热门词汇有所了解。直播开场时，主持人可以借助热点，拉近与观众之间的心理距离。

5.4.2 直播互动

常见的直播互动包括弹幕互动、剧情参与、直播红包、发起任务、礼物赠送。

1. 弹幕互动

弹幕，即大量以字幕弹出形式显示的评论，这些评论在屏幕上飘过，所有参与直播的观众都可以看到。

传统的弹幕主要出现在游戏直播、户外直播等纯互联网直播中，目前已经有直播平台尝试参与电视直播，与体育比赛、文艺演出等合作，进行互联网直播及弹幕互动。

2. 剧情参与

这类互动多见于户外直播，主播可以邀请网友一起参与策划直播中下一步的进展，以此增强观众的参与感。

3. 直播红包

直播间观众可以为主播或主办方赠送“跑车”“游艇”“玫瑰”等虚拟礼物，表示对其认可与喜爱。但此类赠送只是单向互动，其余观众无法参与。为了聚集人气，主播可以利用第三方平台进行红包发放或等价礼品发放，与更多的观众进行互动。

直播红包的发放步骤分为以下几步。第一步：约定时间。主播可以告诉观众“5分钟后我们会发红包”“20:00咱们准时发出红包”，一方面通知在场观众抢红包时间，另一方面暗示观众邀请朋友加入直播等待红包，促进直播人气。第二步：平台说明。除在直播平台本身发红包外，主播可以选择支付宝、微信、微博等平台作为抢红包平台，提前告知观众。这一步的目的是为站外平台引流，便于直播结束后的效果发酵。第三步：红包发放。到约定的时间后，主播或其他工作人员在相应平台发红包。在红包发放前，主播可以进行倒计时，让“抢”红包更有氛围。

4. 发起任务

直播中发起任务，类似“快闪”活动，即在一个指定的版块，在相同的时间，同时做一系列指定的行为，力量有限，但一群人一起做一件事，同时满足自我的成就感。

(1) 建群快闪，邀请观众共同进入一个微信群，在群内喊出自己不敢说的话，直播结束后此群解散。

(2) 占领留言区，邀请观众共同在某论坛的帖子下方或微信公众号评论区留言。

(3) 晒出同步动作，号召粉丝一起做出相同的动作，随后大家分别晒在社交网站，等等。

5. 礼物赠送

在直播过程中，出于对主播的喜爱，观众会进行礼物赠送或打赏。打赏一般以虚拟商品作为馈赠，如虚拟鲜花、虚拟手机、虚拟游艇等，主播得到的这些虚拟礼物是可以转换成货币提现的，但平台运营方要抽取一定比例的管理费。由于打赏这种形式属于新生事物，而且在不断的发展变化中，行业管理规定相对滞后，各个平台的规则差别很大。

5.4.3 直播收尾

企业直播需要以结果为导向，通过直播达成营销目的，实现品牌宣传或销售转化。

直播现场的营销效果取决于开场的吸引程度及进行中的互动程度；直播结束后的营销效果则取决于收尾的引导程度。

直播结束后，需要解决的最核心问题即流量问题。无论现场观众是过十万人还是过百万人，一旦直播结束，观众马上散去，流量随之清空。为了利用直播现场的流量，在直播结束时的核心思路就是将直播间的流量引向销售平台或微信个人号。

1. 销售转化

流量引导至销售平台，从收尾表现上看即引导进入官方网址或网店，促进购买与转化。

通常留在直播间直到结束的观众，对直播都比较感兴趣。对于这部分网友，主播可以充当售前顾问的角色，在结尾时引导观众购买产品。销售转化要有利他性，能够帮观众省钱或帮观众抢到供不应求的产品；否则，在直播结尾植入太过生硬的广告，只会引来观众的指责弹幕。

2. 引导关注

在直播结束时，主播可将企业的自媒体账号及二维码告诉观众，以便直播后继续向本次观众传达企业信息。

3. 邀请报名

流量引导至粉丝平台，从收尾表现上看即告知粉丝平台加入方式，邀请报名。在同一场直播中积极互动的网友，通常比其他网友更同频，更容易与主播或主办单位“玩”起来，也更容易参加后续的直播。这类观众，可以在直播收尾时邀请入群，结束后通过运营该群，逐渐将直播观众转化成忠实粉丝。

5.5 主流直播平台申请规则

5.5.1 淘宝直播

1. 商家身份（含个人店铺和企业店铺）

淘宝平台现在已经针对店铺C店（个人商铺）商家全行业开放申请（内衣、房产等个别特殊行业除外），以商家身份申请直播权限，可以通过手机下载“淘宝主播”App（注意不是“淘宝直播”App），进入淘宝主播App→“资讯”→“顶部banner图”→“手把手教你快速开通直播权限”申请。如果是主播，下载淘宝主播App。系统会自动校验你是否符合开通条件。目前直播权限开通条件如下。

(1) 淘宝店铺满足一钻或一钻以上（企业店不受限，珠宝类目除外）。

(2) 主营类目在线商品数大于或等于5，且近30天店铺销量大于或等于3，且近90天店铺成交金额大于或等于1000元。

(3) 卖家须符合《淘宝网营销活动规则》。

(4) 本自然年度内不存在出售假冒商品违规的行为。

(5) 本自然年度内未因发布违禁信息或假冒材质或成分的严重违规行为，扣分满6分及以上。

(6) 卖家具有一定的客户运营能力。

(7) 符合直播推广类目的商家才能入驻。

2. 非商家身份（达人与消费者）

非商家且是个人主播，需满足如下条件。

(1) 淘宝达人账号层级达到L2级别，如果不是淘宝达人，应先申请入驻达人。

(2) 需要有较好的控场能力，需要口齿流利、思路清晰，与粉丝互动性强，因此需要上传一份主播出境的视频充分、全面地展现自己的直播能力，不要仅限于自我介绍。视频大小不要超过3MB，因为目前系统只支持一分钟左右。

(3) 通过新人主播基础规则考试。

如果满足上述3个要求并审核通过就可以成为淘宝主播。

如果既是商家身份，又是达人身份，直播只能以商家身份入驻，不支持达人身份入驻，也不支持切换。

3. 机构身份

(1) MCN 合作伙伴(机构)。

MCN(Multi-Channel Network),是一种多频道网络的产品形态,可以理解为网红的中介机构。淘宝直播目前已经有超过 200 家 MCN 合作机构,淘宝平台非常希望与在直播领域有丰富经验和杰出成绩的机构(网红/主播机构)进行合作。如果是经纪公司,旗下有大量主播,且在其他直播平台有过成功合作经验,想要以主播运营机构身份加入淘宝直播,可以申请。

(2) PGC 直播机构。

PGC(Professional Generated Content)指专业生产内容,如视频网站、微博网站等,UGC(User Generated Content)指用户原创内容。如果是 PGC、UGC 专业栏目的制作团队,有丰富、成功的综艺、电商节目内容策划制作经验,也可以申请。

5.5.2 抖音直播

1. 抖音开直播入口与流程

(1) 我→设置→反馈与帮助→直播(直播权限申请、直播其他问题)→如何开直播。

(2) 打开个人主页→创作者服务中心→开始直播。

2. 抖音直播权限开通条件

抖音商家只要满足其中任意一条即可开通直播权限:

(1) 粉丝数量达到 5 万以上、视频获赞均超过 100 且多数为使用抖音拍摄(非上传)。

(2) 发布优质多元化内容达人。

(3) 积极参与抖音产品内测的体验师。

5.5.3 微信直播

微信直播不是专指某一个平台。凡是在微信端可以运行的小程序直播都可以称为微信直播。直播需要搭建一个小程序来直播,没有小程序微信上是没有办法进行直播的,在微信上直播可以找外面的电商软件开发商进行搭建。搭建好了之后就可以开始直播了。但要注意,抖音、快手、淘宝等直播软件都是没有办法在微信上打开。微信小程序开直播的条件满足以下其一即可。

(1) 拥有电商平台、商家自营—百货、初级食用农产品、食品、酒/盐、图书报刊/音像/影视/游戏/动漫、汽车/其他交通工具的配件、服装/鞋/箱包、玩具/母婴用品、家电/数码/手机、美妆/洗护、珠宝/饰品/眼镜/钟表、运动/户外/乐器、办公/文具、鲜花/园艺/工艺品、汽车内搭/外饰、家居/家饰/家纺、机械/电子器件、在线视频课程、直播。

(2) 微信号主体下小程序近半年没有严重违规。

(3) 小程序近 90 天内存在支付行为。

(4) 主体下公众号累计粉丝大于 100。

（5）主体下小程序连续7日活跃用户数大于100。

（6）主体在微信生态内近一年广告投放实际消耗金额大于1万元。

微信号主体是指微信企业号、微信个人号、微信公众号等。

5.5.4 拼多多直播

1. 拼多多店铺开通直播条件

拼多多直播权限不如淘宝平台的门槛高，一般有运作的拼多多店铺都可以开通直播：

（1）下载最新版本的拼多多商家版。

（2）打开拼多多商家版，选择“工具”→“多多直播”→“创建直播”。

（3）上传直播封面图并取一个直播标题。

2. MCN入驻拼多多直播的条件

（1）入驻机构要有资质开具文化服务费、其他经纪代理服务、直播服务费、演艺服务费类目的增值税专用发票的资质。

（2）需要有在其他平台有较丰富的电商经验，旗下有一批较为专业的PGC达人或电商主播。

3. 拼多多直播所需资料

（1）开通权限后，每周必须至少保持5天直播，每场直播不得低于3小时。

（2）熟读“商家直播手册”，不得有任何违禁行为，一经发现，取消直播权限。

（3）每场直播数据需截图反馈给对接招商小二，每场直播结束提交直播反馈（直播建议、效果、功能体验等）。

（4）不得对任何第三方软件导流。

5.5.5 小红书直播

1. 小红书直播申请操作

（1）申请成为内容创作者。

（2）申请小红书直播权限：打开小红书App，选择“我”→“设置”→“功能申请”→“开通直播”。

（3）开启直播带货权限：打开小红书App—选择“我”→“设置”→“功能申请”—“好物推荐”。

2. 小红书直播开通条件

（1）用身份证实名认证。

（2）年满18周岁。

(3) 绑定手机号。

(4) 完成创作者认证,其前提条件是粉丝数不少于5000、近半年自然阅读量2000以上的原创合规笔记数不小于10篇。

目前,小红书的直播间功能较为简单,除了视频图像外,直播间还能看到个人信息、点赞数、观众列表、双击点赞、留言互动、提示信息6项基本信息,而没有大部分直播间都有的道具打赏及购物车功能,更多样的功能和工具将会逐步上线。

5.6 内容推送

直播与短视频都属于内容推送平台,按照一定的规则进行排序,推送到不同的读者手中,由于每个人的阅读爱好不同,所以这类平台展示在不同的读者面前的是不同的内容。

内容推送平台也称为内容分发平台,指的是根据一定的分发规则进行内容呈现或推荐的新媒体平台。根据分发规则的不同,内容分发平台可以分为基于人工分发型、基于用户分发型和基于算法推荐型三大类别。

早期的内容分发平台多数属于基于人工分发型平台,如门户网站"新浪网",其各栏目的内容就是由编辑进行人工审核后推荐到首页的。

微信公众平台是较为典型的基于用户分发型的内容平台。用户只要关注某微信公众号,就能收到该公众号的内容推送,也就是关注某微信公众号的用户增多,其内容阅读量也会随之增加。

现阶段,各大互联网公司开始纷纷布局基于算法推荐型的内容平台,以前是人找信息,现在是信息找人。用户在没有主动表达其需要的信息时,平台就已经能够猜出这个用户喜欢的信息。

5.6.1 推荐机制的算法

如何能够更方便、高效地分发内容给用户,是内容推送平台竞争的关键。

1. 抓取用户浏览信息

内容推送平台会记录每一位用户的浏览数据,如用户点击较多的频道、各类文章的阅读速度、点赞内容的类别等。

2. 分析阅读习惯

内容推送平台对已经抓取的用户浏览信息进行分析并判断其感兴趣的内容。例如,某用户在进入平台首页后,只点击进入科技类文章且能认真完成每篇文章的阅读,该用户点击美食、军事等类目的文章后马上关闭,则平台会"猜测"用户喜欢科技文章,然后继续根据用户的浏览习惯,"猜测"其喜欢科技类之下的哪一个子类别,做进一步细化分析。

3. 分析内容信息

除了分析用户外,平台也会对每一篇文章进行智能分析,一方面根据文章原创度、垂直度等信息判断内容质量;另一方面抓取内容的主要信息,为其加上标签,便于后续分发推荐。例如,在文章《如何利用短视频,让客户主动来找你?》发布后,内容推送平台自动分析并为该篇文章加上"短视频""营销""电商""媒体"等标签。

5.6.2 主流推送平台

目前,主流推送平台是电商推广产品的绝佳平台,这些平台都是基于算法推荐型的内容平台,也就是人工智能平台,是性价比高的产品曝光平台。

1. 今日头条

今日头条是北京字节跳动科技有限公司开发的一款基于数据挖掘的推荐引擎产品,为用户推荐信息、提供连接人与信息的服务的产品。由张一鸣于2012年3月创建,2012年8月发布第一个版本。

今日头条基于个性化推荐引擎技术,根据每个用户的兴趣、位置等多个维度进行个性化推荐,推荐内容不仅包括狭义上的新闻,还包括音乐、电影、游戏、购物等资讯。它根据用户的社交行为、阅读行为、地理位置、职业、年龄等信息,通过社交行为分析,五秒可计算出用户兴趣,通过用户行为分析,用户每次动作后,十秒内更新用户模型。

它根据用户所在城市,自动识别本地新闻,精准推荐给当地居民,并可根据用户年龄、性别、职业等特征,自动计算并推荐其感兴趣的资讯。

2. 大鱼号

大鱼号是阿里文娱旗下的内容创作平台,为内容生产者提供"一点接入,多点分发,多重收益"的整合服务。大鱼号为内容创作者提供畅享阿里文娱生态的多点分发渠道,包括UC、土豆、优酷等阿里文娱旗下多端平台,同时也在创作收益、原创保护和内容服务等方面对创作者给予了充分的支持。

大鱼号在为优质原创作者倾力打造创作激励计划,包含大鱼奖金、广告分成和大鱼独家激励3部分。"大鱼奖金",扶持激励具备优质原创能力的新锐、潜力创作者。"广告分成"是大鱼号平台对创作者的基础商业赋能,当创作者的内容运营能力达到平台一定要求时即可获取广告分成的权益。"大鱼独家激励"是大鱼号平台与优秀原创作者的高阶合作模式,要求作者承诺独家供应符合平台要求的优质原创内容到大鱼号平台,鼓励优秀创作者与平台携手,持续生产有营养的图文及短视频优质原创作品,让UC、优酷、土豆用户有更好的内容消费体验。

3. 百家号

百家号是全球最大中文搜索引擎百度为内容创作者提供的内容发布、内容变现和粉丝管理平台。作为一个提供百亿级流量的内容平台,百家号致力于让内容恰如其分地找到读者。百家号为内容创作者提供内容发布、内容变现和粉丝管理服务。在百家号发布一篇有价值的文章，可能被众多用户点击、评论和分享。

4. 企鹅号

企鹅号是腾讯旗下的一站式内容创作运营平台，致力于帮助媒体、自媒体、企业、机构获得更多曝光与关注，持续扩大品牌影响力和商业变现能力，扶植优质内容生产者做大做强，建立合理、健康、安全的内容生态体系。

5. 搜狐号

搜狐号是在搜狐门户改革背景下全新打造的分类内容的入驻、发布和分发全平台，是集中搜狐网、手机搜狐网和搜狐新闻客户端三端资源大力推广媒体和自媒体优质内容的平台。各个行业的优质内容供给者(政府、媒体、群媒体、个人、企业/机构/其他组织)均可免费申请入驻，为搜狐提供内容；利用搜狐三端平台强大的媒体影响力，入驻用户可获取可观的阅读量，提升自己的行业影响力。搜狐号有以下几个特点。

(1) 三端推广。集中搜狐三端的优质流量大力推广自媒体，快速获取阅读量。文章只需要发布一次，搜狐三端同步显示。

(2) 自动化推荐上头条。打破原有编辑推荐机制，根据文章本身质量及流量表现进行自动化推荐，写得好就有机会上头条。

(3) 关系链传播。订阅、评论、分享，利用关系链传播获取更多流量。

(4) 百科式内容分类。根据垂直频道的属性，建立百科式内容分类，如财经、时尚、旅游、健康、时尚、母婴、教育、美食、汽车、科技、体育、科技、历史、文化等。

6. 大风号

大风号原名“凤凰号”，是凤凰新闻客户端旗下的自媒体产品。2017 年底，凤凰新闻客户端宣布启动“大风计划”，“风系”产品矩阵也是凤凰新闻客户端未来发展的重点之一。2018 年 2 月，凤凰新闻客户端宣布旗下的自媒体产品“凤凰号”更名为“大风号”。

7. 网易号

网易号是网易平台下的内容推送平台，以“各有态度”为主张的内容分发平台，致力于为用户提供丰富、海量的品质内容和视频服务，为内容生产者提供从内容分发、用户连接到品牌传播、商业化变现的一揽子解决方案。

5.7 抖音平台

在 5G 网络时代，短视频的发展已经成为不可阻挡的趋势了。短视频即短片视频，是一种互联网内容传播方式，一般是在互联网新媒体上传播的时长在几分钟以内的视频。随着移动终端普及和网络的提速，短平快的大流量传播内容逐渐获得各大平台、粉丝和资本的青睐。

随着网红经济的出现,视频行业逐渐崛起一批优质 UGC 内容制作者,微博、秒拍、快手、今日头条纷纷入局短视频行业,募集一批优秀的内容制作团队入驻。自 2017 年以来,短视频行业竞争进入白热化阶段,内容制作者也偏向 PGC 化专业运作。

在众多短视频平台中,抖音因其巨大的流量、年轻的用户,以及不可估量的商机脱颖而出,成为各大品牌入驻短视频平台的不二之选。打造短视频需要组建一个团队,配置策划人员、主播、拍摄人员、后期剪辑人员、推广营销人员,本章不讨论短视频制作的技术、设备和拍摄技巧,仅以抖音为例,从运营的角度分析引流和变现的方法,其他短视频平台的玩法大同小异。

5.7.1 抖音介绍

抖音是于 2016 年 9 月上线的一款音乐创意短视频社交软件,是一个专注年轻人的十五秒至五分钟的音乐短视频社区,瞄准的大多是一、二线城市的年轻用户,85%以上的用户是“95 后”和“00 后”人群;在功能方面,抖音与快手非常相似,两款社交短视频产品经常被进行比较。两者最大的区别还是品牌调性和用户画像,快手更加“真实”和“接地气”,而抖音更加“高大上”和酷炫。品牌调性是基于品牌或产品的外在表现而形成的市场印象,从品牌与产品人格化的模式来说,等同于人的性格;在市场方面,抖音的软文推广和“带货”能力都很好,那些拥有百万粉丝的账号,它们接一个广告的费用就是好几万元。随着抖音从一、二线城市开始向三、四、五线城市扩展,用户越来越多,市场也越来越好,连支付宝、美团外卖等大型机构和企业也入驻抖音平台。图 5.1～图 5.6 是抖音 2019 年经营状况的主要数据。

1. 抖音主要数据

图 5.1 抖音日活用户排名第一

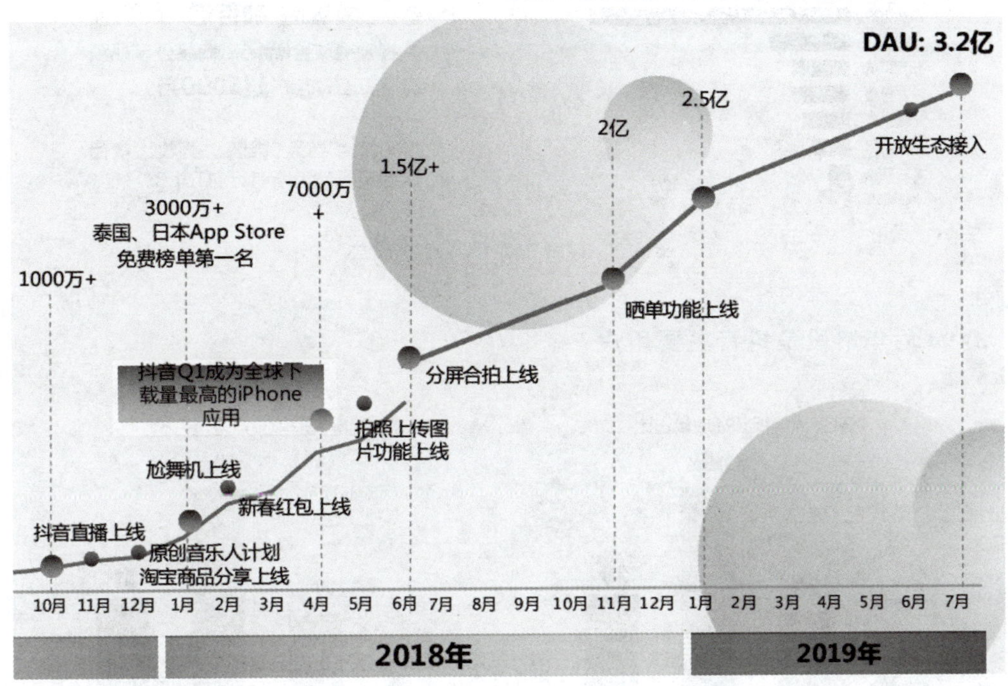

图 5.2　抖音上线以来日活用户上升曲线

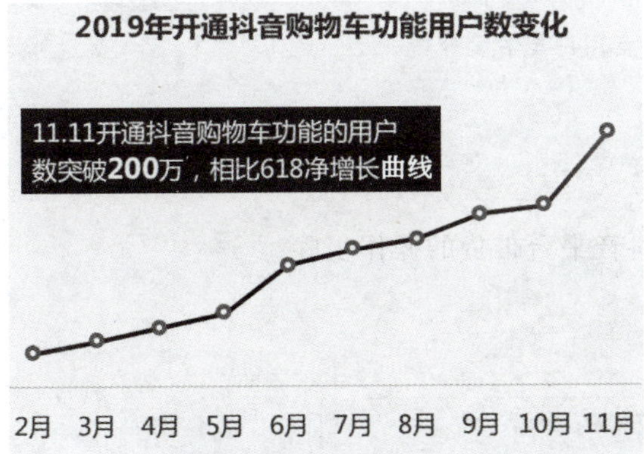

图 5.3　抖音购物车上升曲线

图 5.4　抖音视频发布量上升曲线

2. 服装、美妆、食品是主要带货产品

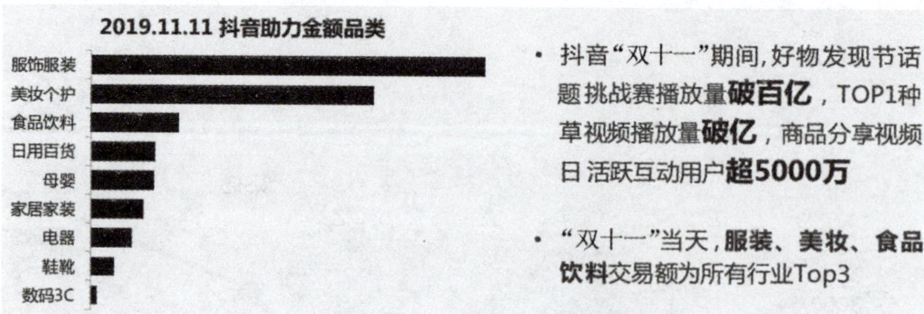

图 5.5　抖音主要带货产品品类

3. 90 后年龄段是抖音主要用户

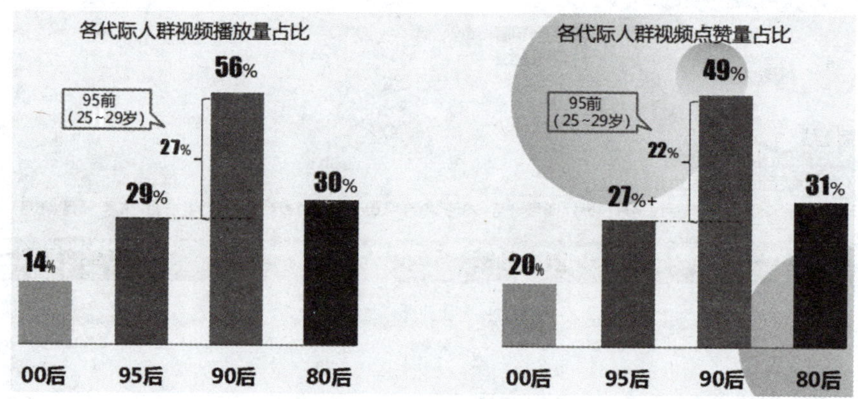

图 5.6　抖音用户年龄段分布

5.7.2　抖音带货步骤

图 5.7～图 5.12 直观清晰地描述了抖音平台带货的操作步骤。

1. 开通商品分享功能

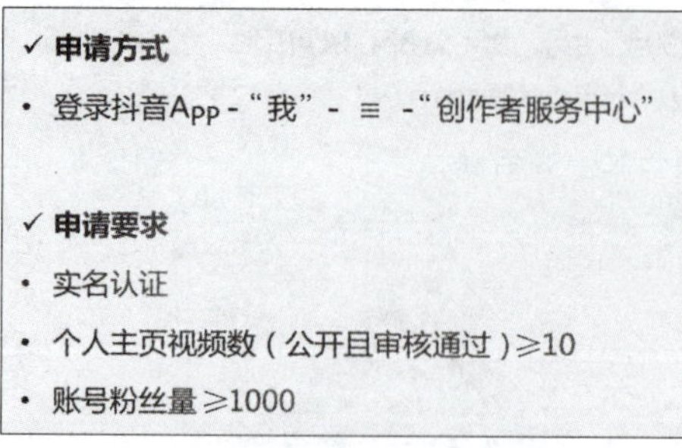

图 5.7　开通商品分享功能

2. 选择商品来源

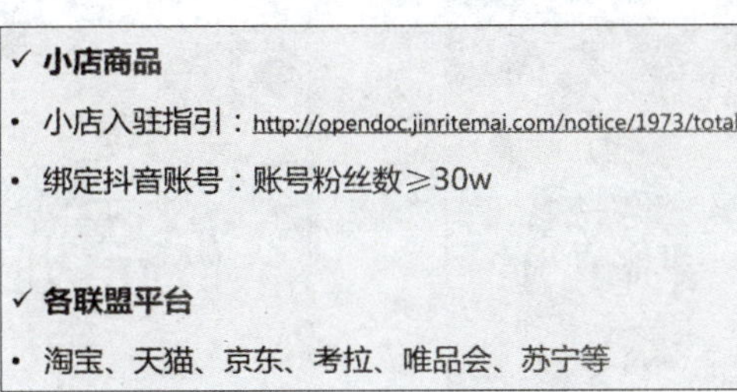

图 5.8 选择商品来源

3. 开播前添加产品

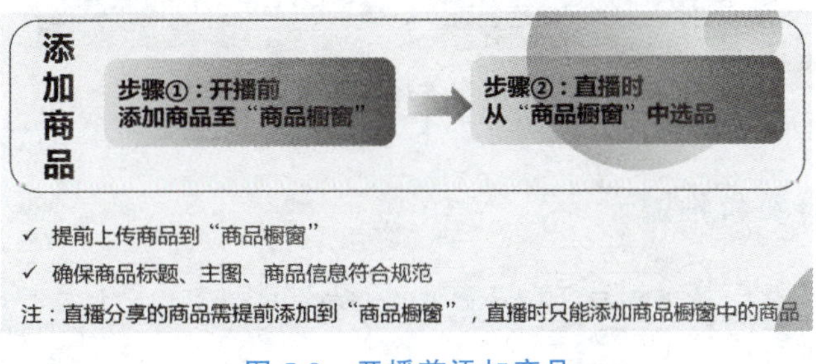

图 5.9 开播前添加产品

4. 直播间添加商品

图 5.10 直播间添加商品流程示意图 1

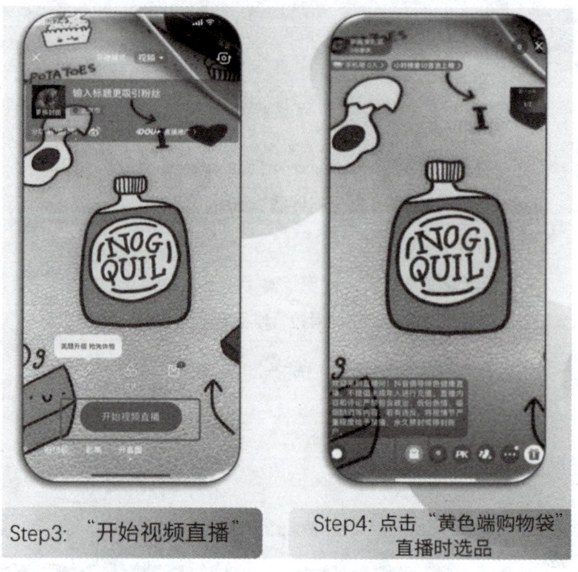

图 5.11　直播间添加商品流程示意图 2

5. 开播使用计算机推流

- ✓ **推流入口**：抖音App → +按钮 →开直播→ PC游戏
- ✓ **推流帮助**：右上角？
- ✓ **推流工具**：抖音直播伴侣、第三方OBS直播
- ✓ **推流技巧**：添加贴纸，展示直播主题+商品利益点，以便中途进入直播间的用户快速了解直播信息

图 5.12　开播使用计算机推流

5.7.3　抖音直播要点

图 5.13～图 5.23 直观清晰地描述了抖音直播时的操作要点。

1. 直播人、货、场三要素

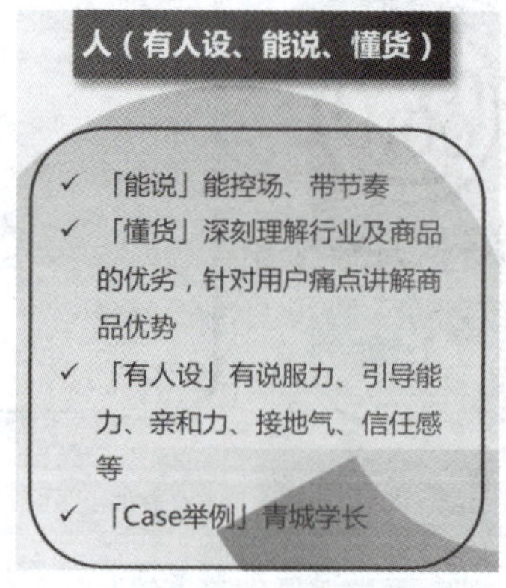

图 5.13　直播人设要素

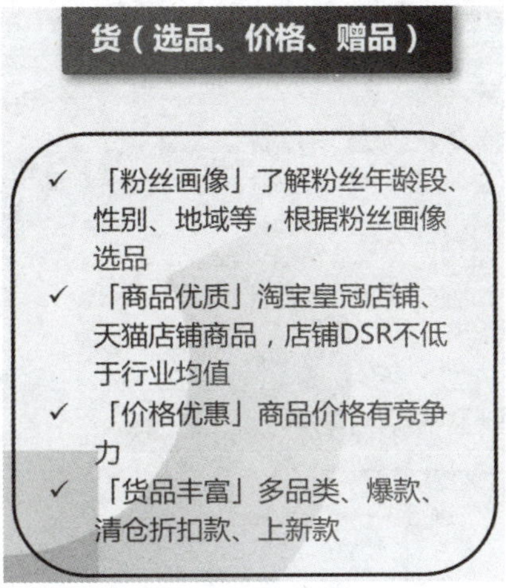

货（选品、价格、赠品）

✓ 「粉丝画像」了解粉丝年龄段、性别、地域等，根据粉丝画像选品
✓ 「商品优质」淘宝皇冠店铺、天猫店铺商品，店铺DSR不低于行业均值
✓ 「价格优惠」商品价格有竞争力
✓ 「货品丰富」多品类、爆款、清仓折扣款、上新款

图 5.14 直播货物要素

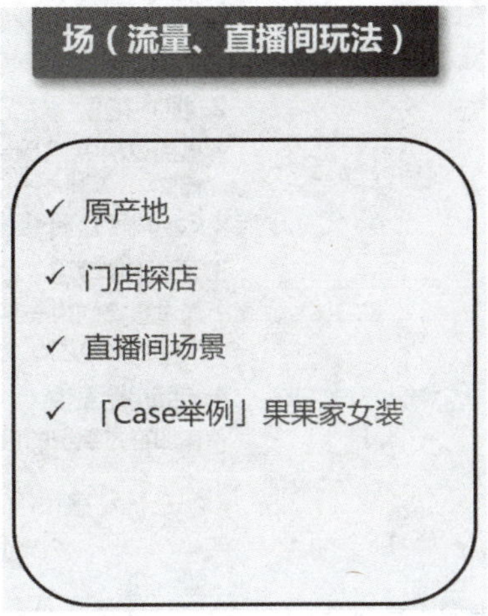

场（流量、直播间玩法）

✓ 原产地
✓ 门店探店
✓ 直播间场景
✓ 「Case举例」果果家女装

图 5.15 直播场地要素

2. 直播流量获取方法

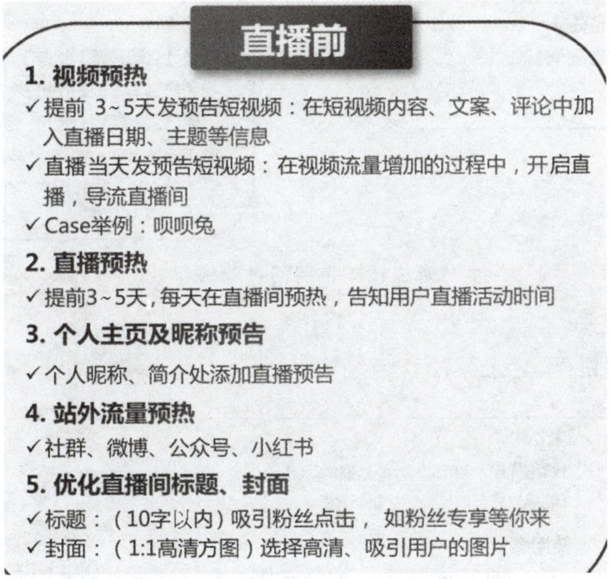

直播前

1. 视频预热
✓提前 3~5天发预告短视频：在短视频内容、文案、评论中加入直播日期、主题等信息
✓直播当天发预告短视频：在视频流量增加的过程中，开启直播，导流直播间
✓Case举例：呗呗兔

2. 直播预热
✓提前3~5天，每天在直播间预热，告知用户直播活动时间

3. 个人主页及昵称预告
✓个人昵称、简介处添加直播预告

4. 站外流量预热
✓社群、微博、公众号、小红书

5. 优化直播间标题、封面
✓标题：（10字以内）吸引粉丝点击， 如粉丝专享等你来
✓封面：（1:1高清方图）选择高清、吸引用户的图片

图 5.16 直播前准备工作

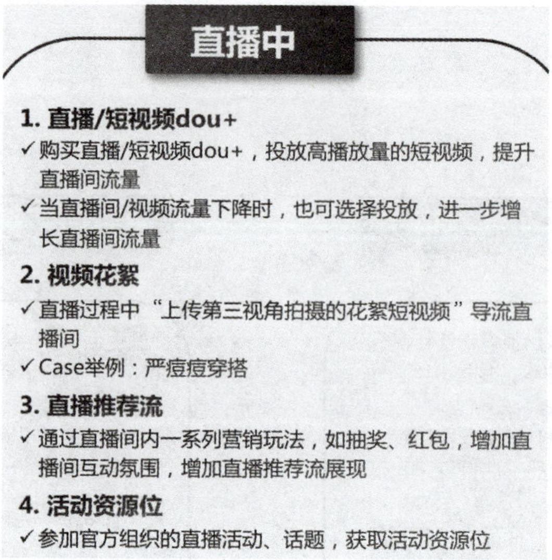

直播中
1. 直播/短视频dou+
✓购买直播/短视频dou+，投放高播放量的短视频，提升直播间流量
✓当直播间/视频流量下降时，也可选择投放，进一步增长直播间流量
2. 视频花絮
✓直播过程中“上传第三视角拍摄的花絮短视频”导流直播间
✓Case举例：严痘痘穿搭
3. 直播推荐流
✓通过直播间内一系列营销玩法，如抽奖、红包，增加直播间互动氛围，增加直播推荐流展现
4. 活动资源位
✓参加官方组织的直播活动、话题，获取活动资源位

图 5.17　直播中注意事项

3. 直播间互动转化

粉丝互动目的
✓ 增强用户对商品的了解
✓ 增强主播信任感
✓ 增加粉丝直播间停留时长
粉丝互动方式
✓ 「引导用户关注」通过直播增加粉丝
✓ 「引导用户评论」向粉丝提问、喜欢的请评论点赞
✓ 「设计互动话题」提前了解粉丝的偏好，与用户互动，鼓励用户发弹幕、留言
✓ 「活跃直播氛围」盖楼、答题、领红包、整点促销活动、抽奖、连麦等
✓ 「下单引导」告知用户下单流程

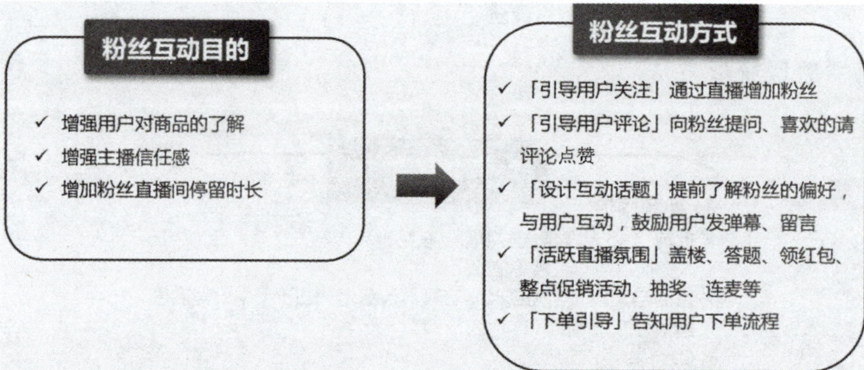

图 5.18　直播间互动转化

4. 直播间商品讲解

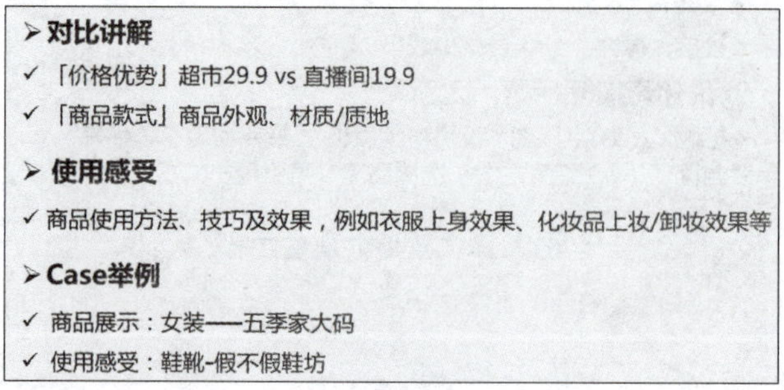

➢对比讲解
✓ 「价格优势」超市29.9 vs 直播间19.9
✓ 「商品款式」商品外观、材质/质地
➢ 使用感受
✓ 商品使用方法、技巧及效果，例如衣服上身效果、化妆品上妆/卸妆效果等
➢Case举例
✓ 商品展示：女装——五季家大码
✓ 使用感受：鞋靴-假不假鞋坊

图 5.19　直播间商品讲解

5. 直播间促销方法

➢ 限时/限量促销活动
✓ 商品促销活动（限时、限价、限量）
✓ 设置在整点进行
✓ 刺激用户转化，调动直播间气氛

➢ 抽奖
✓ 粉丝团抽奖、评论抽奖、下单免单
✓ 定时抽奖，整点/半点抽奖
✓ 增加用户停留时长

➢ 发优惠券
✓ 直播间发放优惠券
✓ 专属利益点刺激用户转化

➢ 发红包
✓ 发红包礼物给用户
✓ 增加用户粉丝黏性

图 5.20 直播间促销方法

6. 直播间剧情表演

✓ 粉丝直播间砍价
✓ 制造库存紧张氛围
✓ 现场联系商家补库存、砍价等
✓ 品牌方/店长联合讲解

图 5.21 直播间剧情表演

7. 直播内容规划

1. 主题选择
✓ 教程讲解：化妆、穿搭教程分享
✓ 好物分享：粉丝回馈、特价专享
✓ 上新预热：上新优惠活动，通过直播推荐新品
✓ 官方活动：配合活动打榜
✓ 人设账号：石榴哥卖石榴、麻辣德子卖锅
2. 时间段、时长规划
✓ 直播时长：3~4h，可以选择中午、晚上等时间开播，视频热门后随时开播
3. 商品讲解
✓ 结合用户痛点展开讲解，让用户产生购买欲望
✓ 每个商品提炼3~4个特点，单品介绍时长不超过10min

图 5.22 直播内容规划 1

4. 营销玩法节奏
✓ 粉丝福利时间
✓ 返场抢购时间
5. 提前开播测试
✓ 测试网速：确保网速正常、购物车及上下架等直播间功能正常
✓ 设备调试：检查能否正常直播、镜头位置、灯光亮度、网络、话筒收声情况等，确保正式直播时不会出现意外

图 5.23 直播内容规划 2

5.7.4 抖音直播规范

图 5.24 和图 5.25 列举了抖音直播中常见禁售商品和常见违规案例。

➢ 常见禁售商品举例
服装类：动物皮草、高仿名牌服饰、鞋；
食品类：减肥药、鹿茸人参等医疗保健功效药材、昆虫宴、自制食物类；
玉石文玩类：未开凿的原石、古董文玩等；
医疗类：医疗器械、医美器材、任何药品相关产品（包括保健药、酒）；
高仿制品：高仿名牌手表、首饰、黄金饰品、包类；
化妆品类：主播自己直播制作的化妆品、代购、高仿化妆品；
成人用品广告；
信息类：婚姻介绍（国内、跨国类）、公考课程、驾考规定、金融投资、法律科普、招聘信息、微商兼职等。

图 5.24 直播禁售商品

➢ 常见直播违规案例
双平台直播，在不同平台同时直播一个场景；
站内多账号直播同一主播、同一场景；
直播时注意画面内人物衣着，不可着装暴露；
恶意发布广告，展示联系方式或以任何形式导流用户私下交易，如发布主播微信号、淘宝店铺；
直播中存在长期静态挂机、播放个人或他人直播视频回放等行为；
未成年人直播、冒充官方、非本人实名认证开播；
展示管制刀具、枪支（包括仿真枪）、毒品等违禁物品；
在直播中进行开车、抽烟、喝酒等危害生命健康的行为。

图 5.25 直播违规案例

5.7.5 抖音的分发机制

了解抖音的推荐算法机制，能相应地获取更多的推荐，是一个快速获取流量的方法。

1. 抖音的算法逻辑

抖音的流量分配是去中心化的，它与百度等搜索引擎不同，搜索引擎推荐算法主要依靠外链和高权重等，而抖音则是采用循环排名算法，根据这个作品的热度进行排名，其公式如下：

热度＝播放次数＋喜欢次数＋评论次数

这个公式可以让每一个有能力产出优质内容的人，都能得到跟“大 V”公平竞争的机会，实现了人人都能当明星的可能性，给草根提供了无限的机会。具体规则如下。

（1）智能分发。

用户即使没有任何粉丝，发布的内容也能够获得部分流量，首次分发以附近和关注为主，并根据用户标签和内容标签进行智能分发。

（2）叠加推荐。

结合大数据和人工运营的双重算法机制，优质的短视频会自动获得内容加权，只要转发量、评论量、点赞量、完播率等关键指标达到了一定的量级，就会依次获得相应的叠加推荐机会，从而形成爆款短视频。

（3）热度加权。

当内容获得大量粉丝的检验和关注，并经过一层又一层的热度加权后，即有可能进入上百万的大流量池。抖音算法机制中的各项热度的权重依次为：转发量>评论量>点赞量，并会自动根据时间择新去旧。

2. 抖音的权重参数

抖音的账号权重主要包括如下几点。

（1）**粉丝数**。粉丝数是最直观的隐性账号权重，粉丝的数量和增长速度，同时反映该账号被认可的程度。

（2）**完播率**。简单来说，就是发布的视频，有多少比例的用户是完全看完的，有多少用户是在刚打开三五秒的时候就直接跳出的。这个比率跟传统 Web 时代网站的跳出率类似，可以看到用户是在什么位置流失，有多少用户是全部看完的。完播率也是一个衡量短视频质量的指标，毕竟没有人对于不好看的内容，还会坚持看完。

（3）**转发率、点赞率**。因为抖音跟今日头条的推荐机制是一脉相承的，会根据用户的过往使用习惯，相对精准地把新内容推送到用户面前。所以，那些优秀的短视频内容，通常都会获得比较高的转发率和点赞率。

（4）**活跃度**。抖音的活跃度主要指用户在线时长，以及内容发布频次。例如，某个漂亮的女性用户，苦练了几个抖音上热门的手势舞，技巧和相貌都相当出众，但是她的视频点赞量却只有寥寥几个。原因很简单，在第一次没有被抖音小助手推荐后，她已经错失了最初获得流量的机会。同时，她以每周更新一个短视频的频次进行创作，这种更新频次显然会影响权重。

（5）**评论量**。评论短视频的用户越多，说明该视频的内容越好，话题性越强，可以激起用户想要发表看法的欲望。

一个视频作品的上述几个指标加权后分数很高，抖音平台就会把这个视频推给更多的人看。

3. 抖音算法的优点

（1）扶持优质用户，提供各种福利政策。
（2）只要能够产出优质内容，即可与大号公平竞争。
（3）青睐垂直领域的优质视频，给予更多推荐。
（4）自动淘汰那些内容差的垃圾视频。

5.7.6 抖音的引流方法

我们都知道，流量就是金钱。因此只要商家有了流量，变现就不再是难题。抖音就是一个坐拥庞大流量的平台。入驻抖音的用户只要用对方法，就可以吸引到抖音相当大的一部分公域流量到商家自身项目，积累自己的私域流量，更快做好自己的项目。

1. 硬广告引流

硬广告引流法是指在短视频中直接进行产品或品牌展示。建议专业用户可以搭建一个摄像棚，将平时朋友圈发的反馈图全部整理出来，然后制作成照片电影来发布视频，如减肥的前后效果对比图、美白的前后效果对比图等。例如，阿迪达斯的抖音官方账号就联合众多抖音达人，推出了各种“15 秒热舞课”“15 秒潮搭课”和“15 秒闪拍课”等，让达人穿上阿迪达斯的服装，在短视频中通过各种热舞和搭配展示出来。

2. 制作原创视频引流

对于有短视频专业制作能力的用户，原创引流是最好的选择。用户可以把制作好的原创短视频发布到抖音平台，同时在账号资料部分进行引流，如昵称、个人简介等版块，都可以留下微信等联系方式，注意，不要在其中直接标注“微信”，可以用拼音简写、同音字或其他相关符号来代替。高品质的原创视频，引流的效果一定会很好。

3. 评论区人工引流

抖音短视频的评论区，基本上都是抖音的精准受众，而且都是活跃用户。用户可以先编辑好一些引流话术，话术中带有微信等联系方式。在自己发布的视频的评论区回复其他人的评论，评论的内容直接复制粘贴引流话术。

4. 私信消息引流

抖音支持“发信息”功能，一些粉丝可能会通过该功能给用户发信息，用户可以经常看一下，并利用私信回复来进行引流。

5. 互推合作引流

在抖音上与其他用户合作，来互推账号达到引流目的。在账号互推合作时，需要注意一些基本原则：①粉丝的调性基本一致；②账号定位的重合度比较高；③互推账号的粉丝黏性要高；④互推账号要有一定数量的粉丝。

由于抖音已经融入人们的生活，它不仅是一个短视频社交工具，也成了一个重要的商务营销平台。通过互推，别人的人脉资源也能很快成为自己的人脉资源，会极大地拓宽商家的人流量。

6. 多账号引流

通过同时做多个不同的账号运营，来打造一个稳定的粉丝流量，可以全方位地展现品牌特点，扩大影响力，还可以形成链式传播来进行内部引流，大幅度提升粉丝数量。抖音矩阵的每个账号定位，不能错位和重叠，既要保证主账号的发展，也要让子账号能够得到很好的成长。例如，小米科技的抖音主账号为“小米商城”，其粉丝数量达到243万，其定位是引流变现；而子账号“小米手机”的粉丝数量也非常接近，达到了240万。

7. 音乐平台引流

抖音短视频与音乐是分不开的，因此用户还可以借助各种音乐平台来给自己的抖音号引流，常用的有网易云音乐、虾米音乐和酷狗音乐。以网易云音乐为例，这是一款专注于发现与分享的音乐产品，依托专业音乐人、好友推荐及社交功能，为用户打造全新的音乐生活。网易云音乐的目标受众是一群有一定音乐素养的、较高教育水平、较高收入水平的年轻人，这和抖音的目标受众重合度非常高，因此成为了抖音引流的最佳音乐平台之一。用户可以利用网易云音乐的音乐社区和评论功能，对自己的抖音进行宣传和推广。

5.7.7 抖音的变现方法

在移动互联网时代，有流量不等于有收益，但是没有流量就一定没有收入，可见流量是多么的重要，但变现是商业活动的根本，流量只是手段，变现才是目的。本节主要介绍怎么利用抖音的巨大流量来实现变现。

目前抖音并没有开通像今日头条那样的广告分成收益。但是，短视频所带来的粉丝是可以实现盈利的，无论用户是承接自营广告还是帮品牌做宣传，或者将粉丝引流至其他能够变现的自媒体平台，这些都是有价值的，这也是企业和个人抖音号的基本变现思路。

用户在运营抖音实现变现时，需要考虑选择变现的方式，是在抖音号中添加淘宝店铺的导购链接，还是将粉丝导入自己的第三方平台，如微信公众号、企业官方网站，或者开设鲁班商等，让粉丝去这些平台进行购物和成交。

由于本地化抖音号可以更好地解决信任问题，因此本地的餐饮、电影、美容，以及服装企业等都是潜在的大客户，会有很多本地的服务商主动找上门来，找抖音号进行各种商业合作，因此变现能力比唱歌跳舞的内容要强很多。

1. 广告变现

广告是所有抖音达人最直接的一种变现方式，如果达人没有自己的店铺、产品或者品牌的话，接广告来变现是最合适的，可以通过帮商家发软广、硬广的方式来变现。抖音官方上线的“精彩推荐”为达人和品牌主树立了一个广告内容植入的风向标，促进品牌内容生产，保证视频质量。

2. 电商变现

如果抖音达人有自己的产品和电商店铺的话，可以申请开通抖音购物功能，拍摄创意“带货”视频，来为店铺产品带动销量；达人也可以通过微商变现，主要是把抖音用户导流 转化到社交软件中，如用内容引导、个性签名引导、评论引导、直播引导等方式，通过给自己的产品和店铺引流实现变现。

在抖音开通电商，有以下 4 种方式。

(1) 开通抖店。它是企业的展示平台，也可以叫高级版 POI，目前不能上传产品，不能在线售卖，主要为本地商家标注品牌。

(2) 抖音商品橱窗。这个功能是商品分享功能，可以将淘宝、京东等平台的产品，在抖音主页上的商品橱窗中展示。

(3) 抖音小店。是在抖音上开店，有自己的后台，可以上传产品，需要绑定抖音号才能展示到橱窗上进行销售。

(4) 鲁班电商。它是头条和抖音的二类电商，可以投放到抖音、头条、火山视频等平台上，是付费推广的一种形式。

对于内容平台来说，电商为它们的商品化、货币化提供了可能途径，遵循着零售的思路、品类的拓展、人群的泛化、涉及商品从标准向非标准形态延伸都成为了未来可预见的变化。

3. 知识变现

知识付费的本质，是把知识变成产品或服务，以实现商业价值。知识付费有利于人们高效筛选信息，付费的同时也激励优质内容的生产。简而言之，知识付费是让知识的接受者付出相应的成本。

若抖音视频中展示了某种职业技能、科技知识，形成一系列课程，就可以用付费观看或者打赏的模式进行变现。知识付费变现不需要太多的粉丝，如果商家有一万粉丝，并且全都是愿意付费的，那么其价值要比有 500 万泛娱乐粉丝强很多。

4. 精准流量变现

“抖音＋微信”就是线上精准流量变现的最佳方式，用户可以将自己的抖音粉丝引流至微信个人号、微信公众号、微信小店、微信商城及微信小程序等渠道，更好地让流量快速变现。

企业方想通过抖音流量带动实体门店产品销量的，都叫作线下精准流量。例如，大家都熟悉的喜茶和海底捞底料新吃法等，都是抖音带来的线下精准流量。

5. 直播变现

抖音已经开通了直播功能，那些通过短视频积累了大量粉丝的账号，再开通直播功能，将流量变现是比较容易的。抖音达人利用短视频在前期累积的大量粉丝，将凸显变现优势。抖音达人直播变现有以下几种方式。

(1) 打赏模式。

观众付费充值买礼物送给主播，平台将礼物转化成虚拟币，主播对虚拟币提现，由平台抽成。如果主播隶属于某个工会，则由工会和直播平台统一结算，主播则获取的是工资和部分抽成。这是最常见的直播类产品盈利模式。当然伴随着直播平台的升级和优化，礼物系统也更加多元化，从普通礼物到豪华礼物，再到能够影响主播排名的热门礼物、VIP用户专属的守护礼物，以及当下流行的幸运礼物，无一例外都是为了进一步刺激用户充值，提升平台收益。

(2) 导购模式。

电商一般会采取此种模式。一种是主播自己经营店铺，利用直播吸引人气，大家熟知的主播张大奕就打造出了自己年销售额上亿的网红店。或是某店铺需要主播推广，主播负责在直播时推广店铺商品，以此来吸引顾客，用户看直播时可直接挑选、购买商品，最终直播平台和主播/店铺分成。

(3) 承接广告。

一些主播拥有一定的名气之后，不少商家就会看中直播间的流量，委托主播对他们的产品进行宣传，主播收取一定的推广费用。这种变现方式，一般广告是主播私下接的，平台不参与分成。当然平台也可在App、直播间、直播礼物中植入广告，按展示/点击与广告商结算费用，也是一种变现形式。

(4) 付费观看直播。

一对一直播、私密直播逐渐流行起来。付费模式对直播的私密性要求更高，粉丝通过购买门票、计时付费等方式进入直播间观看，付费直播的内容质量相对较高，能够吸引粉丝付费直播。这种方式一般内容质量较高，可以有效地留住粉丝，为平台和主播增加新的变现方式。

6. 打造超级IP变现

很多坚持原创的抖音号都成为了“超级IP”，并且衍生出了很多IP附加值来实现变现。衍生的IP附加值主要有：①接广告，做品牌代言人；②推出自己的品牌产品；③成为歌手，出唱片或提供付费音乐下载；④拍电视剧、上综艺节目等。

抖音的短视频信息传播方式，可以帮助IP吸引相同价值观的粉丝，实现大范围的精准营销变现。随着泛娱乐时代的到来，IP全产业链价值正在被深度挖掘，那些成名的抖音达人变现机会会越来越多。

7. 卖号变现

在互联网商业时代，任何销售都离不开流量，特别是精准流量。有着大量粉丝的抖音号本身就非常值钱，可以通过二级市场进行转让变现。通过百度搜索："抖音号交易"可以找到很多交易平台。

5.7.8 抖音案例

1. 达人成功案例——呗呗兔

可在抖音搜索"呗呗兔"查看详细资料，如图 5.26 和图 5.27 所示。

图 5.26 达人成功案例——呗呗兔 1

2. 达人成功案例——九九的穿搭日记

可在抖音搜索"九九的穿搭日记"查看详细资料，如图 5.28 和图 5.29 所示。

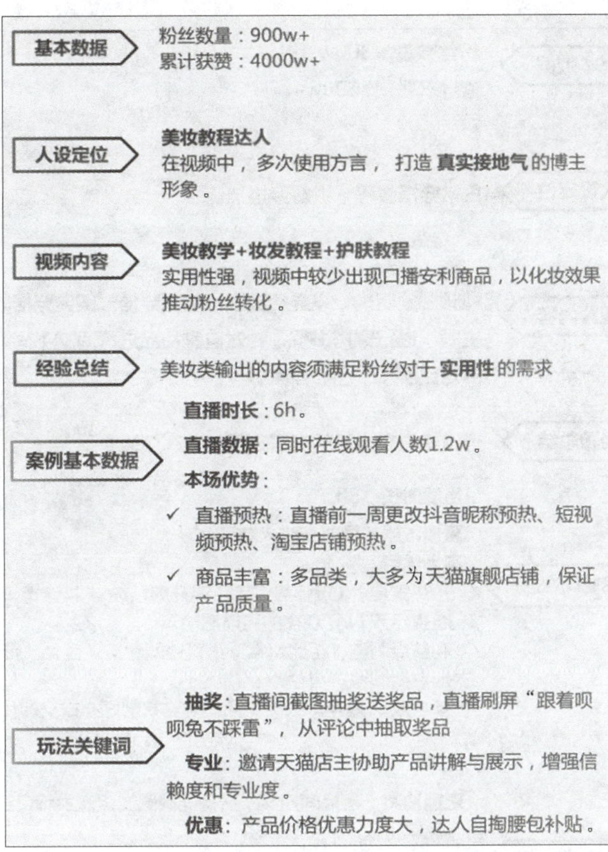

图 5.27 达人成功案例——呗呗兔 2

图 5.28 达人成功案例——九九的穿搭日记 1

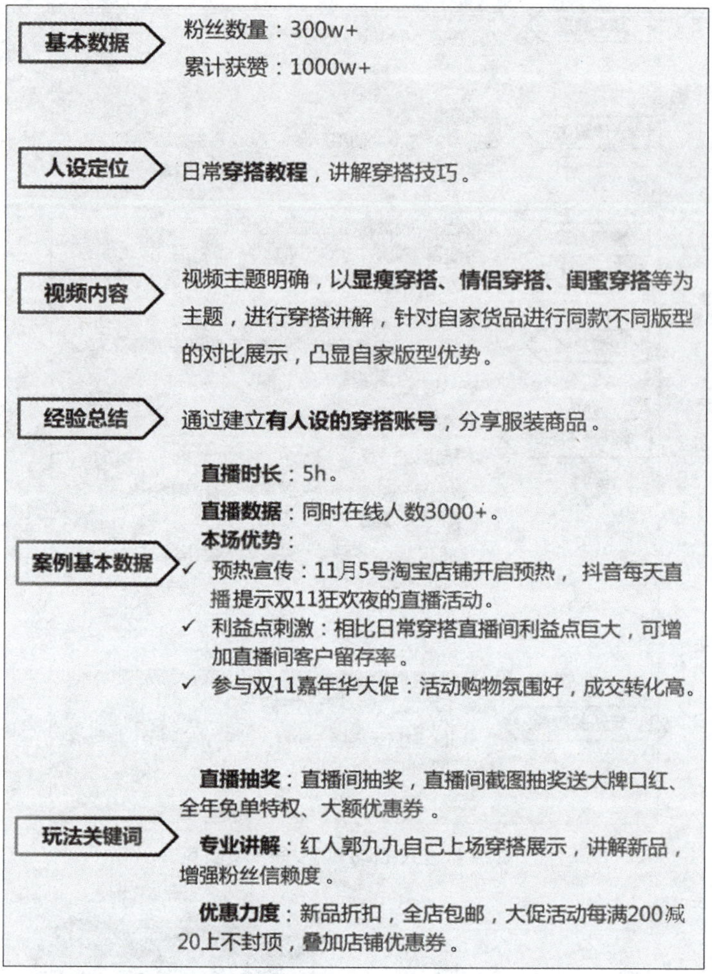

基本数据
粉丝数量：300w+
累计获赞：1000w+

人设定位
日常**穿搭教程**，讲解穿搭技巧。

视频内容
视频主题明确，以**显瘦穿搭、情侣穿搭、闺蜜穿搭**等为主题，进行穿搭讲解，针对自家货品进行同款不同版型的对比展示，凸显自家版型优势。

经验总结
通过建立**有人设的穿搭账号**，分享服装商品。

案例基本数据
直播时长：5h。
直播数据：同时在线人数3000+。
本场优势：
- ✓ 预热宣传：11月5号淘宝店铺开启预热，抖音每天直播提示双11狂欢夜的直播活动。
- ✓ 利益点刺激：相比日常穿搭直播间利益点巨大，可增加直播间客户留存率。
- ✓ 参与双11嘉年华大促：活动购物氛围好，成交转化高。

玩法关键词
直播抽奖：直播间抽奖，直播间截图抽奖送大牌口红、全年免单特权、大额优惠券。
专业讲解：红人郭九九自己上场穿搭展示，讲解新品，增强粉丝信赖度。
优惠力度：新品折扣，全店包邮，大促活动每满200减20上不封顶，叠加店铺优惠券。

图 5.29 达人成功案例——九九的穿搭日记 2

5.8 抖音系广告

通过抖音系列平台推广产品，已经成为大多数商家的选择，目前一般都是通过巨量引擎来做营销的。巨量引擎(Ocean Engine)是字节跳动旗下的营销服务品牌，整合今日头条、抖音、西瓜视频、懂车帝、穿山甲等产品的营销能力，汇聚流量、数据、内容等合作伙伴，为商家提供综合数字营销解决方案。

5.8.1 巨量引擎介绍

巨量引擎作为营销服务品牌，为全球品牌提供了多元的场景、创新的技术和开放的资源，让品牌与用户的连接方式更多样，让营销行为更加高效。它主要有以下优势。

1. 多元

多元场景覆盖，让品牌营销更加立体生动。巨量引擎覆盖综合资讯、短视频、综合视频、问答、垂直资讯等领域，多款产品使用时长居细分领域前列，全天候覆盖用户场景。穿山甲联盟让细分使用场景更加完善，让产品与用户生活持续紧密相连。同时，巨量引擎基于信息、兴趣和社交，为品牌重构与用户的连接关系，匹配多种互动方式与创新广告形式，让品牌营销更加立体生动。

2. 创新

巨量引擎依托创新的技术及营销思维，从智能洞察出发，全景呈现品牌营销环境。一方面，巨量引擎助力品牌内容营销多元创作，重构内容分发方式；另一方面，巨量引擎为广告策略与投放提供助力，智能呈现策略建议及效果预估，对智能投放工具灵活组合。以此搭建了从智能洞察、智能策略、智能创作、智能投放、智能分发、智能评估的完整营销体系。

3. 开放

巨量引擎凭借开放海量的内容资源、高效的平台服务以及技术能力，为广告主提供智能的数字营销。同时，巨量引擎还是一个开放共赢的平台，将会不断深化与行业、多方平台、合作伙伴、内容创造方、渠道等第三方伙伴的合作，共同创造价值，互惠共赢，打造健康的数字营销生态。

5.8.2 巨量引擎营销资源

巨量引擎的营销资源包括今日头条、抖音、西瓜视频、懂车帝、Faceu激萌、轻颜、皮皮虾、穿山甲等。

1. 今日头条

今日头条是一个通用信息平台，致力于连接人与信息，让优质丰富的信息得到高效精准的分发，促使信息创造价值。

2. 抖音

一个帮助大众用户表达自我，记录美好生活的短视频平台，应用智能技术为用户创造丰富多样的玩法。

3. 西瓜视频

西瓜视频是国内领先的PGC视频平台，它通过个性化推荐，源源不断地为不同人群提供感兴趣的优质内容，同时鼓励多样化创作，帮助人们轻松地向全世界分享视频作品。

4. 懂车帝

懂车帝是“看车、选车、买车”一站式汽车媒体和服务平台，产品基于个性化推荐引擎帮助用户发现感兴趣的汽车内容，同时配有车型库、360°全景看车等选车工具，为用户打造内容＋社区＋工具等多元生态。

5. Faceu 激萌

一款能社交的 AR 相机，海量酷炫贴纸、激萌表情包、实时美颜、趣味特效让聊天姿势更丰富更有趣，满足全方位拍摄需求。

6. 轻颜相机

以“风格”和“姿势”两大独家功能打造独一无二的拍摄体验，基于智能技术带来特有的高级感，成为用户热爱、飞速增长的图像平台。

7. 皮皮虾

皮皮虾以“分享快乐的力量”为使命，致力于打造一个让年轻人更有归属感的平台，依靠丰富的 PUGC（专业用户生产内容）、有特色的互动形式以及独特的社区氛围，让用户自由表达和分享生活中的快乐。

8. 穿山甲

穿山甲是巨量引擎旗下的视频化广告平台，聚合优质媒体，为全球 App 和广告主提供高效的用户增长和变现解决方案，推动广告价值高效转化。

9. 海外推广

字节跳动公司旗下产品已覆盖超过 150 个国家、75 个语种，在 40 多个国家和地区位居应用商店总榜前列，通过产品连接国际用户，推送广告信息，满足海外推广需求。

5.8.3 广告形式

1. 开屏广告

开屏广告在应用开启时加载，展示固定时间（静态三秒、动态四秒、视频五秒），展示完毕后自动关闭并进入应用主页面的一种广告形式，按 CPM 计费；展现位置是在 App 启动的唯一入口，启动时随机展示。作为最佳黄金广告资源，适用于新品上市发布、产品促销、周年庆、重大行业节日等，如图 5.30 所示。

图 5.30 今日头条广告示意图 1

2. 信息流广告

原生形式，让用户以阅读资讯的方式阅读广告。广告样式有大图、小图、组图、视频、微动、全景图(180°/平扫)、3D 全景、轮播等，如图 5.31 所示。

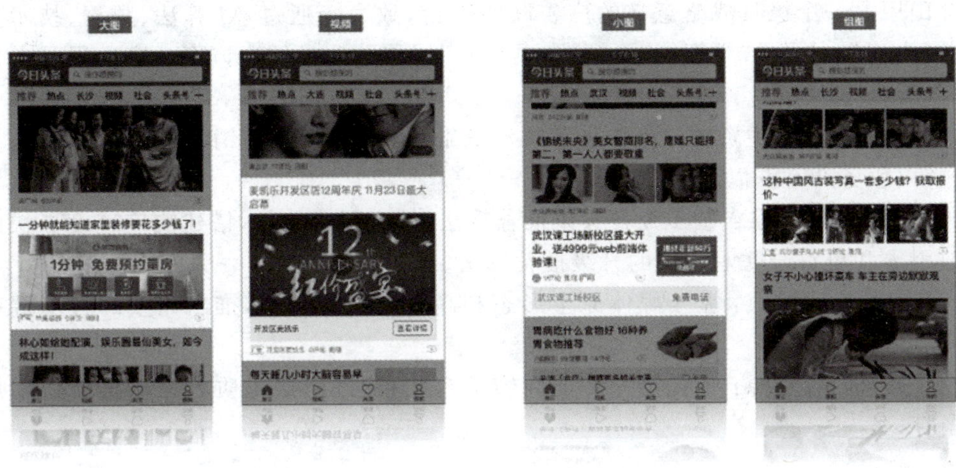

图 5.31　今日头条广告示意图 2

3. 详情页广告

提供更多可利用的位置资源，竞争门槛相对较低，出价更加灵活。展现位置：文章/问答/视频详情页(banner)、图集尾帧、视频相关推荐、视频后贴片等，如图 5.32 所示。

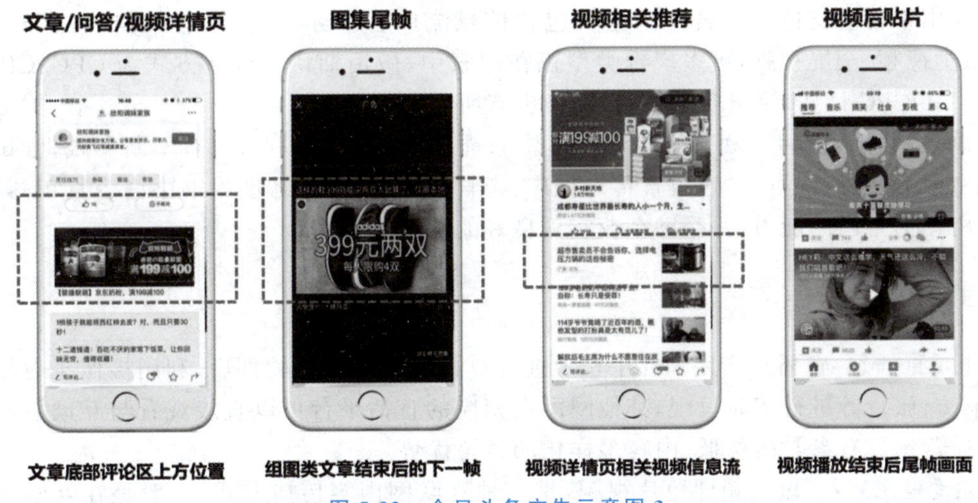

图 5.32　今日头条广告示意图 3

5.8.4 穿山甲广告联盟平台

1. 穿山甲介绍

穿山甲是一个极具战略意义的广告联盟平台，致力于通过AI算法、数据、技术等核心优势，为流量主提供“更智能、更精准、更高效”的移动流量解决方案。穿山甲具备以下优势。

(1) 庞大的广告主资源：背靠字节跳动商业化资源，庞大的销售体系持续引入头部品牌预算，服务20000以上广告主。

(2) 智能推荐算法：基于今日头条推荐算法，结合联盟特性，搭建响应速度更快的独立投放引擎和更符合联盟市场的升级推荐算法。

(3) 多种广告样式：基于媒体原生形态和高互动优质体验，推出完整的移动端产品矩阵。

(4) 独家内容资源：依托第一智能内容平台头条号，海量优质内容输出助力用户增长与留存。

2. 入驻方式

穿山甲目前对所有拥有App的公司主体开放，暂不接受个人开发者，接入方式以SDK为主。开发者可以在穿山甲平台(http://ad.toutiao.com/union/media/login/)右上角单击“注册”按钮进行注册，填写相关资料并通过审核、认证并签约成功，即可正式创建应用和代码位。

3. 穿山甲产品

穿山甲目前支持的广告样式主要包含信息流广告、banner广告、插屏广告、开屏广告、激励视频、全屏视频，更多广告类型正在探索中，敬请期待。计费方式为CPC、CPM、OCPM、OCPC计费，流量质量不同，价格也有所不同。

总之，**直播营销，实战为王。**从书本中只能学到相关知识点，只有不断实践，尝试亲自做主播、亲自组织直播、亲自宣传与推广、亲自带团队复盘，才能将书中内容真正落地，从而内化为自己的能力，并帮助企业实现良好的营销效果。

【主要知识点】

1. **【直播】** 直播是指用户在手机上或计算机上安装直播软件后，利用摄像头对发布会、采访、旅行等进行实时呈现，其他网民在相应的直播平台可以直接观看与互动。互联网直播营销具有参与门槛低、内容多样化的显著优势。

2. **【短视频】** 短视频即短片视频，是一种互联网内容传播方式，一般是在互联网新媒体上传播的时长在五分钟以内的视频。随着移动终端普及和网络的提速，短平快的短视频传播内容逐渐获得各大平台、粉丝和资本的青睐。

3. **【IP】** IP(Intellectual Property)直译是知识产权，它可以是一个故事、一种形象、

一件艺术品或一种流行文化，也指适合二次或多次改编开发的影视文学、游戏动漫等。粉丝出于对某部作品的喜爱而不断追随与此作品相关的游戏、电影、动漫甚至相关人物，且其消费能力不容小觑。IP时代，网民对于网络IP的认识也不再局限于主播搞怪等行为，通过互联网分享生活、传授知识、经验等的个人都有机会成为网络IP。

4.【MCN】 MCN(Multi-Channel Network)，一种多频道网络的产品形态，可以理解为网红的中介机构。

5.【PGC】 PGC(Professional Generated Content)指专业生产内容，如视频网站、微博网站等。

6.【UGC】 UGC(User Generated Content)指用户原创内容。

7.【网红】 "网红"即"网络红人"，指在网络中因为某种事件或者某个行为而被网民关注从而走红的人。其"走红"通常因为自身的某种特质在网络作用下被放大，与网民的审美、娱乐、刺激、偷窥等心理契合，刻意或无意间受到网民的追捧。"网络红人"与互联网的发展密不可分，从早期的文字、图片、视频，到现在的直播与短视频等，每个阶段都有具备鲜明特征的"网络红人"活跃在互联网上。

【本章小结】

5.1节 直播发展进程

近二十年来，互联网直播大致经历了图文直播、秀场直播、游戏直播、移动直播等几个历史阶段，它们直接改变了年轻人的生活方式，也对电子商务的模式产生了重大影响。

5.2节 网红介绍

"网络红人"与互联网的发展密不可分，从早期的文字、图片、视频，到现在的直播与短视频等，每个阶段都有具备鲜明特征的"网络红人"活跃在互联网上。

互联网可能会给个人更多的低成本曝光机会，尤其是随着直播的发展，一部分有个性、有鲜明特点的"草根"开始利用互联网，成为"网络红人"或"网络明星"。

5.3节 直播筹备

在直播场地筛选时，要优先选择消费者购买与使用产品频率较高的场所，以拉近与观众之间的距离，加深观看直播后的产品印象。与此同时，可以根据活动策划需要及人数、游戏内容、产品摆放等筛选场地。

作为直播道具的带货产品是直播活动的主角，需要在直播的各个方面均有所展现。直播设备也要做好充分检查。

5.4节 直播执行

直播营销包括直播前的策划与筹备、直播中的执行与把控、直播后的传播与发酵三大模块，在细节层面每个模块又可以继续拆分与细化。

直播的开场尤为重要，是直播留给观众的第一印象，观众进入直播间后会在一分钟之内决定是否要离开。

5.5 节　主流直播平台申请规则

直播平台的开通身份，一般分为商家、主播、机构三个身份。

淘宝平台现在已经针对店铺C店商家全行业开放申请（内衣、房产等个别特殊行业除外），商家身份申请直播权限，可以通过手机下载“淘宝主播”App（注意不是“淘宝直播”App），进入淘宝主播App→“资讯”→“顶部banner图”→“手把手教你快速开通直播权限”申请。

淘宝直播开通的审核相对较严，抖音、拼多多、小红书等相对比较容易。

5.6 节　内容推送

直播与短视频都属于内容推送平台，按照一定的规则进行排序，推送给不同的读者，由于每个人的阅读爱好不同，所以这类平台展示在不同的读者前面是不同的内容。

内容推送平台也称为内容分发平台，指的是根据一定的分发规则进行内容呈现或推荐的新媒体平台。根据分发规则的不同，内容分发平台可以分为基于人工分发型、基于用户分发型和基于算法推荐型三大类别。

5.7 节　抖音平台

在5G网络的时代，短视频的发展已经成为不可阻挡的趋势了。在众多短视频平台中，抖音因其巨大的流量、年轻的用户，以及不可估量的商机脱颖而出，成为各大品牌入驻短视频平台的不二之选。打造短视频需要组建一个团队，配置策划人员、主播、拍摄人员、后期剪辑人员、推广营销人员。

抖音是短视频平台的佼佼者。抖音的流量分配是去中心化的，它与百度等搜索引擎不同，搜索引擎推荐算法主要依靠外链和高权重等，而抖音则是采用循环排名算法，根据这个作品的热度进行排名，其公式如下：

热度＝播放次数＋喜欢次数＋评论次数

这个公式可以让每一个有能力产出优质内容的人，都能得到跟“大V”公平竞争的机会，实现了人人都能当明星的可能性，给草根提供了无限的机会。

5.8 节　抖音系广告

通过抖音系列平台推广产品，已经成为大多数商家的选择，目前一般都是通过巨量引擎来做营销的。巨量引擎（Ocean Engine）是字节跳动旗下的营销服务品牌，整合今日头条、抖音、西瓜视频、懂车帝、穿山甲等产品的营销能力，汇聚流量、数据、内容等合作伙伴，为商家提供综合数字营销解决方案。

【作业】

1. 直播结束后，需要解决的最核心问题即________问题。无论现场观众是过十万人还是过百万人，一旦直播结束，观众马上散去，流量随之清空。为了利用直播现场的流量，在直播结束时的核心思路就是将直播间的流量引向________或________。

2. 打造短视频需要组建一个团队，配置策划人员、________、拍摄人员、________、推广营销人员。

3. 结合大数据和人工运营的双重算法机制，优质的短视频会自动获得________加权，只要________、评论量、________、完播率等关键指标达到了一定的量级，就会依次获得相应的叠加推荐机会，从而形成爆款短视频。

4. 在抖音注册账号，尝试制作3～5个短视频，分析其流量。

5. 试比较拼多多、小红书、淘宝的直播带货规则，并整理出来分享给同学。

第6章 chapter 6

搜索引擎营销

【关键词】 网络营销、搜索引擎、SEO、SEM、百度

如何让网站的流量增大，如何让产品家喻户晓？这就需要靠正确的网络营销方法。搜索引擎是早期网络营销中最有效的方法之一，近年来随着手机的普及、移动互联网应用日趋增多，搜索引擎的营销效果有所下降，尽管如此，搜索引擎仍然是网络营销手段中最主要的方法之一，其重要性不言而喻，百度等搜索引擎依然能带来较大的流量，因此不能小觑搜索引擎的营销效果，仍然需要花力气好好学习搜索引擎原理、方法、规则。

截至2020年3月，我国搜索引擎用户规模达7.50亿，较2018年底增长6883万，占网民整体的83.0%；手机搜索引擎用户规模达7.45亿，较2018年底增长9140万，占手机网民的83.1%。

近几年来，搜索引擎行业竞争激烈，各个公司的产品和服务不断丰富，搜索服务内容生态布局加快演进，如信息流服务已经日趋普及，它是基于兴趣的主动推送服务，能够对基于需求的主动搜索服务进行有效补充，帮助搜索引擎完善内容生态布局，缓解App间数据壁垒导致的流量获取难题，获得更多的用户和收益。百度公司依托搜索引擎入口，不断优化算法，提供文字、短视频等富媒体内容，持续改进信息流产品。字节跳动公司发布移动端搜索产品，涵盖旗下信息流、短视频、问答等产品的内容，同时抓取全网资源，为用户提供综合搜索服务。

人工智能技术的发展，快速推动着搜索产品创新和服务质量提升。第一，人工智能技术推动产品创新，出现了将知识体系作为搜索结果的新产品。基于机器学习的人工智能知识搜索引擎Magi上线，通过机器学习将自然语言信息提取成结构化数据，可以为用户提供除网页链接以外的知识体系搜索结果，为行业构建和完善知识图谱。第二，人工智能技术提升服务质量。搜索引擎开放人工智能技术接口，与搜索小程序融合，促进开发者为用户提供更智能的服务，覆盖视频、生活服务、购物、旅游等众多领域。百度智能小程序2019年11月活跃用户数超过3亿，在搜索流量中占比超过30%，360搜索PC端小程序12月活跃用户数超过5000万。

6.1 搜索引擎发展历史

搜索引擎是伴随互联网的发展而产生和发展的，互联网已成为人们学习、工作和生活中不可缺少的平台，几乎每个人上网都会使用搜索引擎。搜索引擎大致经历了以下四

代的发展。

6.1.1 第一代搜索引擎

1994 年第一代真正基于互联网的搜索引擎 Lycos 诞生，它以人工分类目录为主，代表厂商是雅虎(Yahoo)，特点是人工分类存放网站的各种目录，用户通过多种方式寻找网站，现在这种方式仍存在。

6.1.2 第二代搜索引擎

随着网络应用技术的发展，用户开始希望对内容进行查找，出现了第二代搜索引擎，也就是利用关键字来查询，最具代表性、最成功的是谷歌(Google)。它建立在网页链接分析技术的基础上，使用关键字对网页搜索，能够覆盖互联网的大量网页内容，该技术可以分析网页的重要性后将重要的结果呈现给用户。

6.1.3 第三代搜索引擎

随着网络信息的迅速膨胀，用户希望能快速并且准确地查找到自己所要的信息，因此出现了第三代搜索引擎。相比前两代，第三代搜索引擎更加注重个性化、专业化、智能化，使用自动聚类、分类等人工智能技术，采用区域智能识别及内容分析技术，利用人工介入，实现技术和人工的完美结合，增强了搜索引擎的查询能力。第三代搜索引擎的代表是谷歌，它以宽广的信息覆盖率和优秀的搜索性能为发展搜索引擎的技术开创了崭新的局面。

6.1.4 第四代搜索引擎

随着信息多元化的快速发展，通用搜索引擎在目前的硬件条件下要得到互联网上比较全面的信息是不太可能的，这时，用户就需要数据全面、更新及时、分类细致的面向主题的搜索引擎，这种搜索引擎采用特征提取和文本智能化等策略，相比前三代搜索引擎更准确有效，被称为第四代搜索引擎。

6.2 搜索引擎分类

获得网站网页资料，能够建立数据库并提供查询的系统，都可以叫作搜索引擎。按照工作原理的不同，可以把它们分为两个基本类别：计算机自动搜索型和人工分类目录型。

6.2.1 计算机自动搜索型

计算机自动搜索型的数据库是依靠一个叫“网络机器人(Spider)”或叫“网络蜘蛛(Crawlers)”的软件，24 小时不停地通过网络上的网页链接自动获取大量网页信息内容，并按已定的规则分析整理形成的。谷歌、百度都是比较典型的计算机自动搜索型系统。它通常简称为全文搜索引擎。

在这类搜索引擎中，还有元搜索和垂直搜索两个概念。元搜索引擎是基于多个搜索引擎结果并对之整合处理的二次搜索方式；垂直搜索引擎是对某一特定行业内数据进行快速检索的一种专业搜索方式。

6.2.2 人工分类目录型

人工分类目录型则是通过人工的方式收集整理网站资料形成数据库的，如雅虎以及国内的搜狐、新浪、网易等都属于人工分类目录型。另外，在网上的一些导航站点，也可以归属为原始的人工分类目录型，如"网址之家"(http://www.hao123.com/)。它通常简称为目录搜索引擎。

计算机自动搜索型和人工分类目录型在使用上各有长短。计算机自动搜索型因为依靠软件进行，所以数据库的容量非常庞大，但是，它的查询结果往往不够准确；人工分类目录型依靠人工收集和整理网站，能够提供更为准确的查询结果，但收集的内容却非常有限。为了取长补短，现在的很多搜索引擎，都同时提供这两类查询。

6.3 搜索引擎市场份额

6.3.1 世界搜索引擎市场份额

2020 年全球搜索引擎市场份额占有排名，谷歌搜索无可置疑地排名第一，占世界市场份额为 90%以上，必应搜索、雅虎搜索、百度搜索、Yandex 搜索加起来占世界市场份额为 7%左右，其他小众搜索引擎的市场份额 1%～2%左右。百度搜索虽然在国内知名度很高，但在其他国家使用率并不高，在全世界的市场份额占有率较低，不到 2%。表 6.1 和图 6.1 展示了 2020 年全球主要搜索引擎所占市场份额。

表 6.1 2020 年全球主要搜索引擎所占市场份额

搜索引擎	谷歌	必应	雅虎	百度	Yandex Ru	搜狗
占率率	92.07%	2.44%	1.62%	1.49%	0.54%	0.43%
公布日期	2020 年 3 月 4 日					
统计年度	2019 年 2 月至 2020 年 2 月					

6.3.2 国内搜索引擎市场份额

2020 年国内搜索引擎市场份额占有排名，百度无可置疑地排名第一，占中国市场份额为 70%左右，搜狗搜索、神马搜索、360 搜索、谷歌搜索、必应搜索加起来占中国市场份额为 29%左右，其他小众搜索引擎的市场份额不到 1%。值得一提的是，谷歌搜

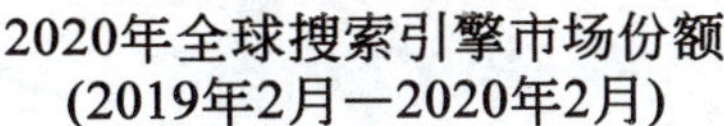

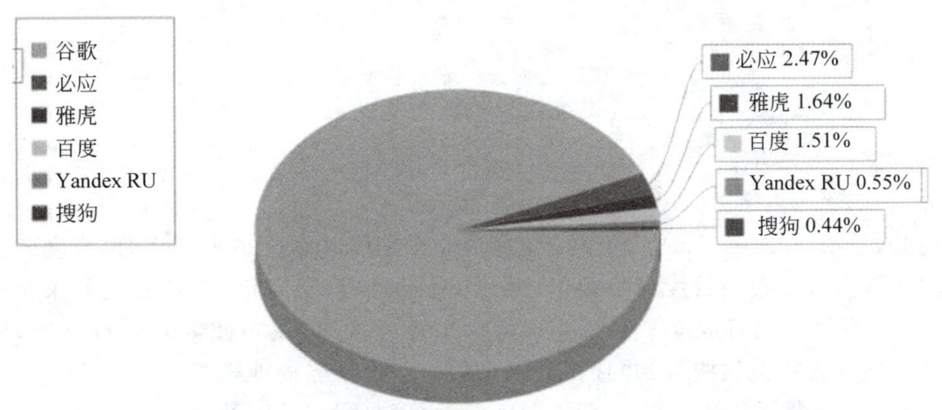

图 6.1 2020 年全球主要搜索引擎所占市场份额

索虽然是世界排名第一，但由于在中国大陆没有服务器，所以在中国大陆使用率很低，只有 2%左右的市场份额。表 6.2 和图 6.2 展示了 2020 年国内主要搜索引擎所占市场份额。

表 6.2 2020 年国内主要搜索引擎所占市场份额

搜索引擎	百度	搜狗	神马	360	谷歌	必应
占率率	72.73%	14.89%	4.45%	3.77%	2.04%	2.02%
公布日期	2020 年 4 月 2 日					
统计年度	从 2019 年 2 月至 2020 年 3 月					

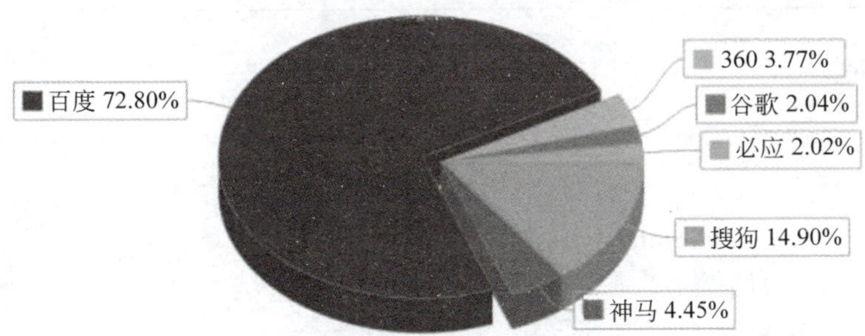

图 6.2 2020 年国内主要搜索引擎所占市场份额

6.4 知名搜索引擎介绍

6.4.1 百度搜索

网址：http://www.baidu.com

创办时间：2000年；

创办人：李彦宏、徐勇。

百度公司(Baidu.com，Inc.)于1999年底成立于美国硅谷。2000年1月，百度公司在中国成立了其全资子公司百度网络技术(北京)有限公司，于同年10月成立了深圳分公司，2001年6月又在上海成立了上海办事处。2001年8月，发布搜索引擎beta版，从后台服务转向独立提供搜索服务，并且在中国首创了竞价排名商业模式。2001年10月22日正式发布Baidu搜索引擎。2005年8月5日，百度公司在美国纳斯达克上市。

目前，百度是国内最大的商业化全文搜索引擎，占国内70%以上的市场份额。它属于计算机自动搜索型搜索引擎。图6.3为百度网站首页。

图6.3 百度网站首页

6.4.2 谷歌搜索

网址：http://www.google.com；

创办时间：1998年9月；

创办人：Larry Page和Sergey Brin；

特点：独创的PR值算法；

搜索网页：超过80亿；

搜索图片：超过10亿；

界面的可用语言：100 多种；

搜索结果采用的语言：35 种。

谷歌是全世界最大的搜索引擎，在搜索引擎领域始终保持着领先的地位。它于 1998 年 9 月 7 日创建，自创办以来，屡获殊荣，现在几乎家喻户晓，人人皆知。它具有网页搜索、图片搜索、文件搜索、新闻搜索、天气查询、手机号码查询、股票查询、英汉翻译等众多功能。它属于计算机自动搜索型搜索引擎。图 6.4 为谷歌网站首页。

图 6.4 谷歌网站首页

6.4.3 雅虎搜索

网址：http://www.yahoo.com(雅虎搜索)；

创办时间：1994 年 4 月；

创办人：David Filo 和美籍华人杨致远(Gerry Yang)；

雅虎被人们称为搜索引擎之王，是最早的目录索引之一，也是目前很重要的搜索服务网站，它属于人工分类目录型搜索引擎。图 6.5 为雅虎网站首页，图 6.6 为雅虎网站目录页。

一搜(www.yisou.com)就是改版后的雅虎中国。

6.4.4 搜狗搜索

搜狗(www.sogou.com)是搜狐旗下的专业搜索引擎，而搜狐是国内最著名的门户网站之一，也是国内最早提供搜索服务的站点。图 6.7 为搜狗网站首页。

6.4.5 有道搜索

有道(www.youdao.com)是网易旗下的专业搜索引擎，而网易是全球范围内最大的华语门户网站之一。图 6.8 为有道网站首页。

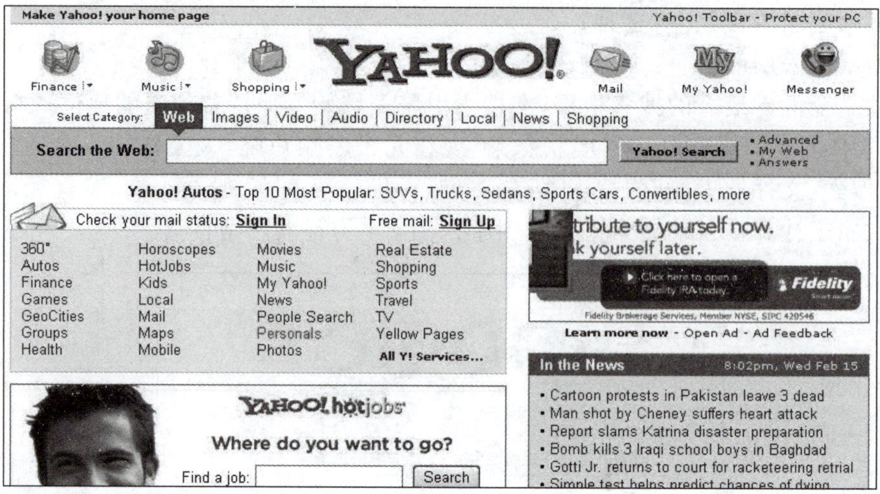

图 6.5 雅虎网站首页

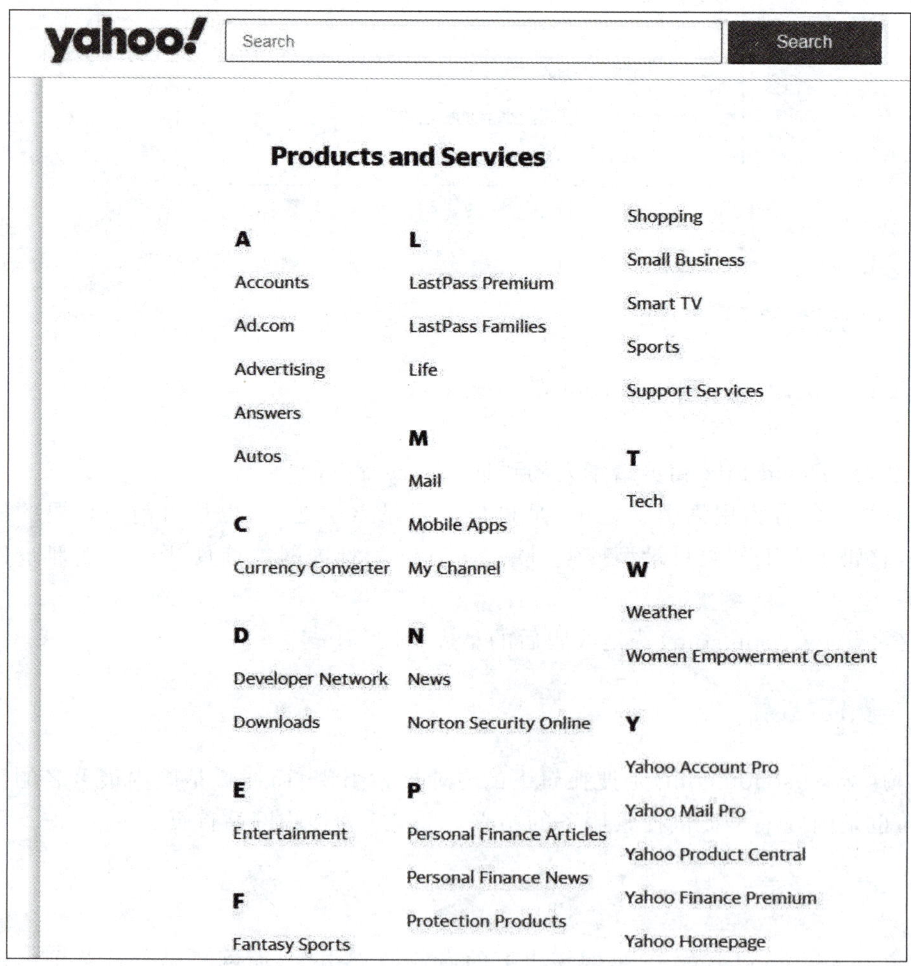

图 6.6 雅虎网站目录页

图 6.7 搜狗网站首页

图 6.8 有道网站首页

6.4.6 中国搜索

中国搜索(原慧聪搜索,www.zhongsou.com)是国内领先的搜索引擎公司。自 2002 年正式进入中文搜索引擎市场以来,中国搜索取得了一系列令人瞩目的成绩。在一年多的时间里,发展成为全球领先的中文搜索引擎公司,先后为新浪、搜狐、网易、TOM 等知名门户网站,以及中国搜索联盟上千家各地区、各行业的优秀中文网站提供搜索引擎技术。目前,每天有数千万次的中文搜索请求是通过中国搜索实现的,中国搜索也被公认为第三代智能搜索引擎的代表。图 6.9 为中国搜索网站首页。

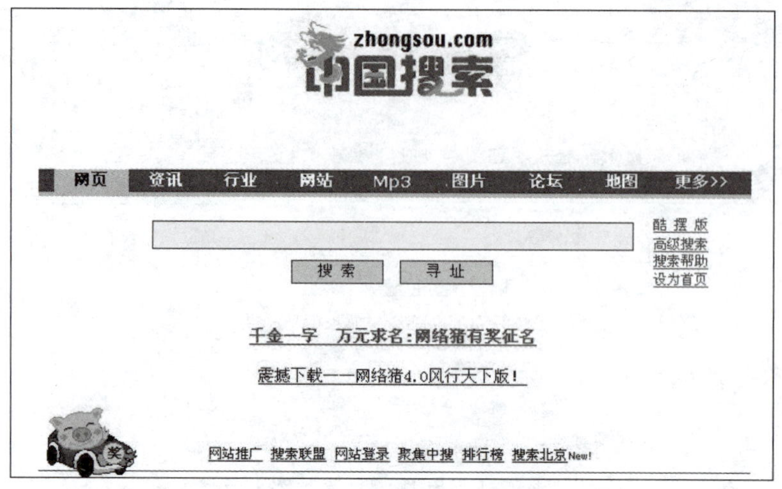

图 6.9 中国搜索网站首页

6.4.7 必应搜索

微软公司 2009 年 5 月 29 日正式宣布推出全新中文搜索品牌“必应”(http://cn.bing.com),打造全新的快乐搜索体验。“必应”中文搜索品牌的发布与微软全球搜索品牌 Bing 同步,是微软全球搜索服务品牌战略发布的一个重要组成部分。图 6.10 为必应网站首页。

中文搜索品牌“必应”比较受到中国网民的喜爱,市场占有率快速上升。

图 6.10 必应网站首页

6.4.8 搜搜

搜搜(www.soso.com)是腾讯旗下的搜索网站,是腾讯主要的业务单元之一。网站于 2006 年 3 月正式发布并开始运营。搜搜目前已成为中国网民经常选用的搜索引擎之一,主要为网民提供实用便捷的搜索服务,同时承担腾讯全部搜索业务,是腾讯整体在线生活战略中重要的组成部分之一。图 6.11 为搜搜网站首页。

图 6.11 搜搜网站首页

6.5 小众搜索引擎介绍

6.5.1 夸克搜索

夸克(https://www.myquark.cn)是阿里旗下的高速浏览器,是UC浏览器团队诚意之作,至臻呈现;它体现了极简设计理念,无推送、无信息流,高效搜索,回归浏览器本质;它通过深度优化网页站点排版,过滤广告干扰,让网民享受更佳的网页浏览体验,为手机减负;它在界面布局上很贴心,大屏单手操作很轻松;它一键同步书签导航,支持UC书签导入;它具备超强去广告,支持手动屏蔽,清净浏览;它拥有效率黑科技,在搜索框输入内容可在顶部快速执行站内搜索,一键直达。图6.12为夸克网站首页。

图 6.12 夸克网站首页

6.5.2 wikiHow 搜索

wikiHow用心为网民提供互联网上最有用的万事指南。现在网络上到处充斥着由某些作者粗制滥造的文章,相比之下,wikiHow的文章平均会被23个人编辑,并经过16个人的评审。网站里带有"绿色对号"标记的文章,它们都经过了额外的审查把关,如在一篇医学文章中看到了"绿色对号"标记,那就说明它的某个版本经过了真正医生的评审。同样,网站的宠物文章会由兽医进行评审,而法律文章会由律师进行评审。

所以,wikiHow里的内容是许多人共同努力的结果。数千名志愿者、网上最大的插画师团队、数百名摄影师以及100多名认证专家对文章反复雕琢,直到它们成为网络上最有用并且最可靠的指南。图6.13为wikiHow网站首页。

6.5.3 Magi 搜索

Magi(https://magi.com)是由Peak Labs研发的基于机器学习的信息抽取和检索系统,它能将任何领域的自然语言文本中的知识提取成结构化的数据,通过终身学习持续聚合和纠错,进而为人类用户和其他人工智能提供可解析、可检索、可溯源的知识体系。

图 6.13　wikiHow 网站首页

Magi 提供了全网规模的普通搜索结果，它的学习过程是在无人干预的情况下 7×24 小时不间断运行的，实时新闻事件中的知识一般只需要 5min 就会被掌握。随着可交叉验证的信息源不断增加，先前学习到的知识的可信度会被重新评估，使结果中的错误被自动纠正。因此，网民搜索信息，即使没有结构化结果，也不会空手而归。图 6.14 为 Magi 网站首页。

图 6.14　Magi 网站首页

6.5.4　多吉搜索

多吉搜索（https://www.dogedoge.com）是近年来流行的一款搜索引擎，号称“不追踪，不误导”，它是一款个人开发的搜索引擎，界面上效仿了 DuckDuckGo，搜索结果很全面，无广告，质量高，在某些情况下，是替代百度的好选择。图 6.15 为多吉网站首页。

图 6.15　多吉网站首页

6.5.5 Lookao 搜索

Lookao 搜索(https://lookao.com)是一款轻量简洁的搜索引擎,它宣称不会收集网民的隐私、追踪网民的上网行为,也不会根据网民的历史记录来干预搜索排名,搜索结果千人一面,内容更加纯粹。图 6.16 为 Lookao 网站首页。

图 6.16 Lookao 网站首页

6.5.6 秘迹搜索

秘迹搜索(https://mijisou.com)是一款守护用户搜索信息的聚合搜索引擎,它不会根据搜索关键词追踪用户,也不会通过历史搜索内容做广告推荐。秘迹搜索通过聚合中文搜索服务如必应、百度、360、搜狗等搜索结果提供私密搜索服务,底层技术基于开源的元搜索引擎 Searx。它没有 Cookie,能够提供更多的网络隐私信息防护方法。

秘迹搜索具有直达搜索功能,是指可以通过使用!语句,直达目标网站的搜索结果页。如使用!zhihu+秘迹,就可以直接跳转到知乎搜索里查找秘迹相关内容。在秘迹搜索框里,使用!(同时支持中英文感叹号)可以唤起支持直达搜索语法的网站。目前支持的网址有淘宝、京东、知乎等,会持续跟进用户反馈增加直达搜索网站。如可以使用!baidu+关键词来搜索,其他搜索引擎可以使用!bing+关键词、!360sousuo+关键词、!sogou+关键词等。图 6.17 为秘迹网站首页。

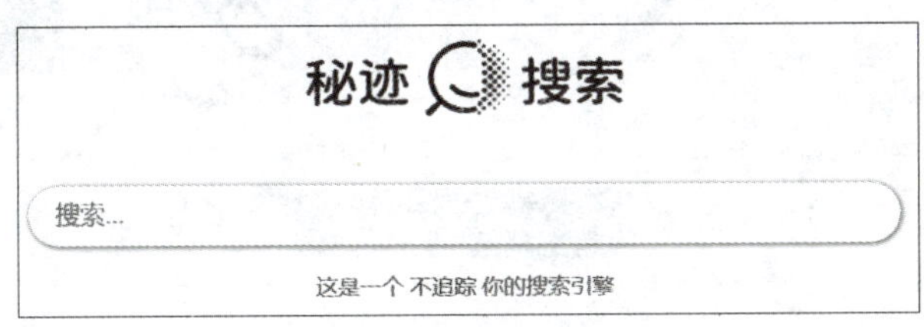

图 6.17 秘迹网站首页

6.5.7 萌搜搜索

萌搜搜索(https://mengso.com)是一款非常绿色、健康、小清新的搜索引擎,非常简洁好用。它致力于打造一款无色情、无暴力、不涉政的绿色搜索引擎，对色情内容、涉政内容等做过高度严格的完全过滤。它的特点是针对技术领域的问题进行深度优化，编程领域建议使用纯英文进行查找。图 6.18 为萌搜网站首页。

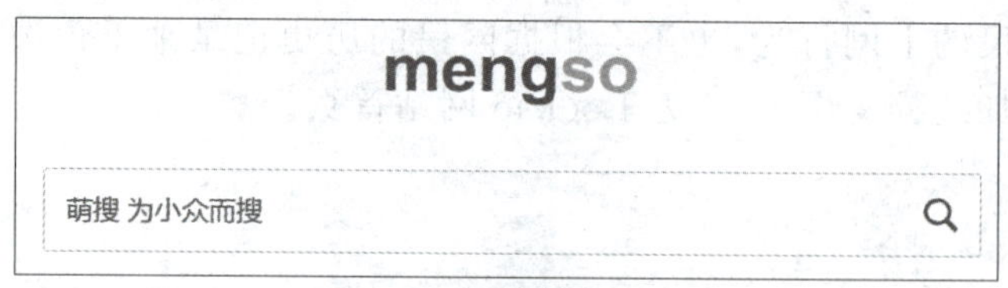

图 6.18 萌搜网站首页

6.6 网站排名 Alexa

Alexa（www.alexa.com）是全球公认的对网站访问量排名的权威网站，它对收录的数千万个网站的访问量作统计，并按照 3 个月的平均数来确定排名。Alexa 的网站排名是按照每个特定网站的被访问量进行排名的。访问量越大，越靠前。这里要指出的是，Alexa 给出的是全球排名。图 6.19 为 Alexa 网站首页。

图 6.19 Alexa 网站首页

Alexa 除了给出网站的排名外，还给出以下两个指标。

（1）访问统计（Reach）：每百万用户中，浏览网站的人数。

（2）网页浏览统计（Page Views）：每个访问者进入此网站浏览页面的平均数。

在 Alexa 中,可以找到质量较好的网站,了解各类网站的排名,对网站关键词进行分析和优化,同类网站进行比较。例如,图 6.20 是 Alexa 于 2020 年 7 月 9 日对淘宝关键词的分析。

由于 Alexa 是英文网站,阅读起来不太方便,读者可以从站长之家网站(https://alexa.chinaz.com)进入查询,该网站也是调用 Alexa 网站的数据。

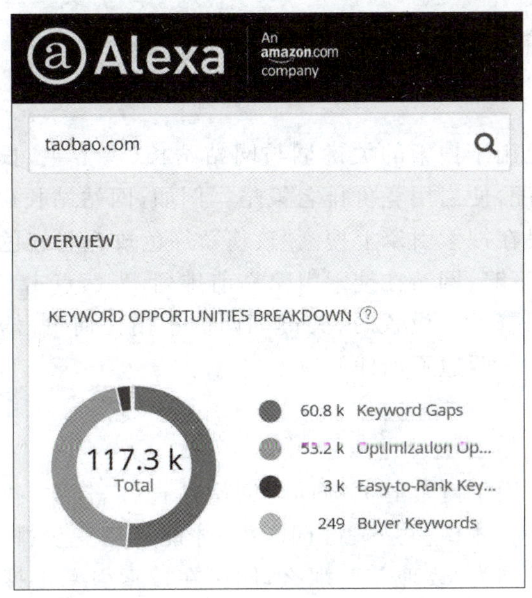

图 6.20 Alexa 于 2020 年 7 月 9 日统计的淘宝网站关键词分析

对于 Alexa 的排名,业界流传着这么一个形象比喻:

(1) 排名在 100 万名以外,是游兵散勇,属于业余级。

(2) 排名在 10 万~100 万名,是游击队,属于业余级。

(3) 排名在 1 万~10 万,是正规军,属于专业级,运用了专业的网络营销手段。

(4) 排名在 1000~10000,是皇牌军,是一个非常优秀的网站。

(5) 排名在 1000 名以内,是虎狼之师,网站极具商业价值。

当然,少数人为了追求在 Alexa 获得较高的排名,采用了软件自动点击网站等作弊手段,应对于这种行为予以谴责。Alexa 一当发现作弊行为,立即将该网站驱逐出排名榜。

刚建好的网站在查询中没有数据,三个月以后,其排名会从千万名后面逐步上升。若长时间排名得不到进步,就应该分析一下原因。

6.7 关键词策略

在搜索引擎竞价排名中,主要靠关键词和出价多少来排名。例如,谷歌搜索引擎在某个时刻,对于“牛仔裤”这个关键词,张三出价二元一次,李四出价三元一次,王五出价

2.3 元一次，那么，网民在谷歌搜索“牛仔裤”时，李四的网站排名第一，王五的网站排名第二，张三的网站排名第三。在另一时刻，王五修改出价，改为 3.7 元一次，李四与张三不变，那么，王五的网站排名第一，李四的网站排名第二，张三的网站排名第三。

6.7.1 关键词的匹配方式

关键词的匹配方式有如下 3 种。

1. 广泛匹配

网民在搜索引擎上用于搜索的关键词与网站站长（广告主）投放的关键词有部分匹配，就认为是关键词匹配，便启用竞价排名策略。例如，网站站长（广告主）投放的关键词为“玫瑰花”，那么，网民在搜索引擎上搜索“玫瑰”“红色玫瑰”“红色玫瑰花” 等，也认为是关键词匹配，启用竞价策略，网站在搜索引擎靠前排列，当然点击一次是要收费的。网站站长（广告主）在搜索引擎后台设置时，关键词两侧不用任何符号，就表示是广泛匹配方式，如玫瑰花（玫瑰花一词两边不加任何符号）。

2. 完全匹配

网民在搜索引擎上用于搜索的关键词与网站站长（广告主）投放的关键词要完全匹配，一个字也不能有差别，才认为是关键词匹配，才能启用竞价排名策略。例如，网站站长（广告主）投放的关键词为“玫瑰花”，那么，网民在搜索引擎上搜索“玫瑰”“红色玫瑰”“红色玫瑰花”等，都不认为是关键词匹配，只有在搜索引擎上搜索“玫瑰花”才认为是关键词匹配，才能启用竞价策略。网站站长（广告主）在搜索引擎后台设置时，将关键词放于中括弧中间，就表示是完全匹配方式，如[玫瑰花]（玫瑰花一词两边加中括号）。

3. 词组匹配

网民在搜索引擎上用于搜索的关键词要完全包含网站站长（广告主）投放的关键词，即后者是前者的子集，才认为是关键词匹配，才能启用竞价排名策略。例如，网站站长（广告主）投放的关键词为“玫瑰花”，那么，网民在搜索引擎上搜索“玫瑰”“红色玫瑰”“红色玫瑰花”“玫瑰花”时，“玫瑰” 和“红色玫瑰”都不认为是关键匹配，而“红色玫瑰花” 和“玫瑰花”才认为是关键词匹配，才能启用竞价策略。词组匹配要比完全匹配略微宽松一些。网站站长（广告主）在搜索引擎后台设置时，将关键词放于双引号中间，就表示是词组匹配方式，如“玫瑰花” (玫瑰花一词两边加英文模式双引号)。

6.7.2 关键词选择方法

关键词选择得当，是网络营销的关键。

1. 通过联想给出尽量多的相关联的词

在考虑关键词时，除了找出与产品直接相关的词外，还要通过联想，找出与其相关的词。

例如，在卖鲜花的网站中，可以考虑的关键词有“鲜花、花、玫瑰花、玫瑰、塑胶花、水仙花、杜鹃花”等，还应联想到适用鲜花的场合，因此，还应选用“生日、生日礼物、情人、情人节、情侣、清明”等词汇作关键词，这样，有可能使用鲜花的客户能通过这些关键词找到网站。

例如，在卖牛仔裤的网站中，可以考虑的关键词有：“牛仔裤、牛仔、牛仔衣、牛仔裙、牛仔短裤”外，还应选用“九分裤、七分裤、三分裤、热裤、辣裤、绣花”等词汇作关键词。

例如，在提供公务员考试咨询的网站中，使用了这些关键词：“公务员考试、公务员招考、考试软件、在线测试、在线练习、免费资料、招考信息、历年真题、考前复习、押题猜题、面试技巧、考试通过率高、行政职业能力、申论、招警、选调生”等，其主要目的是尽量扩大覆盖面。

2. 站在用户角度给出适合大众习惯称谓的词

在考虑关键词时，要多做调查研究，使关键词符合大多数人的用语习惯。例如，在研究生考试咨询网站中，是用“研考”还是用“考研”更符合大众的用语习惯，就要仔细斟酌。有人认为，“中考、高考”，再上去应当是“研考”，所以在百度关键词竞价时用了“研考”，而结果却不理想。在遇到这种琢磨不透的情况时，可以到百度等搜索引擎上去用这两个关键词查一下，看哪个反馈的结果多，就选用哪一个。图 6.21 和图 6.22 为在百度中搜索“研考”和“考研”的搜索结果。

图 6.21 在百度中搜索“研考”

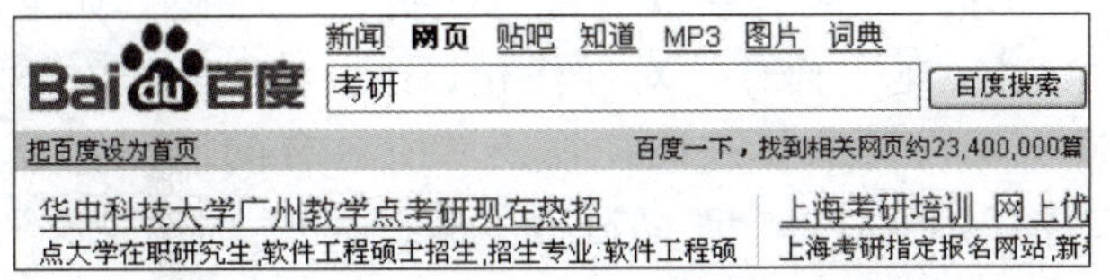

图 6.22 在百度中搜索“考研”

从图 6.21 和图 6.22 中可以发现，用“研考”去搜索，只有 109 000 条信息，而用“考研”去搜索，就有 23 400 000 条信息，说明大众的用语习惯是“考研”而不是“研考”。

3. 要给出有一定专业性的术语

有些时候，除了给出通用性的词汇外，还要结合产品的特点，给出与产品紧密联系的专门性术语。

例如，在卖丝袜的网站中，除了使用“丝袜，长统袜，长筒袜，连裤袜，连身袜，连袜裤，大腿袜，短袜，对对袜”等外，还要考虑使用“天鹅绒，包芯丝，二骨袜，四骨袜”等说明丝袜质量的术语，这些也是丝袜产品上经常用到的规格指标，把它们作为关键词后，有助于潜在客户找到网站。

对于电子产品等技术含量较高的产品，是采用通俗的产品名称、商标和大众称谓，还是用技术指标作关键词，这要看客户对象是谁。若是下游产品，直接面对广大消费者，应以通俗的产品名称为主、技术指标为辅来选用关键词，如数码相机、计算机等产品；若是上游产品，面对企业批发销售的半成品或原材料，则可以技术指标为主来选用关键词，如电阻、电缆、二极管、集成电路等产品。

4. 不用意义太泛的关键字

如果从事螺丝等机械制造，则选择“机械”作为核心关键字就无益于吸引到目标客户，而选用“螺丝”就具体多了。实际上，为了准确找到需要的信息，搜索用户倾向使用具体词汇及组合寻找信息（尤其是二词组合），而不是使用那些大而泛的概念。此外，使用意义太广的关键字，也意味着要与更多的网站竞争排名，难以胜出。

5. 知名企业用自己的品牌作关键词

如果是知名企业，则可以关键词中使用公司名或产品品牌名称。

6. 使用地理位置

地理位置对于服务于地方性的企业尤其重要。如果业务范围以本地为主，则在关键词组合中加上地区名称，如“镇江香醋”比“香醋”更易于定位，“义乌小商品” 比“小商品”更易于定位等。

7. 控制关键词数量

一页中的关键词最多不要超过 5 个，然后所有内容都针对这几个核心关键词展开，才能保证关键词密度合理。搜索引擎也会认为该页主题明确。如果确实有大量关键词需要呈现，可以分散写在其他页面并针对性优化，让这些页面也具有“门页(entry)”的效果。这也是为什么首页和内页的关键词往往要有所区分的原因。最典型的情况是拥有不同的产品和服务的情况下，对每个产品进行单网页优化，而不是罗列在一个首页上。

【关键词工具】 http://www.78901.net/。

6.8 登录搜索引擎

只有向搜索引擎登录，才能搭起自己的网站与搜索引擎的桥梁，才能避免使自己的网站成为信息孤岛，才能使潜在客户有可能在互联网的信息海洋中找到自己的网站。

6.8.1 免费登录搜索引擎

以前的搜索引擎都是可以免费登录的，但近年来一些搜索引擎开始收费登录，但还有一部分搜索引擎是可以免费登录的，要抓紧这个机会，逐一登录。

1. 向谷歌免费登录

谷歌登录地址为 http://www.google.com/intl/zh-CN/add_url.html。

谷歌经常在网上漫游，搜寻新的资料。谷歌欢迎用户提供新的网站信息。但谷歌会分析网站内容，以决定是否使用用户提交的网站信息，而且所用时间长短不一。登录时请输入完整的网址，包括前缀 http://。例如，http://www.google.com/。还可以加上网站简介，但这些说明仅供内部参考，并不影响谷歌对网页的编排。

注意：登录网址时，只要提交最上层的网页，其他各页由 Googlebot 自行查找。

重要说明：谷歌更新网页不劳用户费心，所以用户无须自行更新网页信息。谷歌会定期检索并更新所有网站；对于失效网页则将其删除。

2. 向百度免费登录

百度登录地址为 http://www.baidu.com/search/url_submit.html。

(1) 一个免费登录网站只需提交一页(首页)，百度搜索引擎会自动收录网页。

(2) 符合相关标准提交的网址，会在一个月内按百度搜索引擎收录标准被处理。

(3) 百度不保证一定能收录提交的网站。

3. 向搜狗免费登录

搜狗登录地址为 http://db. sohu. com/regurl/regform. asp? Step = REGFORM&class=。

(1) 只需提交网站首页的网址，搜狐/搜狗(Sogou)搜索引擎会自动收录用户的网站；用户提交的网址将不保证被搜狐分类目录收录。

(2) 提交网站后会在一个工作日内处理，搜狐/搜狗不保证一定收录提交的网站。

(3) 请不要登录不符合收录标准的网站，如涉及色情、危害国家安全或提供此类链接的网站。

(4) 用户可以在搜索框中输入提交的网址(如 www.sogou.com)并搜索，来查看贵站是否已经被搜狐/搜狗网页搜索收录。

(5) 请勿重复提交网址；建议页面上合理添加希望被用户搜索到的中文内容。

(6) 搜狐/搜狗会定期自动更新所有网页(包括清理死链接，域名更新，内容更新)。因此，贵站的变更可能要等几天才能在线上看到。

(7) 如果网站被搜狐/搜狗判别为不合格站点，则可能被拒绝收录或者随时删除。

4. 向中国搜索免费登录

中国搜索登录地址为 http://service. chinasearch. com. cn/zhongsou/wzdl/free_protocol.htm。

请按照其提示操作即可。

5. 向 TOM 免费登录

TOM 登录地址为 http://search.tom.com/tools/weblog/log.php。

只需要提交网站的首页(注：同时提交同一域名下的多个网址无意义，系统只收录网站的域名便会自动完成剩余收录工作)：

(1) 一般情况下，搜索引擎会在 1～4 周内自动处理请求，收录符合相关标准的网页，请不要重复提交。

(2) TOM 搜索不保证一定会收录提交的网站。

6. 向 Alexa 免费登录

Alexa 网站免费登录地址为 http://www.alexa.com/site/help/webmasters。

7. 向 MSN 免费登录

MSN 登录地址为 http://beta.search.msn.com/docs/submit.aspx。

8. 向 DMOZ 免费登录

这是一个很重要的登录，由于是英文网站，所以经常被忽略。

DMOZ 网站地址为 http://www.dmoz.org。

它是全球最大的开放式目录库(open Directory Project，ODP)。ODP 的宗旨是建立网上最全面、最权威的目录，以及建立一个被公众认为高质量的资源库。在这一宗旨下，全球志愿编辑员选择高质量内容的网站核准进入分类目录。

由于谷歌等重要搜索引擎都采用 ODP 的数据库，是谷歌每月一次深度索引的基础，因此向 ODP 提交网页成为每个网站完成后的首要工作。登录 ODP 目录是免费的，但要接受较为严格的人工审核和较长时间的等待，并且最后可能网站登录不成功，还要经历反复提交的过程。

由于 DMOZ 目录在网站排名中举足轻重的作用，使得越来越多良莠不齐的网站向 DMOZ 提交或违规提交，而志愿加入的人工编辑队伍中出现以权谋私的现象和素质不高的情况，诸多因素使得现在登录 DMOZ 非常困难，没有一个网站敢保证被 DMOZ 收录。因此，要确保登录成功，唯一的办法是小心谨慎地完全遵守 DMOZ 登录条款。

向 ODP 提交完网站后，记下提交的日期及目录。如果提交的那个目录下有编辑员信息，最好把编辑的名字和邮箱也记下来。这些信息，对于需要询问提交网站的处理状态或再次提交时，非常有用。

一旦 DMOZ 收录了网站，很快就可以被谷歌、Lycos、Netscape、AOL、HotBot、DirectHit 等一些大型搜索引擎和门户网站收录。

其他的重要免费目录包括雅虎目录。雅虎是最早开始做分类目录的网站，直到今天登录雅虎目录也是网站推广的重要环节。谷歌把来自雅虎目录的链接作为网站排名的重要分值。

【小工具】 检查网站是否登录多个重要目录：http://www.123promotion.co.uk/

directory/index.php。

6.8.2 付费登录搜索引擎

英文雅虎实行付费登录商业网站政策,国内的门户搜索引擎目录(新浪、搜狐等)也对商业网站纷纷采用付费登录。付费登录商业模式包括普通登录和固定排名,一般按年付费,网站在付费之后立即登录目录,无须等待和受到其他因素的影响。门户搜索引擎的搜索程序比较偏重于对自身付费目录数据的抓取。

总体上说,付费登录对于商业网站还是有必要的。

1. 新浪付费登录搜索引擎

新浪网站付费登录地址为 http://bizsite.sina.com.cn/newbizsite/docc/index-2jifu-03.htm。

新浪网站付费登录地址首页为 http://bizsite.sina.com.cn/。

网站收录在新浪搜索的数据库中,客户可随时修改网站登录信息,两个工作日内可登录成功。普通登录价格为人民币 500 元/年。

2. 搜狐付费登录搜索引擎

搜狐网站付费登录地址为 http://add.sohu.com/。

(1) 固定排序登录。

网站将在所付费的关键词搜索页面第 1~6 位出现,位置固定;可以选择在不同地区投放,价格为人民币 150~10000 元/月。

(2) 推广型登录。

网站将在所付费的关键词搜索页面第一页显示;客户可随时修改网站信息,但搜狐保留最终编辑权,价格为人民币 1000 元/年。

(3) 普通型登录。

网站加入到搜狐指定的分类目录,在分类目录中第一页出现,关键词搜索结果不保证出现,客户可随时修改网站信息,但搜狐保留最终编辑权,价格为人民币 500 元/年。

搜狐仅对非商业型网站(如政府机构、慈善机构、学校等)提供免费登录服务。

3. 英文雅虎付费登录搜索引擎

登录英文雅虎有着举足轻重的意义,尤其是做国际贸易的公司网站,非常有必要进行登录。

英文雅虎实行付费登录商业网站政策,目前一般网站价格为 299 美元,成人内容或成人服务网站为 600 美元,并且只能在 Business and Economy/Shopping and Services/Sex 下的适当目录申请。特别要指出的是,交纳费用后英文雅虎并不保证一定被收录,其所交的费用为编辑审查费,若审查不通过,其费用不退还。英文雅虎对网站的收录遵循以下原则:

(1) 即使支付了 299 美元,也不保证网站一定被雅虎收录。

（2）即使网站被雅虎收录，也不保证是递交网站时所选择的目录；雅虎工作人员有权更改目录。

（3）即使网站被雅虎收录，也不保证是递交网站时所填写的注释，即网站说明。

英文雅虎对网站的收录标准非常严格，具体如下。

（1）如果提交的网站是商业网站，该网站必须具有正式的商业名字，并显示在网站显著位置。

（2）网站必须定位明确。

（3）网站没有被雅虎目录收录过。

（4）保证所递交网站内容在雅虎目录里是"唯一"内容。例如，已经向雅虎递交了一个网站A，且申请了一个域名，又建立了一个网站B，网站A与网站B内容相同或"换汤不换药"（虽然语言上有些改动，但实质上内容一样），这时就不能再向雅虎递交网站B。

（5）如果网站是有地域特征的网站，必须有详细的地址。

（6）没有"正在建设网页"。

（7）提交的网站链接全部有效，并指向相关内容。

（8）有比较完整的meta标记。

（9）提交的网站兼容多种浏览器，例如，不是纯Java网站。

（10）提交的网站必须24小时与互联网相连，确保雅虎检查该网站时，可以顺利访问。

6.8.3 黄页登录

黄页一度是人们获取信息的主要方式，它通常带来的是本地的查询，其目的性很强，所以仍有重要意义。

1. 国内主要的黄页

（1）中国114黄页：www.114chn.com。

（2）中国电信黄页：www.yellowpage.com.cn。

2. 国外主要的黄页

（1）www.europages.com。

（2）www.superpages.com。

（3）http://yp.yahoo.com。

（4）www.switchboard.com。

（5）www.infospace.com。

（6）www.smartpage.com。

（7）www.yellowpages.com。

6.8.4 FFA Links登录

FFA Links全名为Free For All Links。它是用来供大家公布网站资料及信息的平台，实质为现在搜索引擎的前身。FFA Links一般采用自动处理提交网站的形式来收录网站，只要成功提交后即会被收录；而搜索引擎则一般采取手工方式来处理提交网站，所以搜索引擎对提交网站的处理周期会比较长，而收录标准也会比较严格。

严格意义上来讲，搜索引擎的使用率和曝光率要大于FFA Links。那么为什么还要将网站登录到FFA Links呢？

将网站登录到FFA Links除了能够起到一定的宣传作用外，最主要的一个作用还在于，网站在搜索引擎中的排名是决定搜索引擎有效率的关键，而目前搜索引擎除了按照交费排名外，从技术角度提高网站在搜索引擎中排名很关键的一个因素即网站的被链接数，即知名度。随着不断地将网站登录到FFA Links上，网站的被链接数也会不断增加，从而尽可能地从技术角度提高网站在搜索引擎中的排名。所以将网站登录到FFA Links上是非常必要的。

6.9 百度营销

百度营销凭借强大的用户产品优势，每天数十亿次搜索请求、超过一亿用户浏览百度信息流、800亿次定位服务请求，为客户提供全系列产品广告资源覆盖用户生活全场景。百度大脑通过AI技术让投放更简单，为客户实时捕捉用户行为，智能推荐创意，自动根据内容追投广告，为商家节省成本。百度借助行业领先的百度搜索和资讯流推荐，根据用户的意图和行为数据，超过200万种特征的精准用户画像，识别每一位用户真实需求及兴趣爱好，把客户的广告展现给精准用户。

6.9.1 搜索推广

搜索推广是基于全球最大的中文搜索引擎百度搜索，在搜索结果显著的位置展示商家的推广信息，只有网民点击广告之后，商家才需要付费。

1. 标准推广

操作简单、效果快速，支持多个显著位置展现，按点击收费，展示免费。图6.23为百度标准推广展示形式。

2. 图片凤巢

一图胜千言，图文更具吸引力；图片智能匹配，推广效果更佳。图6.24为百度图片凤巢推广展示形式。

3. 线索通

线索通能直接在搜索结果页通过电话线索、咨询线索、表单线索组件直接展现服务功能，使需求明确的网民减少跳转，直接联系，留下销售线索。图6.25～图6.27为百度电话线索咨询线索和表单线索推广展示形式。

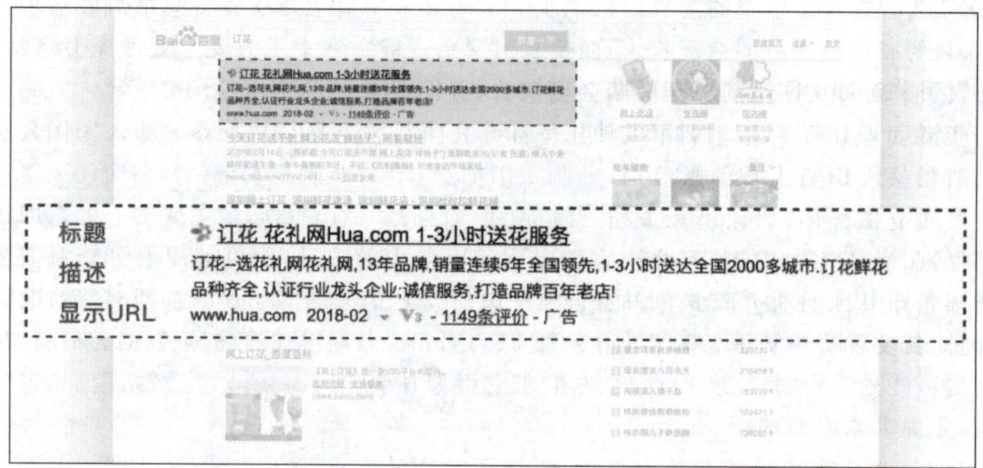

图 6.23　百度标准推广展示形式

图 6.24　百度图片凤巢推广展示形式

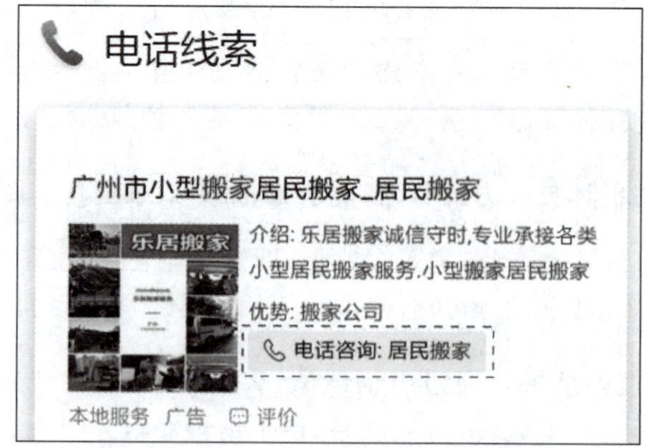

图 6.25　百度电话线索推广展示形式

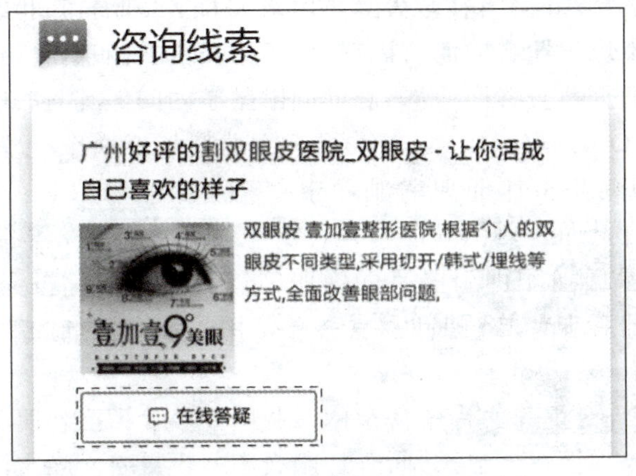

图 6.26 百度咨询线索推广展示形式

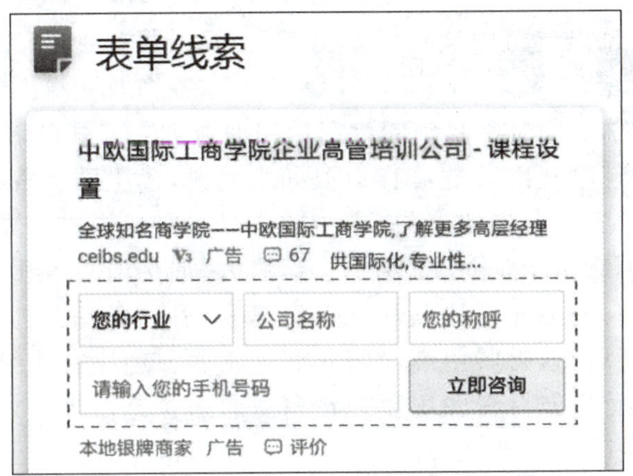

图 6.27 百度表单线索推广展示形式

6.9.2 品牌推广

百度品牌专区,位于百度搜索结果首位,有超大黄金首屏展示位置,以文字、图片、视频等多种广告形式全方位推广展示企业品牌信息,将最为精华和直接的品牌信息展现在网民面前,让众多网民更便捷地了解品牌官网信息,更方便地获取所需企业资讯,是提升企业品牌推广效能的创新品牌推广模式。

1. 品牌专区

商家可以在用户品牌学习阶段,通过触发品牌词及产品词来展现自身的品牌形象。图 6.28 为百度品牌专区推广展示形式。

2. 知识营销

商家可以在用户处于潜在需求阶段,在百度知道与商家自身业务相关的问题上植入广告。商家通过回答问题的方式生成专属的问题页面，在搜索结果页、知道详情页展现。用户在查阅答案时就不知不觉查看了广告。图 6.29 为百度知识营销推广展示形式。

图 6.28　百度品牌专区推广展示形式

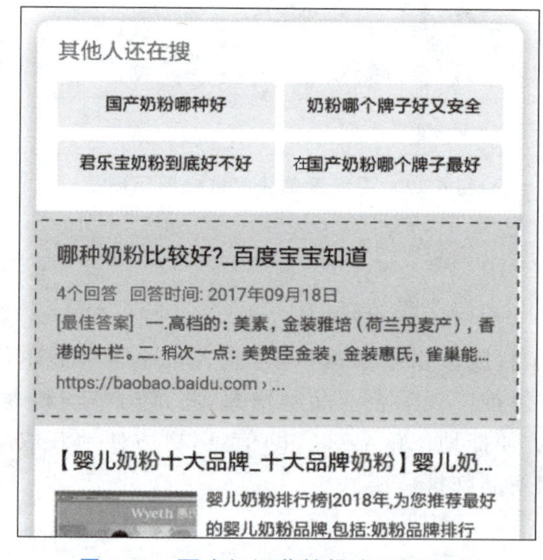

图 6.29　百度知识营销推广展示形式

3. 品牌华表

商家可以在用户兴趣阶段，通过在搜索结果页右侧强势展现品牌广告，增加品牌曝光率。图 6.30 为百度品牌华表推广展示形式。

图 6.30　百度品牌华表推广展示形式

6.9.3　搜索动态商品广告

动态商品广告是适用于海量商品售卖的搜索投放产品，它专注于围绕“商品”来实现批量投放及动态创意生成，最终达成精准、高效的广告展现和投放管理。图 6.31 为百度动态商品广告推广展示形式。

图 6.31　百度动态商品广告推广展示形式

6.9.4 本地直通车

本地直通车是一种典型的O2O推广，对于有实体店的商家来说非常实用。它通过整合移动搜索、百度糯米资源，可以将商家的信息精准地推广给周边有相应需求的客户，促使客户以在线支付、到店付等方式完成交易。图6.32为百度本地直通车广告推广展示形式。

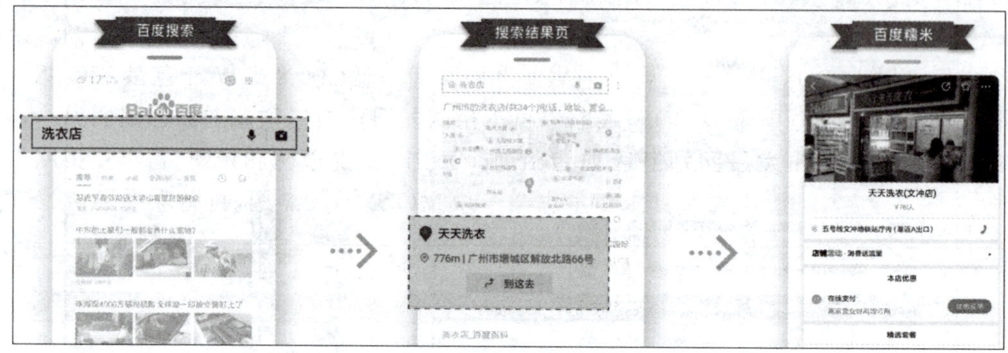

图6.32 百度本地直通车广告推广展示形式

6.9.5 百通

百通能在手机搜索结果页直接推广商家的应用，并通过整合百度系应用商店、分发联盟、信息流广告，为商家提供最优质的、一站式的App分发服务。图6.33为百度百通广告推广展示形式。

图6.33 百度百通广告推广展示形式

6.9.6 信息流推广

信息流推广是在百度App、百度贴吧、移动端百度首页、百度手机浏览器等平台的资讯流中穿插展现的原生广告，广告即是内容。

1. 百度App

商家的广告将会展现在百度App信息流资讯中。

2. 百度贴吧

商家的广告将会展现在贴吧推荐信息流和帖子信息流中。

3. 移动端百度首页

商家的广告将会展现在移动端百度首页推荐信息流中。

4. 百度手机浏览器

商家的广告将会展现在百度手机浏览器首页推荐信息流中。

6.9.7 百度聚屏

百度聚屏是一个程序化数字屏幕广告平台，它通过聚合多类屏幕，触达消费者多场景生活时刻，实现线上线下广告整合和精准程序化投放。依托百度大数据及AI优势，百度聚屏致力于解决当前客户广告投放的多种痛点，打造全新的品牌推广体验，为客户收入增长带来新的动力。百度聚屏覆盖全国，有300 000以上屏幕，日流量300 000 000以上，全面辐射如影院、楼宇、出行、家庭、生活服务等日常生活各个场景。其特点如下。

1. 全场景覆盖

其广告形式覆盖了家庭、上班、校园、地铁、影院、公交等各种场景。

2. 精准化定向

其广告覆盖度能精准定向到省市、时段、人群、商圈、场景类别、屏幕类别。

3. 可视化监控

客户管理后台能实现程序化投放、可视化数据监控等功能。

4. 灵活化投放

广告主选择弹性大，屏幕可选，金额不限，时间可选，真正做到自主投放。

图6.34为百度聚屏广告覆盖的场所举例。

图 6.34　百度聚屏广告覆盖的场所举例

6.9.8　开屏广告

百度开屏广告整合百度优质品牌广告流量，以 App 开屏广告的样式进行强势品牌曝光。它高强度覆盖一、二线城市，25 岁以下年轻人群占比 56.2%，装机量 6 亿以上，每日活跃用户 1 亿以上。精心筛选大曝光强展现的品牌类展示资源，装机量达 5.2 亿以上，全场景覆盖，首屏展现。图 6.35 为可以做开屏广告的百度系 App。

图 6.35　可以做开屏广告的百度系 App

【主要知识点】

1.【搜索引擎】 获得网站网页资料，建立数据库并提供查询的系统，叫作搜索引擎。

2.【计算机自动搜索型】 计算机自动搜索型的数据库是依靠一个叫"网络机器人(Spider)"或叫"网络蜘蛛(Crawlers)"的软件，24 小时不停地通过网络上的网页链接自动获取大量网页信息内容，并按已定的规则分析整理形成的。

3.【人工分类目录型】 人工分类目录型则是通过人工的方式收集整理网站资料形成数据库的，在网上的一些导航站点，也可以归属为原始的人工分类目录型。

4.【关键词】 关键词源于英文 keywords，特指单个媒体在制作使用索引时，所用到的词汇，是图书馆学中的词汇。关键词搜索是网络搜索索引主要方法之一，就是希望访问者了解的产品、服务或公司等的具体名称的用语。

5.【Alexa 排名】 Alexa 是全球公认的对网站访问量排名的权威网站，它对收录的数千万个网站的访问量做统计，并按照 3 个月的平均数来确定排名。Alexa 的网站排名是按照每个特定网站的被访问量进行排名的。访问量越大，越靠前。

【本章小结】

6.1 节 搜索引擎发展历史

搜索引擎发展到现在，可以分为四代。第四代搜索引擎采用特征提取和文本智能化等策略，称为智能搜索引擎。

6.2 节 搜索引擎分类

搜索引擎主要分为计算机自动搜索型和人工分类目录型两大类，谷歌和雅虎分别是它们的代表。

6.3 节 搜索引擎市场份额

谷歌搜索排名世界第一，占世界市场份额的90%以上。百度排名居国内第一，占中国市场份额的70%左右。

6.4 节 知名搜索引擎介绍

应熟记谷歌/百度/雅虎/搜狗/必应等搜索引擎的网址。

6.5 节 小众搜索引擎介绍

一些小众优秀搜索引擎体现了极简设计理念，无推送、无信息流，高效搜索，回归浏览器本质，受到广大网民的喜欢。

6.6 节 网站排名 Alexa

Alexa是全球公认的对网站访问量排名的权威网站，它对收录的数千万个网站的访问量做统计，并按照3个月的平均数来确定排名。Alexa的网站排名是按照每个特定网站的被访问量进行排名的。

6.7 节 关键词策略

1）关键词选择

关键词选择主要应遵循7个原则：①词汇联想原则；②适合大众习惯原则；③适当使用专业术语原则；④毋用意义太泛的词汇原则；⑤用自己的品牌作关键词原则；⑥使用地理位置原则；⑦控制关键词数量原则。

2）竞价排名的规则

对于某个关键词，以点击一次付费为单位，百度从0.30元开始竞价，无上限，谁出价高，谁的网站就在百度的左侧界面排在前面。例如，对于关键词“时尚服装”，张三出价0.41元，李四出价0.30元，王五出价0.52元，那么当网民以关键词“时尚服装”在百度搜索时，王五的网站排在第一位，张三的网站排在第二位，李四的网站排在第三位。

6.8 节　登录搜索引擎

新的网站向各大搜索引擎登录，有助于排名靠前。

6.9 节　百度营销

百度凭借强大的用户产品优势，每天数十亿次搜索请求、超过一亿用户浏览百度信息流、800 亿次定位服务请求，为客户提供全系列产品广告资源覆盖用户生活全场景。虽然今日头条、抖音等平台瓜分了百度一部分流量，但作为老牌的流量平台，在百度做营销推广依然有很好的效果。

【作业】

一、练习题

1. 关键词竞价练习（有条件的学校可开户充值后供学生操作，没有条件的学校可忽略此题）

步骤一：

由于本书是纸质媒介，展示静态的图片效果远远不及动画，所以请直接到百度官网观看。打开 http://e.baidu.com/，单击“虚拟体验中心”，认真观看操作视频，里面模拟了操作的全部流程。

步骤二：

在地址栏输入网址 www2.baidu.com，然后输入用户名、密码和验证码。初次使用需要注册百度账号，联系百度客服进行账户充值，目前第一次充值金额大约为 5000 元，各地区略有差别。

进入后台后显示图 6.36 所示的界面。计算机若不能正常显示后台界面，需下载百度后台安全控件。

图 6.36　“百度推广”后台画面

步骤三：

登录“百度推广”后台操作，进入图 6.37 所示的界面。选择“推广管理”标签页，如图 6.38 所示，就可以添加关键词了，如图 6.39 所示。添加关键词后可设置投放地域、投放时间、选择投放设备等，如图 6.40～图 6.42 所示。还可以添加创意、查看报表等，如图 6.43 所示。

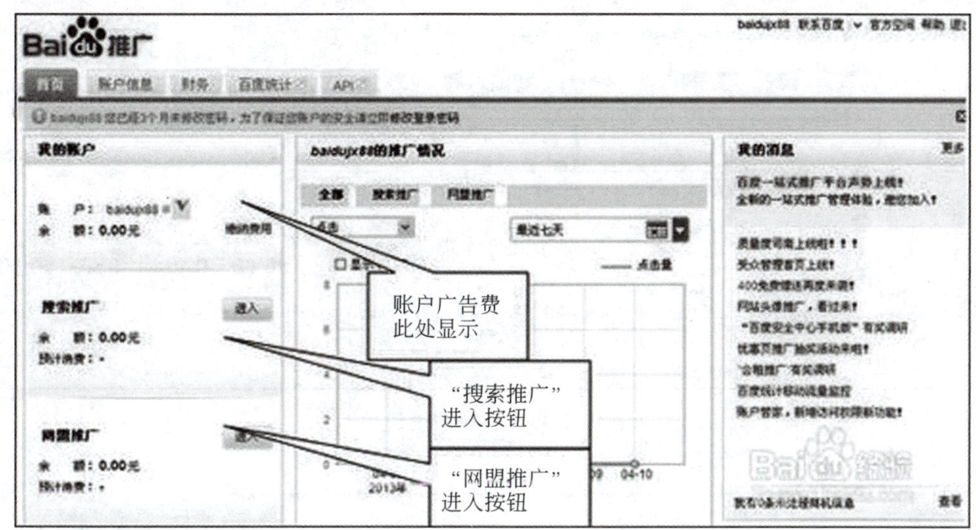

图 6.37 登录“百度推广”后台

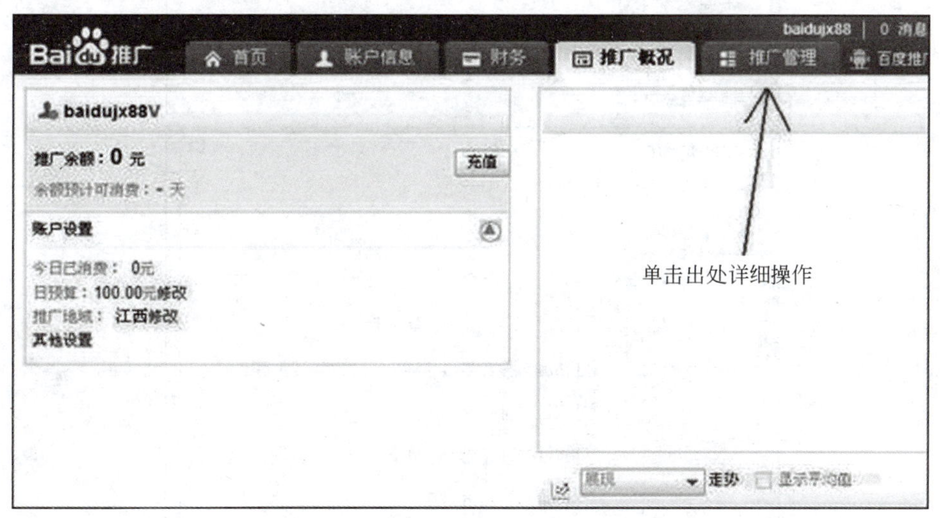

图 6.38 选择“推广管理”标签页

步骤四：

选择“网盟推广首页”标签页，就出现网盟推广的首页，推广情况的各种数据一目了然，如图 6.44 所示。在“推广管理”标签页可以“新建推广计划”，之后可设置推广计划的推广组、创意、投放网络、兴趣、关键词、维度等，还可以查看各种数据，如图 6.45 所示。其管理灵活，操作简单，大部分功能在首页就有显示，也都能在首页进行各个功能的编辑。

单击此外添加关键词
首页
账户信息
财务
推广概况
推广管理
全部状态
查询
我的查询
昨天
添加关键词
0
0
¥0.00
0
0%
¥0.00

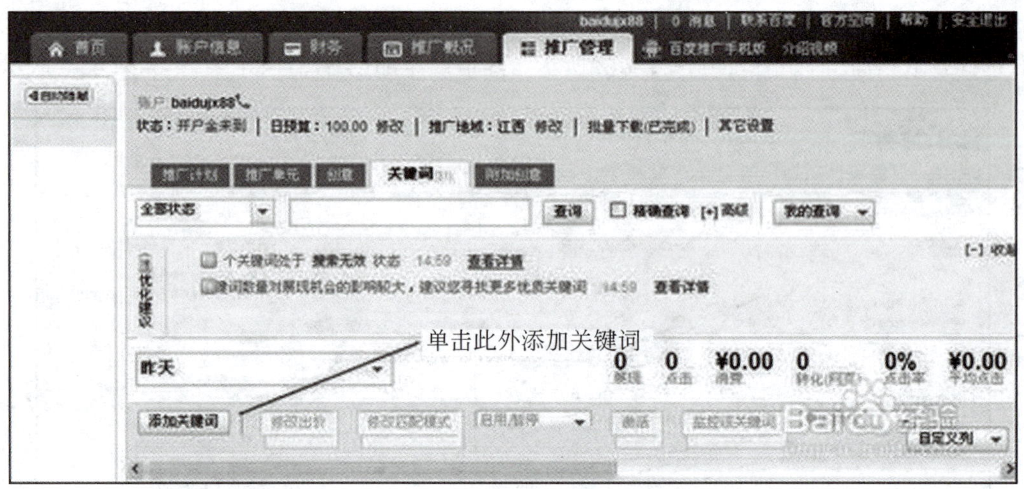

图 6.39　添加关键词

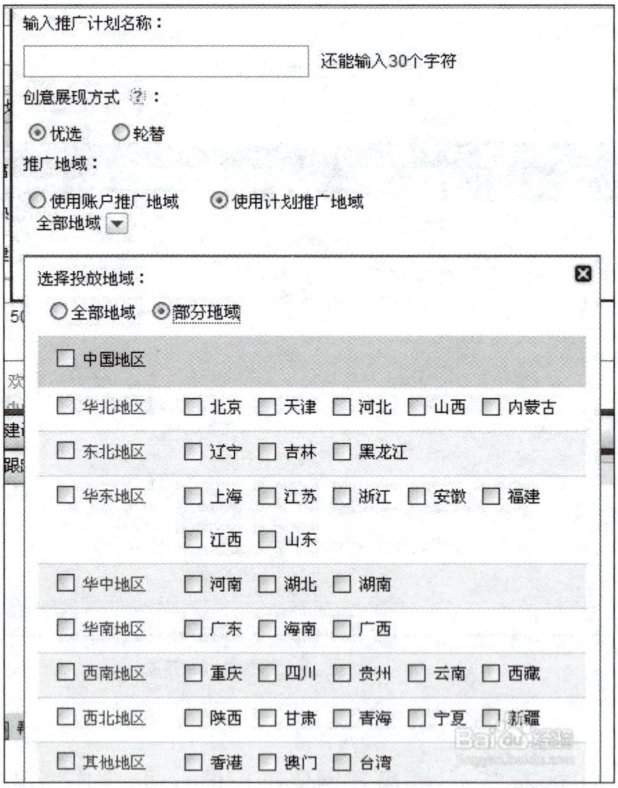

输入推广计划名称：
还能输入30个字符
创意展现方式
优选
轮替
推广地域：
使用账户推广地域
使用计划推广地域
全部地域
选择投放地域：
全部地域
部分地域
中国地区
华北地区
北京
天津
河北
山西
内蒙古
东北地区
辽宁
吉林
黑龙江
华东地区
上海
江苏
浙江
安徽
福建
江西
山东
华中地区
河南
湖北
湖南
华南地区
广东
海南
广西
西南地区
重庆
四川
贵州
云南
西藏
西北地区
陕西
甘肃
青海
宁夏
新疆
其他地区
香港
澳门
台湾

图 6.40　选择投放地域

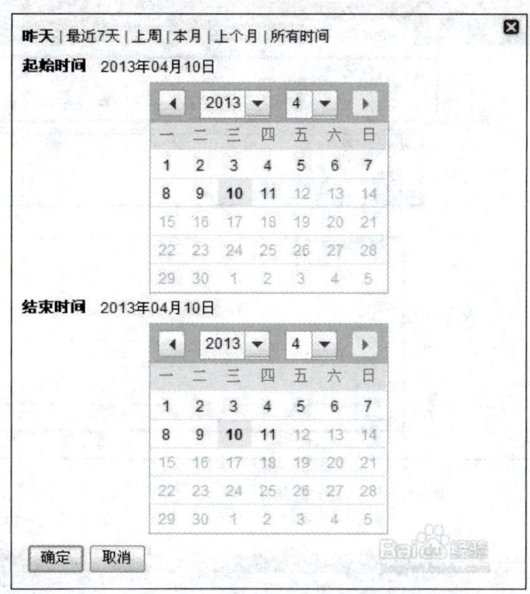

图 6.41 设置投放时间

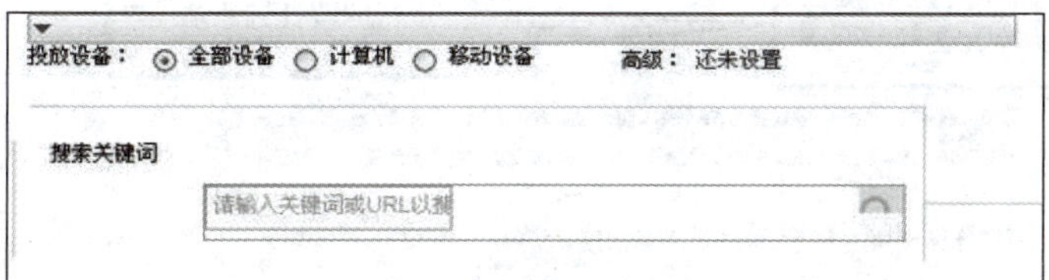

图 6.42 设置投放设备

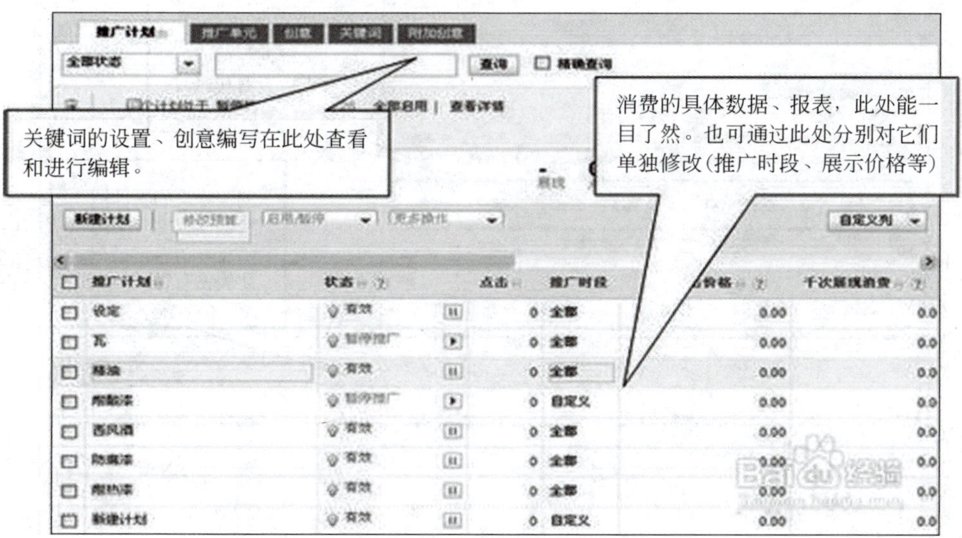

图 6.43 其他设置

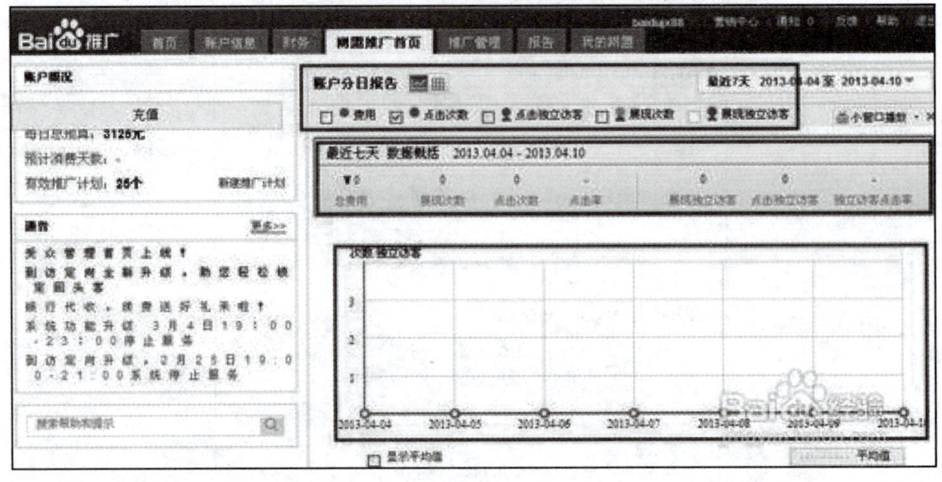

图 6.44 “网盟推广首页”中的数据

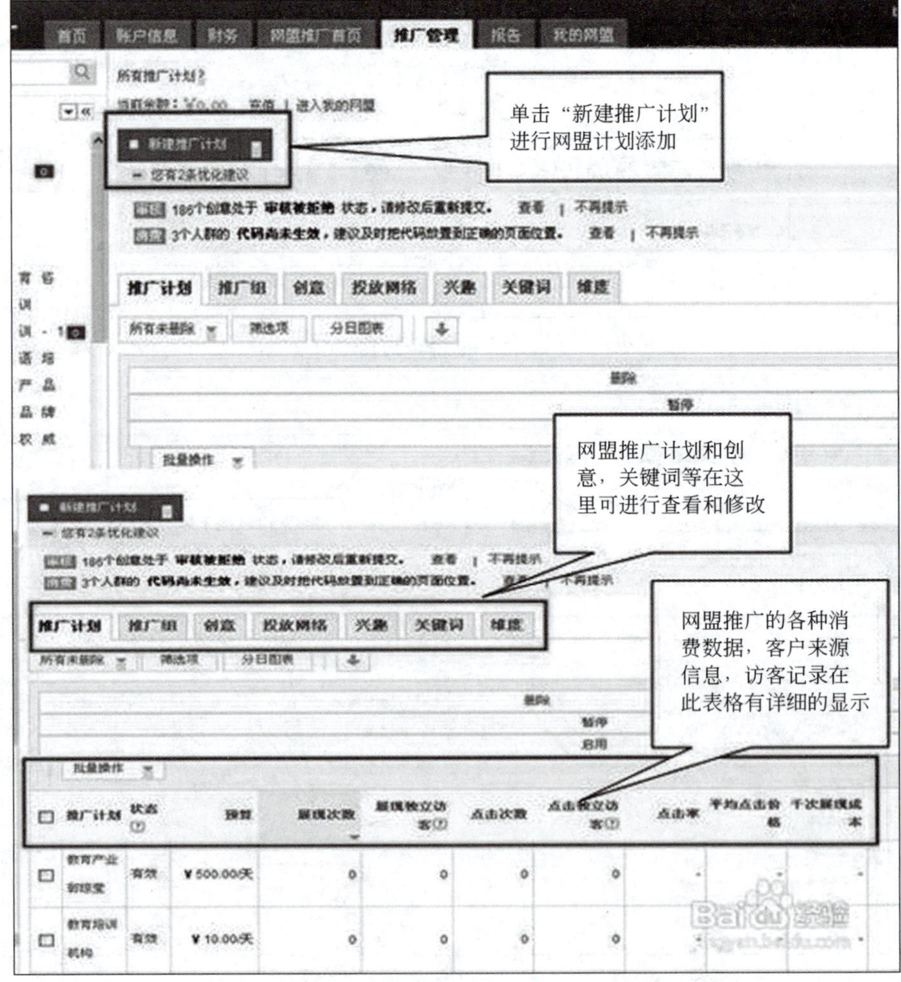

图 6.45 设置推广计划和查看数据

2. 请给一个卖鞋子的网站选择20个以上的关键词，并通过调查研究的方式选出5个最有效的关键词。

3. 登录谷歌网站，观察关键词“服装”“深圳服装”“中国服装”的竞价价格，与百度竞价情况做比较，给出女装系列关键词的谷歌网站与百度网站的组合。

二、单项选择题

1. 下面(　　)不属于人工分类目录型搜索引擎。

A. 百度　　B. 谷歌　　C. 雅虎　　D. 搜狗

2. [玫瑰花] 这样的表示方法，属于(　　)关键词匹配方式。

A. 完全匹配　　B. 词组匹配　　C. 广泛匹配　　D. 模糊匹配

3. 下面(　　)不属于网络营销的方法。

A. 网站联盟　　B. 户外广告营销

C. Twitter 营销　　D. 小 i 机器人营销

第7章 chapter 7

传统网络营销

【关键词】 电子邮件、虚拟社区、网络广告、病毒营销、交换链接、微博

我国自1994年加入国际互联网组织以来，互联网的应用得到了日新月异的发展，网络营销手段发生了翻天覆地的变化，代际更替越来越频繁。在智能手机普及以前，电子邮件营销、虚拟社区营销、网络广告、病毒营销、交换链接等方法是普遍使用的方法，时至今日，虽然已经退出主流营销市场，但在某些领域仍然是有效手段。网络营销方法层出不穷，没有必要去追时髦方法，当把某个网络营销方法用得娴熟时，就没有必要把它更替掉，而是应该继续用好用透，用到淋漓尽致，就一定会起到营销效果。下面介绍几种早期行之有效的网络营销方法。

7.1 电子邮件营销

电子邮件已经与我们的工作和生活密不可分，我国九亿多网民中用得最早的互联网应用就是收发电子邮件，电子邮件的使用更是越来越方便，以至于对毫无计算机专业知识的人来说，也是一学就会。时至今日，大量的外企仍然将电子邮件作为工作交流的标配来执行。

但是，电子邮件营销这个概念就显得陌生多了，能正确在实际中操作的人更是寥寥无几。因此，有必要对电子邮件营销的基本概念作一个阐述。

7.1.1 邮件营销方法

1. 技术条件

在开始电子邮件营销之前，必须具备一些技术条件，具体如下。

(1) 至少有一台性能良好的计算机。

(2) 以宽带方式连入互联网。目前常用的方式有：第一种方式是到电信、移动、联通公司办理光纤接入上网；第二种方式是到有线电视台办理宽带上网；第三种方式是到所在小区办理局域网接入上网。

(3) 购买一套正版的群发软件。

2. 人员配备

在开始电子邮件营销之前,还必须配备相应的人力资源,主要有以下3类人才:

(1) 计算机专业人才,主要负责群发软件的操作、邮件列表的管理等。

(2) 内容编辑人才,主要负责邮件内容的撰写。

(3) 美工人才,主要负责邮件内容里的图片制作。

3. 列表选用

列表管理是包括电子邮件营销在内的所有的直复营销方式的中心环节,再出色的营销信件如果无处投递或者投递给了无关的人群,都不会收到好的效果。

获取目标市场人群邮件地址的方法有两种:自己积累或者租用第三方现成的邮件地址列表,二者各有优点。自己积累名单定向性好,但耗时耗力。使用租用名单可以很容易达到需要的发件规模,但定向性较差,退信率高,甚至有时还会成为垃圾邮件。

一般而言,租用名单主要是为了获得新顾客,不过,在获得新顾客方面,使用电子邮件并不是一个好方法,因此,租用名单时要非常慎重。

使用租用列表要格外注意电子邮件的质量,要千方百计地争取收件人的任何形式的回复,因为按照租用合同,公司没有同那些没有回复的人进行第二次联系的机会。反过来,公司可以保留那些回复邮件人的地址,实际上,这些人将进入公司的自有列表。

在决定租用列表前,公司必须弄清列表的来源,最好能让列表管理公司提供使用了这一列表的客户的联系方法,然后从客户那里了解租用列表的质量。如果没有这些细致的工作,租用列表的钱就可能不会产生效益。

有时候可以选择购买电话号码列表,原因是一些电话号码列表具有很高的质量。公司可以努力将这些电话号码转变为选择加入的电子邮件列表。

4. 主题与内容

电子邮件的创意会对电子邮件的开信率和回复率产生很大影响,电子邮件的创意主要表现在主题行的选择、文案的撰写、版面的设计、多媒体的创作和个性化处理的运用等方面。

1) 主题行

在这个垃圾信息泛滥成灾的时代,许多人会根据邮件主题决定要不要打开一封商业邮件,所以为了让收件人看到企业的电子邮件信息,精心构思电子邮件主题便至关重要。确定邮件主题的原则类似于文章标题或者关键词的选择,选择主题行时要尽量遵守以下原则:

(1) 开门见山地告诉收件人该邮件给收件人提供的利益。

(2) 要用词准确,避免使用过于含糊的表达。

(3) 避免可能被垃圾邮件过滤器过滤掉的词汇,如“免费”“赠送”或者“中奖”等。

(4) 要保持简短,主题不超过20个字。

(5) 标题和内容要统一,靠无关的关键词诱骗收件人打开信件的后果只能是让收件人把企业的邮件地址加入黑名单。

2）内容

邮件内容要突出公司产品的各种利益，表述要简洁，层次分明，使用分级标题，使文章适合阅读。最重要的内容要在邮件的开头部分出现，可以让用户不用翻页就可以读到。重要的词可以用粗体来强调，但不要使用下画线，以免被收件人误以为是链接。将即时回复的选项放置在显要位置。如果使用HTML格式编写信件，用插图支持文字说明会提高信件的可读性。电子邮件中使用的图像要大小合适，可以快速下载，原文件最好存储在运行稳定可靠的服务器上。另外，电子邮件的内容要同企业使用其他传播渠道发布的信息以及公司的形象相得益彰。最后，在群发邮件以前，要对广告的文案、版面设计进行全面的测试，找出最适合目标市场的设计。

3）个性化

个性化是建立关系提高回复率的有效手段，所以要力争使邮件富有个性，这可以从以下3个方面去考虑：

(1) 问候语个性化。显然，王老师的称呼比先生/女士的称呼要好得多。

(2) 内容个性化。在内容中提及对收件人的了解，如公司情况、行业情况等。

(3) 邮件的署名应该是公司中一个真实的人。只签署部门名称或者头衔都会使信件带上很重的官僚气息。

5. 发送频次

频次选择是直复营销策略的一个重要方面。不论营销人使用简单电子邮件还是电子刊物，都需要决定发送同样内容的信息给同一个人的次数和频率。

没有一个固定的常数是最佳的周期，但二次发送的间隔至少在一周以上。同样的内容不可重复发送，应该变化版面格式或视觉效果后再进行发送。

6. 操作技巧

在实际操作上，应使用一些技巧，如电子邮件营销的两大利器——签名档和自动应答器。

(1) 商业电子邮件的签名档。

商业电子邮件的签名档在电子邮件营销中扮演着很重要的角色，从消极的方面讲，电子邮件的签名可以通过向收件人披露发件人的信息打消其疑虑；从积极方面讲，电子邮件签名可以用一种很自然的、人们很容易接受的方式做自我宣传。好的签名通常可以包含信件的结尾，签名档还应该包含联系方式、业务范围等的说明，说明必须简短，否则用在短小的信件后会喧宾夺主，很不协调，通常应该保持在6～8行以内。

企业可以准备不同版本的签名档用于不同场合的电子邮件通信，签名档还可以用于在电子论坛和新闻组发表和回复帖子，签名档中的商业信息不会被认为是同主题无关的垃圾信息。

(2) 自动应答器。

邮件自动应答器也被称为邮件机器人，它其实是运行在互联网服务器上的一种程序，当它收到邮件时，可以自动给发件人返回预先设定好的信息，可见它的作用其实类似一个可以自动发送特定信息的传真机。显然，使用自动应答器可以大幅提高处理问询邮件的效率。许多问询邮件其实问的都是相同问题，逐一回答这些重复的提问自然是浪费时间，所以有必要建立一个详细解答常见问题（Frequently Asked Questions，FAQ）的文件，并提醒用户可以通过发邮件给一个特定的邮件地址来获得常见问题的答案，所以FAQ是邮件自动应答器的一种常见的应用。当然部分用户可能从自动应答器那里得不到想要的解答，他们会进一步联系，不过，他们的兴趣说明了他们是企业很好的潜在顾客，值得企业投入更多的时间。除了用于解答常见问题，自动应答器还经常被用于提供报价单、产品目录等。

自动应答器对于那些还没有建立网站的网络营销者尤其重要，因为营销者可以用这种方法在网上存储固定的文件供潜在客户随时查询。

(3) 要在电子邮件中包含尽可能多的回复途径，如电子邮件、800电话、传真、地址等。

(4) 用于直销的产品要经过认真测试，从多种方案中选择出最具市场潜力的一种。一次直销广告最好只提供一种产品。

(5) 善于运用软销售技巧。企业使用租用来的邮件地址时要格外小心，因为列表上的收件人对企业来讲都是陌生人，彼此之间还没有建立起相互信赖的关系，所以开始的时候，企业需要小心翼翼地去熟悉这群人的需求，设法取得他们允许企业进一步同他们联系的许可。不要一开始就唐突地去推销，这只会吓跑企业的潜在顾客。

(6) 要给顾客创造反馈的便利，直复营销的力量来源于互动、准确定位和充分的控制，因为电子邮件营销的许多沟通并不是瞄准即刻产生销售，所以要为顾客提供其他的反馈的方法，例如让收件人给某个地址发信索取更多的资料或者优惠券，邀请他们参加新产品推介会，甚至让他们来信索取免费的样品。总之，要给他们提供激励让他们与企业产生互动。

7.1.2 垃圾邮件

垃圾邮件在世界范围内广泛流行，并为广大网民深恶痛绝。很多希望通过电子邮件营销的企业由于对垃圾邮件的界定认识模糊，也不自觉地走到了垃圾邮件的队伍中。所以对垃圾邮件的定义必须搞清楚，这样在实际操作中避免走弯路。不同的国家/组织/部门对垃圾邮件有着不同的定义。我们举一些有代表意义的表述加以说明。

依照营销企业是否取得“向收件人发送邮件的许可”，电子邮件营销可以分为许可营销和垃圾邮件营销（或者无许可电子邮件营销）两种。垃圾邮件营销虽然被一些专家学者所不齿，但目前垃圾邮件已经成了一种网络社会现象，而且目前绝大部分的电子邮件营销都可以归入垃圾邮件营销一类。

绝大多数发垃圾邮件的网民其主观上并不想发垃圾邮件，只是不知道如何进行正规的电子邮件许可营销。参照美国国会2004年开始生效的《未经请求的色情和营销侵袭控制法案》，满足下列四条之一的邮件称为垃圾邮件：

(1) 正文中没有公司名称和地址。

(2) 使用捏造的回邮地址。

(3) 主题与内容不符。

(4) 无法取消订阅。

只要避开这四条就能成为规范的电子邮件营销。由垃圾邮件营销变为许可电子邮件营销的关键步骤如下。

(1) 有退订功能，凡退订者立即从邮件列表中删除。

(2) 有真实的联系方式，包含地址、电话、邮箱、网址等。

(3) 主题与内容一致，主题绝对不能是“老同学想你了”“性感美女”等诱惑性和虚假性的词汇。

(4) 主题中应有“广告”或 AD 字样。

(5) 内容含金量高，外表美观，有明确的内容组稿编辑计划，围绕同一主题的邮件每次发送都要有不同的表现形式和版本。

(6) 有专人定向搜集和整理邮件列表，有详细的发送记录、发送计划、用户资料管理、退信管理、用户反馈跟踪等管理工作。

第(1)～(4)条比较容易做到，而真正要做好第(5)～(6)条，其工作量是较大的，关键是要有一支专业化的队伍，包含美工、内容编辑、技术人员等。个体户往往由于精力所限，慢慢地忽略了第(5)～(6)条，从而又走到垃圾邮件的老路上。

7.1.3 电子杂志

电子杂志(E-mail newsletter)是定期向订户发送的关于某特定主题的一系列电子邮件，电子杂志还可以通过网站发布或者通过电子邮件和网站两个渠道发布，这里只讨论通过电子邮件发行的电子杂志。从许可营销的角度讲，电子杂志获得的许可要多于简单的电子邮件营销，所以它通常能收到更好的效果，电子杂志在保持同顾客的关系方面优势尤其明显。电子杂志对企业有许多潜在的好处，例如，使用电子杂志可以发布新产品或新服务；可以同客户保持经常性的联系从而提高企业的可信度；可以潜移默化地达到教育顾客的目的；可以聚集潜在顾客；可以塑造公司的专家形象并提升整体企业形象；可以帮助建立公司的顾客数据库；可以通过销售广告获得些许收益；可以支持公司的公关活动和新闻发布活动等。

电子杂志一般可以分为公告时事通信和内容驱动两种形式。

公告时事通信的内容以产品和服务信息为主，也包括电子杂志发行商网站的更新信息，如果这类电子杂志中包含实质性的打折信息，也会收到很好的回应。这类杂志在现实中的对应物是由企业或其他机构免费赠阅的宣传品，刊物的直接目的是向读者宣传企业文化、推荐企业的产品和服务。

内容驱动的电子杂志侧重于向用户提供免费的信息、技巧、新闻或其他有价值的内容，它们偶尔也会包括一些简短的广告来补贴费用，但更多的是靠一些引人注目的内容提要把订户吸引到电子杂志的网站上。这类杂志在现实中的对应物为收费读物，因为电子杂志的发行费用较低，所以有相当一部分这类杂志也可以免费订阅，当然某些提供比较专业的信息服务的电子杂志仍需要有偿订阅。有偿订阅的电子杂志其实本身已经成为一种信息产品,既然是产品,那么它本身就是需要做营销的对象。

1. 电子杂志推广方法

开办电子杂志最好的推广方法是使用电子期刊服务商提供的服务。电子期刊服务商不仅提供技术平台,还能提供一定的营销支持。

电子期刊服务商通常提供两种服务模式供用户选择,免费模式和收费模式。免费模式中顾客虽然不需要为电子期刊服务支付费用,但电子期刊服务商通常会在客户的电子期刊中加入少许广告,并且提供的营销服务通常也较少,有时甚至不向电子期刊发行人提供订户的名单。收费模式则不会出现任何服务商的广告,并且附加的增值服务也较多。

2. 发行平台介绍

下面介绍几个目前较有影响的电子杂志发行和订阅网站,详细信息可上它们的网站浏览。要说明的是,对于商业运营的网站,随着市场竞争可能会潮起潮落,广大读者可以在搜索引擎中搜索“电子杂志”去寻找适合自己的电子杂志发行平台。

(1) 云杂志。

云杂志(http://www.yunzazhi.com)是一个高质量PDF电子杂志的分享基地,汇集了全球最受读者欢迎的众多顶级杂志,涉及建筑、时尚、摄影、财经、汽车、健身、艺术、旅游、手工、奢侈品等2000多个分类,超过30 000本杂志。给读者打造一个绿色、低碳、环保、数字化的新时代阅读空间,这是纸质杂志所无法比拟的优势。

云杂志平台主要业务范围是国外原版杂志(周期发行,如月刊、季刊等),没有单本电子书或报纸,也没有国内中文杂志。图7.1为云杂志网站首页。

图7.1 云杂志网站首页

用户申请邮件列表,成为某个邮件列表的管理者,向其他用户提供邮件列表服务。

这类用户管理相应的邮件列表并发布信息或管理邮件列表。普通用户订阅邮件列表，成为信息的接收者。如果邮件列表允许讨论，则也可以参加讨论。

（2）ZCOM 电子杂志。

ZCOM（www.zcom.com）成立于 2004 年初，是中国较早的电子杂志平台开发商之一，是新一代宽频娱乐倡导者。截至 2006 年，注册用户已突破 3000 万，用户遍及国内及北美东南亚等地，并以每天数十万的净增量递增，日渐成为国内下载量最大、读者群最广的杂志阅读和发行平台。

ZCOM 是基于 Web 2.0 的新一代宽频互动媒体平台。全新的 ZCOM 娱乐平台将成为新一代网民的最佳选择。让虚拟的网络不再冷冰冰，ZCOM 希望这种网络的进步带给每个网民更丰富、精致的网络生活，让每个使用者成为互联网最大的受益者。图 7.2 为 ZCOM 电子杂志首页，图 7.3 为 ZCOM 电子杂志主要工具。

图 7.2　ZCOM 电子杂志首页

（3）iebook 第一门户。

iebook 第一门户（http://www.iebook.cn）是飞天传媒机构独立运营的大型企业互动营销平台，融合了互联网终端、手机移动终端和数字电视终端的综合营销网络，为企业提供以网络媒体为核心的快速、精准、互动的全新推广方式和营销渠道，同时为各类传统媒体提供一个互动营销和用户数据采集的承载平台。图 7.4 为 iebook 第一门户首页。

iebook 第一门户主要为全国近 4600 万企业提供体系化的网络营销服务，产品涵盖企业电子杂志（商刊）企业建站、整合推广三个环节，应用囊括了人、企业、市场三个有机构成，目的是以交流促交易，帮助企业创建基于供求关系的上下游、同业企业的价值链，从而形成企业日常经营的良性社会关系网络。

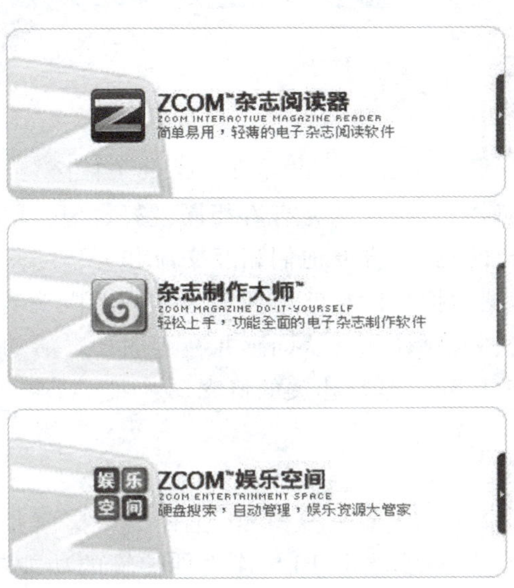

图 7.3　ZCOM 电子杂志主要工具

图 7.4　iebook 第一门户首页

7.2 虚拟社区营销方法

7.2.1 基本概念

虚拟社区又称在线社区(online community)或电子社区(electronic community),作为社区在虚拟世界的对应物,虚拟社区为有着相同爱好、经历或者专业相近、业务相关的网络用户提供了一个聚会的场所,方便他们相互交流和分享经验。

从营销的角度,可以把虚拟社区粗略地理解为在网上围绕着一个大家共同感兴趣的话题互相交流的人群,这些人对社区有认同感并在参加社区活动时有一定的感情投入。

接下来介绍几个与虚拟社区紧密相关的概念。

1. BBS

BBS的英文全称是Bulletin Board System,翻译为中文就是“电子公告板”。BBS最早是用来公布股市价格等信息的,当时BBS连文件传输的功能都没有,而且只能在苹果计算机上运行。早期的BBS与一般街头和校园内的公告板性质相同,只不过是通过计算机来传播或获得消息而已。直到个人计算机开始普及之后,有些人尝试将苹果计算机上的BBS转移到个人计算机上,BBS才开始渐渐普及开来。近些年来,由于爱好者们的努力,BBS的功能得到了很大的扩充。

通俗地说,BBS就是用电子手段实现的“黑板”“或”“白板”,用于刊登各类信息。如校园门口的“通知栏目”,工厂门口的“公告栏”等,只不过现在将这些栏目用电子化的手段实现了。

2. 论坛

当越来越多的人使用BBS后,在BBS上的信息也越来越多,当BBS上的信息量多到一定程度时,人们要寻找对自己有用的信息开始困难起来,于是管理者就将BBS分成若干个栏目,人们可以在自己感兴趣的栏目中发布信息或寻找信息,这样BBS就演变为论坛。论坛就是分成若干个主题的BBS,在论坛中大家可以发布信息,进行讨论,聊天等。目前论坛的形式一般是某个人就一个问题发一个主帖,其他人纷纷就这个主帖进行回帖,来讨论发表自己的观点。

3. 博客

本来人们到论坛上来是就某个感兴趣的话题(主题)进行交流的,但是有一部分人频繁发帖且帖子的观点得到较多人的认同,于是慢慢演变为网民对某个人发的帖子(观点)特别感兴趣,上网的目的是对某个人帖子进行交流和评论。于是以某个人为对象开设一个论坛栏目,就叫作博客。当博客里的内容多了,又必须在博客里再分成若干个栏目,这样论坛里包含博客,博客里包含论坛,所以现在无法严格区分论坛和博客,区分它们也没有实际意义。

博客是由英文blog音译而来,blog的全名应该是web log,中文意思是“网络日志”,

后来缩写为 blog，而博客(blogger)就是写 blog 的人。从理解上讲，博客是“一种表达个人思想、网络链接、内容，按照时间顺序排列，并且不断更新的出版方式”。简单地说，博客是一类人，这类人习惯于在网上写日记。一个博客其实就是一个网页，它通常是由简短且经常更新的帖子所构成，这些张贴的文章都按照年份和日期倒序排列。博客的内容和目的有很大的不同，从对其他网站的超级链接和评论，有关公司、个人构想到日记、照片、诗歌、散文，甚至科幻小说的发表或张贴都有。许多博客是个人心中所想之事情的发表，其他博客则是一群人基于某个特定主题或共同利益领域的集体创作。

随着博客快速扩张，它的目的与最初的浏览网页心得已相去甚远。目前网络上数以千计的博客发表目的有很大的差异。相当一批网民利用博客这个工具来宣传自己的品牌或产品，做一些软性广告，所以博客在虚拟社区营销中是很重要的手段。

由于沟通方式比电子邮件、讨论群组更简单和容易，博客已成为家庭、公司、部门和团队之间越来越盛行的沟通工具，因此它也逐渐被应用在企业内部网络中。

7.2.2 营销方法

1. 创建虚拟社区的步骤

开展虚拟社区营销最好能够在自己网站上创建一个虚拟社区，利用他人的虚拟社区开展营销会受到他人制订的各种条条框框的约束，不能充分发挥虚拟社区的潜力。创建虚拟社区的步骤如下。

(1) 确定创建社区的目标。虚拟社区可以实现不同的营销目标，例如，通过社区聚集潜在客户、直接撮合买卖、通过社区做广告或者调查、为现有客户提供技术支持、通过高质量的论坛提升企业形象等。

(2) 确定潜在客户群。建立社区之前，还需要明确社区的潜在客户是谁，将来的核心成员会是什么人，主要成员和边缘成员又是什么样的人？通过确定潜在客户群，企业实际上也界定了社区的边界。

(3) 确定社区的主题和类型。在划定了客户群之后，对同一批潜在客户人群，存在着许多主题选择，就好比同样是大学生的社区却可以有武术协会、读书会、围棋协会等名目。企业必须确定，潜在用户共同的利益和兴趣是什么？如果用户的共同兴趣有好几个，也可以考虑在社区中设立若干个子讨论区。

(4) 社区的前期推广工作。社区建成后必须立即做一些基本的前期推广工作来启动社区，这包括通知企业的员工和已知的用户来加入社区，开始社区的运营。

2. 发展壮大虚拟社区的方法

企业社区通过以下方法来发展和壮大社区。

(1) 向社区提供价值。社区的组织人应当为社区成员提供真实的价值，如免费的网页空间、电子邮箱等，还可以是以积分奖产品、一元拍卖活动等。社区的组织人还要促进客户自我服务，创造价值。

(2) 建立激励机制，形成讨论组的核心。在一个讨论组中，会有 85%的用户是只浏览信息而从不发表观点的局外人，有10%的人会积极参与，而只有约2%的人会成为社区讨论的核心人物。核心人物在社区中有相当的知名度，他们的帖子有很高的点击率，对社区相当忠诚，为社区作出贡献时他们很有成就感。培养这样一些中坚力量对社区的发展壮大有深远的意义，企业可以考虑以某种形式给这些人一定的回报来表彰他们对社区的贡献。例如，给他们赋予更多的管理权限，或者给他们提供一些打折的产品，甚至是直接提供某种奖励或报酬。

（3）培养社区文化。好的社区文化会减少社区的冲突，吸引新成员的参与。

为培养社区文化，管理者首先要以书面形式对一些基本的行为守则和社交礼仪作出约定；其次，还要通过积极参与和有效管理引导社区文化的形成，对不当行为要加以谴责或作出某种处罚。

（4）保证社区的稳定和安全。用户喜欢安全可靠的社区，只有用户觉得一个社区非常稳定，他们才会主动把该社区的地址告诉给志趣相投的人。阿里巴巴的以商会友论坛是个很不错的商人社区，但有一次服务器发生故障，导致从前存储的数据全部丢失。幸好，阿里巴巴在短时间内成功地恢复绝大部分数据，否则后果不堪设想。因此，对社区的内容要进行定期的备份。

（5）组织成员的见面会。组织社区成员见面会是增进成员间信任程度、提高社区成员归属感和社区凝聚力的极其有效的方法之一，一些地理分布广泛的社区常分地区组织社员见面会，使彼此邻近的社员有真正相识的机会。例如，婚姻交友类的网站组织会员的见面交流，会大大提高配对的成功率。

7.3 网络广告

网络广告是指广告主利用一些受众密集或有特征的网站投放以图片、文字、动画、视频或者与网站内容相结合的方式传播自身的商业信息，并设置链接到某目的网页，达到告知、劝说和提醒的目的。商业信息的传播是通过互联网来完成的。

传统媒体广告主要有电视、广播、报纸、杂志和户外广告。在传统广告中，电视广告一枝独秀，遥遥领先于其他媒体广告，如图7.5所示。

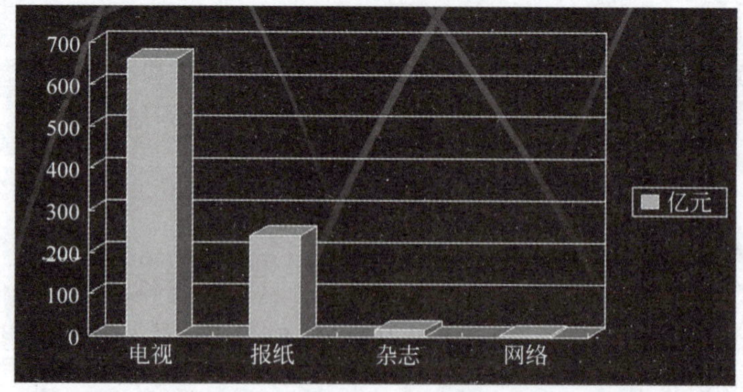

图7.5　传统广告和网络广告市场份额的比较

7.3.1 网络广告类型

自 20 世纪初期首次登台亮相,网络广告一直稳步发展。归纳起来,网络广告可以分成以下 3 种类型。

(1) 新型广告类型。例如,四方游广告、游动广告、固定浮标、弹出窗口、自动打开关闭广告、下坠抖动广告、右侧飞舞广告、方块介绍广告、滑过弹出窗广告、全屏广告、缩图大小流媒体广告等。

(2) 基本广告类型。例如,对联广告、顶部 banner、大型条幅、顶部 Logo、中部 Logo、底部 Logo、消息中心、底部文字、广告链接等。

(3) 其他形式广告。例如邮件广告、冠名广告、栏目合作广告等。

7.3.2 提高网络广告效果的方法

1. 网页上方比下方效果好

统计表明,许多访客不愿意通过拖动滚动条来获取内容,因而放在网页上方和网页下方的广告所能获得的点击率是不同的。放在网页上方的广告点击率通常可达到 3.5%~4%。

2. 广告面积越大越好

通常网络广告的标准大小有 468×60、150×68 和 88×31 像素三种常用规格。显而易见,一个大的广告图形更容易吸引用户的注意,因而不同大小的广告价格也会不同。

3. 经常更换图片

当同一个图片放置一段时间以后,点击率开始下降。而当更换图片以后,点击率又会增加。所以保持新鲜感是吸引访客的一个好办法。

4. 采用合适的语句

广告中使用的文字必须能够引起访客的好奇和兴趣,可以是召唤性的或煽情性的语句,如 CLICK HERE、也可以是时间性的,如“最后机会”,还可以是 FREE 之类的词语,这种看起来落俗套的词语却能够起到戏剧性的效果。

5. 将广告链接到目的页面

应该将广告链接到最想宣传的那个页面。

6. 适当运用动画图片

统计表明动画图片的吸引力比静止画面高三倍。但是如果动画图片应用不当则会引起相反的效果,如过于花哨或文件过大影响了下载速度。所以通常广告商会限制图片的大小。

7. 不可忽视纯文字的作用

在电子邮件杂志中可以放置纯文字广告,由于纯文字广告通常可以表现100字左右的文字内容,而且几乎不影响下载速度,所以措辞得当的纯文字广告甚至可获得高达12%的点击率。

7.3.3 网络广告的计费模式

一个网络媒体(网站)会包含数十个甚至成千上万个页面,网络广告所投放的位置和价格就牵涉特定的页面以及浏览人数的多寡。网络广告的计费模式主要有以下6种。

1. 按每千印象计费

CPM(Cost Per Mille,或者Cost Per Thousand,Cost Per Impressions)指按每千印象计费,或每千人成本。

网上广告收费最科学的办法是按照有多少人看到广告来收费。按访问人次收费已经成为网络广告的惯例。CPM指的是广告投放过程中,听到或者看到某广告的每一人平均分担到多少广告成本。传统媒介多采用这种计价方式。在网上广告,CPM取决于"印象"尺度,通常理解为一个人的眼睛在一段固定的时间内注视一个广告的次数,但实际上是指该广告横幅的显示次数,即广告所在网页的访问次数。例如一个广告横幅的单价是1元/CPM的话,意味着每一千人次浏览该广告横幅所在的网页,就收一元,无论他是否注意到这个广告横幅。依此类推,10 000人次访问的主页就是10元。

至于每CPM的收费究竟是多少,要根据主页的热门程度(即浏览人数)划分价格等级,采取固定费率。国际惯例是每CPM收费从5美元至200美元不等。

2. 按点击计费

CPC(Cost Per Click,Cost Per Thousand Click-Through,每点击成本),以每点击一次计费。这样的方法加上点击率限制可以增强作弊的难度,而且是宣传网站站点的最优方式。但是,此类方法就有不少经营广告的网站觉得不公平,例如,虽然浏览者没有点击,但是他已经看到了广告,对于这些看到广告却没有点击的流量来说,网站成了白忙活。有很多网站不愿意做这样的广告,是因为传统媒体从来都没有这样的计费先例。

3. 按行动计费

CPA(Cost Per Action,每行动成本)计价方式是指按广告投放实际效果,即按回应的有效问卷、注册会员或下载软件的数量来计费,而不限广告投放量。CPA的计价方式对于网站而言有一定的风险,但若广告投放成功,其收益比CPM的计价方式要大得多。

广告主为规避广告费用风险,只有当网络用户点击旗帜广告,链接广告主网页后,并且完成某个事先约定的事件后才付给广告站点费用。

4. 按回应计费

CPR(Cost Per Response,每回应成本)以浏览者的每一个回应计费。这种广告计费充分体现了网络广告“及时反应、直接互动、准确记录”的特点,但是,这个显然是属于辅助销售的广告模式,对于那些实际只要亮出名字就已经有一半满足的品牌广告要求,大概所有的网站都会给予拒绝,因为得到广告费的机会比 CPC 还要渺茫。

5. 按购买计费

CPP(Cost Per Purchase,每购买成本)即广告主为规避广告费用风险,只有在网络用户点击旗帜广告并进行在线交易后,才按销售笔数付给广告站点费用。

无论是 CPA 还是 CPP,广告主都要求发生目标消费者的“点击”,甚至进一步形成购买,才予以付费,CPM 则只要求发生“目击”(或称“展露”“印象”),就产生广告付费。

6. 按时间计费

很多国内的网站是按照“一个月多少钱”这种固定收费模式来收费的,这对客户和网站都不公平,无法保障广告客户的利益。虽然国际上一般通用的网络广告收费模式是 CPM(千人印象成本)和 CPC(千人点击成本),但在我国,一个时期以来的网络广告收费模式始终含糊不清,网络广告商们各自为政,有的使用 CPM 和 CPC 计费,有的干脆采用包月的形式,不管效果好坏,不管访问量有多少,一律一个价。尽管现在很多大的站点多已采用 CPM 和 CPC 计费,但很多中小站点依然使用包月制。

7.4 病毒营销

7.4.1 基本概念

病毒营销并非真的以传播病毒的方式开展营销,而是通过用户的口碑宣传,网络信息像病毒一样传播和扩散,利用快速复制的方式传向数以千计、数以万计的受众。病毒营销的经典范例是 Hotmail.com。还包括 Amazon、ICQ、eGroups 等国际著名网络公司。当年 Hotmail.com 公司就是向广大网民免费提供电子邮箱,在网民所发的每个邮件下面,附加宣传自己公司产品的广告,即邀请他们订购免费电子邮件的服务。这样,Hotmail.com 公司的产品就想病毒传播一样,一传十,十传百,达到了营销的效果。

7.4.2 病毒营销的特点

病毒营销是通过利用公众的积极性和人际网络,让营销信息像病毒一样传播和扩散,营销信息被快速复制传向数以万计、数以百万计的受众。因此它存在一些区别于其他营销方式的特点。

1. 有吸引力的“病原体”

病毒营销主要利用了目标消费者的参与热情，但目标消费者并不能从“为商家打工”中获利，他们为什么自愿提供传播渠道，原因在于第一传播者传递给目标群的信息不是赤裸裸的广告信息，而是非常有吸引力的“病原体”，是经过加工的、具有很大吸引力的产品和品牌信息，而正是这一披在广告信息外面的漂亮外衣，突破了消费者戒备心理的“防火墙”，促使其完成从纯粹受众到积极传播者的变化。

网络上盛极一时的“流氓兔”证明了“信息伪装”在病毒营销中的重要性。韩国儿童教育节目动画片中，有一个新的卡通兔，这只兔子相貌猥琐、行为龌龊、思想简单、诡计多端、爱耍流氓、只占便宜不吃亏，然而正是这个充满缺点、活该被欺负的弱者成了偶像明星，它挑战已有的价值观念，反映了大众渴望摆脱现实、逃脱制度限制所付出的努力与遭受的挫折。流氓兔的 Flash 出现在各 BBS 论坛、Flash 站点和门户网站，私下里网民还通过聊天工具、电子邮件进行传播。如今这个网络虚拟明星衍生出的商品已经达到 1000 多种，成了病毒营销的经典案例。

2. 能几何倍数的传播速度

大众媒体发布广告的营销方式是“一点对多点”的辐射状传播，实际上无法确定广告信息是否真正到达了目标受众。病毒营销是自发的、扩张性的信息推广，它并非均衡地、同时地、无分别地传给社会上每一个人，而是通过类似于人际传播和群体传播的渠道，产品和品牌信息被消费者传递给那些与他们有着某种联系的个体。例如，目标受众读到一则有趣的 Flash，他的第一反应或许就是将这则 Flash 转发给好友、同事，这样一传十，十传百，无数个参与的“转发大军”就构成了成几何倍数传播的主力。

3. 高效率的接收

大众媒体投放广告有一些难以克服的缺陷，如信息干扰强烈、接收环境复杂、受众戒备抵触心理严重。以电视广告为例，同一时段的电视有各种各样的广告同时投放，其中不乏同类产品“撞车”现象，大大减少了受众的接受效率。而对于那些可爱的“病毒”，是受众从熟悉的人那里获得或是主动搜索而来的，在接受过程中自然会有积极的心态；接收渠道也比较私人化，如手机短信、电子邮件、封闭论坛等(存在几个人同时阅读的情况，这样反而扩大了传播效果)。以上多方面的优势，使得病毒营销尽可能地克服了信息传播中的噪声影响，增强了传播的效果。

4. 更新速度快

网络产品有自己独特的生命周期，一般都是来的快去的也快，病毒营销的传播过程通常是呈 S 形曲线的，即在开始时很慢，当其扩大至受众的一半时速度加快，而接近最大饱和点时又慢下来。针对病毒营销传播力的衰减，一定要在受众对信息产生免疫力之前，将传播力转化为购买力，方可达到最佳的销售效果。

7.4.3 病毒营销的界限

在病毒营销的实际操作中，如果没有认识到病毒营销的本质是为用户提供免费的信息和服务这一基本问题，有时可能真正成为传播病毒了，尤其利用一些技术手段来实现的病毒营销模式，如自动为用户计算机安装插件、强制性修改用户浏览器默认首页、在QQ等聊天工具中自动插入推广信息(称为“QQ尾巴”)等，这些其实已经不能称为病毒营销，而是传播病毒了。

7.4.4 病毒营销的成本

天下没有免费的午餐，任何信息的传播都要为渠道的使用付费。之所以说病毒营销是无成本的，主要指它利用了目标消费者的参与热情，但渠道使用的推广成本是依然存在的，只不过目标消费者受商家的信息刺激自愿参与到后续的传播过程中，原本应由商家承担的广告成本转嫁到了目标消费者身上，因此对于商家而言，病毒营销通常不需要为信息传递投入直接费用。

但病毒营销方案不会自动产生，需要根据病毒营销的基本思想认真设计，在这个过程中必定是需要一定资源投入的，因此不能把病毒营销理解为完全不需要费用的网络营销，尤其在制订网站推广计划时，应充分考虑到这一点。此外，并不是所有的病毒营销方案都可以获得理想的效果，这也可以理解为病毒营销的隐性成本。

病毒营销的实施过程通常是无须费用的，但病毒营销方案设计是需要成本的。

7.4.5 常用方法

病毒营销常用的工具包括免费电子书、免费软件、免费Flash作品、免费贺卡、免费邮箱、免费即时聊天工具等，它们是可以为用户获取信息、使用网络服务、娱乐等带来方便的工具和内容。

1. 免费电子书

电子书(包含电子杂志)是一种比较常见的病毒营销方法，电子书中一般用引人入胜的故事情节或有视觉冲击力的美观图片吸引网民相互传播，广泛阅读，书中的内容包含了产品的信息及联系方式，使潜在客户在需要的时候及时找到公司。

电子书一般放在自己公司网站上或大型博客论坛上供用户下载使用。

电子书之所以成为人们喜欢的媒体，主要有以下原因。

(1) 信息完整并可长期保存。电子书与网页不同，不需要一个页面一个页面逐个打开，一部电子书的内容是一个完整的文件，读者下载后书中所有的信息都将完整地被保留，而且书中内容不会因为原提供下载的网站发生变动而改变，只要读者不从计算机等设备上删除，电子书可以长期保存，随时阅读。

(2) 可以离线阅读。从网上下载后电子书即可用各种阅读设备离线阅读，这样不必像其他网上信息一样必须在线浏览，毕竟不是所有用户任何时候都可以方便地上网。而一本有价值的书往往会得到读者的反复阅读，并有可能在多人之间传播。正是在这样的阅读和传播中，电子书营销实现了其病毒营销、达到宣传和获得新用户的目的。

(3) 便于继续传播。获得尽可能多用户的阅读是电子书营销的关键，而电子书下载后可以方便地通过电子邮件、P2P 等方式向别人继续传播，甚至可以在一定范围内共享，如果书中内容对读者有足够的吸引力，这种继续传播是自发的，效果也会更好。

(4) 促销和广告信息形式灵活。由于电子书本身具有平面媒体的部分特征，同时又具有网络媒体的部分优点，如具有超链接功能、显示多媒体信息等，因此促销和广告信息可以采用多种形式，如文字、图片、多媒体文件等，读者在线阅读时，还可以点击书中的链接直接到达广告目的网页。

(5) 营销效果可以测量。由于电子书所具有的互联网媒体特征，因此其中的电子书广告具有网络广告的一般优点，例如，可以准确地测量每部电子书的下载次数，并可记录统计下载者的分布等，这样便于对潜在读者做进一步的研究。

根据 CNNIC 的调查表明，电子书籍是用户在网上经常查询的信息内容之一，有价值的电子书可以获得用户的关注，并且用户会主动查找电子书信息，这也是为什么一些提供电子书下载的网站通常具有较高访问量的原因所在。

2. 免费软件

对于软件公司来说，提供免费软件是最好的病毒营销方法。具体方法是提供软件的初级版本给用户无偿使用，该初级版本能正常使用，并且能长期使用。在软件的下方标明版权信息，点击该版权信息，能链接到软件公司的网站上来。

由于是免费使用，一个客户使用后感觉好了，会推荐给他的朋友，当需要较高版本时，就会产生购买需求。

例如，网店软件系统的提供商，把它的 Access 版本网店系统无偿提供给客户使用，在该网店系统下方注明版权信息，并给出链接。若该客户是利用网店系统卖鞋子的，那么它的买鞋子客户又看到了该软件公司的信息，从而使该软件公司迅速提高知名度。

免费邮箱和免费即时聊天工具等也是常用的病毒营销方法。腾讯在 QQ 品牌推广时，就非常注重对低免疫力人群的寻找和锁定。腾讯 QQ 的用户平均年龄为 20.6 岁，他们追逐时尚，对新潮流、新趋势、新事物的感觉非常敏锐。这些特点，注定了他们是低免疫力人群，他们对腾讯 QQ 病毒没有任何抵御能力，能很快接受并且适应腾讯提供的有别于 ICQ 的中文界面即时通信工具，并且还会积极地将这一病毒通过鼠标和口头语言向其他人传播。

但开发和提供这类产品服务需要较大的资金投入，所以除了前几年有成功的案例外，目前很难再复制以前的辉煌了。

3. 游戏

对于有实力的公司，可以针对自己的产品开发一套游戏软件，放在网上免费供网民使用。玩家每过一关，都显示公司的产品信息，当玩家攻入最后一关时，给出相应的密码，玩家凭密码到公司领取奖品。这样，公司很快达到了产品推广的目的。

与正规游戏软件相比，还有一种是搞笑（恶作剧）的游戏方式。

一种称为“轰动新闻制造器”的新闻生成器已被好几家大型网站采用。这样的“造假”新闻生成器就是使用一张图片，在固定的地方显示用户输入的姓名，然后合成一张新的图片。生成网页上面的所有新闻等都是为了烘托这个气氛，写得非常夸张，由于青年朋友们觉得好玩，于是发送一个这样的网页给亲朋好友，放松一下心情。于是这个网页的地址很快家喻户晓了。

4. 手机彩信

公司也可以针对自己的产品开发手机彩信、彩铃、手机背景墙纸、电子贺卡、Flash 插件、MP3 歌曲等向客户发送。这种方法成本低，范围广，传播方便。只要设计得好，是比较容易操作的。

5. 免费试用产品

这是一种古老的方法，通过免费试用产品，迅速产生轰动效应，达到营销推广的效果。国内某药厂在自己的网站上开设了网上赠药的促销措施。只要患者发一个电子邮件，说明自己的病症，药厂的网上医师就会依据患者的病情，寄去药品。当服用初有效果时，患者就会继续邮购药品。同时，药厂还准备了大量的《健康向导》图书，只要网民有兴趣索要，药厂邮购部也会赠送一本。

7.5 交换链接

7.5.1 基本概念

网站之间的资源合作是互相推广的一种重要方法，其中最简单的合作方式为交换链接。没有链接，就没有万维网，正是因为有了一个个链接，一个个独立的页面才构成了统一的万维网。一个网页与其他网页间的链接恰似该网页连接外部的桥梁。因此，建立与其他网站的链接是网站推广的一个重要手段。

交换链接也称互惠链接、互换链接、友情链接等，是具有一定互补优势的网站之间的简单合作形式，即分别在自己的网站上放置对方网站的 Logo 或网站名称，并设置对方网站的超级链接，使得用户可以从合作网站中发现自己的网站，达到互相推广的目的。交换链接有图片和文字链接两种主要方式，如图 7.6 和图 7.7 所示。

交换链接的作用主要表现在以下几方面：

（1）获得访问量。

（2）增加用户浏览时的印象。

（3）在搜索引擎排名中增加优势。

（4）通过合作网站的推荐增加访问者的可信度等。

（5）可以获得潜在的品牌价值。

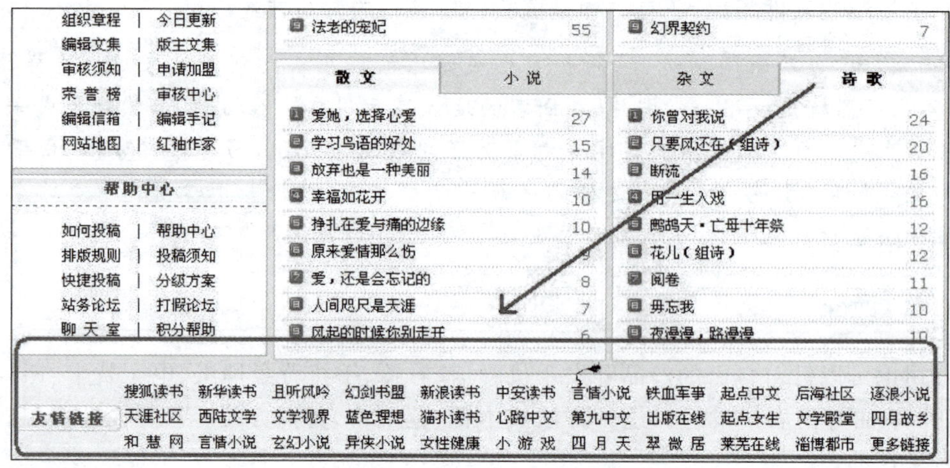

图 7.6　文字交换链接

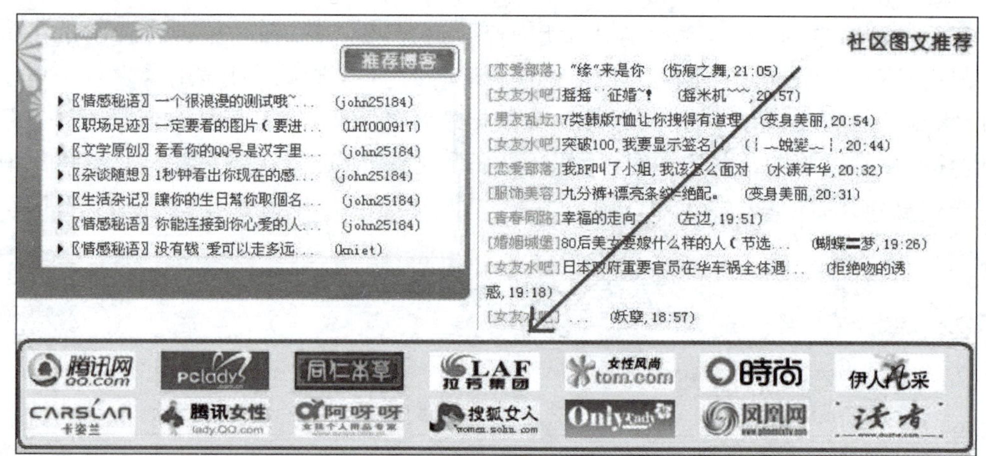

图 7.7　图片交换链接

交换链接的本意是增加访问量，但在网络营销的过程中，交换链接的意义实际上已经超出了是否可以直接增加访问量这一范畴，获得潜在的品牌价值和业内的认知和认可已经上升到主要目的。

一般认为，通过网站链接方式可以获得的直接访问量是有限的。新发布的网站效果比较明显，但一段时间之后效果就会逐步下降。所以，网站链接推广策略常作为阶段性的网站推广方法使用，当网站获得一定数量的链接之后，往往就告一段落。

7.5.2　主要方法

1. 向内的单向链接

许多网站开辟有“新站登录”的栏目，给新发布的站点提供难得的宣传机会。如果有建立向内单向链接的机会，企业一定要好好把握。

2. 交互链接

商业伙伴间经常存在相互交换链接的机会，交换链接的前提是交换双方网页的流量（或搜索引擎排名）大体相当，访问者群体相同，而且双方不存在业务上的竞争。

3. 网站联盟和 Web 环

网站联盟指具备交互链接条件的多个网站为了提高各自的热门程度和共享网站流量而组建的一个网站推广联盟，联盟中的每个成员都要在自己网站的特定位置加入指向其他成员网站的链接，网站联盟的成员数一般在 10 个左右，若运作成功的话，能成功地提升各成员的网上品牌。

Web 环（Web ring）是网站联盟的一种特殊形式，它是相互链接的一组内容和主题相似的网站。在最早的 Web 环中，各个网站仅有一个向内的链接和一个向外的链接，访问者通过点击“下一个网站”（或“前一个网站”）的链接，可以访问一个新的网站，不断点击 Web 环成员网站上的“下一个网站”（或“前一个网站”）的链接，访问者就可以回到较早出发的网站，Web 环因此得名。不过现在的 Web 环一般允许用户同时查看 Web 环中的多个网站，网站间的链接关系也不再是线性的了。Web 环不同于普通网站联盟的一个特点是，环中网站的名单存储在一个中央服务器上，这就允许新的网站很方便地加入到 Web 环中，也允许原有的成员随时退出。因此，Web 环是一个很松散的网站联盟，它的成员很可能随时都在变化。一般而言，Web 环的成员比普通网站联盟的成员多很多。在 Web 环组织（www.webring.org）的网站上，用户可以找到上万个各种主题的 Web 环。

Web 环对网站推广而言是一把双刃剑，它既可以为网站带来流量，也可以把访问者分流到其他网站上，因此，在是否加入 Web 环的问题上，企业一定要慎重考虑。一般而言，流量小于平均水平而质量高于平均水平的网站可以放心地加入 Web 环。加入 Web 环对改善网站在搜索引擎上的排名有好处。

4. 链接交易中介

链接交易中介是指从事网络广告交换的中介机构，因为它采用的商业模式非常新颖，而且有很好的回报，所以有许多模仿者也开始提供类似服务。这里所说的链接交易所指的是通过中介交换网络广告的一种商业模式。

企业可以“免费”申请使用链接交易所的网络广告交换服务，使用该服务的公司需要通过在自己的网站上显示其他使用者的广告（一般为旗帜广告或文字广告）来积累信用点，这些信用点可以换取自己的广告被其他用户显示的机会。

通过链接交易中介进行的广告交换一般不会是一对一的交换，一个网站可能需要显示两次其他企业的广告才可以换取一次自己的网站被其他网站显示的机会，中间的差额就成了公司支付给中介公司的佣金。

7.5.3 注意事项

在网站链接的实际操作中，以下几类问题应该引起关注。

1. Logo 链接应以静态图片为主

交换链接有图片和文字链接两种主要方式。如果采用图片链接（通常为网站的Logo），由于各网站的标志、图片的格式、色彩等与自己网站风格很难协调，过多的图片链接影响网站的整体视觉效果。因此，应避免以下问题：

（1）不要过多的图片链接.

（2）不要过多的动态图片，最好就不要动态图片。

（3）动态图片跳动速度不要太快，以免产生眼花缭乱的感觉。

（4）图片文件宜小不宜大，以免影响网页打开速度，一般不超过 50KB。

2. 链接的网站应内容相关或有互补性

链接的网站应选择与自己内容和规模都差不多的网站，最好内容有互补性，如同一行业的上游企业或下游企业，尽量不要把竞争对手的网站加入链接。例如，做牛仔裤厂家的网站可以链接卖牛仔布料的上游企业或批发牛仔裤的下游企业。不要链接与自己内容无关的网站。

3. 网站链接的数量要适宜

网站链接的数量不是越多越好，一般不要超过 3 行。在网站的首页和内页都可做链接。我们要培养正确的观念，那就是注重网站链接的质量，节制网站链接的数量。

4. 回访友情链接伙伴的网站

交换链接是双向的。交换链接一旦完成，也具有一定的相对稳定性。由于网站的更新比较频繁，所以需要不定期回访友情链接伙伴的网站，看对方的网站是否正常运行，自己的网站是否被取消或出现错误链接，或者，因为对方网页改版、URL 指向转移等原因，是否会将自己的网址链接错误。因为交换链接通常出现在网站的首页上，错误的或者无效的链接对自己网站的质量有较大的负面影响，要及时纠正无效的链接。

新网站每天都在不断诞生，交换链接的任务也就没有终了的时候。当新网站主动提出合作的请求，对这些网站进行严格的考察，从中选择适合自己的网站，将合作伙伴的队伍不断壮大和丰富。

7.6 微博营销

7.6.1 微博营销介绍

微博属于前面章节介绍的虚拟社区范畴，由于它的作用与影响较大，所以单独进行介绍。微博是博客的简洁版，每篇微博一般不超过 140 个汉字，而且不能带有超链接。

微博营销以微博作为营销平台，每一个听众（粉丝）都是潜在营销对象，企业利用更新自己的微型博客向网友传播企业信息、产品信息，树立良好的企业形象和产品形象。

企业依靠每天更新微博内容就可以跟大家交流互动，或者发布大家感兴趣的话题，这样来达到营销的目的。

该营销方式注重价值的传递、内容的互动、系统的布局、准确的定位，微博的迅速发展也使得其营销效果尤为显著。微博营销涉及的范围包括认证、有效粉丝、话题、名博、开放平台、整体运营等。在众多微博平台中，新浪微博一枝独秀，成为企业在微博上进行营销的首选平台。

7.6.2 微博营销分类

1. 个人微博营销

很多个人的微博营销是由个人本身的知名度来得到别人的关注和了解的。如明星、成功商人或者是社会中比较成功的人士，他们运用微博往往是通过这样一个媒介来让自己的粉丝更进一步地了解自己和喜欢自己，微博在他们手中也就是平时抒发感情，功利性并不是很明显，他们的宣传工作一般是由粉丝们跟踪转帖来达到营销效果的。

2. 企业微博营销

企业一般是以盈利为目的，它们运用微博往往是想通过微博来增加自己的知名度，最后达到能够将自己的产品卖出去的目的。往往企业微博营销要难许多，因为知名度有限，短短的微博不能让消费者直观地了解商品，而且微博更新速度快，信息量大。企业做微博营销时，应当建立起自己固定的消费群体，与粉丝多交流，多互动，多做企业宣传工作。

7.6.3 微博营销方法

1. 注重价值的传递

企业微博是一个给予平台，而不是索取平台。目前，微博数量已经以亿计算，只有那些能对浏览者创造价值的微博，自身才有价值，此时企业微博才可能达到期望的商业目的。企业只有认清了这个因果关系，才可能从企业微博中受益。

2. 注重微博个性化

微博的特点是“关系”和“互动”。因此，虽然是企业微博，但也不能仅是一个官方发布消息的窗口的死板模式，而是要给人感觉像一个人，有感情，有思考，有回应，有自己的特点与个性。

一个浏览者觉得你的微博和其他微博差不多，或是别的微博可以替代你，都是不成功的。这和品牌与商品的定位一样，必须塑造个性。这样的微博具有很高的黏性，可以持续积累粉丝与专注，因为此时的你有了不可替代性与独特的魅力。

3. 注重发布的连续性

微博就像一本随时更新的电子杂志，要注重定时、定量、定向发布内容，让大家养成观看习惯。当网民登录微博后，首先想到的是能够看看你的微博有什么新动态，这便是成功了。虽很难达到，但需要尽可能出现在他们面前，先成为他们思想中的一个习惯。

4. 注重加强互动性

微博的魅力在于互动，拥有一群不说话的粉丝是很危险的，因为他们慢慢会变成不看内容的粉丝，最后就可能离开。因此，互动性是使微博持续发展的关键。我们应该注意的问题就是，企业宣传广告信息不能超过微博信息的10%，最佳比例是3%～5%。更多的信息应该融入粉丝感兴趣的内容之中。

许多参与微博营销的企业，多数停留在用有奖活动聚集粉丝的初级阶段，应该看到用这样的方法聚集起来的粉丝不能算精准受众。更好的方法是发布产品知识、搜索关键词、开展话题讨论，找到对一些特定关键词和话题有兴趣的受众，还有就是要花大力气积极与用户互动。一些企业微博营销的通病是只发布信息，不与跟随者交流，这样就会使热情起来的粉丝失去激情。2008年美国总统大选中奥巴马用微博作为参选工具，一般人只了解他的竞选团队用微博发布行程的特点，但是这个竞选团队对所有访问者都是一一主动追踪回复的。美国总统竞选对回复访问者都会如此耐心和细心，更不要说对企业推广产品了。

5. 注重系统性布局

任何一个营销活动，想要取得持续而巨大的成功，都不能脱离了营销系统性。单纯当作一个点子来运作，很难持续取得成功。微博营销虽然看起来很简单，对大多企业来说效果也很有限，从而被很多企业当作可有可无的网络营销小环节。其实，微博这种全新形态的互动形式，其潜力很少被企业看清，其发挥出的作用很小的原因是企业投入的精力不足与重视程度不高。

企业想要微博发挥更大的效果就要将其纳入整体营销规划中来，这样微博才有机会发挥更多作用。

6. 注重准确的定位

微博粉丝众多当然是好事儿，但是，对于企业微博来说，“粉丝”质量更重要。因为企业微博最终的商业价值，或许就需要这些有价值的粉丝。这涉及微博定位的问题，很多企业抱怨：微博人数都过万了，可转载、留言的人很少，宣传效果不明显。这其中一个很重要的原因就是定位不准确。假设为玩具行业，那么就围绕一些产品目标顾客关注的相关信息来发布，吸引目标顾客的关注，而非只考虑吸引眼球，导致吸引来的都不是潜在消费群体。在起步阶段，很多企业博客陷入这个误区，完全以吸引大量粉丝为目的，却忽视了粉丝是否是目标消费群体这个重要问题。

7. 企业微博专业化

企业微博定位专一很重要，但是专业更重要。同场竞技，只有专业才可能超越对手，持续吸引关注目光，专业是一个企业微博重要的竞争力指标。

微博不是企业的装饰品，如果不能做到专业，只是流于平庸，倒不如不去建设企业微博，因为，作为一个“零距离”接触的交流平台，负面的信息与不良的用户体验很容易迅速传播开，并为企业带来不利的影响。

8. 注重控制的有效性

微博传播的速度快得惊人，当极高的传播速度结合传递规模，所创造出惊人的力量有可能是正面的，也可能是负面的。因此，必须有效管控企业微博这把双刃剑。

9. 注重方法与技巧

很多把微博定位成短信、随笔、唠嗑。对普通用户的微博来说的确如此，但是对于一个企业微博来说，就不能如此。我们不是明星大牌，也不是普通百姓，我们开设微博不是为了消遣娱乐，而是为企业创造价值。

想把企业微博变得有声有色，持续发展，单纯在内容上传递价值还不够，必须讲求一些技巧与方法。例如，微博话题的设定，表达方法就很重要。如果我们的博文是提问性的，或是带有悬念的，引导粉丝思考与参与，那么浏览和回复的人自然就多，也容易给人留下深刻印象。反之带来新闻稿一样的博文，会让粉丝想参与都无从下手。

7.6.4 微博营销分析

1. 优点

(1) 操作简单，信息发布便捷。

(2) 互动性强，能与粉丝即时沟通，及时获得用户反馈。

(3) 低成本，做微博营销的成本比做博客营销或是做论坛营销的成本低多了。

(4) 针对性强，关注企业或者产品的粉丝都是本产品的消费者或者是潜在消费者。企业可以对其进行精准营销。

(5) 信息量大，消费者可以对某一产品在购买前通过网友的评论来作购买决策或者是查找该产品的有关信息。

(6) 覆盖面广，微博涵盖了各行各业的业内人士对一些问题的看法，便于网友交流。

2. 缺点

(1) 需要足够多的粉丝才能达到传播的效果和目的。刚注册用户的粉丝数由于远远不够，往往效果甚微。

(2) 由于微博里新增内容产生的速度非常快，所以如果发布的信息粉丝没有及时关注到，那就很可能被埋没在海量的信息中。

(3) 由于一条微博文章只有几十字，所以其信息仅限于在信息所在平台传播，很难像博客文章那样，被大量转载。

(4) 微博对文笔要求很高，如何用 140 字在保证趣味性、可读性、真实性的前提下将所要传达的商业信息淋漓尽致地传达出来，是比较困难的。

新浪微博的使用方法非常简单，可登录官方网站 http://d.weibo.com/，可以注册新账号，也可用 QQ 号登录。

7.7 网站联盟

网站联盟，专业术语叫作网络会员制营销，通常指网络联盟营销，也称联属网络营销。我们熟悉的淘宝客就是网站联盟。网站联盟的平台网站将广告主与广大网站联系起来，结合成一个销售联盟。广告主的网站称为宿主网站，在自己网站上投放广告主广告的中小网站叫作加盟网站。网站联盟平台网站与宿主网站可以是两家公司，也可以是一家公司。如拼多多、当当网、卓越网、百度主题推广、Google AdSense 等既是网站联盟，也是宿主网站，即广告主。但像窄告商网站，就是专业的网站联盟平台，其宿主网站和加盟网站都是它的客户。

网站联盟本质上来说是一种按效果付费的网络广告形式。当访问者点击加盟网站上的广告，而进入宿主网站产生诸如点击广告、下载程序、注册会员、实现购买等行为后，宿主网站根据这种行为支付给加盟网站一定数额的佣金，一般一周或一个月支付一次。

7.8 SNS 社区营销

SNS 社区营销属于虚拟社区营销大类，但近几年来，它发展势头强劲，把它单独列出，作为一类。

SNS(Social Networking Services，社会性网络服务)，专指旨在帮助人们建立社会性网络的互联网应用服务。1967 年，哈佛大学的心理学教授 Stanley Milgram(1933—1984)创立了六度分隔理论，主要含义是：“你和任何一个陌生人之间所间隔的人不会超过六个，也就是说，最多通过六个人你就能够认识任何一个陌生人。”按照六度分隔理论，每个个体的社交圈都不断放大，最后成为一个大型网络。现在就是根据这种理论，创立了面向社会性网络的互联网服务，通过“熟人的熟人”来进行网络社交拓展。但“熟人的熟人”只是社交拓展的一种方式，而并非社交拓展的全部。因此，现在一般所谓的 SNS，则其含义已经远不止“熟人的熟人”这个层面。例如，根据相同话题进行凝聚(如贴吧)、根据学习经历进行凝聚(如 Facebook)、根据周末出游的相同地点进行凝聚等，都被纳入 SNS 的范畴。

国内的开心网(http://www.kaixin001.com)和人人网(http://www.renren.com)都是 SNS 网站的典型代表。

7.9 Twitter 营销

Twitter 是一种即时通信工具，目前没有准确的中文译名。它的功能与 QQ 和 MSN 一样，是一种与别人交流的工具，不同点在于，它允许用户将自己的最新动态和想法以短信息的形式发送给手机和个性化网站群，而不仅仅是发送给个人。Twitter 本质上是一个微型博客网站。

用户在使用时，只要登录这类网站，无须输入自己的手机号码，就可以通过个性化 Twitter 网站接收和发送信息。

通俗地说，它有两个功能，一是在任何时间、任何方式发表任何信息，分享给希望获知这些信息的人，二是在第一时间、任一方式获知所关注的人（或事）的最新进展。

Twitter 有移动版，可使用手机浏览相关信息。

Twitter 目前在中国应用尚处萌芽阶段，并无较多的成功案例。

7.10 小 i 机器人营销

小 i 机器人，是新一代智慧型网络机器人。基于先进的人工智能信息交互技术，小 i 能够准确理解网民的谈话意图并做出对应回应。无须记忆复杂的操作指令和冗长的网址，网民只需与小 i 聊聊天，即可方便、快捷地体验到小 i 机器人的多种个性化功能与服务。

小 i 机器人是以 MSN 联系人的形式出现的，只要网民添加相关机器人的 MSN 账号，就可以像与真人聊天一样与机器人聊天，并可查询地图、天气预报、电视节目等信息。

小 i 机器人可以充当网络客服或网络营销员的角色，不知疲倦地为网站站长服务。

小 i 机器人网址是 http://www.xiaoi.com，读者可到该网站进行详细了解。

7.11 免费营销

免费是最容易的销售。网络可以说是免费的世界，免费策略在网上可以说是如鱼得水。用户花钱买报纸、买杂志、买电影票可以看作天经地义的事情，但花钱到网站看新闻就变得匪夷所思了，所以免费策略在互联网上很有用户基础，但免费的目的还是为了销售。主要的免费策略如下。

(1) 基本产品免费，升级付费。如软件的基本版本免费，升级版本付费。

(2) 用户免费，广告商付费。如报纸、广播、网站等媒体的广告。

(3) 买家免费，卖家付费。如阿里巴巴、慧聪等 B2B 商贸平台，卖家要查询买家的联系电话时，需要诚信通会员，即付费会员才可以查询。

(4) 产品免费，延伸服务收费。如网络游戏产品本身免费使用，但购买游戏装备等延伸服务则要收费。

(5) 设备免费，耗材收费。如喷墨打印机免费，使用的墨水则要付费。

(6) 用户免费，企业收费。如招聘网站中，应聘员工刊登求职简历免费，企业招聘员工则要付费。

(7) 付费产品赠送免费礼物。如用户买名牌高档化妆品，则赠送另一品牌的面膜，由此打开面膜的销路。

【主要知识点】

1.【邮件列表】 邮件列表就是邮件地址的集合。

2.【垃圾邮件】 大量发送未经过接收邮件者许可的广告邮件,并且该邮件无法退订,这类邮件称为垃圾邮件。

3.【电子杂志】 电子杂志是定期向订户发送的关于某特定主题的一系列电子邮件。该邮件往往图文声俱有,是多媒体的杂志。

4.【虚拟社区】 虚拟社区又称在线社区(online community)或电子社区(electronic community),作为社区在虚拟世界的对应物,虚拟社区为有着相同爱好、经历或者专业相近、业务相关的网络用户提供了一个聚会的场所,方便他们相互交流和分享经验。

5.【BBS】 BBS的英文全称是Bulletin Board System,翻译为中文就是"电子公告板"。

6.【论坛】 论坛就是以主题分类的电子公告板。

7.【博客】 博客就是以作者分类的电子公告板。

8.【CPM】 按每千印象计费。例如,一个网站每天有3万浏览量,就说是30"千印象",无论访客是否点击,按30千印象收取广告费。

9.【CPC】 按点击计费,访客每点击网络广告一次,就收一次费用,无论该点击是否产生成交。

10.【病毒营销】 病毒营销并非真的以传播病毒的方式开展营销,而是通过用户的口碑宣传,网络信息像病毒一样传播和扩散,利用快速复制的方式传向数以千计、数以万计的受众。

11.【交换链接】 交换链接也称互惠链接、互换链接、友情链接等,是具有一定互补优势的网站之间的简单合作形式,即分别在自己的网站上放置对方网站的Logo或网站名称,并设置对方网站的超级链接,使得用户可以从合作网站中发现自己的网站,达到互相推广的目。

12.【网站联盟】 网站联盟,专业术语叫作网络会员制营销,通常指网络联盟营销,也称联属网络营销。网站联盟的平台网站将广告主与广大网站联系起来,结合成一个销售联盟。广告主的网站称为宿主网站,在自己网站上投放广告主广告的中小网站叫作加盟网站。网站联盟本质上来说是一种按效果付费的网络广告形式。当访问者点击加盟网站上的广告,而进入宿主网站产生诸如点击广告、下载程序、注册会员、实现购买等行为后,宿主网站根据这种行为支付给加盟网站一定数额的佣金,一般一周或一个月支付一次。

13.【SNS】 按照六度分隔理论,创立了面向社会性网络的互联网服务,通过"熟人的熟人"来进行网络社交拓展。就是SNS。根据相同话题进行凝聚(如贴吧)、根据学习经历进行凝聚(如Facebook)、根据周末出游的相同地点进行凝聚等,都被纳入SNS的范畴。

【本章小结】

7.1节 电子邮件营销

1）电子邮件营销概念

电子邮件营销是在用户事先许可的前提下，通过电子邮件的方式向目标客户进行电子邮件市场调查、电子邮件广告、电子邮件公关和电子邮件直销等传递有价值信息的网络营销手段。

2）垃圾邮件特征

《互联网电子邮件服务管理办法》已经由中华人民共和国信息产业部颁布，自2006年3月30日起施行。该办法第十三条作如下规定，任何组织或者个人不得有下列发送或者委托发送互联网电子邮件的行为：

（一）故意隐匿或者伪造互联网电子邮件信封信息；

（二）未经互联网电子邮件接收者明确同意，向其发送包含商业广告内容的互联网电子邮件；

（三）发送包含商业广告内容的互联网电子邮件时，未在互联网电子邮件标题信息前部注明“广告”或者AD字样。

3）电子杂志

电子杂志发行和订阅网站主要有：①希网网络（http://www.cn99.com）邮件列表系统；②ZCOM（www.zcom.com）；③iebook第一门户（http://www.iebook.cn）等。

7.2节 虚拟社区营销方法

虚拟社区又称在线社区（online community）或电子社区（electronic community），作为社区在虚拟世界的对应物，虚拟社区为有着相同爱好、经历或者专业相近、业务相关的网络用户提供了一个聚会的场所，方便他们相互交流和分享经验。

BBS、论坛、博客的概念要正确理解。

发展壮大虚拟社区的方法：①向社区提供价值；②建立激励机制，形成讨论组的核心；③培养社区文化；④保证社区的稳定和安全；⑤组织会员的见面会。

7.3节 网络广告

1）网络广告概念

网络广告是指广告主利用一些受众密集或有特征的网站投放以图片、文字、动画、视频或者与网站内容相结合的方式传播自身的商业信息，并设置链接到某目的网页，达到告知、劝说和提醒的目的。商业信息的传播是通过互联网来完成的。

2）计费模式

网络广告的计费模式主要有：①按每千印象计费（CPM）；②按点击计费（CPC）；③按行动计费（CPA）；④按回应计费（CPR）；⑤按购买计费（CPP）；⑥按时间计费；⑦按业绩计费（PFP）等。

7.4 节　病毒营销

病毒营销并非真的以传播病毒的方式开展营销，而是通过用户的口碑宣传网络，网络信息像病毒一样传播和扩散，利用快速复制的方式传向数以千计、数以万计的受众。

病毒营销的经典范例是 Hotmail.com。

常用的工具包括免费电子书、免费软件、免费 Flash 作品、免费贺卡、免费邮箱、免费即时聊天工具等，它们可以为用户获取信息、使用网络服务、娱乐等带来便利。

7.5 节　交换链接

交换链接也称互惠链接、互换链接、友情链接等，是具有一定互补优势的网站之间的简单合作形式，即分别在自己的网站上放置对方网站的 Logo 或网站名称，并设置对方网站的超级链接，使得用户可以从合作网站中发现自己的网站，达到互相推广的目的。交换链接有图片和文字链接两种主要方式。

7.6 节　微博营销

微博营销以微博作为营销平台，每一个听众（粉丝）都是潜在营销对象，企业利用更新自己的微型博客向网友传播企业信息、产品信息，树立良好的企业形象和产品形象。每天更新内容就可以跟大家交流互动，或者发布大家感兴趣的话题，这样来达到营销的目的。

7.7～7.11 节　其他网络营销方法

网站联盟、SNS 社区营销、Twitter 营销、小 i 机器人营销、免费营销都是新兴的网络营销方式，值得关注。

【作业】

一、单项选择题

1. 下面（　　）不是垃圾邮件的属性。
   A. 正文中没有公司名称和地址　　B. 主题与内容不符
   C. 无法取消订阅　　D. 正文不美观
2. 下面（　　）不属于病毒营销方法。
   A. 友情链接　　B. 手机彩信　　C. 免费游戏　　D. 免费电子书
3. 下面（　　）不属于网络营销方法。
   A. 网站联盟　　B. 户外广告营销
   C. Twitter 营销　　D. 小 i 机器人营销

二、讨论题

1. 本章所介绍的各类网络营销方法，您觉得哪几种最具有操作性？您认为哪一种方法能在最短的时间内取得效果?

2. 请讨论传统营销方法与网络营销方法各自的优缺点。

3. 网络广告计费方法中,您觉得哪种计费方法在实际中使用的最多?请结合您所见过的广告公司谈谈体会。

三、操作题

请到下面网站去仔细浏览,并按要求进行操作。

1. 登录 www.126.com 网站,注意观察邮件尾部的广告语,仔细体会它的病毒营销方式和效果。

2. 登录阿里巴巴网站,注册一个用户并使用,仔细体会 B2B 营销方式和效果。

3. 将自己感兴趣的内容整理后做成一本电子书,在书中的适当部分可以加上您的产品广告,免费赠送给需要的同学阅读,看看是否能起到病毒营销的效果。

四、请在互联网上查阅下面的网络术语,分小组讨论它们的含义。

1. 斑竹
2. 马甲
3. 囧
4. 雷人
5. 灌水
6. 水手 水母
7. 潜水
8. 打铁
9. 拍砖
10. 刷屏
11. 扫楼
12. 楼主
13. 盖楼
14. 沙发
15. 椅子
16. 板凳
17. 地板
18. 顶
19. 踩
20. 闪
21. 匿鸟
22. 驴友
23. 火星帖
24. 恐龙
25. 青蛙
26. 犬科
27. 狼族
28. 王道
29. 小白
30. 小黑
31. 粉丝
32. 包子
33. 蛋白质
34. 白骨精
35. 维客
36. 红客
37. 朋客
38. 闪客
39. 黑客
40. 宅男 宅女
41. 菜鸟
42. 大虾

第8章

营销型网站

【关键词】 网站建设、营销型网站、小程序、App、全网营销

虽然网络营销在没有网站的情况下也能进行，但由于近年来网络技术飞速发展，建设一个网站的成本不断下降，网站的形式也由以前的PC端发展到移动端，其费用在整个电子商务系统运营中几乎可以忽略不计，因此，一般提倡在有网站的基础上进行网络营销，读者在系统学习电子商务知识时，也应建立自己的网站，边操作、边体会、边学习，这样会取得较好的效果。

本章不从程序设计的角度来讲网站建设，而是从经营角度来讲网站建设中必须注意的问题。

8.1 从不同角度理解网站建设的概念

提起网站建设，很多人就联想到这是一项技术工作，是计算机技术人员的事情。这种理解比较局限了。恰恰相反，网站程序设计工作只是网站建设过程中一个很小的部分，随着技术的日趋成熟，网站建设中的技术问题已经不是难题，真正难的是网站的经营模式，而不同的行业有不同的经营模式，不同规模的公司也有不同的方法，这是需要企业经营人员结合本企业本行业长期探索的问题。

8.1.1 计算机技术人员在网站建设中的主要工作

计算机技术人员应侧重于技术实现手段。如程序设计语言和数据库的优劣选择、网站运行速度、网页程序所占空间大小、不同平台的兼容性问题、用户界面的友好问题、加密问题、病毒防范问题、数据安全问题、版本平滑升级等。

8.1.2 企业经营人员在网站建设中的主要工作

企业经营人员应侧重于营销手段和商业目标的实现。如网站栏目设置、网站功能选择、内容编辑和更新、网店陈列、网站点击率、用户浏览的质量问题、与客户在线交流、反馈信息处理、网站推广、网络营销、图片处理软件的使用和营销软件工具的使用等。

近几年来,网站的功能已经有了很大的扩展,与十几年前的门户网站、论坛网站、购物网站相比已经有了质的飞跃,新型互联网商业模式已经植入网站,所以现在新型网站已经是一个多功能的营销系统、结算系统、供应系统和客户关系管理系统,有的还具备跨境电商功能。电子商务的运营是一门深奥的专项技能,需在实践中逐步积累经验,并由跨专业多人互相配合才能成功。

8.2 网站应该发挥的作用

由于现在网站代码设计的成本较低,很多企业都建有网站。那么作为一家企业网站,可以发挥哪些作用呢?归纳起来,主要有下面几点。

(1) 发布信息,如新产品、公司新闻、招标/招聘信息等。

(2) 收集信息,可以从注册会员和市场调查栏目中得到消费者第一手反馈信息。

(3) 与客户互动,通过在线聊天、表单、留言、微信、点击呼叫网络电话、电子邮件等工具与客户24小时沟通。

(4) 网上直销,实现交易过程的电子化。

(5) 网上促销,用网络营销方式支持网下传统营销,作为网下传统营销的补充。

(6) 品牌宣传,是公司品牌宣传的一个重要手段。

所以建设一个网站已成为企业宣传自己的必要手段,并被越来越多的企业和个人所接受。

8.3 网站建设的方法

网站代码开发本身是程序设计的过程,它与所有软件系统开发一样,有购买、租借、外包、自建四种方式,企业可以根据自身的情况选用某一种方式进行。

8.3.1 购买

购买是最常见的方式,即到软件公司去购买现成的网站代码,程序源代码归自己所有,开发时间短,需要的专业人员少。现在市场上有很多各种类型的网站可供选择,其功能能够满足大众需要,系统运行也很稳定,如网店系统等。小企业或个人建站时常选用这种方法。

网站的价格差别很大,从几千元到几十万元不等,价格贵的未必就好,价格便宜的未必就差,这是软件市场上目前存在的现状,购买时一定要有软件专业人士反复调研、试用、比较后才能决定选型的网站系统。

8.3.2 租借

由于软件的选择难度大,购买时难以判别软件的质量好坏和该商家的服务优劣,所以网站软件购买还是有很大风险的,为此,网站系统开发商推出了租借的模式,这种方式是购买者只拥有使用权，通常是一年，但相对于购买方式而言，价格低了许多，还提供租借期的系统技术维护。对于中小公司而言，往往无足够的人力投入系统维护，当购买成本很高的情况下，租借比购买更有优势。最重要的是，使用方基本上都不在意网站代码的所有权归属问题，只关心网站能否使用。对于无力大量投资于电子商务的中小型企业来说，租借很有吸引力。租借模式的主要方式之一是 SaaS 模式(Software-as-a-Service，意思为软件即服务)，即通过网络提供软件服务。近年来，SaaS 模式逐渐成为主流模式。

8.3.3 外包

对于开发较大型、较专业或个性化的电子商务网站系统，往往采用外包的方式，委托专业网站开发公司进行开发。但这种方式一般周期长(几个月至一年才能稳定)，成本较高，尤其要注意企业与开发商的沟通，把设计意图向开发商详细讲清楚，将开发商的技术优势与企业电子商务的需求密切结合，才能大大提高整个电子商务网站开发的成功率。这需要找到一个开发经验丰富并且服务良好的软件公司，一般应找本地的软件公司开发，不适宜找外地软件公司合作。目前独立开发中小型网站的价格在 1 万～3 万元左右，开发周期在两个月左右。

8.3.4 自建

当公司自身有较强的技术实力时，自建能更好地满足公司的具体要求。那些有资源和时间去自己开发的公司或许更喜欢采用这种方法，以获得差异化的竞争优势。

当个人建站时，如果个人拥有较强的技术实力，也可以自行开发小型网站程序，以提高网站个性化程度。

自建网站可采用的技术方法主要有以下 3 种。

1. 用网页制作工具开发

市场上有很多网页制作工具，帮助我们轻松进行网站开发。比较知名的开发工具有微软的 FrontPage、Flash、Dreamwaves 等。有了这些工具，即使不是专业的程序开发人员，即使不懂程序代码，也能做出精美的网站。对于要求不高的网站建设者来说，这是一种较好的选择。

2. 用程序设计语言开发

如果要开发功能复杂的网站，就要用专门的程序开发语言和数据库来开发，常用的网站开发程序设计语言有 ASP、JSP、PHP、Java 等，与之相连的数据库有 Access、SQL 等。这种方式要求有较高的计算机编程能力，适合于计算机专业人员使用。

3. 用自助网站系统开发

为了使网站制作和使用方法不断普及，国内有些公司开发了自助网站系统，帮助没有任何计算机专业知识的普通老百姓制作网站。它们的口号是“会打字就会做网站”，采用傻瓜型操作方式，满足了市场低端需求。

自助网站系统提供了大量的模板供用户选择，并有多种功能可备选。它们一般提供以下功能：

(1) 上千个网页模板和上百个封面模板，还可以上传自己设计的网站封面。

(2) 功能强大的在线网页编辑器，支持图文、表格混排。

(3) 客户网站具有简体中文、繁体中文、英文三种语言版本，简繁自动转换。

(4) 自由增加、修改、删除栏目，也可以隐藏或加密栏目。

(5) 网站功能丰富，具有单页图文、新闻文章、图文展示、在线表单、访客留言、自定链接、文件下载、O2O 购物、社区电商等功能模块。

各个公司提供的产品在功能上各有千秋，但近年来竞争非常激烈，价格也迅速下降，正规服务提供商租用一年只要一千多元(最便宜的只要几百元)，包括虚拟空间、域名、网站租用费，功能之多已足够中小公司的网站建设的技术需求。

现在市面上流行的网站系统有自助建站系统、自助建店系统、多用户商城系统、商贸信息系统、新闻文章系统等通用系统，但专用系统一般要定向开发。在阿里云、腾讯云等网站上可以找到多种模板的建站系统。

8.4 全网营销网站

所谓全网营销型网站，应该包含 PC 平台、H5 格式、小程序、App、微信公众号等 5 种以上终端入口。建设营销型网站开展全网营销的优势在于：提升品牌形象、规范销售市场、促进整体销量、解决线下销售瓶颈、完善客服体系、梳理分销渠道。

8.4.1 移动端网站

移动端网站一般称为微站，是相对于 PC 端网站而言的。微站是移动互联网时代企业基础应用平台和移动门户，也是移动互联网统一数据入口。微站，可以快速构建手机网站、生成手机客户端 App 的功能，并集成与微信、微博、二维码的数据接口，实现企业信息化管理与移动互联网技术的结合。企业可以在微站这个平台上，集成在线客服系统、在线商城、短信系统、企业 CRM 系统等多平台，并可以扩展出多种移动应用，如微调查、微活动、微商城、抽奖、会员管理等。微站，可以帮助企业进行信息同步、分享并传播，整合企业网络营销推广的要求，提升企业营销的精准性，扩大营销的互动性，放大企业信息传播效应，从而提高企业品牌的商业价值。

微站是移动互联网时代创新型的企业移动门户和手机客户端 App 的总称，可以快速构筑更适合手机直接访问的手机网站，生成动态手机客户端 App，并融合微信、微博、二维码多种营销方式，帮助企业展示形象，打造品牌，开创营销新模式。

微站集企业信息化建设与移动互联网建设经验之大成，以企业实务信息为基础，以“建站—同步—传播—互动”为主线，快速构建简约、精准、互动的企业移动门户。微站内容可以自动生成并实现，解决了传统互联网建站中“建站繁”“维护难”“互动差”等诸多弊端，能够帮助企业建立自己的“移动互联网根据地”，不再依赖于第三方信息平台。

微站可以将企业信息（新闻、广告、图片、文字等）快速构建成一个手机网站，同时生成 App。相对于传统网站，微站具有风格简约、形式多样、内容丰富的特点，并且维护方便、更新及时，是移动互联网时代企业在移动终端展示品牌形象的良好途径。其特点如下。

1. 与 PC 网站内容同步

手机直接访问传统网站时经常出现下载缓慢、页面与屏幕适应性差、网站部分功能手机无法操作等问题。微站，打通了与传统网站的数据接口，可以将企业网站信息内容自动同步更新到手机网站上。通过微站，用户可以直接使用手机进行快速信息获取，参与在线预订、在线支付、在线反馈、在线报名、在线调查等操作活动。

2. 融合微博

微站打通了与微博的数据接口，实现了微站与微博的信息互享，可以融合企业已有的微博营销体系。微站可以与主流微博，如新浪微博、腾讯微博、网易微博、搜狐微博等完成信息同步共享。用户进入微站，设置关注企业微博，即可进入到企业官方微博。用户也可以通过企业官方微博中发布的链接进入到微站。

在微站首页中，可以实时显示最新发布的微博内容。

3. 融合微信

微站打通了与微信公众平台的数据接口，实现了微站与微信两个平台之间的自由跳转。用户进入微站后，设置关注微信公众号，可以进入到微信平台。用户通过微站编辑消息内容，由微信平台自动推送，已关注以上公众号的微信用户接收消息后，点击消息内容中的链接可进入微站。

利用微站，企业可以全面整合微信营销功能，打通微站与原有微信营销体系的信息交互渠道。

4. 融合二维码

微站融合了二维码营销功能。微站的内容信息（整个微站或者某个页面）可以生成一个二维码，企业可以将微站中的信息，如优惠活动、抽奖活动、团购活动、调查活动等，生成二维码，印制到海报、名片、宣传册、彩页上，用户通过扫描可以直接进入微站浏览信息。通过二维码这个纽带，可以将微站与传统广告业（户外广告牌、印刷品广告、视频传媒广告等）进行连接，帮助企业打通移动互联营销通道。

8.4.2 微站主要形式

1. H5网站

H5就是HTML5的简称，是国内网民的专门术语，国外文献一般不用这个简称。所谓HTML5，是指HTML的第5个版本，而HTML则是指描述网页的标准语言。因此，HTML5，是第5个版本的“描述网页的标准语言”。“描述网页的标准语言”，其实就是网页文件的格式，就像Word可以打开doc文件一样，浏览器基本都能打开HTML文件。手机网站，以前称呼为wap网站，就是适合手机看的网站。它和制作计算机网页的制作方法相同，不过网页布局的时候不用准确的像素，而是使用百分比来控制，以达到在不同尺寸手机屏幕上显示出相同的效果。

刚开始的手机网站称为wap网站，因为使用的是WML协议，是指手机wap浏览器可浏览的网站，网址的开头是wap而不是www，它用的协议和计算机上的网站是不同的，之后随着智能手机的普及，网速的提升，以及国内手机浏览器的快速成长，这种基于WML协议做的网站已经逐步淘汰了。现在的手机可以直接浏览HTML网页，所以大家现在所说的wap网站，就是手机网站。H5网站就是手机用浏览器可以打开的网站。

2. 微信小程序

微信小程序简称小程序。微信小程序是一种不需要下载安装即可使用的应用，它实现了应用“触手可及”的梦想，用户扫一扫或者搜一下即可打开应用，也体现了“用完即走”的理念，用户不用关心是否安装太多应用的问题。应用将无处不在，随时可用，但又无须安装卸载。对于开发者而言，微信小程序开发门槛相对较低，难度不及App，能够满足简单的基础应用，适合生活服务类线下商铺以及非刚需低频应用的转换。微信小程序能够实现消息通知、线下扫码、公众号关联等七大功能。其中，通过公众号关联，用户可以实现公众号与微信小程序之间相互跳转，因为微信小程序不存在入口。

微信小程序是近几年来中国IT行业里一个真正能够影响到普通程序员的创新成果，已经有超过几百万的开发者加入到了微信小程序的开发，一起共同发力推动微信小程序的发展，微信小程序应用数量超过了上千万，覆盖多个细分的行业，日活用户超过五亿，微信小程序还在许多城市实现了支持地铁、公交服务。小程序发展带来更多的就业机会，社会效应不断提升。

由于人人手机上装有微信，所以小程序的普及率很高，是流量入口的极佳方式，网络营销不能缺少小程序。

3. App端软件

App是英文Application的简称，即应用软件，通常是指装有iOS、安卓等操作系统手机的应用软件。手机软件是通过分析、设计、编码等生成的软件，主要指安装在智能手机上的软件，完善原始系统的不足与个性化，是手机完善其功能，为用户提供更丰富的使用体验的主要手段。手机软件的运行需要有相应的手机操作系统，目前主要的手机操作系统有苹果公司的iOS、谷歌公司的Android（安卓）系统，此外还有少量的塞班系统和微软系统。

App初期以媒体、游戏、新闻、书籍的移动应用为主，随着手机的普及，App开始运用于商务和企业的移动化办公管理。App能直接将PC网站内容和功能移植到手机，使网民方便地使用互联网的各种应用，包括网上购物等日常消费，但缺点是要消耗手机的内存，使得手机只能安装有限数量的App，对商家而言，开发一款App，其成本比小程序高出很多。

8.4.3 全网营销网站基本要素

全网营销是全网整合营销的简称，指将产品规划、产品开发、网站建设、网站运营、品牌推广、产品分销等一系列电子商务内容集成于一体的新型营销模式，是集传统渠道网络、移动互联网、PC互联网为一体进行营销，并将新媒体营销工具纳入其中，形成了一个庞大的网络营销体系，是整个网络媒体行业的创新和突破，是当今互联网时代营销必备的手段。要达到全网营销的目的，其网站应该具备以下要素，如图8.1～图8.8所示。

1. 要包含供应端（S）、商户端（B）、客户端（C）

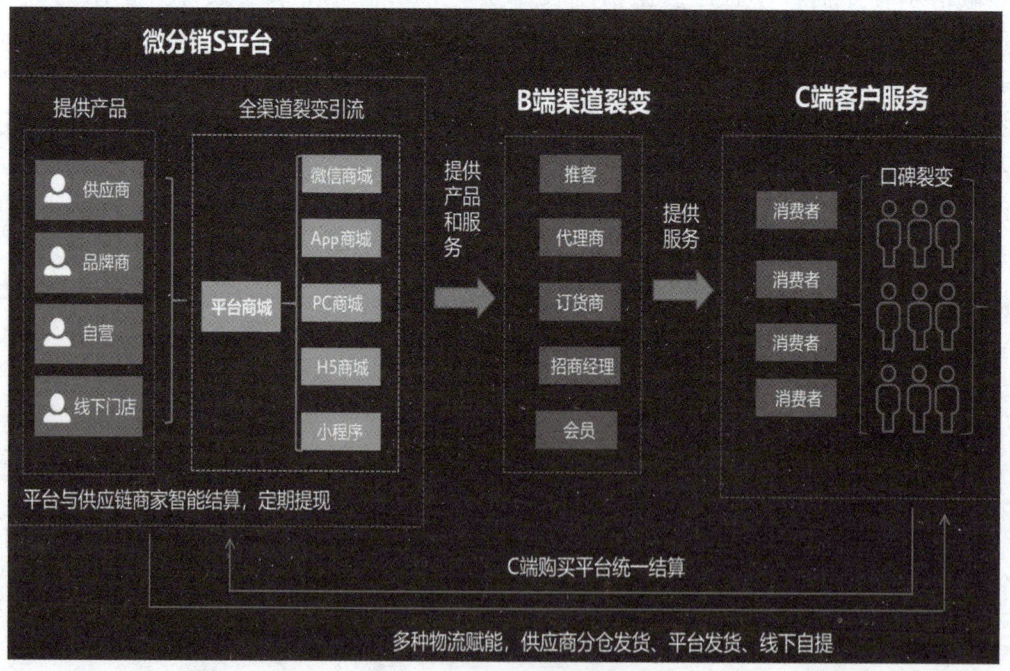

图8.1 S2B2C网站示意图

2. 要满足全行业需求

图 8.2 S2B2C 网站满足多个行业

3. 要能实现全渠道流量导入，能够打造企业私域流量

图 8.3 网站多端入口示意图

4. 要具备线上线下(O2O)一体化营销功能

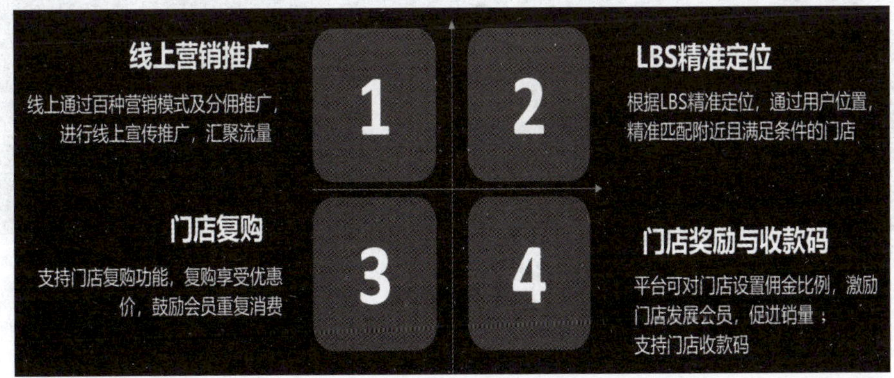

图 8.4 网站 O2O 示意图

5. 要有多种会员营销体系，不断提升会员活跃度

图 8.5　网站多种营销方法

6. 要有多种促销工具，刺激客户购买欲望

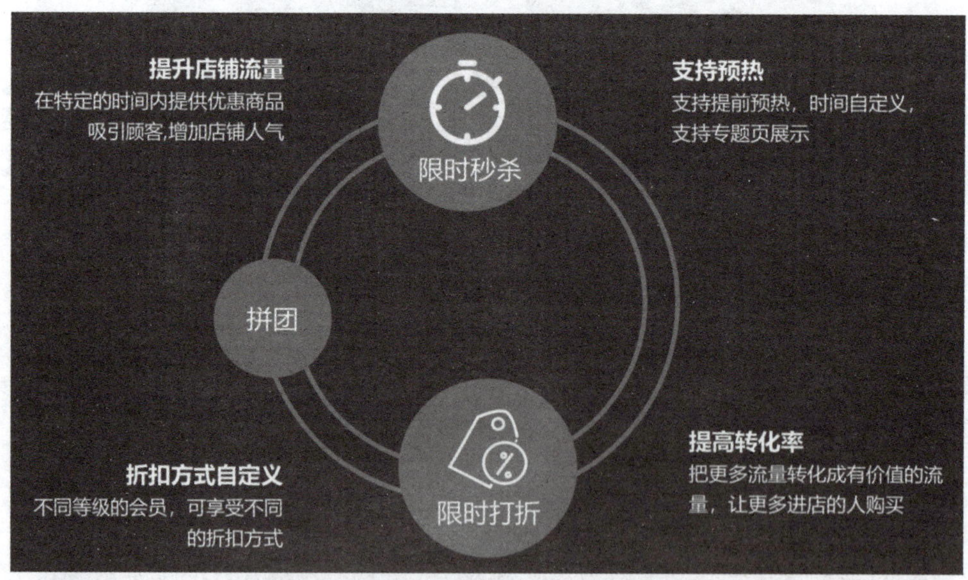

图 8.6　网站多种促销工具

7. 要能与淘宝等大型平台的数据互通

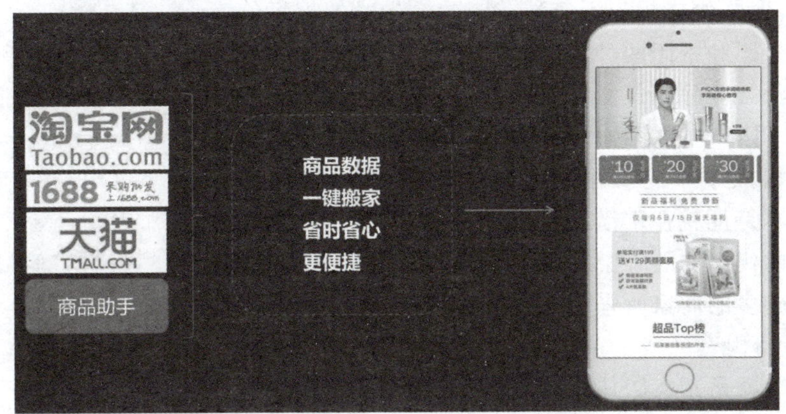

图 8.7 网站与大型平台互通数据

8. 要具备多种智能结算方式

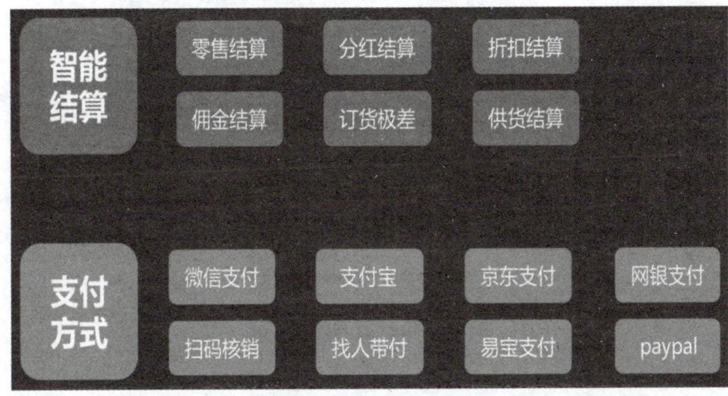

图 8.8 网站多种结算方法

8.4.4 全网营销网站常见促销方法

1. 团购

团购，英文名是 group purchase，是指团体购物，网上认识或不认识的消费者联合起来，加大与商家的谈判能力，以求得最优价格的一种购物方式。根据薄利多销的原理，商家可以给出低于零售价格的团购折扣和单独购买得不到的优质服务。团购作为一种新兴的电子商务模式，通过消费者自行组团、专业团购网站、商家组织团购等形式，提升用户与商家的议价能力，并极大程度地获得商品让利，是消费者和商家常用的一种促销方法。

1）团购的本质

团购是一种促销手段，算不上是一种商业模式，起到了聚拢人气的作用。团购实质相当于批发，团购价格相当于产品在团购数量时的批发价格。

团购分开团和跟团两种，开团者称为团长，是组织团购的一方，跟团者称为团员，是参加团购的一方。除团长和团员以外，还有提供商品的一方，称为商家。

2）网络团购

网络团购，是指一定数量的消费者通过互联网渠道组织成团，以折扣价购买同一种商品。其根本特征就在于借助互联网的凝聚力量来聚集资金，加大与商家的谈判能力，取得价格上的优惠。随着全球服务业和互联网经济的不断发展与融合，网络团购的促销方式被越来越多的商家所采纳，也得到了越来越多的消费者青睐。

3）社区团购

社区团购就是真实居住社区内居民团体的一种购物消费行为，是依托真实社区的一种区域化、小众化、本地化的团购形式。现在的移动电商平台，都有LBS定位功能，通过社区商铺为附近居民提供团购活动，促进商铺对核心客户的精准化宣传和消费刺激，实现商铺区域知名度和美誉度的迅速提升，对商铺的营销产生很好的效果。社区团购的优势如图8.9所示。

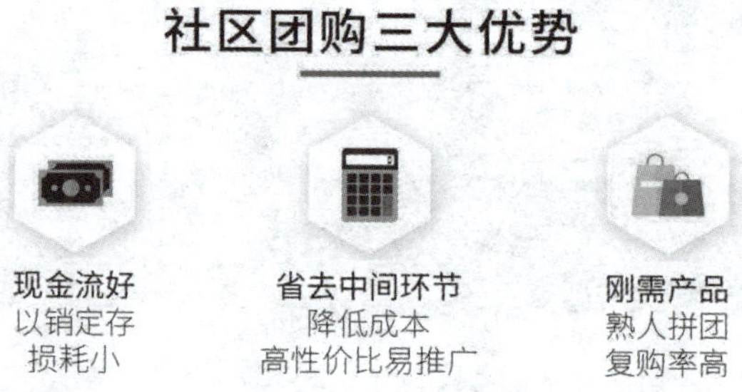

图8.9　社区团购优势

在社区团购中，提供社区团购服务的机构扮演顾客与商家间桥梁的角色，为供货商提供批量顾客，为消费者提供物美价廉的商品。同时该组织机构还要承担调解由团购产生的质量纠纷的责任。

4）团购的数量

一次团购活动是否成功，取决于开团之初设定的拼团数量。拼团人数设置多一些，营销效果好，但往往不容易拼团成功，拼团人数设置少一些，容易拼团成功，但销售效果欠佳。对于小型商城来说，3～5人的拼团比较适合。

2. 秒杀

“秒杀”是网络术语，是网上竞拍的一种新的方式。网络卖家发布一些超低价格的商品，所有买家在同一时间到网上抢购数量有限的折扣商品。由于商品价格低廉，往往一开盘就被抢购一空，有时只用一秒。

1）秒杀的参与方式

（1）常规秒杀。常规秒杀就是跟正常的购物流程一样，秒杀开始之后第一时间抢购，填写收货信息，完成支付，即为秒杀成功。

（2）答题秒杀。答题秒杀就是秒杀开始之后要先答题，答题正确之后才能够进行下一步的操作：即填写（选择）收货信息，完成支付，即为秒杀成功。

（3）验证码秒杀。验证码秒杀就是秒杀开始之后必须先输入网页上显示的验证码，填写正确验证码之后才能够进行下一步的操作，确认收货信息，完成支付，即为秒杀成功。

2）秒杀的类型

（1）一元秒杀。一般都是限量一件或者几件，秒杀价格绝对低到令人无法相信，也无法抗拒而不去参与，此种秒杀一般在开始之后三秒内就会秒杀完毕，抢购速度相当之快。

（2）低价限量秒杀。此种形式也可以理解为低折扣秒杀，限量不限时，销完即止。此种秒杀形式商家提供一定数量的商品，直至秒完即止，对于秒客来说在时间的把握上要求没有那么苛刻，能够秒中的概率相对来说是比较大的。

（3）低价限时秒杀。这种秒杀限时不限量，在规定的时间内，无论商品是否秒杀完毕，该场秒杀都会结束，对于秒客来说在时间的把握上要求没有那么苛刻，但是下手一定要及时，过了规定的秒杀时间就不能够参与，秒中的概率一般都会很大，但是时间上一定要把握好。

3）秒杀的作用

（1）带来流量。秒杀迎合了一大群重度网购人群的乐趣，也吸引了轻度网购人群，为商家带来大批流量。

（2）带来交叉销售。一般会在秒杀的商品下面附带其他利润高的商品，若卖掉一件可能就把几件秒杀品亏的赚回来了。一般用户都有一次多买几个的习惯。这个就看搭配销售的商品是否有很高的转化率，如果有5%以上的用户同时购买搭配商品，是很有可能盈利的。

（3）起到广告效应。秒杀活动本身可能是亏损，但是商家把它作为广告宣传的投入，作为客户引入的成本，为整个产品生命周期作营销。通过做活动吸引用户在自己的店里购买，然后通过自己的优质服务让用户留存。

3. 买赠模式

通过向消费者赠送小包装的新产品、金额较低的小件商品、买x件则送y件等形式，使消费者快速地熟悉企业的产品，刺激他们的购买欲望，让产品迅速打开市场，为企业赢得稳定的利润。

1）赠品是新品

使用场景是商家新上架的新品，急需推广，为了让更多人了解该商品，就推出买赠的促销方法。卖家通常会推出试用装、迷你装，让用户尝试性使用这部分规格的新品，目的是提高新品认知率，测试市场反馈。如某个客户买了资生堂的防晒霜，商家送了一瓶新牌子的防晒喷雾，刚开始没在意，可用了几次发现喷雾真好用，省时又便利，于是不断回购。

2）赠品是金额较低的小件商品

使用场景是与竞争对手的同质量同价格的商品，通过直接的利益刺激达到短期内销售量的增加。它给用户买到划算的感觉，刺激用户，增强购买欲，同时又没有打破原有的价格体系。如在淘宝买衣服的时候，会赠送一双袜子。

3）买 x 件则送 y 件同一商品

使用场景是在商品清库存或急需增大销售量的时候；在淡季吸引客流的时候；为庆祝周年庆的时候。如大家去超市买东西，经常见到酸奶区有包好的买 2 送 1，或者买 3 送 2 的酸奶。

4）案例截图

图 8.10 为买赠模式示意图。

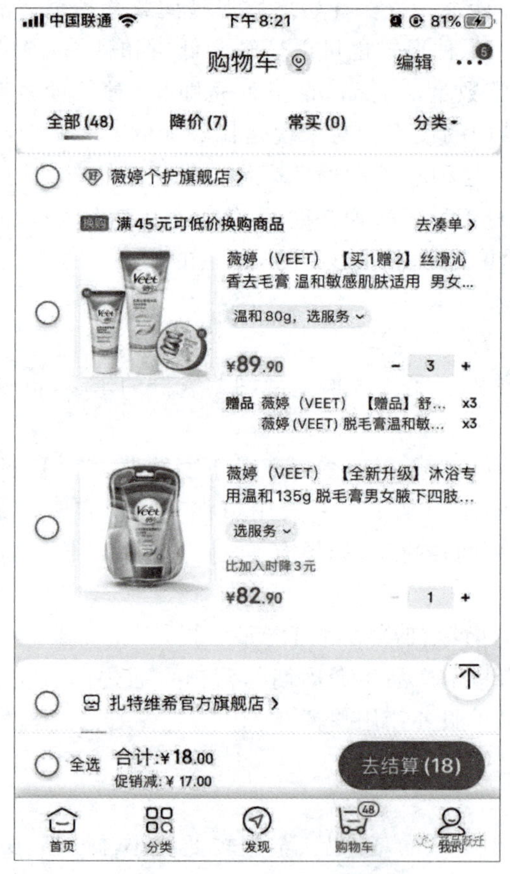

图 8.10　买赠模式示意图

4. 特价模式

以较市场价偏低的价格进行促销，这个价格接近成本价，属于微利销售的商业行为，它与秒杀不同，秒杀是低于成本价销售，是一种广告行为，而且数量有限。特价模式中数量一般是比较宽裕的，消费者想买都能买到。特价销售的目的是为了走量，占有更大的市场份额,因为它可以在同种商品中脱颖而出,对消费者更具有吸引力和号召力,薄利多销成为众多商家制胜的法宝。如女生买口红,平常可能这款口红是150元,但是某个时间段会搞特价活动,价格就比日常低30元,能以120元买到。随着消费升级,在"特价"的基础上,有一部分平台又新增了一些限时特价、限量特价的玩法。

5. 预售

预售指在产品还没正式进入市场前进行的销售行为。对于一些新发明创造的商品,可以通过预售来了解该种商品是否有市场,特别是针对一些只能通过批量化生产的商品而言,通过预售达到一定量后才投入生产,有效规避了生产存在的风险。

6. 加价购

在原来购买的基础上,只要再少增加一部分费用就可以购得另一个原价商品。这样可有效提高带货率。每种商品,对自己的客户而言,都有可感知的价格范围。如餐厅的一道锅包肉,原来28元,后来涨到29元了,人们没感觉,再后来涨到35元了,这时很多人都会说怎么涨了这么多。如冬天买羽绒服,商家推出加价购加绒卫衣或厚裤子。用户逛的时候如果发现比较合适,就会花少部分的钱进行加购。用户既觉得加价购买到了划算,商家也起到了带货的目的。

7. 满减(赠)模式

(1) 满减减元。"满减 x 元"是在消费达到规定金额后,可以在总价基础上减免固定金额,如满100元减30元。这种一般是参加了满减活动后,使原先商品的单价降低了。例如客户去当当网想买一本价格90元的书,如果不参加满减,那就是90元原价购买,但这本书是客户的刚需,不打折也会买。此时遇到满100减30,也就是随便选一个10元的书凑单,反而会减少付款金额,于是果断凑单下单。

(2) 满减减折扣。"满减折"是在消费达到规定金额后,可以享受总价打折。如满199元打9折。满减折更多适用于B2B,因为B端用户会更多地去衡量各个商品的毛利率有多少。

(3) 满减券。"满减券"是在消费时达到相应的金额后,可以用来抵扣商品部分价格的一种券。如满500元赠1张300元抵扣券。平台发送的平台券,目的是给平台引流,提升平台下单的成功率,最好的效果是客户最后在使用平台券的时候带动多个店铺的销量。店铺券更多是提升店铺转化率和客单价的作用。

图8.11为满减模式示意图。

(4) 满赠。图8.12为满赠模式示意图。

(5) 满件折。图8.13为满件折模式示意图。

(6) 套装。图8.14为套装模式示意图。

将同一用途的多个商品组合在一起销售。如买一支牙膏是20元,买一支牙刷是10元,如果分开买总共要30元,但是买牙膏和牙刷的套装就是23元。

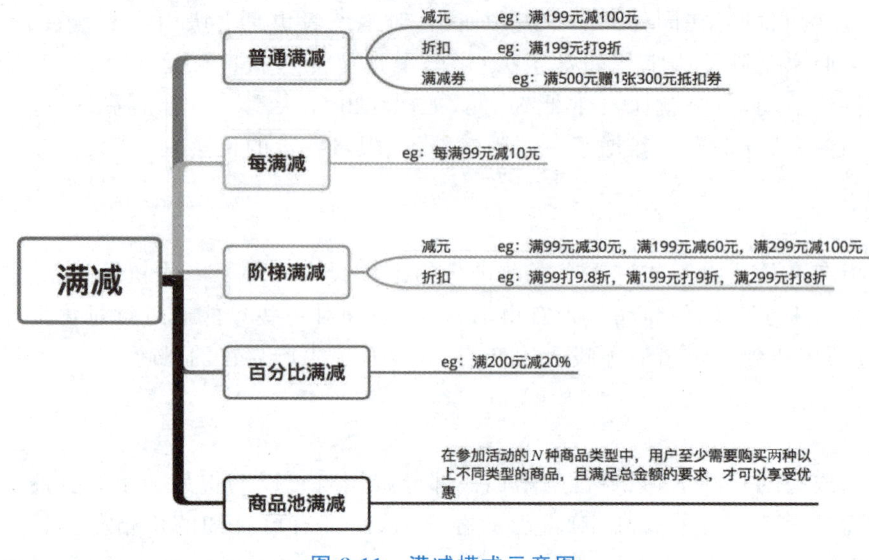

图 8.11 满减模式示意图

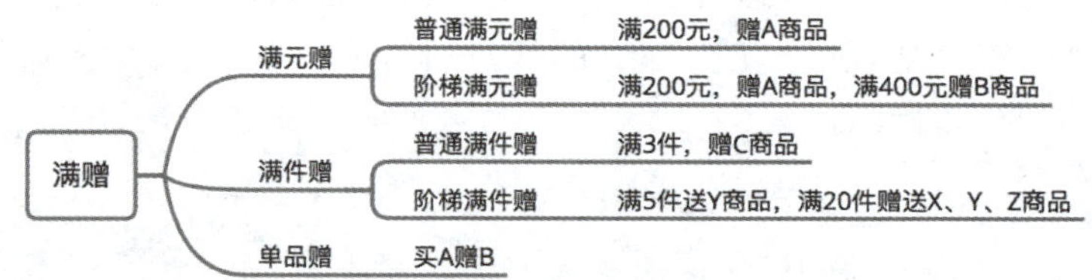

图 8.12 满赠模式示意图

图 8.13 满件折模式示意图

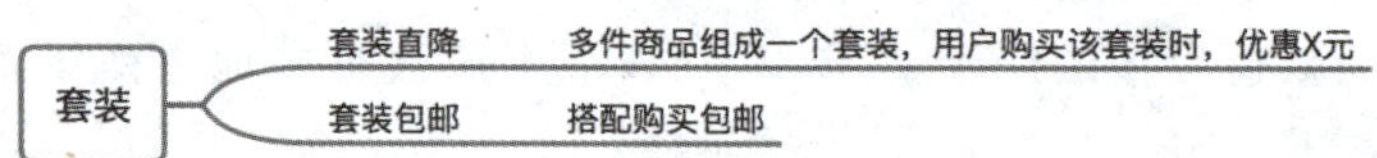

图 8.14 套装模式示意图

8. 抽奖

抽奖促销是在日常生活中常见的促销方式，它利用客户消费过程中，可能获大奖的心理，设置中奖机会，利用抽奖的形式，来吸引消费者购买商品。不管是大品牌，还是新进入市场的小品牌，都常常采用这种促销方式。

1）常见的抽奖形式

（1）一次抽奖形式。即消费者凭借购物发票或者其他凭证参加抽奖，根据预先设定的方案，中奖者领取奖品。购物发票或者凭证参加一次抽奖活动后，就失去抽奖效用，消费者不再享有参加抽奖的资格。

(2) 多次抽奖形式。即消费者凭借购物发票或者其他凭证,可以多次参加抽奖活动,兼中兼得。这种抽奖活动对于提高品牌的忠诚度具有积极的作用。如JVC的"震撼促销活动"规定,凡购买任何一款JVC产品,即可获得两次中奖机会:一是幸运,赠送特制手表;二是旅游奖。这就是多次抽奖的促销形式。

(3) 答题式抽奖。即根据科普常识、广告宣传或者其他介绍材料,回答企业设置的问卷表,所有问题回答正确的公众,即可凭借问卷编号或者电话号码,参加抽奖活动,中奖后到指定地点领取奖品。

(4) 游戏式抽奖。即预先设置某种游戏项目,消费者完成游戏项目后,获得参加抽奖活动的资格,中奖者领取奖品。

(5) 连动抽奖。即消费者凭借优惠券、贵宾卡等,自动享有资格参加抽奖活动。

2) 抽奖活动的优缺点

(1) 抽奖促销的优点就是能够覆盖大范围的目标消费群体,对销售具有直接的拉动作用,可以吸引新顾客尝试购买,促使老顾客再次购买或者多次重复购买。

(2) 抽奖促销的缺点主要表现在现在消费者已经比较理性,对抽奖促销兴趣不大。

3) 抽奖规则决定效果

为了提高抽奖促销活动的效果,策划时应注意抽奖方案的科学设计,特别注意中奖率、奖品价值的设计。在奖金总额既定的前提下,在法律允许范围内,有两种设计办法:要么降低中奖率,提高单项奖的奖金数额;要么降低单项奖的奖金数额,提高中奖率。这样,抽奖活动对消费者才会具有吸引力。

9. 促销方法归纳

全网营销网站的多种促销方法归纳如表8.1所示。

表8.1 促销方法归纳

促销方式	目的
团购	常规促销手段,有效提高销售额
秒杀	吸引大量的流量和关注度
抽奖	吸引流量,有效提高销售额
买赠	提高新品认知率、提升支付转化率
限时购	提高限时商品下单率
特价(立减/直降)	减少库存量
加价购	连带销售,提升带货率
预售	提高用户黏性、进行市场调研
满减	提升客单价
满赠	促进从不买到买,提升客单数
满件折	清库存,提丌客单数
套装	连带销售

10. 常见营销功能

全网营销网站常见营销功能如图 8.2 所示。

表 8.2　营销功能归纳

方　式	功　能
优惠券	开关按钮；代金券类型：普通代金券和首次领取代金券，每天限领张数，领取金额设置，满多少元即可使用，代金券可用于商城消费抵现；有限期：以天数计算，固定截止日期
续费管理	结合推广员有效期来使用
活动管理	消费满送功能
微广告	添加文章，需借用微信公众号里所添加文章的链接，用户选择文章启用广告图，分享朋友点击广告图跳转到所链接的商城内容，宣传商城，同时锁定上下级关系
微推广工具	添加文章，需借用微信公众号里所添加文章的链接，用户选择文章，分享文章给朋友，点击广告图跳转到所链接的商城内容，宣传商城，同时锁定上下级关系
升级大礼包	添加礼包，选择对应礼包类型，设置分佣比例，启用礼包，用户购买对应礼包成为对应身份人员，后台可记录礼包销售量与订单
文件发布	添加软文；首页分享信息；通过文章来锁定上下级关系
趣味测试	平台提供娱乐功能，趣味活动测试不仅用户参与其中，同时分享给朋友也能建立关系，壮大团队
填地址免费送	平台通过免费的心理引流用户，用户只需填写一个收货地址即可领取到产品，平台可针对产品设置收取快递费、数量
投放广告	点击广告链接到商品可下单，仅支持货到付款
砍价	邀请好友砍价互动
分享有礼	此功能主要用于商户推广平台时，利用微信红包和商城优惠券引流吸粉

11. 常见促销软件工具

全网营销网站常见促销软件工具如表 8.3 所示。

表 8.3　促销软件工具归纳

方　式	功　能
轮盘抽奖	根据商家的营销活动，设置互动大转盘抽奖功能，根据商家的奖励制度，设置相应的中奖概率
双人轮盘抽奖	一款以推广员为导向的吸粉活动，同时分享活动可以建立关系
微现场/微信墙	最适用于做大型活动，配合摇一摇，对对碰，上墙对话，更有乐趣
摇一摇抽奖	根据商家制作的活动奖项以及概率，粉丝进行摇一摇抽奖
一战到底	开发问题数据库，产生更多互动
摇钱树	根据商家制作的活动奖项以及概率，粉丝进行摇钱树抽奖
宠物老虎机	根据商家制作活动的奖励模式，粉丝参与并可拿到商家设定好的奖品

续表

方　式	功　能
扭扭蛋	商家可自主进行规则设定，粉丝参与领取由商家设定的奖品
大吉大利	商家自由设置抽奖次数，灵活操控中奖概率，不中奖不要紧，送上祝福语给粉丝，粉丝也乐得开怀
幸福满袋	商家自由设置抽奖次数，灵活操控中奖概率，通过简单的设置，让粉丝共同参与进来
求爱大作战	商家自由设置抽奖次数，灵活操控中奖概率，通过设定虚拟物品，如戒指、彩电、巧克力，粉丝求爱可选择赠送这些礼品
捞金鱼	类似游戏般的抽奖活动，微信捞金鱼，小金鱼游动，捞奖品，商家自由设置抽奖次数，灵活操控中奖概率
水果达人	水果抽奖活动，将线上活动智能化的转移到移动端，增加趣味，商家自由设置抽奖次数，灵活操控中奖概率
赌大小	线下的赌大小完整迁移到微信来，商家可通过此款应用增加粉丝黏性
淘金子	类似黄金矿工的一款微信商家互动抽奖游戏，商家自由设置抽奖次数，灵活操控中奖概率
打企鹅	微信打企鹅，趣味十足的玩游戏还可中奖品，商家自由设置抽奖次数，灵活操控中奖概率
惩罚台	主要用于 KTV 行业，商家可提前设定好游戏规则，参与人员根据摇奖情况，决定处罚情况
冰桶挑战	精美动态画面，参与者被冰水淋透全身，按概率抽奖，商家自由设置次数，灵活操控中奖概率
拆礼盒	粉丝领取礼盒（商家设置），需要邀请几个（商家设置）微信好友一起帮他拆开礼盒（转发给好友），才有机会获得奖品（商家设置数量和概率）
疯狂划算	粉丝在游戏中看到不断累积的金额，自然会心花怒放，玩了还想玩，世界上最快乐的事，莫过于数钱数到手软！ 商家自由设置游戏规则
分享赢积分	商家发起活动，使粉丝分享、关注、参与活动赚取积分，达到数值领取奖品，商家还可设定送奖品上门，粉丝只需支付微小的金额就可以坐等奖品
集照片	通过集照片的形式达到商家所设置的要求，即可中奖，奖品由商家自由设置
微砍价	用户只要参与了砍价活动，朋友圈任何人都可以帮其砍价，砍到商家预设的最低价格，就可以进行线上支付
年会抽奖	只需一个显示屏和一个工作人员就可以进行抽奖，结合后台的音乐，能够增强抽奖现场的氛围，让抽奖不那么枯燥，可对全体参与人员分类别进行抽奖（适用于公司员工抽奖，参会嘉宾抽奖）
优惠券	商家发放优惠券，粉丝领取后，线下可与商家兑换优惠
订货会	商家在后台添加关于“订货会”的内容，用户通过关注公众号来了解这个会议相关行程资讯
新话费流量充值	主要用于为客户端提供充值话费和流量套餐，需对接第三方流量话费充值平台

8.4.5 全网营销网站详细功能

要真正把全网营销系统运作起来，仅仅知道几个基本要素是远远不够的，必须把网站的每个功能都了如指掌。全面掌握这些具体指标类目，不仅可以深刻理解社群化电子商务，而且对求职就业有很大的参考指导作用。下面以 B2B2C 网站系统为例，详细介绍网站后台功能。

1. 商品管理大类

1）商品销售管理

具备按商品名称查询、按所属店铺查询、按商品货号查询、按品牌查询、按商品分类查询、按二级分类查询、按三级分类查询、按商品类型查询等功能，其商品列表有序号、商品（名称、价格）、品牌、状态、商城分类、店铺名称、货号、实际销量（可排序）、虚拟销量、发布时间（可排序）、操作（预览、违规下架、直播链接）等。

2）商品分类管理

具备分类名称、排序、佣金比率、是否显示、支持虚拟商品等功能。

3）商品类型管理

具备类型名称、关联品牌、属性（属性名、属性值、操作）、规格（颜色、尺寸，规格名称可自定义）等详细功能。

4）商品咨询管理

具备查看平台内未处理的咨询商品、咨询内容、咨询人、咨询日期、咨询状态等详细功能。

5）商品评论管理

具备搜索（商品名称、评分、查看追加内容）、查看未处理的评价商品、评价内容、商品评分、初评日期、追评日期、状态等详细功能。

2. 交易管理大类

1）订单管理

具备按订单号查询（支持模糊匹配）、按手机号码查询、按买家查询、按商家查询、按门店查询、按订单类型查询、按付款方式查询、按发票类型查询、按订单日期查询、仅显示虚拟商品订单，如商品、订单总额、买家（支持模糊匹配）、商家/门店名称、订单状态等详细功能。

2）退款处理

具备按开始与结束时间查询订单、按订单编号查询、按店铺查询、按商品名称查询、按买家查询、退款列表（订单号、店铺、商品、买家、申请日期、退款金额、处理状态等详细功能。

3）交易评价

具备按开始与结束时间查询订单、按订单编号查询、按店铺名称查询、评价人、管理列表（订单号、店铺、评价会员、商品描述、物流服务、服务态度、评价日期、操作：删除）等详细功能。

4）交易投诉

具备按开始与结束时间查询订单、按订单编号查询、按店铺名称查询、按投诉会员查询等详细功能。

5）支付方式

线上支付具备商城小程序支付、O2O 小程序支付、微信 PC 端支付、微信 H5 支付、微信 App 支付、微信公众账号支付、银联 PC 端支付、银联企业网银支付、支付宝 H5 支付、支付宝 App 支付、支付宝 PC 端支付等详细功能。

线下支付具备货到付款（仅官方自营店可用），区域设置（若有不支持货到付款的区域请将该区域前的对勾去掉）等详细功能。

6）快递管理

快递模板具备支持自行添加管理、快递单模板管理（邮政 EMS、申通快递、顺丰快递、天天快递、圆通速递、韵达快递、宅急送、中通速递、邮政平邮）等详细功能。

物流设置具备（快递 100App 的 key/快递鸟）等公司选择功能。

7）交易设置

具备订单参数（按下单后、发货后、收货后时段设置来分别设置订单关闭、生成和评价）、售后参数（按订单完成后、提交申请后商家逾期、退货申请买家逾期、买家寄货后卖家逾期时段设置来分别设置关闭售后通道、流程自动进入下一环节、自动关闭退货流程、流程自动进入下一环节）等详细功能。

8）发票管理

具备发票内容、操作、编辑、删除等功能。

9）核销管理

具备按订单编号查询；核销码状态；付款时间段，核销码，商家/门店名称，核销时间段，查询（订单号、核销码、状态、付款时间、核销时间、商家/门店、核销人）等详细功能。

3. 会员管理大类

1）会员属性管理

具备按会员名、微信昵称、手机号码、会员等级、会员状态、会员来源、会员标签搜索、注册时间、是否关注微信、是否为入驻商家等功能；能够管理会员名、微信昵称、等级、积分、净消费、手机、创建日期、状态、操作：编辑标签、查看、修改密码、冻结等栏目，具备批量加标签、批量删除、导出查询结果、发送优惠券、群发微信、群发短信等详细功能，还应具备按最近消费、购买次数、类目、消费金额、会员标签自定义等购买力筛选功能。

2）会员分组管理

具备 1 个月活跃会员、3 个月活跃会员、6 个月活跃会员、9 个月活跃会员、12 个月活跃会员、24 个月活跃会员等活跃会员和沉睡会员管理功能，具备今天生日会员、当月生日会员、次月生日会员提醒功能，具备统计历史注册用户数量等功能。

3）标签管理

具备按标签名称搜索；管理标签名称、会员数、操作：编辑、删除等功能。

4）会员营销管理

具备群发微信、群发短信、群发邮件、群发优惠券等功能，具备群发对象选择、选取优惠券、优惠券名称、商家、面额、剩余数量、使用条件、有效期、操作等功能。

5）会员积分管理

具备按会员名、注册时间搜索功能，积分查询列表为会员名、可用积分、会员等级、历史积分、会员注册时间等。

6）积分规则管理

具备规则配置（绑定手机邮箱、绑定微信公众号、每日登录、商品评论、晒订单）、每日消费积分设置等详细功能。

7）信任登录管理

具备信任登录京东、QQ、新浪微博、微信等功能。

8）预付款管理

具备搜索会员账号、会员姓名、账户可用金额、冻结金额、累计充值金额、累计赠送金额等功能。

4. 店铺管理大类

1）店铺进驻管理

具备按店铺名称、店铺等级、店铺状态搜索，店铺名称、店铺账号、等级、门店数、有效期、状态、余额、经营类目、冻结等详细功能。

2）门店管理

具备按门店名称、联系人、门店标签、商家名称、门店区域进行筛选等详细功能。

3）周边门店设置

具备周边门店页可视化编辑、轮播图、图标配置、广告位配置、轮播图配置、门店推荐等详细功能。

4）店铺财务管理

具备按订单创建时间、订单编号、支付方式、平台佣金总额、订单状态、店铺名称、订单实付、积分抵扣、平台佣金、分销佣金、退款金额、结算金额、支付方式等进行管理的详细功能。

5）保证金管理

具备搜索店铺名称、缴纳状态、缴纳保证金、当前余额、应缴金额、最近缴纳时间等详细功能。

6）商家提现管理

具备按商家、申请时间、审核时间搜索，申请金额、提现方式、账户、收款账户姓名、交易流水号等详细功能。

5. 统计管理大类

1）会员统计

具备按时间、地区、下单量、下单金额、图形显示进行统计数据显示功能，可用 Excel

导出统计结果。

2）商品统计

可按昨天、最近7天、最近30天进行查询，按区间日期搜索；管理列表为商品名称、浏览量、浏览人数、付款人数、单品转化率、销售数量、销售金额等。

3）交易统计

可按昨天、最近7天、最近30天进行查询，具备按区间日期、浏览人数、下单人数、订单数、下单件数、下单金额、付款人数、付款订单数、付款件数、付款金额、客单价进行统计功能。

6. 网站管理大类

1）首页模板设置

可独立可视化编辑每套模板，编辑列表为编辑模板、预览、主题配色、商城主色、商城辅色、字体效果、侧边栏、商品分类栏等。

2）文章管理

具备文章标题设置、所属分类设置、内容编辑、文章SEO设置、是否显示设置等功能。

3）文章分类

具备搜索名称、状态、礼品表；礼品名称、添加时间、兑换截止、积分、限兑、库存、销量、状态、排序、操作；编辑信息、上架等详细功能。

7. 分销管理大类

1）分销设置

具备活动设置、活动开关、分销等级设置、最高佣金比例设置、商品详情页佣金、销售员自购是否分佣、销售员申请审核开关、销售员申请条件等详细功能。

2）分销商品

具备按商品名称、按商家名称、按分销状态搜索等功能，显示列表为商品名称、分销状态、所属商家、成交件数、成交金额、已结算佣金、未结算佣金等。

3）销售员管理

具备按会员名、按小店名称、按销售员等级、按上一级销售员、按申请时间段、按销售员状态进行查询，查询列表为会员名、小店名称、销售员、上一级销售员、下级发展数、已结算佣金总额、状态、申请时间等。

4）销售员等级

具备查询销售员人数、佣金门槛、调整销售员上级等功能。

5）分销业绩管理

可按照下单时间范围生成报表，列表为排名、销售员、小店名称、销售员等级、分销件数、成交金额、已结算佣金、未结算佣金等。

6）佣金提现管理

可按分销员账号、按小店名称进行查询，搜索列表为销售员账号、小店名称、累积结算佣金、待结算佣金、可提现金额、冻结金额、已提现金额等。

8. 营销管理大类

1）拼团

具备设置商品名称、活动状态、店铺名称、开始时间、结束时间、成团次数、组团详情等功能。

2）限时购

能够按审核状态、店铺名称、活动名称进行查询。查询列表为活动名称、商品名称、审核状态、店铺、开始时间、结束时间、购买数等功能。

3）优惠券

具备设置优惠券名称、面值、每人限领、订单金额（不限制、满×元可使用）、发放总量、生效时间、过期时间、可使用商品（全平台通用或制定商家）、领取方式（店铺首页或主动发放）、推广（推广至PC端店铺导航右侧、推广至移动端）、温馨提示等详细功能。

4）组合购

具备按店铺名称搜索等功能。

5）满额减

具备设置店铺名称、开始时间、结束时间等功能。

6）礼品管理

具备设置礼品名称、会员等级要求、兑换截止时间、所需积分、限兑数量、礼品价值、库存、虚拟兑换数量、礼品图片、礼品描述等功能。

7）礼品兑换列表

具备查询兑换编号、状态、礼品名称、数量、下单时间、会员、消费积分等功能。

8）代金红包

具备服务费用设置、代金红包购买列表等功能。

9）签到

具备开启签到开关、签到链接、每日签到获得积分、连续签到等功能。

10）刮刮卡

具备设置刮刮卡名称、参与次数限制、有效时间、参与人数、中奖人数等功能。

11）幸运大转盘

具备设置大转盘名称、参与次数限制、有效时间、参与人数、中奖人数等功能。

12）吸粉红包

具备设置红包类型、红包样式、商户名称、活动标题、分享详情、分享图标、祝福语、备注、单个面额、红包总面额、活动开始时间、活动截止时间、是否强制关注、是否引导分享等功能。

13）新人礼包

具备开启活动、添加优惠券、优惠券名称、商家、面额、剩余数量、使用条件、有效期等功能。

14）充值赠送

具备充值赠送活动功能，可以设置充值赠送规则。

15）小程序直播

具备按直播标题、主播昵称、商家、状态、开播时间搜索直播间信息的功能，列表为序号、直播标题、商家名称、主播昵称、状态、开播时间、加购人数、加购次数、支付人数、支付订单、支付金额等，支持导出查询结果，能够获取小程序数据，能够按商品名称搜索，列表为商品、价格、本场直播销售数量、本场直播销售金额，支持导出查询结果。

16）移动端积分商城

具备可视化编辑积分商城页面显示（轮播图、大转盘、刮刮卡）等功能。

9. 系统设置大类

具备管理员管理、权限组、操作日志、消息设置、入驻设置、区域管理、客服设置等详细功能。

10. 小程序管理大类

具备小程序 AppId、小程序 AppSecret、退款成功、退款失败通知、订单未付款、订单支付成功通知、订单发货提醒、模板编号、模板 ID 等功能。

11. App 管理大类

具备可视化编辑设置、轮播图配置、首页专题、首页商品配置等功能。

12. 微商城管理大类

具备热门微店管理、菜单设置、公众号设置、素材管理等功能。

8.5 选用适宜的网站平台

自己建设独立的网站系统和选用第三方商贸平台都是创业者可选的适宜网站平台，有实力的创客可同时选用两种平台，将两者结合起来效果更好。

8.5.1 自建独立网站系统

所谓自己建设一个独立的网站系统，就是自己申请一个独立域名和空间，自己独立开发（或委托软件公司开发）网站程序，然后进行网站推广和网络营销。

现在的发展趋势是租用软件公司的成熟网站系统，由软件公司负责技术运维，由自己组织团队负责业务运营。这种模式称为 SaaS 模式，即是 Software-as-a-Service 的缩写名称，意思为软件即服务，即通过网络提供软件服务。SaaS 平台供应商将应用软件统一部署在自己的服务器上，客户可以根据工作实际需求，通过互联网向厂商定购所需的应用软件服务，按定购的服务多少和时间长短向厂商支付费用，并通过互联网获得 SaaS 平台供应商提供的服务。采用 SaaS 模式的主要好处如下。

（1）容易创建自己的品牌。

（2）容易让客户产生信任感，感觉到您的规模和实力，形成好的口碑。

（3）最大限度挖掘客户成为代理商。若没有自己的独立网站，很难发展代理商。但也存在如下缺点：

① 刚开始时网站流量较少，网络营销需从头开始。

② 需要有自己的技术人员。

8.5.2 选用大型商贸平台

自己建设独立网站平台，固然有形象好、易于品牌建设的优点，但也有推广难、人流少的缺点。所以大部分刚开始的网络创业者都选用第三方商贸平台。

选用第三方开店平台的优点如下：

（1）用平台的知名度迅速提高自己的网店人流量。

（2）减少店主网络技术瓶颈的烦恼，例如申请域名、空间、上传服务器等技术操作。

（3）选择平台系统提供的支付手段，使买卖双方增加信任度。

京东商城、拼多多、小红书、天猫商城等是目前国内市场上较出名的第三方商贸交易平台，欲开展电子商务的企业，可到这些商城租用网上店铺，在比较短的时间内取得成功的可能性是比较大的。具体操作使用方法可到其网站详细了解，本书不做过细的操作介绍。

【主要知识点】

1.【技术层面网站建设】 主要是网页设计的概念，一般由计算机技术人员来完成。主要考虑的问题有，程序设计语言和数据库的优劣选择、网站运行速度、网页程序所占空间大小、不同平台的兼容性问题、用户界面的友好问题、加密问题、病毒防范问题、数据安全问题、版本平滑升级等。

2.【经营层面网站建设】 主要是网站运营的概念，一般由企业经营人员来完成，它侧重于营销手段和商业目标的实现。主要考虑的问题有网站栏目设置、网站功能选择、内容编辑和更新、网店陈列、网站点击率、用户浏览的质量问题、与客户在线交流、反馈信息处理、网站推广、网络营销、图片处理软件的使用和营销软件工具的使用等。

3.【网站的作用】 (1)发布信息；(2)收集信息；(3)与客户互动；(4)网上直销；(5)网上促销；(6)品牌宣传。

4.【网站建设的技术手段】 (1)用网页制作工具开发；(2)用程序设计语言开发；(3)用自助网站系统开发。

5.【门户网站】 门户网站是大家很熟悉的一种类型，国家级的门户网站有新浪、搜狐、网易等，另外还有地方性的门户网站和行业性的门户网站。地方生活门户网站是时下最流行的，以本地资讯为主，一般包括本地资讯、同城网购、分类信息、征婚交友、求职招聘、团购集采、口碑商家、上网导航、生活社区等大的频道，网内还包含电子图册、万年历、地图频道、音乐盒、在线影视、优惠券、打折信息等非常实用的功能。

6.【百科网站】 百科网站（又称 Wiki），就是一种多人协作的写作工具。Wiki 站点可以有多人(甚至任何访问者)维护,每个人都可以发表自己的意见,或者对共同的主题进行扩展或者探讨。由于 Wiki 可以调动最广大的网民的群体智慧参与网络创造和互动,它是 Web 2.0 的一种典型应用,是知识社会条件下创新的一种典型形式。

7.【论坛网站】 全称为网络论坛(Bulletin Board System 或 Bulletin Board Service, BBS),中文叫作电子公告板,是 Internet 上的一种电子信息服务系统。它提供一块公共电子白板,每个用户都可以在上面书写,可发布信息或提出看法。它是一种交互性强,内容丰富而及时的 Internet 电子信息服务系统。用户在 BBS 站点上可以获得各种信息服务,发布信息,进行讨论,聊天等。

8.【分类信息网站】 又称分类广告,人们日常在电视、报刊上看到的广告,往往是不管你愿不愿意,它都会强加给你,我们称这类广告为被动广告;而人们主动去查询的招聘、租房、旅游等方面的信息,我们称这些信息为主动广告。在信息社会逐步发展的今天,被动广告越来越引起人们的反感,而主动广告却受到人们的广泛青睐。

9.【贸易平台网站】 第三方贸易平台就是网站开办者(一般为网络公司)专门搭建一个网络商城,吸引众多卖家在网络商城中开店或发布产品信息,吸引众多买家在其中购买商品。商城开办者本身不参与买卖交易,而是靠收取中介费赢利。建贸易平台好比是开一家超市或商场,在贸易平台中开店可以形象地比喻为在大商场中租用一节柜台营业。

贸易平台一般可分为 B2B、B2C、C2C 系统。B2B 系统就是企业与企业之间的电子商务系统,就是在该平台上从事产品批发业务,典型网站有阿里巴巴(www.alibaba.cn)和慧聪(www.hc360.com),B2C 系统就是企业与消费者之间的电子商务系统,就是在该平台上从事产品零售业务,典型网站有当当网(www.dangdang.com)和亚马逊网(www.amazon.cn)。C2C 系统就是消费者与消费者之间的电子商务系统,这里的消费者大多数是没有工商营业执照的,也就是个人之间的小额交易,也可以理解为在该平台上从事产品零售业务,典型网站有淘宝网(www.taobao.com)、拍拍网(www.paipai.com)、易趣网(www.eachnet.com)等。

10.【交友网站】 网络的出现使人们能够自由自在且隐秘地在网上寻找、筛选、确定自己的恋人。传统模式的婚介服务机构开始受到挑战,上门服务越来越少,加上整个行业的诚信机制缺乏,媒体的负面报道使得传统的婚介服务机构逐步退出市场。所以网上鹊桥业务几年来逐年呈上升趋势,做交友网站会有很大的发展空间。

11.【社区互动网站】 社区互动(Social Network Service,SNS)网站,是一种专业性的社交网络服务网站。它是依据六度理论,以认识朋友的朋友为基础,扩展自己的人脉,并且无限扩张自己的人脉。六度关系理论是指在人际脉络中,要结识任何一位陌生的朋友,这中间最多只要通过六个朋友就能达到目的。就是说如果 A 想认识 B,托朋友找朋友,最终认识 B,中间不会超过六个人。人人网(www.renren.com)是 SNS 网站的一个成功例子。

12.【购物网站】 多数网站站长选择网上开店方式进行网络创业。网上商店系统(购物系统)由于使用者众多,所以一般从网站系统中独立出来,成为一个独立的分支。SHOPEX 网店系统(http://www.shopex.cn) 是国内市场占有率较高的网店系统。

13.【适宜的网站平台】 自己建设独立的网站系统和选用第三方商贸平台都是创业可选的适宜网站平台,前者容易突出自己的品牌、规模和实力,后者容易低成本快速提升网站流量。有实力的网站站长可同时选用两种平台,将两者结合起来效果更好。

14.【微信】 微信(WeChat)是腾讯公司推出的一个为智能终端提供即时通信服务的免费应用程序,微信支持跨通信运营商、跨操作系统平台通过网络快速发送免费语音短信、视频、图片和文字。

15.【微站】 微站可以快速构建手机网站、生成手机客户端 App 的功能,并集成与微信、微博、二维码的数据接口。

16.【微信小程序】 微信小程序是一种不需要下载安装即可使用的应用,它实现了应用"触手可及"的梦想,用户扫一扫或者搜一下即可打开应用,也体现了"用完即走"的理念,用户不用关心是否安装太多应用的问题。

17.【H5】 H5 就是 HTML5 的简称,是第 5 个版本的"描述网页的标准语言",在 PC 端、手机端上用浏览器就能打开的网站格式。

18.【App】 App 是英文 Application 的简称,即应用软件,通常是指装有 iOS、安卓等操作系统手机的应用软件。

19.【全网营销】 全网营销是全网整合营销的简称,指将产品规划、产品开发、网站建设、网站运营、品牌推广、产品分销等一系列电子商务内容集成于一体的新型营销模式,是集传统渠道网络、移动互联网、PC 互联网为一体进行营销,并将新媒体营销工具纳入其中,形成了一个庞大的网络营销体系。

【本章小结】

8.1 节 从不同角度理解网站建设的概念

在网站建设中,计算机技术人员的主要工作是侧重于技术实现手段,企业经营人员应侧重于营销手段和商业目标的实现。

8.2 节 网站应该发挥的作用

企业建网站的作用主要是发布和收集产品和客户信息,进行公司品牌宣传,开展网上促销活动,也可开展网上直销。

8.3 节 网站建设的方法

网站代码开发本身是程序设计的过程,它与所有软件系统开发一样,有购买、租借、外包、自建四种方式,企业可以根据自身的情况选用某一种方式进行。

自建网站可采用的技术方法主要有用网页制作工具开发、用程序设计语言开发、用自助网站系统开发三种方法。

现在的发展趋势是租用软件公司的成熟网站系统,由软件公司负责技术运维,由自己组织团队负责业务运营,这种模式称为 SaaS 模式。

8.4节 全网营销网站

(1) 要包含供应端(S)、商户端(B)、客户端(C);
(2) 要满足全行业需求;
(3) 要能实现全渠道流量导入,能够打造企业私域流量;
(4) 要具备线上线下(O2O)一体化营销功能;
(5) 要有多种会员营销体系,不断提升会员活跃度;
(6) 要有多种促销工具,刺激客户购买欲望;
(7) 要能与淘宝等大型平台的数据互通;
(8) 要具备多种智能结算方式。

8.5节 选用适宜的网站平台

自己建设独立的网站系统和选用第三方商贸平台都是创业可选的适宜网站平台,有实力的网站站长可同时选用两种平台,将两者结合起来效果更好。

【作业】

一、选择题

1. 下面(　　)不属于网站应该发挥的作用。
   A. 发布信息　　B. 收集信息
   C. 制造产品　　D. 品牌宣传
2. 下面(　　)语言不适合网页设计。
   A. ASP　　B. JSP　　C. PHP　　D. BASIC
3. 下面(　　)不属于促销手段。
   A. 团购　　B. 线下开店　　C. 红包　　D. 优惠券
4. 小程序在(　　)下可以打开运行。
   A. PC　　B. 手机浏览器
   C. 微信公众号　　D. 手机上 App
5. 下面(　　)网站不属于国家级门户网站。
   A. 搜狐　　B. 网易　　C. 百度　　D. 新浪

二、讨论题

1. 新浪、搜狐、网易都是门户网站,它们是靠什么来盈利的?
2. 阿里巴巴是第三方贸易平台,它是靠什么来盈利的?
3. 拼多多与小红书的经营模式各有什么特点?

三、操作题

1. 登录 https://www.cndns.com/cn/website/,用建站系统开发一个自己的网站。

2. 登录 https://cloud.tencent.com/，仔细了解域名注册、网站备案的详细操作流程。

3. 登录高露洁公司网站 http://www.colgate.com.cn，认真浏览该网站的各个栏目，仔细体会高露洁公司的网站策略，根据自己对网站的评价标准，谈谈对该网站的评价和分析。

第9章 chapter 9

创业前置准备

【关键词】 轻资产创业、创业心理准备、商业计划书

在当前国家大力提倡"大众创业、万众创新"的时代,每个人都站在创富的风口上。互联网创业不失为一个加速剂,推动更多草根创业者走在了创业道路上。但是创业并不是适合每个年轻人,创业是否成功与个人的素质、知识储备、创业模式、外部环境都有关系,因此在准备创业前,一定要做好充分的准备,以降低创业失败的风险。

一般而言,对于初次创业的大学生和青年白领,应该选择轻资产创业模式,以使充分发挥自己的特长和优势。

9.1 选择轻资产创业

创业并不是头脑一热、拍拍脑袋就能实现的事情,而是需要经过前期的深思熟虑,以及"精打细算",并加上勤奋和科学的方法才能取得想要的成果。作为一个没有多少创业资金的草根来讲,首先需要用轻资产创业思维开启自己的头脑风暴,才能让创业想法更加精准、更加可行。因此,思想先行,拔高轻资产创业思维,是草根创业的第一步。

在过去的传统模式下,创业者都是等到人力、物力、财力等全部到位之后才开始创建公司。如今是一个完全脱离了传统观念和模式的互联网创新创业时代,创业者手中即使没有足够的人力、物力、财力,同样可以实现自己的创业梦。

9.1.1 轻资产概念

"轻资产"是相对"重资产"而言的,通常一个企业或一个投资项目,往往在组建一个公司和实施一个投资项目的时候,厂房、设备、原材料等芝麻西瓜样样俱全,必须得投入很多的启动资金,这就属于"重资产"。而所谓的"轻资产"则偏向于无形资产,其中包括企业的经验、规范的流程管理、治理制度、各方面的资源(物力资源、人力资源、客户资源)、企业品牌,以及个人的知识、技能、服务等的应用。因此,轻资产的核心并不是实实在在的东西,而是一些看上去"虚"的东西 这些"虚"资产占用资金少,显得轻便、灵活。这就是轻资产创业"轻"的原因之一。富士康就是一个极为典型的重资产公司,而戴尔就是一家成功的轻资产创业公司,它没有一家实体店、只有部分地区有分销商。它以网络作

为平台，接单后全权交给富士康进行生产，戴尔只提供生产知识和方案。

9.1.2 轻资产领域

轻资产创业通常在服装、连锁、互联网、文化传媒等几大领域，轻资产创业企业的盈利主要是通过技术、设计、策划、创业、品牌以及智力资本、知识资本及管理为核心的价值创造来实现的，是一种“低”资金投入、“小”资产规模、“轻”资产形态、“重”知识运用、“高”投资效益的商业模式。

早期的轻资产创业首先体现在淘宝类平台。在互联网应用早期，人们就已经开始利用淘宝开网店成本很低的优势进行创业，在淘宝上开网店不需要找一个巨大的仓库储备太多的货物，基本上是免费使用平台，在这种低投入的情况下就可以借助淘宝进行商业运作。目前，商户在淘宝上开网店是需要支付一定的费用的，与早期相比，成本有所上升，各商家之间的竞争也日趋白热化。但是不可否认的是，在淘宝网建成早期，商户们已经在利用淘宝的免费模式进行轻资产创业。

在当今互联网5G时代，投资少、回报高的轻资产创业已经成为创业的首选模式。

9.2 制订商业计划书

盲目创业，这是很多大学生创业者都会出现的问题。“凡事预则立，不预则废”，做任何事情，没有计划性的行动往往是盲目的行动，最终成功的概率很低。所以做好一份详细的创业商业计划书，是创业开始前必做的功课。

商业计划书是创业者拟定的创业行动蓝图，一份好的创业计划书一定要有详有略、重点突出。创业计划书中不一定都需要详细讲述，应当按照创业项目的实际情况来安排轻重。每份商业计划书中的亮点可能只有几个，其他的也许只是为了保持框架的完整性而加上去的，这样在具体按照创业计划书实施的过程中，才有重点可循。图9.1是商业计划书的组成框架。

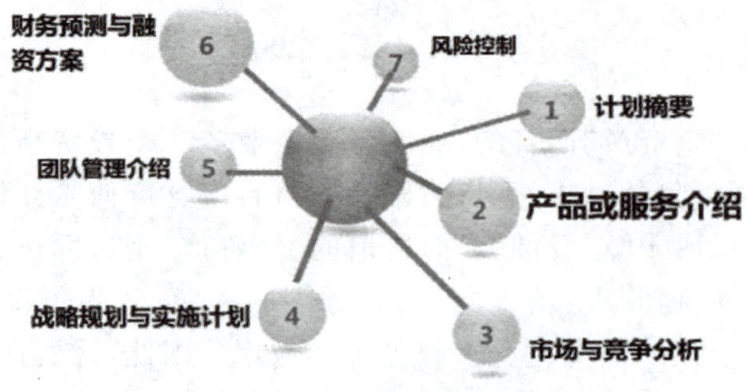

图9.1 商业计划书组成框架

9.2.1 计划摘要

计划摘要是投资人最先阅读的部分，但这部分内容是在整个计划书完成之后写作的部分，是对整个计划书全部内容的一个浓缩，其目的就是为了能够激起人们的兴趣，让人们有进一步探究创业项目的渴望。在这部分内容中，一定要干练有力度，投资阐述要有亮点，尤其是相对于竞争对手的抢眼处，更是需要重点突出。

9.2.2 产品或服务介绍

该部分主要介绍产品或服务的性能、技术特点、典型客户、盈利能力，以及未来产品或服务的研发和计划。产品或服务的介绍内容写起来相对简单、容易一些。但应当注意的是，夸赞自己产品或服务如何优越是可以的，但不能无中生有。如果在日后不能兑现产品或服务承诺，必定让创业者的信用受损。

9.2.3 市场与竞争分析

这部分内容应当对目标市场进行深入分析，并且需要将地理、职业以及心理等因素对消费者选择购买本企业产品或服务这一行为的影响进行分析，同时还应当明确创业预算和收益等。

随时关注竞争对手的动态，未雨绸缪是必需的，创业者要重点明确竞争对手是谁，竞争对手的产品或服务与你的相比有哪些优劣势可言，谁更容易在市场上站稳脚跟等问题。创业者要详细、完整地了解竞争环境和宏观环境，能够让企业的产品或服务的市场根基稳固并持续发展。

9.2.4 战略规划与实施计划

在制订战略规划和实施计划的时候，一定要提出一套具有差异化的新型经营模式，并且能够创造显著的利润、保持长久的竞争力，这是判断一份创业计划书是否有价值的关键。这部分很多创业者不知如何入手，往往把别人的创业模式搬来就用，那么投资人很难看到创业项目的获胜机会。

这一部分内容重点是写明客户在哪、如何能够满足客户需求、如何增值客户利益、如何测评客户满意度、如何提升对客户的服务质量……，虽然技术创新可以提升市场竞争力，但市场竞争力提升的关键在于客户，拥有庞大的客户群，便等于拥有了巨大的市场，能够充分掌握客户需求的创业计划，才真正能够赢得市场，取得创业成功的机会。

9.2.5 团队管理介绍

创业是一个有组织的团体行为。有效的团体合作能使商机变为周密详细的计划，能使计划变为有效的执行力，能使创业梦想得以实现。所以，再美好的计划，如果没有一个执行力强大的团队，也可能会沦为最美丽的泡影。

一个优秀的创业团队，是创业企业成功的筹码。作为创业者，应认真考虑创业团队的组建，并在商业计划书中进行详尽的描述，这样不但可以获得更多人的支持，还可以让创业成功的信心大增。

9.2.6 财务预测与融资方案

轻资产创业者所掌握的财务资源十分有限，要想吸纳更多的资金投资，需要好好地制订财务计划、规划融资方案。投资人往往对影响企业价值评估的财务最为关心。然而，不少创业者在技术方面是专家，在财务规划方面却是门外汉。提交一份粗糙的财务数据，自然不会得到投资人的认可。

创业者可以通过寻求财务人员或财务软件，甚至是寻找专业财务顾问进行帮助，做一套科学、规范、专业的财务预算体系。财务预算直接影响融资方案的设计，关乎投资人是否愿意把资金交给创业者、扶持创业者。另外，投资人还会考虑创业者是否能够用好、管好这笔资金。这时，创业者需要给出一份合理、详细的资金使用计划，从根本上消除投资人内心的顾虑。

9.2.7 风险控制

“创业有风险，投资需谨慎”，在创业过程中，即便是计划周密详尽、无懈可击，但很多不确定因素的出现会给计划的如期实施带来一定的冲击和影响。如何规避这些风险是创业者需要慎重考虑的事情。对于投资人而言，风险是在所难免的，但最让其感到可怕的是那些盲目乐观、对风险无视的创业者。所以，创业者的这种面对经营风险避重就轻的做法是不可取的。

9.3 选择最优商业模式

商业模式是一个比较高大上的专业性词汇，通俗地讲，就是用合法的方式赚钱。采用什么商业模式进行轻资产创业，就像选择一双鞋，合不合适只有自己穿了之后才知道，但是，如果商业模式没选对，后果不只是“磨脚”这么简单。所以说，找对商业模式，比所谓的寻找“蓝海”更为紧迫，找对商业模式就是找对一双跟脚的鞋。在商业领域有很多不同的商业模式，图9.2是常见的商业模式。

图 9.2 常见的商业模式

9.3.1 搬运式

搬运式，实际上就是最常见的买卖形态，就是做贸易。例如，把广州的衣服搬到上海来卖；把德国的汽车搬到中国来卖；把线下的商品搬到线上来卖等。这种模式下的轻资产创业者就是经销商或代理商。

搬运式的商业模式是草根创业者最常用的一种方式。传统行业，高大上的产品总会有总代理、总经销，大多数知名品牌都有一级、二级、三级代理商，每一个品类的批发市场都有成百上千的零售店在搬运。

对于搬运工而言，需要的是更大规模的人脉：亲朋好友是人脉，微信好友、QQ好友、微博好友等也是人脉。前者完全是因为卖面子，后者是因为好友之间的信任。但无论哪一种好友，都是创业者作为“搬运工”的最好的客户。能够经营好这两方面的人脉，对搬运式创业大有裨益。

卖面子往往能够做得快，但亲朋好友往往买回去后并不一定会使用这些产品，这种脱离了产品体验的销售自然不会长远，然而基于信任的买卖往往能够做得长远。因此，很多人在淘宝、微信上做代理就是这个道理。因为淘宝、微信平台本身就隐藏了巨大的潜在消费者，形成了一个巨大的流量池。如果能够维护好朋友圈好友关系，也就相当于提升了盈利水平。

但是，使用搬运式商业模式进行轻资产创业，应当注意产品的选择，选择产品的眼光很重要，选择一个适销的品类、一个靠谱的产品，都是考验创业者的眼光。眼光和信任是任何人都偷不走、拿不去的核心竞争力，作为一个合格的“搬运工”，无论对智力、体力，还是眼光，都提出了很高的要求。

9.3.2 供应式

供应式也可以称为产品式“搬运工”。它的上家就是产品供销的前端，厂商对于产品或服务的供应商来讲，主要是借助产品或服务质量“上位”，传统的供应商往往是自产自销，这样产品销售周期长，不利于资金快速回笼。如今，在轻资产创业模式下，自产自销已经逐渐消失，外包成了一种全新的资源调配、管理以及优化市场竞争力的核心形式。从产品生产、包装设计，都可以进行外包。供应商只要手中掌控核心技术和业务，就相当于掌控了主动权，就可以在市场中站稳脚跟。

使用供应式模式进行轻资产创业，创业者一定要有创新理念、核心技术，这才是能够在市场中取胜的关键。另外，从用户痛点入手设计的产品或服务，往往能够为客户提供凌驾于传统功能性产品之上的使用体验，转而为客户提供互联网思维产品，这种互联网思维也就是痛点思维。

供应式商业模式，重点是营销。这表面上与强调用户体验的产品时代相矛盾，但如果善于观察就会注意到，常常是那些懂得营销但产品体验并不好的产品却能够大卖，但很少看到体验很好但不懂营销的产品能够销售成功。

9.3.3 服务式

在产品严重同质化的时代，大多数传统产品在质量上已经没有多大提升空间，唯有从产品衍生而来的服务入手，才能让初创企业赢得一线生机。因此越来越多的草根创业者开始走服务路线，因为帮助别人捡起掉在地上的东西，要比送给别人丢了的同一种东西所花费的成本低很多，甚至是零成本。这就是众多草根创业者选择在服务行业开辟创业生涯的原因。服务其实就是用人力和智慧来完成大部分消费者的豪华体验，如果能将这种服务进行量化，就能够提升服务标准，甚至是提升整个服务型商业标准的关键。

9.3.4 平台式

阿里巴巴、京东、拼多多等电商平台的崛起，使得传统商业模式从原来的"唱戏"转变为"搭台"。各类电商平台、分类信息平台、自媒体平台等如雨后春笋般冒出，虽然这些平台本身不生产产品，也不直接销售产品(除了少数自营产品外，均是加盟商家销售)，但却在运营过程中积累了无数用户。

线上平台一贯以"开放"的特点示人，为那些"懒人"用户提供更多的便利，让供求双方能够培养出依赖性。像诸多草根创业者选择 O2O 模式进军轻资产创业领域，这种平台模式的确是一种很好的选择。

总之，作为草根创业者，资金不足是最大的障碍。一旦踏上创业这条路，就无路可退，必须向前。因此，创业者在选择最优商业模式的时候，一定要花时间去确定哪一种模式是最为理想的，因为一旦确定了商业模式之后，就很难再更换其他方式。

9.4 组建团队

决定一个创业企业能否活下来，并在市场中活得更好，关键因素之一就是团队。在"互联网＋"时代，能够凭一己之力独撑一个企业的创始人就是创业天才。而对于绝大多数的草根创业者来讲，单打独斗或许并不能打下一片天地，只有好的团队才会做出好的产品和服务。选择了正确的团队，就相当于完成了创业的 80％的工作。

9.4.1 技术型创业合作伙伴

当创业者有一个绝妙的创业创意，就需要寻找一个能够让创意得以实现的技术型创业合作伙伴。技术型创业合作伙伴需要具备的重要特质如下：

(1) 心无旁骛地热爱产品设计创新。

(2) 能找到商业与技术的交集点。

(3) 具有吸引技术天才的能力。

(4) 具备过硬的专业知识。

9.4.2 商业型创业合作伙伴

商业型创业合作伙伴的职责就是出售产品和定位企业对外战略的人。这类合伙人是初创企业所必需的人才。在组建创业团队的过程中，寻找商业型创业合作伙伴时，应当注重以下几个方面的考量：

(1) 具备赢得客户的技巧。

(2) 洞察潜在客户基础和价值主张。

(3) 具有向投资者推广的经验。

9.4.3 智囊团型创业合作伙伴

如果在创业过程中遇到大脑思路卡壳或遇到瓶颈，创业者一个人已经不能够对创业企业的未来运筹帷幄，则需要寻找一些在创业和企业运营方面具有超强能力的人，并将其聚集起来组建一个智囊团，为心怀创业梦想的创业者出谋划策。智囊团型创业合作伙伴应当满足以下几个特点：

（1）有一定的创业经历。

很多时候，智慧是经验和教训换来的。在寻找智囊团型创业合作伙伴时，应当寻找具有创业经历的人，毕竟他们是“过来人”，往往能在失败后顿悟到很多，明白如何做才是正确的、如何做是错误的。

（2）从事过相关创业辅导、项目孵化等工作。

从事过相关创业辅导、项目孵化工作的人，往往知道如何才能够将创业路走得更加顺畅，而不至于走弯路。在进行轻资产创业的时候，这类人会给创业者很多的指导意见和建议。

（3）对创业领域有一定的研究。

对创业领域有一定研究的人，往往堪比专家，他们对于创业模式、路径、方法、技巧等方面有很多含金量很高的见地。

无论是技术型、商业型还是智囊团型创业合作伙伴，都应当将其视为合作伙伴而不是雇佣者。因为只有把他们当作自己人，他们才会把你和你的初创企业当作自己人和自己的企业来对待。同时，还需注意，团队建设初期，仅仅是项目和企业运营的开始阶段，未来企业的运营情况只能预估。所以，创业者应当尽量把团队人数控制在最少的范围内，可以身兼两职或数职，但必须要做到优势互补，先把流程跑顺。此外，还需要为未来预留一定的调整空间，创业团队越小，执行起来成本会越低。有时候，精简干练的小团队往往比庞大的平庸团队更加有效。“有志者事竟成”，在组建创业团队方面，也是对草根创业者智慧的一种考验。

9.5 快速融资

对于草根创业者来讲，能够快速拿到创业资金，获得投资人的大力支持是一件让人兴奋的事情，这样能使创业事业更加顺利。除了亲朋好友资助外，一般来说，草根创业者通过众筹平台进行融资比较容易成功。图 9.3 是众筹平台的融资步骤示意图。

众筹来自英文 crowdfunding 一词，即大众筹资或群众筹资，由发起人、跟投人、平台构成。具有低门槛、多样性、依靠大众力量、注重创意的特征，是指一种向群众募资，以支持发起的个人或组织的行为。一般而言是通过网络上的平台联结起赞助者与提案者。群众募资被用来支持各种活动，包含灾害重建、民间集资、竞选活动、创业募资、艺术创作、自由软件、设计发明、科学研究以及公共专案等。

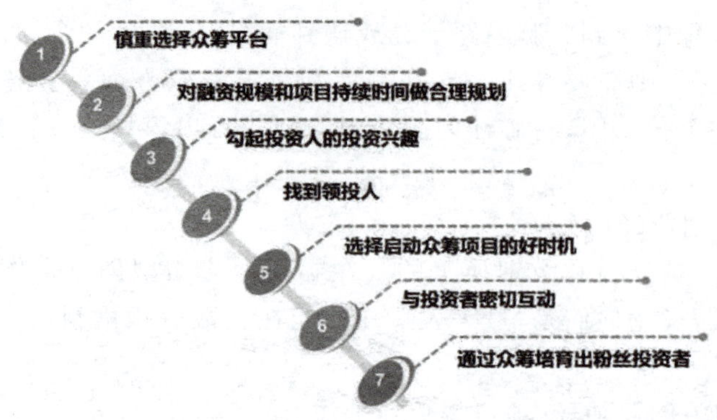

图 9.3　众筹平台的融资步骤

9.5.1　慎重选择众筹平台

虽然所有的众筹平台都是为了帮助创业者在网上找到大量的资金募集者或投资人，但不同的平台有各自的特点，因此创业者在选择众筹平台时应当怀着谨慎的态度。一般而言，应该选择比较大的平台，如京东众筹等。

9.5.2　对融资规模和项目持续时间做合理规划

创业者在开始开展众筹活动之前，一定要仔细预算项目发展到下一阶段需要多少资金。这样才能提高初创企业成功融资的概率。

9.5.3　勾起投资人的投资兴趣

在开展项目之前，创业者还需要想方设法让更多的人对项目产生浓厚的兴趣，并激起他们的投资意愿，这样才能推动其产生投资行为。

通常情况下，产品研发出来以后都要开发布会，通过媒体展示产品，从而增强潜在客户的信任度。通过媒体让产品对潜在用户产生视觉冲击，并逐渐映入潜在用户的脑海里，这样能增添潜在用户购买产品的机会。

在众筹活动中，也可以应用同样的方式，来增加投资者投资的机会。只是与传统方式不同的是，其传播载体不同。众筹采取的是视频传播的方式，对于众筹项目推广人而言，不会有太多的时间亲自拜访每一位投资者，但是制作一个有震撼力的视频就可以起到事半功倍的效果。

9.5.4　找到领投人

创业者需要想方设法找一个大一点的投资方来投资，来作为“领投人”进行宣传，这样会吸引更多的中小投资人加入。因为很多人都有一种追随和从众心理，一旦看到那些大的投资方都为众筹项目投资了，就认为既然大的投资方都投资了，风险自然不会有多大，因此就会放心地跟投。当然，要想吸引大的投资方，关键还需要项目极具创意和创新。

9.5.5 选择启动众筹项目的好时机

选择好时机，是众筹能否成功的一个关键性因素。没有好的时间规划，就犹如万事俱备只欠东风一样，很难实现成功筹资。因此，要抓住人们有额外资金用来投资的日子。如节假日期间就不适合启动众筹。因为在这个时间，零售商和大品牌都会做出一些大促活动。

9.5.6 与投资者密切互动

产品在没有上市之前，要多听取投资者的各种意见，这些意见有助于产品的改进和完善。与投资者密切互动，可以增强投资者的参与感，使投资者感受到产品的一步步成形，其中融入了自己的想法和创意，使投资者有满满的荣誉感，这样，投资者就对该产品具有一种非常特殊的感情，会主动将产品推荐给自己的朋友、亲人。能否花时间收集到好的投资者意见，并做出相应的改善，是产品成功与否的重要原因之一。

9.5.7 通过众筹培育出粉丝投资者

在密切的互动过程中，强烈的参与感使得投资者不但对产品有了感情，对整个品牌团队也会难以割舍。从而使投资者成了品牌的忠实粉丝。

通过众筹进行创业，必须做好时间规划和详细计划，并多采取一些实施技巧，才能让互联网创业水到渠成。

【小工具】

京东众筹：https://jr.jd.com/；

苏宁众筹：http://zc.suning.com/；

众筹客：http://www.zhongchouke.com/。

9.6 产品选择思路

网络创业需要选择一种产品或服务作为创业者的经营业务。接下来结合国外的经验和国内现状来归纳一下。

9.6.1 没有物流的产品

如充值卡、中介信息、资料、软件、网上咨询业务等。咨询业是近些年来世界上发展较快的一个行业，成为新经济时代的一个重要产业。咨询业适合在网上创业主要是因为咨询业主要靠知识，而知识的传播通过互联网是最好的载体。下面推荐的咨询网站有很大的参考价值，值得创业者借鉴。

1. 麦肯锡(https://www.mckinsey.com)

麦肯锡是全球最大的管理咨询公司，曾为全球最大的200家公司中的147家提供过咨询业务。

2. 中国管理咨询网（http://www.chnmc.com）

中国管理咨询网主要业务是调查、统计和分析全国管理咨询业相关的数据和发展趋势，及时发布国内外管理咨询业界信息，开展国内外管理咨询学术交流。

3. 找法网(www.findlaw.cn)

法律咨询网提供各类法律咨询和律师服务。

另外，代理某种类型的软件也是不错的选择。如果创业者自己是计算机专业的人士，则可以自己开发一个软件在网上销售；如果自己不具备开发能力，但有一定的计算机基础知识，则可以代理某种类型成熟品牌的软件进行创业。在选择所要代理的软件时，重点注意以下几点：

(1) 软件已经成熟，成功运行两年以上，有一定数量的成功客户案例。

(2) 该软件公司有较强的售后服务能力，不需要代理商进行售后服务。

(3) 不需要太多的售前咨询。

如ERP类软件的售前咨询太复杂，仅依靠电子商务很难做成，而网络营销软件、图像编辑软件等则售前咨询比较简单，适合于网上销售。

9.6.2 快消品

低值、不易变质的大众消费品是创业者选择最多的一个大品类，如50～1000元的服装、包、鞋子、化妆品等。若价格太贵，在目前的社会中，由于信用问题，其交易缺乏安全感；若价格太低，其运费可能高于商品本身的价格，当然也不能被网民接受。易变质的食品、化学原料等不适宜在网上销售。快消品一般有：

(1) 时装、包、鞋类。

(2) 美容化妆品。

(3) 减肥保健品。

(4) 邮品、字画等收藏品。

(5) 电子数码产品。

(6) 成人用品。

(7) 体育与旅游用品。

其他的类目可以到淘宝网站的分类目录仔细搜寻。

9.6.3 标准化的产品

标准化的产品是很适合在网上销售的类目，如数码产品、书、电子原材料等，只要提供型号和参数，就能准确定位该产品，买卖双方不会产生理解上的误差。

9.6.4 个性化产品

个性化产品因为需要定制，一般商店买不到，而网店则独占优势，在网上就可以接单了，如手工刺绣、手工布鞋、电脑瓷像、生日礼品等需要定做的个性化产品。

9.6.5 熟悉的产品

熟悉的产品，能讲得出详细的参数特征，对客户更有说服力，如家乡的土特产等。

一般说来，无物流配送的行业或产品在早期比较适宜网络创业，也比较容易成功，但时过境迁，今天这些行业竞争已非常激烈，若要涉足这些行业，必须细分市场。网络创业所需资金量都不大，3 万～5 万元就可以起步了，当然资金量越大，成功概率越大。根据很多网络创业成功人士的经验，选择个人爱好和发挥自己特长的产品比较容易成功。这就需要自己仔细衡量了。

9.7 创业心理准备

要获得创业的成功，必须具备资金、专业知识、机遇和良好心理素质四个条件，前三项大家都比较好理解，第四项要具备良好心理素质大家可能有模糊的认识，恰恰这一条是创业成功与否最关键的因素。俗话说"江山好改，本性难易"，一个人要改变自己的性格，提高自己的心理素质，是最难的，而心理素质决定了创业者是否适合创业。

对一个创业者来说，创业的艰辛不是一两句话能说清的，创业过程中可能会有无数障碍和困难，诸如资金、人事、市场等方面的各种困境。只要有一个问题不解决，一个障碍迈不过去，就很可能前功尽弃。创业不仅意味着白手起家，更需要足够的勇气和魄力。总而言之，创业者要有足够的心理准备。

从公司雇员到老板，创业者将失去雇员享有的权益，它是一条没有退路的选择，即当雇主后很难再走回头路，回过头再去打工。因此，心理准备十分重要。在这种角色的转换过程中，创业者将会遇到哪些转变呢？

9.7.1 固定的工资收入将从此与创业者无缘

创业开始后，固定的工资收入将一去不复返，等待投资回报的时间很令人心焦。如果创业者习惯了每月按时收到工资单的生活，这种难受的感觉尤甚。

9.7.2 失去原先拥有的平台资源

原所在工作企业的品牌、信誉、人脉关系都会被创业者无形地利用。当创业者离开原单位后，发现原来经常打电话找创业者的人、对创业者很热情的人一夜之间离创业者而去，形同陌路。创业者作为新企业家的身份，所有资源都得靠创业者自己去创建，而要获得所有资源都得支付酬金。

9.7.3 没有个人时间

在企业打工时，有明确的上下班时间，办公时间和私人时间是划分得很清楚。创业后，除了必要的睡眠和休息外，24 小时中的大部分时间都得工作。企业家的工作时间比经理人更长、更没有规律。

9.7.4 没有带薪假期

作为企业家，休假期间没有人给创业者发工资，休假回来后，创业者得加倍努力工作以补偿休假的时间。

9.7.5 地位身份变迁

在大企业谋得一个经理的位置，会给自己带来较高的社会地位，一旦离职，意味着将失去原来的社会地位，而创业成功与否还是未知数。许多经理人对其在著名企业中的职位和关系不愿割舍。

9.7.6 正视风险和投资回报

创业者或许曾做过很多重大的决策，如涉及大笔的资金决策等。但拿创业者自己的钱去创业，去做有风险的事情时，与原来拿公司的钱冒险，在心理感受上迥然不同。创业者需要评估风险，不要逃避风险，也不要将风险估计得过低。

9.8 创业心理测试

很多想创业的朋友虽然对创业的知识了解了很多，也做好了创业的心理准备，但对自己的性格特点并不了解，自己是否具备创业的心理素质并没有把握，所以，参加一些心理测试是完全有必要的。下面这些测试题经过很多学生测试，证明是比较全面和有效的。

9.8.1 创业智商评测

1. 对下面的题目，回答“是”与“否”

(1) 你父母有过创业的经历吗？

(2) 在学校时你学习好吗？

(3) 在学校时，你是否喜欢参加群体活动，如俱乐部的活动或集体运动项目？

(4) 少年时代，你是否更愿意一个人待着？

(5) 你在学校时是否有过自己做生意的经历，如卖柠檬水，办家庭报纸或者出售贺卡？

(6) 你小时候是否很倔强？

(7) 少年时代，你是否很谨慎？

(8) 小时候你是否很勇敢而且富于冒险精神？

(9) 你很在乎别人的意见吗？

(10) 改变固定的日常生活模式是否是你开创自己的生意的一个动机？

(11) 也许你很喜欢工作，但是你是否愿意晚上也工作？

(12) 你是否愿意随工作要求而延长工作时间，可以为完成一项工作而只睡一会儿，甚至根本不睡？

(13) 在你成功完成一项工作之后，你是否会马上开始另一项工作？

(14) 你是否愿意用你的积蓄开创自己的生意？

(15) 你是否愿意向别人借东西？

(16) 如果你一个创业计划失败了，你是否会立即开始另一个创业计划？

(17) 如果你的生意失败了，你是否会立即开始找一个有固定工资的工作？

(18) 你是否认为做一个企业家很有风险？

(19) 你是否有自己长期和短期的目标？

(20) 你是否认为自己能够以非常职业的态度对待经手的现金？

(21) 你是否很容易烦？

(22) 你是否很乐观？

2. 分数计算法方法

(1) 是：加 1 分，否：减 1 分。

(2) 是：减 4 分，否：加 4 分。

成功的企业家大多数不是学校的好学生。

(3) 是：减 1 分，否：加 1 分。

企业家们在学校时，似乎都不太热衷于集体活动。

(4) 是：加 1 分，否：减 1 分。

企业家们在少年时代往往更愿意一个人待着。

(5) 是：加 2 分，否：减 2 分。

开创生意通常从很小开始。

(6) 是：加 1 分，否：减 1 分。

童年时的倔强似乎可以理解为按照自己的方式行事的坚定决心，这是成功企业家的典型特征。

(7) 是：减 4 分，否：加 4 分。

谨慎可能意味着不愿冒险。这对于在新兴领域开创事业可能是个绊脚石。不过，如果你希望做一个经销商，这一点不会有什么影响，因为多数情况下供货商已经考虑到各种风险。

(8) 是：加 4 分,否：加 0 分。

(9) 是：减 1 分,否：加 1 分。

企业家们往往不在乎别人的意见而坚持开创不同的道路。

(10) 是：加 2 分,否：减 2 分。

对日常单调生活的厌倦往往可以坚定一个人开创自己事业的决心。

(11) 是：加 2 分,否：减 6 分。

(12) 是：加 4 分,否：减 0 分。

(13) 是：加 2 分,否：减 2 分。

企业家一般都是特别喜爱工作的人。他们会毫不拖延地进行一项接一项的计划。

(14) 是：加 2 分,否：减 2 分。

成功的企业家都会愿意用积蓄资助一项计划。

(15) 是：加 2 分,否：减 2 分。

(16) 是：加 4 分,否：减 4 分。

(17) 是：减 1 分,否：减 0 分。

(18) 是：减 2 分,否：加 2 分。

(19) 是：加 1 分,否：减 1 分。

许多企业家都把记下自己的目标作为一种习惯。

(20) 是：加 2 分,否：减 2 分。

以正确的态度处理经手的现金对企业的成功至关重要。

(21) 是：加 2 分,否：减 2 分。

企业家们的个性似乎都是很容易厌倦的。

(22) 是：加 2 分,否：减 2 分。

乐观的态度有助于推动你在逆境中取得成功。

3. 评测结果说明

(1) 35 分～44 分——绝对合适。

得 35 分以上(含)的人士不自己创业,简直是资源浪费。

(2) 15 分～34 分——非常合适。

如果你得分在 15 分以上(含),那你应该说是个“老板坯子”了。

(3) 0 分～14 分——很有可能。

你的人生其实可以有许多选择,包括选择自己创业还是就做个高级白领。你的智商和情商发展均衡,这意味着你在很多选择中可进可退,可攻可守。

(4) −1 分～−15 分——也许有可能。

如果你非要走创业之途,应该说也有属于自己的机会,但首先要克服很多困难,包括环境,也包括你自身的思维方式与性格制约。

(5) −16 分～−43 分——不合适。

你很不适宜创业。不要浪费自己和别人的时间、精力和金钱。

9.8.2 创业类型评测

1. 对下面的题目，选择一个最适合你的选项

（1）哪一种投资对你较有吸引力？

（a）定期存款中有10%的固定利润

（b）在一段时间内，不低于5%或高于10%的利润。因经济环境，如利率及股市变化而异

（2）哪一种工作对你较具吸引力？

（a）每周工作低于40小时，每年固定加薪6%

（b）每周工作超过50小时，第1年年底就加薪10%～15%

（3）你较喜欢哪一种商业形态？

（a）独资经营　（b）合伙组织　（c）合作组织

（4）有三个待遇、福利等都不错的工作供你选择时，你会接受：

（a）大企业，但是你的权限与职责都稍低

（b）中型公司，稍有名气，能拥有部分程度的权限与责任

（c）小公司，但能赋予相当大的权限与责任

（5）当你拥有一家公司时，对于公司的各种营运，包括内部行政管理、广告销售、薪资给付等，你希望参与到何种程度才会满意？

（a）将大部分的权力释放出去

（b）将一部分的权力释放出去

（c）对各部门的营运事项大权均掌握于手中

（6）进行工作计划时碰上了小的阻碍。你会：

（a）立即请求别人给予帮忙

（b）先经过一阵思考之后，选定几种可能的解决方法，然后请求上司

（c）自己努力寻求解决的办法，直到克服为止

（7）多年来你的公司一直沿用一套销售制度，使公司每年销售额维持十个百分点的增长率。这套制度还算成功。你在其他地方用了另一套制度，你发现每年会有10%～15%的成长率，且此套制度对你和公司双方都有利，但你的方法需要投资若干时间和资金。你会：

（a）为避免风险，仍沿用老方法

（b）私下就采用新方法，然后等着看结果

（c）建议采用新方法，同时展示已有的好结果

（8）当你建议上司采用你的新方法，而他却说："不要自作主张"，你会：

（a）放弃你的方法

（b）过一阵子再向上司游说

（c）直接跟公司总经理或董事长建议

（d）直接用自己的方法做了

(9) 你是否参加新公司的开发计划？

(a) 未曾　　(b) 偶尔　　(c) 经常

(10) 你打算为员工进行训练时，你如何着手？

(a) 委托顾问人员，由专家设计课程内容，并亲自训练指导

(b) 根据自己的经验和意思，安排课程内容，并亲自训指导

(11) 以下哪种对你而言最有成就感？

(a) 是公司的最高薪者

(b) 在你的专业领域得到较高的荣誉

(c) 成为公司的总裁

(12) 以下哪几个部门的工作，最能吸引你(选两个)

(a) 营销部门　　(b) 行政部门　　(c) 财务部门　　(d) 训练部门

(e) 管理部门　　(f) 顾客服务部　　(g) 征信及收款部

(13) 担任业务工作，有三种薪资与佣金的选择机会时，你希望的薪资计算方式是：

(a) 完全薪水制　　(b) 底薪加佣金制　　(c) 完全佣金制

(14) 当你正准备要出门度假时，接到一位非常有希望成交的大客户的商谈约定，但是必须牺牲假期，你会作何抉择：

(a) 请求这位客户再宽延一段时间

(b) 取消或延后度假

(15) 小时候，是否玩过较具危险性的游戏？

(a) 否　　(b) 是

(16) 你喜欢什么样的工作步调？

(a) 一次做一件，直到完成为止　　(b) 一次同时做几件工作

(17) 你希望自己每周的工作时数是：

(a) 35 小时　　(b) 40 小时　　(c) 45 小时

(d) 50 小时　　(e) 60 小时以上

(18) 你现在每周的工作时数是：

(a) 35 小时　　(b) 40 小时　　(c) 45 小时　　(d) 50 小时

(e) 60 小时以上

(19) 你正准备去打一个推销电话，你现在的心境是：

(a) 运气好的话，可能会成功

(b) 你有可能完成这项交易

(c) 觉得非常有希望完成这笔交易

(20) 当你遭遇到工作上的危机时，会如何形容自己目前的精神状态？

(a) 以平常心看待，一切在掌握之中

(b) 虽已掌握局面，但仍有些焦躁

(c) 确实受到相当程度的影响

2. 按以下公式开始计算分数

(1) a=2;b=6
(2) a=3;b=10
(3) a=7;b=5
(4) a=1;b=2;c=3
(5) a=1;b=3;c=5
(6) a=1;b=5;c=7
(7) a=1;b=4;c=5
(8) a=1;b=5;c=8;d=10
(9) a=1;b=5;c=10
(10) a=1;b=3
(11) a=2;b=5;c=8
(12) a=10;b=1;c=3;d=3;e=2;f=5;g=8
(13) a=1;b=5;c=10
(14) a=1;b=5;c=4
(15) a—1;b=8;c=4
(16) a=3;b=6
(17) a=1;b=3;c=5;d=8;e=10
(18) a=1;b=3;c=5;d=8;e=10
(19) a=1;b=3;c=7
(20) a=5;b=2;c=7

3. 评测结果

(1) 适宜做上班职工:33~36。
(2) 适宜加盟方式创业(合伙人) 61~142。
(3) 适宜独立创业 143~169

9.8.3 创业自信心评测

1. 对下面的题目,回答"是"与"否"

(1) 一旦你下了决心,即使没有人赞同,你仍然会坚持做到底吗?
(2) 参加晚宴时,即使很想上洗手间,你也会忍着直到宴会结束吗?
(3) 如果想买性感内衣,你会尽量邮购,而不亲自到店里去吗?
(4) 你认为自己是个绝佳的情人吗?
(5) 如果店员的服务态度不好,你会告诉他们经理吗?
(6) 你不常欣赏自己的照片吗?
(7) 别人批评你,你会觉得难过吗?

(8) 你很少对人说出自己真正的意见吗？
(9) 对别人的赞美，你持怀疑的态度吗？
(10) 你总是觉得自己比别人差吗？
(11) 你对自己的外表满意吗？
(12) 你认为自己的能力比别人强吗？
(13) 在聚会上，只有你一个人穿得不正式，你会感到不自然吗？
(14) 你是个受欢迎的人吗？
(15) 你认为自己很有魅力吗？
(16) 你有幽默感吗？
(17) 目前的工作是你的专长吗？
(18) 你懂得搭配衣服吗？
(19) 危急时，你很冷静吗？
(20) 你与别人合作无间吗？
(21) 你认为自己只是个寻常人吗？
(22) 你经常希望自己长得像某某人吗？
(23) 你经常羡慕别人的成就吗？
(24) 为了不让他(她)难过，你会放弃自己喜欢做的事吗？
(25) 你会为了讨好别人而打扮吗？
(26) 你会勉强自己做许多不愿意做的事吗？
(27) 你会任由他人来支配你的生活吗？
(28) 你认为自己的优点比缺点多吗？
(29) 你经常跟人说抱歉吗？即使在不是你错的情况下。
(30) 如果在非故意的情况下伤了别人的心，你会难过吗？
(31) 你希望自己具备更多的才能和天赋吗？
(32) 你经常听取别人的意见吗？
(33) 在聚会时，你经常等别人先跟你打招呼吗？
(34) 你每天照镜子超过三次吗？
(35) 你的个性很强吗？
(36) 你是个优秀的领导者吗？
(37) 你的记性很好吗？
(38) 你对异性有吸引力吗？
(39) 你懂得理财吗？
(40) 买衣服前，你通常先听取别人的意见吗？

2. 评分说明

选择“是”得1分，选择“否”得0分。

3. 评测结果

(1) 分数为25～40：说明你对自己信心十足，明白自己的优点，同时也清楚自己的缺点。但如果你的得分将近 40 的话,别人可能会认为你很自大狂傲,甚至气焰太盛。你不妨在别人面前谦虚一点,这样人缘才会好。

(2) 分数为 12～24:说明你对自己颇有自信,但是你仍或多或少缺乏安全感,对自己产生怀疑。你不妨提醒自己,在优点和长处各方面并不输给别人,要特别正视自己的才能和成就。

(3) 分数为 11 分以下:说明你对自己显然不太有信心。你过于谦虚和自我压抑,因此经常受人支配。从现在起,尽量不要去想自己的弱点,多往好的一面去衡量;先学会看重自己,别人才会真正看重你。

9.8.4 对钱财态度评测

一个和你过从甚密的朋友在早先跟你借下一笔钱,到了许诺还钱的时候却没有还,前不久他又来找你借钱了,说以后两笔债务一起还清,你会采取那种办法?

A. 催讨前债,跟他翻脸;

B. 要求对方还清前债后才能考虑再借,否则免谈;

C. 先借给他吧,人家也有难处;

D. 要求对方打借条,限期还钱。

A. 钱是让人成为敌对状态的最佳武器。如果你为了这笔钱而和对方翻脸,你是一个很容易因钱而与人为敌的人。钱对你而言比友情来得更实际和重要。当初你就把朋友定位在利益互相支援的前提下,一旦朋友不能帮你,反而拖累你时,你就会翻脸。

从这种金钱观和交友观来看,你最好不要和朋友有金钱方面的往来。否则很容易失去很多朋友,增加很多敌人。

B. 你是一个比较讲求理性的人。在你的观念中,借钱建立在人与人之间的信任上。一旦一笔债务清偿后,才表示一个人信用良好,然后才有下一次借贷。不过,你这种原则虽然合理,却会使你看起来得理不饶人。你绝对地要求对方要按照你的意思来做,所以得罪了很多身不由己的朋友。

因此,你总是以理逼人,不讲人情,就算错在对方,可你的态度和语气,会让人觉得自尊受损而跟你势不两立。

C. 相信只要对方是真的有苦处,而对方又擅长诉苦,且声泪俱下,你不会拒绝对方的。因此,可以说你的防范意识不强。虽然这样比较不易得罪人,但你却必须付出比别人更多的资源和利益。

表面上你没有敌人阻挠你的人生,但每次你都把损失算在自己头上,认为自己命该如此。长此以往会造成你自信心缺乏,封闭自我,最后将影响自己的事业甚至人生。你的敌人给你的伤害是无形的。所以千万不要以为没有人恨你,就是大好人。

D. 你是一个希望情理分明的人。在你的观念里,朋友虽然有通财之义,但绝不能因钱而伤感情。为了自己的权益,也为了自己的人际关系,你将会有进一步诉讼催讨动作。你的权益有进一步保障,也适当地减低了对方的敌对意识。

但此法做起来难。很多人认为朋友间借钱不必这么麻烦,但到最后不是你自认倒霉就是跟对方撕破脸。你最好灌输对方一种观念,即使是亲兄弟也要明算账。

9.9 公司注册流程

经过创业的知识储备、方法学习、心理准备，就应该开始行动了。

要创业，首先得办理工商企业营业执照(或工商个体营业执照)。下面以办理企业营业执照为例，讲述它们的10个主要步骤。现在有些大城市为了改善营商环境，简化了办理手续，如营业执照、税务登记证、企业代码证进行了三证合一，纳税政策也有所调整，但是全国各地规定有所不同，应以当地政府的规定为准。

9.9.1 申请企业名称预先核准

申请企业名称预先核准，即给企业取一个名称。

(1) 当地工商局营业大厅办理字号查询证明，表明即将取的名称别人还未用过。若别人已用过，就得另外再取名字。此项费用大概30元(注：各地收费不相同，只是参考，下同)。

(2) 到当地工商局营业大厅申请企业名称预先核准。要带以下材料：

① 全体投资者共同签署的《企业名称预先核准申请书》(原件一份)；

② 字号查询证明(原件一份)；

③ 经办人身份证明(复印件一份，验原件)；

④ 投资者的主体资格证明(如营业执照、身份证、护照等)。

所用到的表格都可以在当地工商局营业大厅免费领取。

9.9.2 注册资金验资报告

目前企业注册资金分为认缴资金和实缴资金，两者可以不同，例如认缴100万，实缴5万，剩余95万在以后5年中交清。

(1) 在任何一个你认为最方便的银行开一个验资账户，将注册资金存入该账户。银行会给你出一个资金证明。

(2) 任意找一个正规注册的、合法的会计事务所，将银行出的资金证明给会计事务所。会计事务所经过向银行调查核实后，一般在3天左右会出具验资报告。

办理资金证明所需交纳的费用为注册资金的千分之八左右，不同的地方收费会有差别。例如，申请注册一个10万元的公司，办理验资报告时需向会计事务所交纳800元。

9.9.3 办理公司住所证明

办公司一定需要办公场地，有些城市可以用普通住宅作为办公场地，有些城市只可以用写字楼作为办公场地，这需要到当地工商局营业大厅咨询清楚。但不管什么性质的办公场地，都要办理公司住所证明。

(1) 公司住所为股东租赁的，提交经房屋租赁主管机关登记或备案的租赁合同(原件一份)及该股东出具的场地使用声明(原件一份)。

(2) 住所为股东自有的,提交房屋产权证明(复印件一份,验原件)及该股东出具的使用声明(原件一份)。

9.9.4 公司设立登记申请

到当地工商局营业大厅递交以下资料:

(1) 拟任公司法定代表人签署的《公司设立登记申请书》(原件一份)。

(2) 经办人身份证明(复印件一份,验原件),由企业登记代理机构代理的,同时提交企业登记代理机构营业执照(复印件一份,须加盖本企业印章,并注明"与原件一致")。

(3) 公司章程(原件一份)。

(4) 股东的主体资格证明(如营业执照、身份证、护照等)。

(5) 依法设立的验资机构出具的验资证明(原件一份)。

(6) 法定代表人的任职文件(原件一份)。

(7) 执行董事/董事长、董事、监事、经理的任职文件(原件各一份)及其身份证明(复印件各一份)。

(8) 公司住所证明。

(9)《名称预先核准通知书》(原件一份)。

所用到的表格都可以在当地工商局营业大厅免费领取。办理公司设立登记不需要任何费用。当申请被批准后,还需交纳营业执照工本费。办理营业执照约 15 个工作日可以办完。

9.9.5 领取企业代码证

领到营业执照后,应到当地组织机构代码证办理机构去申请企业代码证。当地组织机构代码证办理机构的具体地址可以向当地工商局营业大厅咨询。应带以下资料:

(1) 营业执照副本原件及复印件。

(2) 法人单位应提交法人代表身份证复印件,非法人单位提交负责人身份证复印件。

(3) 经办人身份证原件及复印件。

9.9.6 到公安局备案,刻公司公章

领到企业代码证后,应立即到公安局备案,开具刻公章的介绍信。这样就可以凭公安局开的刻公章的介绍信到正规刻章公司办理刻章。

(1) 刻公司公章。

(2) 刻公司财务章。

(3) 刻公司合同章。

(4) 刻法人代表私章(私章不需要公安局的介绍信),用以支票盖章。

9.9.7 到银行开基本账户

带营业执照和法人身份证明到任何一个银行去开公司的基本账户,这个基本账户一

旦开设,不要轻易变更。该银行可以是最初的验资银行,也可以不是,为方便起见,建议用最初的验资银行开基本账户。基本账户开设成功后,应立即购买银行支票。

9.9.8 到税务局登记

拿到营业执照15天内,应带营业执照到当地国税务局办理登记,否则将被罚款。应让公司会计仔细研究公司营业范围,在税务局登记时争取最合理的纳税比例。

登记后,可以立即购买发票,也可以以后再购买。登记后,每个月须向当地税务局办理报税手续,不管当月是否有营业额,没有营业额就零申报。

9.9.9 办理人事立户等手续

应到当地人事劳动局办理人事立户等手续,这样可以申请应届大学毕业生分配指标和入户指标。

9.9.10 到社保局办理立户手续

为员工办理社会保险是政府的强制行为,作为合法企业应该为员工办理社会保险。所以,领取营业执照后,应到当地社保局办理立户手续。

到此为止,创办企业的手续基本告一段落,一般在一个月内能办理完毕。千万别忘了每年到有关部门去年检。初次创业者也可以委托公司注册中介进行办理。

【主要知识点】

1.**【轻资产】** “轻资产”偏向于无形资产,其中包括企业的经验、规范的流程管理、治理制度、各方面的资源(物力资源、人力资源、客户资源)、企业品牌,以及个人的知识、技能、服务等的应用。

2.**【轻资产创业】** 轻资产创业通常在服装、连锁、互联网、文化传媒等几大领域,轻资产创业企业的盈利主要是通过技术、设计、策划、创业、品牌以及智力资本、知识资本及管理为核心的价值创造来实现的,是一种“低”资金投入、“小”资产规模、“轻”资产形态、“重”知识运用、“高”投资效益的商业模式。轻资产创业并不代表轻资金、无资金创业,减少固定资产的存量是为了将更多的流动资金投入到产品服务的宣传和运营上,进而以最小的固定资产投入成本最大限度地赚取利润这才是轻资产创业的真正内涵。

3.**【众筹】** 众筹来自英文crowdfunding一词,即大众筹资或群众筹资,由发起人、跟投人、平台构成。具有低门槛、多样性、依靠大众力量、注重创意的特征,是指一种向群众募资,以支持发起的个人或组织的行为。一般而言是透过网络上的平台联结起赞助者与提案者。群众募资被用来支持各种活动,包含灾害重建、民间集资、竞选活动、创业募资、艺术创作、自由软件、设计发明、科学研究以及公共专案等。

【本章小结】

9.1节 选择轻资产创业

在互联网创新创业时代，创业者手中即使没有足够的人力、物力、财力，同样可以实现自己的创业梦。

9.2节 制订商业计划书

商业计划书一般来说，包括计划摘要、产品与服务介绍、市场与竞争分析、战略规划与实施计划、团队管理介绍、财务预测与融资方案、风险控制。

9.3节 选择最优商业模式

商业模式是一个比较高大上的专业性词汇，通俗地讲，就是用合法的方式赚钱。采用什么商业模式进行轻资产创业，就像选择一双鞋，合不合适只有自己穿了之后才知道。赚钱方式大致有四个分类：搬运式、供应式、服务式、平台式。

9.4节 组建团队

决定一个创业企业能否活下来，并在市场中活得更好，关键因素之一就是团队。在"互联网+"时代，能够凭一己之力独撑一个企业的创始人就是创业天才，而对于绝大多数的创业者来讲，单打独斗或许并不能打下一片天地，只有好的团队才会做出好的产品和服务。选择了正确的团队，就相当于完成了创业的80%的工作。

9.5节 快速融资

创业者需要想方设法找一个大一点的投资方来投资，来作为"领投人"进行宣传，这样会吸引更多的中小投资人加入。因为很多人都有一种追随和从众心理，一旦看到那些大的投资方都为众筹项目投资了，就认为既然大的投资方都投资了，风险自然不会有多大，因此就会放心地跟投。当然，要想吸引大的投资方，关键还需要项目极具创意和创新。

9.6节 产品选择思路

选择没有物流的产品、快消品、标准化的产品、个性化产品等这几个品类，都是适合互联网创业的。

9.7节 创业心理准备

要获得创业的成功，必须具备资金、专业知识、机遇和良好心理素质四个条件，前三项大家都比较好理解，第四项要具备良好心理素质大家可能有模糊的认识，恰恰这一条是创业成功与否最关键的因素。从公司雇员到老板，创业者将失去雇员享有的权益，它是一条没有退路的选择，即当雇主后很难再走回头路，回过头再去打工。因此，心理准备十分重要。

9.8 节　创业心理测试

很多想创业的朋友虽然对创业的知识了解了很多,也做好了创业的心理准备,但对自己的性格特点并不了解,自己是否具备创业的心理素质并没有把握,所以,参加一些心理测试是完全有必要的。

9.9 节　公司注册流程

企业工商注册手续一般一个月内能办理完毕,创业者千万别忘了每年到有关部门去年检执照。初次创业者也可以委托公司注册中介进行办理。

【作业】

1. 认真思考你在哪一个行业或做哪类产品比较有优势?比较容易成功?
2. 书中所举的无物流配送的这些行业和案例,你觉得这些行业还有创业机会吗?
3. 要取得创业成功,是选择一个好产品重要?还是网络营销的手段更重要?

第 10 章 chapter 10

创业模式选择

【关键词】 盈利模式、创业、产品、服务

互联网再神奇，也不过提供了一种买卖双方联系的桥梁。互联网创业要获得盈利，毕竟需要选择一种产品和服务作为创客的经营业务。

“投资小，回报高”，这是每个创业者的创业愿望。然而，在当前的互联网时代，创业已经不像最初那样循规蹈矩，而是越来越趋于灵活。所以选择一类适宜的产品和一个适合自己的商业模式显得尤为重要。刚涉足创业领域的草根，或者还没有毕业的在校大学生，对于选择模式和产品要认真对待，要花时间调研。本章介绍的几个创业模式都有一个共同特点，就是资金门槛比较低，创客可以进行轻资产创业，或者“白手起家”，实现轻资产、低风险创业的快速成功，创出属于自己的一片新天地。

10.1 适合在网上销售的产品

究竟选择什么类型的产品在网上创业易于成功呢？随着网络的不断普及和网购的群体逐步扩大，放到网上卖的产品类别也越来越多，很难笼统地说出其中的类别，但有一点是肯定的，在目前的社会诚信程度下，单价超过 1 万元的贵重物品不适合在纯粹的网店销售，例如真正的珠宝；单价在 10 元以下的小商品不适合在网上零售，因为邮费远远超过货款。我们结合国外的经验和国内现状来归纳一下。本节所说的产品，实际上包含实物产品、广告、服务三部分内容，所说的费用，不包含创客须配备的计算机费用。

销售实物产品是网上最普遍的销售现象，下面做具体介绍。

10.1.1 不需物流配送的产品

不需物流配送的产品一般是指电子化的产品，只需网上下载或电子邮件传送，如充值卡、游戏点卡、中介信息、资料、软件等。

一般产品的成本主要在制造、运输、库存等环节上，而电子化产品的制造和物流配送成本几乎为零，在财力和人力上大大节省了成本，因此，网上创业首先应考虑自己有否可能选择电子化产品。归纳起来，个人创客可以考虑以下几类产品作为参考。

(1) 选择网络服务商行业，主要卖域名、虚拟空间、电子邮局等产品。

现在做网站的企业和个人越来越多，网站总需要域名和空间，因此该行业的市场空间是很大的。由于现在网站平台技术已经很成熟，其网站平台不仅可以卖产品，还可以发展下级代理，而技术服务全部由上级商家负责，自己只要专心开拓业务即可，适合个人刚开始创业期选择的产品。创业费用一般在3000元以内，是支付给上级商家的产品预付费。详情可到麦田网站(www.bcd123.com)了解。

2017届大学生小陈在工作两年后，毅然选择创业。他重新翻出大学电子商务教材，居然从大学教材里发现宗棠小店网站群里的麦田数据网经营域名和虚拟空间的业务，正在推出100名大学生创业计划。该计划的主要内容是，只要预付1000～3000元的产品预付款，就可获得该网站虚拟空间产品5～8折的代理权，还能得到一个免费的销售网站平台。对应所付的产品预付款，若卖不出去想退出代理，承诺两年内可全部退款。承诺退款是其他同类产品所没有的优惠。在消除了代理风险等后顾之忧后，小陈预付了3000元产品款后，取得5折优惠代理权。小陈知道，对于这类纯网络产品，要在搜索引擎上竞价，竞争太激烈，于是他主要在线下销售，让农村表妹在计算机前做客服。小陈找到了中学老师，告诉老师目前的业务，正好这位中学老师的学校要买10个虚拟空间做各类网站群，于是小陈做成了第一笔生意。渐渐地，小陈的大学同学和中学同学都成了客户。他与几所大学的学生会取得联系，通过与社团活动合作的方式，在大学生中推销产品，取得了骄人的业绩。他还做了宣传彩页，散发到各个电子市场、服装市场、玩家市场等小商家密集的地方，这些小商家一旦被说动的话，不仅是一个域名空间的生意，往往连网站也包给小陈一起做了，使得一笔生意赚上几千元。在线上销售方面，他采取的方法是在百度知道栏目，对域名、虚拟空间类的问题都给详细回答，回答中也把自己的网址贴在上面。这种看似简单的网络营销，小陈一直坚持，巨大的百度流量，引导大量客户到他的网站，带来了不可小看的销量。

域名空间类产品，如果5折代理的话，一个300MB的空间，大概可得150元利润，而域名一般不挣钱。由于虚拟空间一般是一年一买，客户每年都要续费，所以它不是一次性买卖，而是客户累积的过程。如果经过几年的努力，获得1000个客户的话，每年就能得到15万元的收入。技术服务一般是由上级商家负责，代理商仅需两名员工，线上一个客服，线下一个业务人员。域名空间类产品切忌走入低价怪圈，应遵循质量为上的原则。

(2) 选择文学行业，主要卖电子书或小说等。

该类产品盈利模式是收费阅读。如服装电子书、校园文学等。做电子书需要计算机技术人员、美工、服装专业三类人员组成团队共同创业，起点资金至少3万元。小说收费类网站可以从做代理起步，待积累经验后再自己创作。代理起步的网站，仅需3000元就可以起步，自己创作的网站，则要10万元左右才可以起步。若自己有文学才干的，可以给文学类网站做专业网络写手(一般不用“作家”来称呼)，每天写一集，报酬算法是有一人阅读，赚一分钱。若网站一天有10万人阅读，那么一天可以赚1000元，一年可以赚30万元左右。有个典型的例子，一个刚毕业的大学生，靠写网络小说，一年赚到了100万元。可见，只要有才华并愿意吃苦，互联网到处可以赚钱。

(3) 选择软件行业，主要卖软件。

如果自己能开发软件产品，那是最好，如果没有这类合作伙伴或没有能力招兵买马，那么可以从代理软件起步。在选择所要代理的软件时，应重点注意以下几点：

① 软件已经成熟，成功运行两年以上，有一定的成功客户案例；

② 该软件公司有较强的售后服务能力，不需要代理商进行售后服务；

③ 不需要太多的售前咨询。

如ERP类软件的售前咨询太复杂，要依靠电子商务很难做成，而网络营销软件、汉字输入软件等则售前咨询比较简单，适合于网上销售。

这类产品创业，几乎不需要费用，仅需要良好的人际关系。

(4) 选择信息行业，主要靠卖信息赚钱。

这类信息是客户要长期依赖于站长的信息，而不是一次性信息。如股票预测信息、农业天气预测信息是客户长期需要的，每天都要依赖于网站发布，而招聘信息是一次性的，客户找到工作后，几年都不需要网站的信息了。信息面的选择要窄而专，这样特定人群才会长期需要。收集整理有用的信息需要较高的专业性，一般工商管理类的大学生，很难找到切入点，可以考虑通过网上调查方式，来做某行业的市场调查，这样收集来的信息，卖给政府某个部门或某些调查公司。公司的产品市场调查、社会热点问题调查往往是工作量大且难的事情，调查公司非常缺人手和好的方法，如果能通过网络的手段得到有用的信息，那对调查公司无疑是雪中送炭，但前提是网站的流量要大，否则很难收集到准确的数据。精通做网站的大学生，其起步费用1万元左右，不精通网站的，建议不做此类网站。

(5) 做游戏网站的代理。

游戏是青少年青睐的网上娱乐项目，其营业额每年按30%的速度上升，在未来的十年里都会有很大的市场空间。自己开发游戏要很大的投资，大学生创业之初只适合做游戏网站的代理。

(6) 做电话卡、游戏卡、机票代理、酒店代理、旅游代理等业务。

当网站流量较大时，结合线上线下的努力，要赚到比当前劳动力市场多出一倍的工资，是完全有可能的。

大学生小张在找工作多次失利后，向父母借了5000元开始从事机票代理的业务。他的具体做法是在自己居住的小区超市里，在靠门口的地方租了2平方米的地方，正好放一张桌子，开始了机票代理的业务，每张机票的佣金为20～50元，一天可以卖掉10张机票，按每天平均赚350元计算，一个月的毛利10500元，去除机票代理网站使用费和场地租金共4000元，每月净利润有6500元。随着时间的推移，小张在小区的口碑和知名度越来越大，其客户数量越来越大，客户往往把返程机票也给他做(客户在外地也打电话给他出票，由于现在是电子机票，所以在外地没有纸质机票也能登机)，由于建立了信任关系，小张可以先垫钱出票，客户回来后再付钱给小张。另一方面，由于小张的业务量增大，小张得到的上级商家奖励的特价机票也越来越多，因此小张在此行业做了3年以后，每月的收入稳定在15000元以上。当然小张是比较辛苦的，每天上午9点工作到晚上9

点，而且没有星期天。

与小张相比较的是另一名外地农民工小李，由于文化水平低，就在小张同一个小区做收旧报纸、旧电器的工作，同样是一天工作12小时，但每月的平均收入只有1500元左右，与小张相差9倍。这就是知识的力量，小张会计算机技术，懂电子商务，毅然选择机票代理的创业工作，小李由于文化低，无法找到网络商机，只能从事回收废品的工作。这个例子是个真实案例，是在广东某个发达城市的大型小区里的真实例子。当然在中小城市可能订机票的人数要大大减少，若是中小城市，创业者不应选择在居住小区摆柜台，而是应选择去闹市区摆柜台。

此外，在校园附近的站长，可以从事电话卡、游戏卡代理，在大城市的站长可以从事酒店、机票的代理，在旅游区的站长可以从事旅游的代理，注意一定要线上与线下相结合，才能收到好的效果。

此类起步费用一般是，线上每月2000元左右的网站平台使用费，线下每月场地租赁费2000元左右。此类业务是比较容易上手的，建议可以从这些代理开始做起。具体代理的网站可以从百度搜索中找到。

（7）做二手域名、二手QQ号的收藏和交易。

与收藏邮票、钱币和古董一样，二手域名、二手QQ号都有很大的投资价值。一手域名一般在100元以下，但好的二手域名开价都在1万元以上，与知名品牌有关联的域名往往可以拍卖到几十万元。好的QQ号码也可以高价转让，如5位数的QQ号码，可以卖到几十万元。二手域名和二手QQ号的注册信息一定要全面，真实姓名、身份证号码和电话都要如实填写，这样做是防止黑客攻击，盗窃QQ号码。因为QQ号码的拥有者的唯一凭证就是登录密码，一旦登录密码被黑客盗窃并篡改，QQ号就丢失了，若要索回密码，得花很大的工夫，当注册信息是真实的，要回密码就容易多了。

二手域名和二手QQ号都可以到域名交易平台或QQ号交易平台上去发布拍卖。具体的交易平台，可以到百度搜索“域名交易”“QQ号交易”的方式寻找，然后比较几个平台的服务和流量等指标，选择一个或几个平台去发布二手域名信息。如果青年朋友对这类产品感兴趣，可选择相关产品收藏和拍卖，也可以做交易平台的代理。但这类产品风险较大，自己应斟酌风险承受能力。

10.1.2 标准化产品

标准化产品就是指只要报出品牌和型号，就能准确地定位某个产品，即使不看实物，不看图片，也不会产生歧义。例如，当给出“EPSON 1600K 打印机”时，这个产品就确定了；又例如，当给出“诺基亚3100手机”时，这个产品也就确定了，买卖双方不会因为产品的描述不当产生理解上的分歧。但生活中这类产品并不多，有很多产品光靠品牌和型号是没法确定产品的，光靠文字描述也无法确定产品。如服装，不仅有款式不同，也有面料不同，还有颜色不同。因此，不以实物或图片来确认，无法沟通买卖双方的想法。像服装，即使有图片，由于显示器的色差，买卖双方经常会因为视觉和色差的关系产生争吵和退货。归纳起来，个人站长可以考虑以下几类产品作为参考。

（1）卖数码相机、手机、计算机等产品。

这类产品市场需求广泛，因为是标准化的产品，比较容易描述产品，售前的产品介绍比较容易，网站代理的方式比较多，即不需压货，有订单后由上级商家代为发货，每件商品价格在几千元的数量级，所以一个订单可以赚 100 元左右，一天做一个单就能与劳动力市场的工资持平。

（2）电子原材料等产品。

电阻、电容和集成电路等产品也是标准化产品，由于它的消费客户是各类电子厂，所以都是批发生意。只要有几家好的供应商，那么客户的发展，相对于散客来说，比较容易。用电子商务的俗语来说，这种方式是 B2B 方式，应当到阿里巴巴等 B2B 平台上去做推广，这样发展客户要容易些。如果网站站长离深圳赛格电子市场比较近的话，做这类产品是有优势的。

（3）卖书。

书籍是标准化产品，只要书名、作者与出版社确定了，该书也就确定了。图书的市场太大了，可以细分为专卖教材、专卖二手书、专卖考试用书等，如果自己有实物书店，可以在建设网上书店后发展下级代理；如果没有实物书店，可以从代理别人的网上书店开始创业。

10.1.3 个性化产品

很多个性化产品在商场或超市是买不到的，这给网上开店创业的站长带来了很好的商机。如生日报，当朋友生日的时候，送一份与生日同年同月同日的报纸，会给您的生日朋友带来一份惊喜，既能与众不同，又有纪念意义。归纳起来，个人站长可以考虑以下几类产品作为参考。

（1）手工毛线衫、手工刺绣、手工布鞋、电脑瓷像、生日礼品等产品。

这些需要定做的个性化产品一般在商店买不到，是非常适合在网店销售的产品。凡是有某一种手工技能的青年朋友，都可以考虑这类产品。

（2）土鸡、土鸡蛋等农家产品。

这类产品可以在居家小区里卖。如果自己家乡有这些产品优势，离居住的城市小区又路程较近，则可考虑这类产品。在大型小区里，物业管理公司一般有网站，可在物管的网站上发布信息，有订单后送货上门等。这类产品成功与否，取决于产品的优势特点，如果与菜市场的产品同质化，则不容易做。

10.1.4 隐私类产品

有些客户购买隐私类产品时，不愿意抛头露面，不愿意与销售人员接触，这就给网上购物带来了很大的空间。成人用品和隐私药品成为网上热销产品，网站上有很多代理，可选择信誉较好的商家产品代理。

这类产品的利润是比较高的，但要有突破世俗的勇气，也要有躲避网上性骚扰的技巧，创业者要有充分的心理准备。

10.1.5 大众消费品

大众消费品是广大百姓不可缺少的生活用品，市场需求非常大。买的人多，卖的人也多，但市场竞争再激烈，市场不会在乎于多你一人参与竞争。所以只要产品价廉物美，一定会挣得一杯羹，取得一份市场份额。

网店之所以有空间，成本较低是重要因素。掌握了物美价廉的货源，就掌握了电子商务经营的关键。以服装服饰类商品为例，一些知名品牌均为全国统一价，在一般地面店最低只能卖八五折，而网上可以卖到七至八折。小品牌服装服饰类商品的价格，网上价格都是商场的二至七折。

在本书介绍的可选网店销售产品中，从事这类产品的创客最多。在这类产品中，站长若要取胜，要有3点思想准备：一是这类产品利润较薄，一定是靠薄利多销，勤劳致富；二是产品一定要价廉物美，即要有好的货源；三是网店内不能是开成百货商店，即样样都卖，应该开成专卖店，例如专卖精油、专卖凉鞋、专卖雅诗兰黛化妆品等。当然，能结合自己的喜爱就更好了。

至于具体寻找哪一类产品，可以到淘宝网站的分类里仔细查找，慢慢体会。可以从里面的产品上架数量中找到热门产品，也可以从销量排序中找到畅销产品。从过去的毕业学生中统计得知，时装、包、鞋类是较多人选择的创业产品。这个过程必须自己体会、斟酌和思考，任何老师与书本无法替你做主。

例如宗棠小店网站群里的素肌美人精油网站长芳芳小姐，作为一个年轻女孩，对时尚类的商品比较喜欢，摆在她面前的选择有包、服装、鞋类、化妆品等，地处广州的她知道，广州批发市场很多，这几类时尚商品在广州都能找到批发渠道。芳芳逐一进行了分析：鞋类款式、颜色、码数繁多，配货齐全不容易，若断码，就不好卖，况且客户往往有试穿的习惯，看看鞋是否跟脚，若不舒适，退货概率较高；网上卖服装需要一个专业模特拍照，这需要的费用目前承担不起，如果没有正面、侧面、背面的三视照片，服装是很难卖出去的，所以只好忍痛割爱；包对拍照和图片后期制作要求较高，往往图片效果要比真实包好看，芳芳目前还没有这个作图能力。芳芳最喜欢化妆品，而化妆品对视觉效果要求不高，也能减轻作图的压力。目前流行纯天然化妆品，芳芳地处广州，毗邻香港，精油批发、进货渠道现成，于是地理位置、产品操作的难易程度和个人爱好3项因素决定她理所当然选择了“素肌美人精油批发”这个业务来进行创业。

其实能拿到好的货源，往往是站长决策卖什么产品的重要依据。那么，如何才能找到价格低廉的货源呢？

1. 充当市场猎手

密切关注市场变化，充分利用商品打折找到价格低廉的货源。拿网上销售非常热门的名牌衣物来说，卖家们常常在换季时或在特卖场里淘到款式品质上乘的品牌服饰，再转手在网上卖掉，利用地域或时空差价获得足够的利润。网上有一些化妆品卖家，与高档化妆品专柜的主管熟悉之后，可以在新品上市前抢先拿到低至7折的商品，然后在网上按专柜9折的价格卖出，因化妆品售价较高，利润也相应丰厚。

2. 关注外贸产品

外贸产品因其质量、款式、面料、价格等优势，一直是网上销售的热门品种。很多在国外售价上百美元的名牌商品，网上的售价仅有三百多元人民币，受到众多买家欢迎。不少好商品大多只有1～3件，款式常常是明年或现在最流行的，而价格只有商场的4～7折，很有市场。

3. 买入品牌积压库存

有些品牌商品的库存积压很多，一些商家干脆把库存全部卖给专职网络销售卖家。品牌商品在网上是备受关注的分类之一，很多买家都通过搜索的方式直接寻找自己心仪的品牌商品。而且不少品牌虽然在某一地域属于积压品，但网络有覆盖面广的特性，完全可使其在其他地域成为畅销品。如果能以低廉的价格把这些品牌库存吃下来，一定能获得丰厚的利润。

4. 拿到国外打折商品

国外的世界一线品牌在换季或节日前夕，价格非常便宜。如果卖家在国外有亲戚或朋友，可请他们帮忙，拿到诱人的折扣在网上销售，即使售价是传统商场的4～7折，也还有10%～40%的利润空间。这种销售方式正在被一些留学生所关注。例如，日本留学生"桃太郎"的店铺经营日本最新的化妆品和美容营养保健品，通过航空运输送到国内甚至世界其他国家，目前在淘宝和易趣都有店铺。因为其化妆品新鲜，而且比国内专柜上市更快，更便宜，因而受到追捧。此外，一些美国、欧洲的留学生也在网上出售"维多利亚的秘密"、LV等顶级品牌的服饰和箱包产品，其利润均在30%以上。

5. 批发商品

一定要多跑地区性的批发市场，如北京的西直门、秀水街、红桥，上海的襄阳路、城隍庙，不但熟悉行情，还可以拿到很便宜的批发价格。北京的淘宝网卖家萍萍家住北京南城，家附近就有很多批发商城，除了在家的附近进货以外，还会偶尔去大规模的批发市场淘货。通过和一些批发商建立了良好的供求关系，能够拿到第一手的流行货品，而且能够保证网上销售的低价位。

找到货源后，可先进少量的货试卖一下，如果销量好再考虑增大进货量。在网上，有些卖家和供货商关系很好，往往是商品卖出后才去进货，这样既不会占资金又不会造成商品的积压。总之，不管是通过何种渠道寻找货源，低廉的价格是关键因素。找到了物美价廉的货源，网上商店就有了成功的基础。

10.2 容易起步的网络广告

广告收入是很多网站的主要盈利手段，新浪、搜狐、网易等知名门户网站也是靠这种模式获得利润的。

当个人网站有一定流量的时候，就可以考虑赚取网络广告的收入了。

10.2.1 淘宝客

网络上常说的淘宝客，专业术语叫作网络会员制营销，通常指网络联盟营销，也称联属网络营销，1996年起源于亚马逊（Amazon.com）。Amazon通过这种新方式，为数以万计的网站提供了额外的收入来源，且成为网络SOHO族的主要生存方式。目前在我国，联盟营销已处于日趋普及阶段，一般的网络营销人员对联盟营销都比较熟悉，所以目前进入这种赚钱模式，就容易成功。

网站联盟的平台网站将广告主与广大网站联系起来，结合成一个销售联盟。

广告主的网站称为宿主网站，在自己网站上投放广告主广告的中小网站叫作加盟网站。网站联盟平台网站与宿主网站可以是两家公司，也可以是一家公司。如雅虎、当当网、卓越网、百度主题推广、Google AdSense等既是网站联盟，也是宿主网站，即广告主。但像窄告商网站，就是专业的网站联盟平台，其宿主网站和加盟网站都是它的客户。

网站联盟本质上来说是一种按效果付费的网络广告形式。当访问者点击加盟网站上的广告，而进入宿主网站产生诸如点击广告、下载程序、注册会员、实现购买等行为后，宿主网站根据这种行为支付给加盟网站一定数额的佣金，一般一周或一个月支付一次。

例如淘宝、拼多多、当当网、卓越网、百度主题推广、Google AdSense等可信度较高的网站，如果这些知名网站联盟广告适合于你的网站，选择知名网站联盟是网站赚钱的首选。

具体操作方法是进入该宿主网站，注册后，取得相关代码，并嵌套于自己的网站内。若自己不具备HTML知识，可请计算机专业人员帮助实现。

加入网站联盟一般是免费的，如果对方要求付费，那就要考虑是否值得加入了。

这种创业方法能否成功，取决于个人网站的流量。如果每天有1万个独立访问IP，那么，可能会有5%的网民进入广告商网站，也就是有500人来到该宿主网站，如果宿主网站的转换率是1%，那么最终结果是有5人完成引导或销售，该5人的销售提成将是加盟网站站长一天的收入。

10.2.2 拍卖广告位

流量换广告的一种直接的方式，是将自己网站上的广告位拍卖，明码标价一个广告多长时间多少钱。

这种方式要求网站流量很大，网站的客户对象领域比较专业，忠诚度比较高。超过每天1万个IP才可以考虑这种直接卖广告位的方式。

10.3 适合网络开展的服务

网上除了卖产品外，还可以卖服务。尤其是提供高端技术服务，是较有前途的一种赚钱方法。随着经济的发展，将逐步提高第三产业的比重，并且要发展低碳经济，在网络上提供服务，符合这种发展潮流。

其实，像淘宝、阿里巴巴等大型商贸平台就是提供网上平台服务，交友网站、招聘网站分类信息网站等属于提供网上中介服务，本质上都是属于卖服务，但由于这种模式需要大笔资金才能起步，一般不适合刚创业的青年朋友。适合刚起步的网上服务有下面几种可能的方式。

10.3.1 在网上进行咨询

在网上进行美容、减肥、保健的咨询，从而销售相关的产品。这类服务需要相关政府部门的许可证和资格证，门槛较高，仅适合于医学类专业的大学生，其他专业大学生不容易进入。

10.3.2 在网上辅导学生

站长可加盟网校，进行远程教学。网络学校是今后的发展方向，它作为全日制学校的补充，有着很大的市场空间。可以主持网校的某个栏目，也可以承包网校的某个地区运营权。这类服务适合大多数大学生。

10.3.3 在网上卖设计

有一技之长的站长，选择在网上卖制作、设计和创意等服务是比较容易成功的。例如在淘宝网站上开店专门承接公司的 PPT 设计，承接公司的报表设计软件、广告业的平面设计等，大学生从这类服务开始创业比较容易。这类服务虽然适合于计算机类和美工类专业，但工商类等其他专业也是比较容易进入的，例如把 PPT 和 Excel 等办公软件和表格做精通了，一定能从网店接到订单。有一个张姓的大学生由于 PPT 做得好，全球500 强企业中的几家大公司都把这类业务包给他了。这类工作的门槛并不高，因为熟练运用办公软件是所有大学生应该掌握的技能，并不是计算机专业学生的专利，但是现在的普遍现状是，大学生对办公软件只是做到浅尝辄止，只会最简单的操作。

卖服务的优势是启动成本低，无须进货，没有库存，只要个人有一技之长就可以开始创业了。

卖产品与卖服务相比，卖产品更有发展空间。因为卖服务本质上是卖时间，而一个人的时间是有限的，如果一个人给学生培训 5 小时，获得 500 元报酬的话，要想获得 5000 元的收入，就要给学生培训 50 小时，或者 10 个人给学生培训 5 小时，基本上无法减少时间成本或人员成本。但卖产品则不同，成功销售一件产品和成功销售 100 件产品，其付出的成本绝不会是 100 倍的关系，很可能仅仅是略微提高一点成本而已。

10.4 自媒体创业模式

之所以推荐自媒体创业模式，是因为自媒体创业具有以下几个特点。

(1) 自媒体创业门槛低。无论草根还是明星，只要会上网，能够表达自己的观点，发表意见，人人都可以进行自媒体创业。

（2）自媒体创业可以有更大、更自由的空间。无论是唱歌、跳舞，还是设计、写文章，只要有一技之长都可以做自媒体。

（3）自媒体运作简单、易做。只要一张桌子、一台能连网的计算机，依托几个平台（微博、微信公众号、抖音等）就可以进行自媒体创业，并且不受时间和地域限制，创业更加灵活。

（4）互动方便。传统行业与客户互动往往需要电话或线下会面的方式，既浪费时间又不方便。自媒体创业可以实现实时沟通，互动体验非常好。

10.4.1 自媒体创业操作要点

1. 定位要主次分明

如今是内容碎片化时代，粉丝经济已经成为自媒体创业的重点。做自媒体创业并不需要吸引很多人，只要能够吸引一部分人认同自己的观点就可以了。这就需要在做自媒体的时候定好自己的位置，做到主次分明，要做就做自己擅长的领域，这样必然能做出该领域的精髓，必将会吸引能够持续关注的粉丝。

2. 内容要有价值

定位之后，接下来就是要做内容。它是决定自媒体创业成功与否的关键。做自媒体，文章并不一定要辞藻华丽，但必须内容新颖独特、具有前瞻性。即使是普通的句子，也能通过实实在在的内容打动读者，让读者真正受益、产生共鸣。内容要有差异性、接地气，能抓住市场需求。这样的文章内容便是极具价值的。

3. 执行力度要强

定位和内容现行步骤是必需的，而执行力度是必须具备的条件：执行力度的强弱严重影响着自媒体创业的成功与否。定位与内容再好，如果不去执行，或者没有坚定的毅力去执行，在此之前做的所有一切都只是个梦而已。虽然坚持不一定会胜利，但不坚持一定不会成功。只有持续不断地执行，才能吸引更多的粉丝。

4. 传播方式要好

万事俱备只欠东风，传播就是最重要的“东风”。在传播的过程中，要采用更多的推广方式，找更多的推广渠道，这样才能够让更多的人发现你的存在。通过这些朋友为你进行推广、宣传、传播，从而可以组建更加庞大的粉丝队伍。

10.4.2 自媒体创业落地模式

1. 会员制模式

会员制是帮助自媒体创业者吸纳忠诚粉丝的重要工具。

(1) 免费会员制,赔本赚吆喝。

免费会员制往往就是让会员能够在免费的情况下,逐渐喜欢上自媒体人创作的内容。这种方式看似是免费的,一旦用户对于自媒体人创作的内容感兴趣,并且有继续关注的意愿时,这种免费的会员制就达到了免费的真正目的。之所以在最初采用免费模式,是要吸引更多用户的关注,并培养用户的依赖性。事实上,这一步是为后来付费会员措施的实施做铺垫。

(2) 付费会员制,让盈利水到渠成。

当自媒体人拥有了一定的人气,也能够持续地为分析提供一些有价值的文章时,就有一定的资本可以转向付费会员制模式。利用微信公众平台,把付费的用户单独划分到一个VIP组,然后用微信公众平台推送的时候,只把文章推送给VIP用户。这也是自媒体的一种盈利模式,可以借助微信公众号这种自媒体平台实现。

2. 赞赏模式

微信自媒体最直接的变现方式之一就是通过文章赞赏实现的。只要获得了原创功能的微信公众号,就可以借助微信公众号上的赞赏功能获得收益。当然,自媒体创业者除了在微信公众平台上获得粉丝打赏,还可以在QQ空间、新浪微博、独立博客等平台获得收益,如果拥有足够的粉丝,并能输出高质量的文章,那么赞赏获得的收入也是一笔不少的"零花钱"。

3. 增值服务模式

(1) 售卖自媒体号。

有的自媒体收益较高,但是入住门槛也较高,或者转正难度较大,在这种情况下,可以通过内部关系注册。

(2) 短时间售卖邀请码。

有的自媒体在入驻的时候需要邀请码,这样的邀请码在短时间内是可以拿来售卖和炒作的。

可以注册多个自媒体账号,然后将这些账号进行转卖,卖给那些有入驻意愿的人。

(3) 技能培训咨询服务。

大多数自媒体人都是从技能培训咨询开始的,通过线上线下沙龙的形式,为用户提供运营知识、绘画、PPT制作等职业技能。当然,个人品牌影响力越强,能够赚的钱就越多。因此,很多自媒体创业者在具有一定的社会影响力之后,都会转向付费讲座,通过这种形式的服务来实现变现。

4. 广告收入模式

对于自媒体创业者来讲,广告模式是一种更为快速的盈利模式。以微信为例,其自媒体的广告收入方式有商家软文广告,它是很多自媒体人都会接的一种广告形式,这种广告可以由自己掌控软文的写法:

为商家撰写软文获得的报酬完全取决于个人文案的水平高低。通常,比较低廉的软文撰写报酬是500～1000元左右。但是如果可以把软文撰写和软文投放一起打包输出给自己的粉丝，这个报价就会变得非常可观。这种打包组合方式，一般都是几千元起步，甚至高达几万几十万的都有，这取决于粉丝数量和粉丝质量。

10.5 黑科技创业模式

黑科技是指依靠自主研发，超越于大多数人现有的科技或知识范畴之上，创造出当前大多数人无法实现的科学技术或者产品。

在现实生活中，我们常说的黑科技更多的是指具有网络意义的新名词。“黑科技”是指高科技泛滥之后演变出更加强大或者更加先进的技术以及创新、软硬件的结合等，也包括在现有技术上进行的改进升级和产品使用体验的升级。同时，黑科技也指生活中的一切让大家感觉十分新奇、无法想象的新硬件、新软件、新技术、新工艺、新材料等。

对于创业者来讲，黑科技创业是对技术要求相当高的创业，但黑科技创业却是最容易在市场中树立竞争壁垒，也最容易在市场中站稳脚跟的一项轻资产创业。只要产品能够满足一定的市场需求，差异化的优势一定可以帮助你很快走向市场。黑科技创业的注意事项如下。

1. 回归用户需求

但是无论是产品创新，还是技术创新，或者是服务创新，最终的创新成果都是服务于用户和消费者的。因此，进行创新一定不能徒有其表，不能仅仅停留在表面层次上，要实实在在地帮用户和消费者解决需求问题，否则创新必然会因为没有市场而最终走向失败。

2. 创新用户价值

进行黑科技创新时，以用户需求为导向的实用创新才是用户最大的渴望。因此，在进行创新的时候，一定要本着“以客户为中心”的核心价值观去操作，这样才能给用户带来极致的体验，让用户觉得物有所值。具体来讲，进行黑科技创新不但需要提供原来的个人终端产品，还应当围绕终端、用户日常生活等提供组合的创新产品和增值服务，从而改善用户的价值体验。轻资产创业者应当告别一些所谓的“黑科技”、告别盲目创新创业，这样就会离黑科技创业成功更近一点了。

3. 创新研发技术

研发技术创新是实现黑科技创新的基础和前提；但研发技术创新并不是一拍脑袋就能实现的事情，关键还在于自己平时的知识积累和沉淀。另外，还需要有聪慧的头脑和创新激情，这样才能擦出创新的火花。同时，还需要培养出自己的技术创新能力。

4. 实现跨界创新

在“互联网＋”时代，跨界创新已经成为轻资产创业企业争相布局的重点方向之一。

创业企业能够在不同行业进行跨界创新,代表了一种更具开放性的创新跨界的同时可以夯实创新基础,使得黑科技能够上升到一个更高的阶段。

以腾讯为例,腾讯作为国内最大的社交网络平台,QQ空间上拥有中国数量最庞大的公开用户社交数据。目前,QQ空间照片总上传量超过了2万亿张。腾讯优图人工智能团队专注于图像处理、模式识别、深度学习技术在人脸检测、五官定位、人脸识别、图像处理等方面的研究,目前已具有非常领先的技术水平。QQ空间关于流行色的统计以海量的真实照片数据为样本,基于腾讯优图人工智能团队顶级的图像分析和人脸分析技术,保证了统计数据具备客观描述中国年轻一代真实着装现状的代表性。

腾讯利用这一黑科技,精准推测出95后年青人经常喜欢穿的服装的颜色,也就是目前非常火爆的“95度黑”。借助这一黑科技,腾讯可以洞察用户的消费心理,可以动态跟踪用户的消费需求,并且能够即时制订出相应的用户购买预期。时尚元素是有一定的生命周期的,一个“95度黑”很难持续走红,归根结底还是需要跟着用户、洞察用户的心理需求,才能让时尚元素不断更迭,持续盈利。基于此,腾讯QQ空间联合唯品会发布了《AI+时尚:中国95后流行色报告》,并在纽约时装周发布。

10.6 微商创业

互联网时代,微商给很多行业带来了新机遇,众多传统企业都开始转型升级,同时也吸引了一大批大学生创业者加入到微商创业大潮中,实现资金从0到1的跨越。下面来看一个大学生的创业例子。

天津大学北洋园校区在2015年开始投入使用后,周边的配套设施并不完善,校内超市货物品类很少,学生去超市买东西又得到很远的地方,这给很多在校大学生提供了巨大的商机。一些在校大学生看到了这一点,从学生的刚需入手,开始进行微商创业。刚开始的时候,学生们抱怨学校吃水果都是问题,于是就有人专门做水果配送;后来发现学校没有洗衣机,紧接着“天大洗衣”风靡校园。目前,天津大学北洋园校区已经有“水果来了”“水果的士”“天大洗衣”“北洋奶站”“一亩鲜果”等较大的微商以及若干小微商。校园微商的优势在于商品的种类比学校超市的要多很多,例如“水果的士”在线上大约有60种水果;“水果来了”和“一亩鲜果”虽然种类少,但也有30多种,并且还有一些进口水果和进口零食等。在价格方面,微商也通常比超市便宜。此外,校园微商一般都是送货上门,学生足不出户就可以买到自己想要的东西,更加省时省力。因此,校园微商很大程度上解决了学生的刚需问题,受到学生的青睐,同时对于做微商的学生来讲,也赚取了自己的生活费,甚至有的学生可以在一年时间里赚到自己下一年的学费。

由天津大学北洋园校区的例子可见,微商的确是一种很好的轻资产创业模式。当然,校园微商只是个例,还有很多草根在从事微商创业,并取得了惊人的成绩。

做微商,无论经营什么,模式很重要。选择正确的经营模式对微商走上成功之路至关重要。一旦选准了模式,带来的效益极有可能翻番。反之,如果经营模式不正确,尽管十分努力，花费了大量人力、物力、财力、时间，也常常是事倍功半，甚至是徒劳无功、一无所获。因此，能否定位好经营模式十分重要。

10.6.1 粉丝经济型模式

如今是粉丝时代，随着微信、微博等全新社交工具的出现，现代人的社交生活也逐渐改变，“粉丝”已经由原来的追星族的代名词转变为一种经济趋势。“粉丝经济”的崛起已经成了当下的一种新生力量，推动着商业经济的发展，尤其是在微信、微商方面，则成为炙手可热的驱动力量。

网红依靠个人魅力来撑起巨大的粉丝规模，然后进行“洗粉”，留下自己的“真爱粉”。凡是网红推荐的产品，或者阐述的某个观点，这些“真爱粉”都会大张旗鼓地宣传，形成在局部范围内的轰动效应，也给网红代言的企业带来不可小觑的广告效果。“真爱粉”会给这些网红带来可观的经济收益，如此就形成了粉丝经济型模式。

10.6.2 代理渠道型模式

代理渠道型模式是指放弃直接客户或者少做直接客户，而是将重点放在代理商上。

1. 尽可能多地引流

做渠道代理，最重要的事情就是利用尽可能多的社交媒体搭建营销平台，从而达到最大限度引流的目的。如微店、今日头条、抖音等社交工具，这些都可以作为产品展示的平台，展示平台越多，就越能增加产品的曝光机会。但微信是最好的客户关系管理工具，所以，无论用哪种渠道引流，最后一定要将潜在的客户资源加到微信上进行管理。

2. 亲自进行产品体验

客户不了解产品就不会买产品，因此，一定要对产品有一个非常清晰、全面的了解。当客户咨询产品问题的时候，可以从专业的角度为客户答疑解惑，否则客户会认为你很不专业，也就不能成功说服客户购买产品。

3. 坚持分享产品信息

微商还有一项重要任务就是每天坚持分享所代理产品的信息，这样可以有效增加产品曝光量。如果能够获得客户反馈，能够将产品的使用心得和体会真实地反映和表达出来，就可以有效吸引更多的人前来朋友圈关注你的产品。

4. 自己拍产品展示图

如果有时间，建议你最好还是亲自拍产品展示图，现在很多创业者做微商的时候都是机械地转发别人的产品展示图片，没有任何创新。这样做不能在视觉上给客户带来很好的体验效果。不能形成自己特有的风格，就会降低微商和其产品在客户心里的可信度，进而间接地影响产品销量。

5. 提升自己的专业知识

做微商代理，无论代理销售什么产品，都应当具备相关的专业知识。如果做洗发水产品，就一定要了解头发护理方面的知识；如果代理减肥产品，就一定要掌握有关健康减肥方面的常识等，这样客户才会觉得你够专业，才能认为你所推荐的产品更加有效。

10.6.3 服务关系型模式

服务关系型模式实际上是指为粉丝提供优质服务，从而营造一种良好的服务氛围，加强服务关系的建立的一种模式。服务关系型模式重点并不是商品，而着重强调的是服务。

如果消费者花钱不但能够买到质量上乘的产品，还能够换来满意的服务体验，那么这对于提升顾客的重复购买率是至关重要的。而这就要求商家不但要销售产品，更要注重产品的附加服务的提升。

1. 售前要充当老师角色，讲解产品知识

如做卫生巾产品，就要站在客户的立场上为客户考虑，通过与市面上的产品进行对比，包括材质对比、危害性对比、价格对比等，从客观角度一一给客户进行讲解。这样你就像是客户的老师一样，让客户认为你就是这方面的专家，可以有效提升市场竞争力。

2. 售中要充当朋友角色，答疑解惑

客户在购买产品之前，必定会产生很多疑虑，并且在购买产品之前，一定会想尽一切办法去反驳你。这时候，你就需要充当客户朋友的角色，为其一一耐心解答，直到他能够被你说服，对你的产品表示认同。当然，你可以主动出击，主动通过询问的方式挖掘客户的需求点，然后站在朋友的立场上分析问题，为其提供最佳解决方案。

3. 售后要充当长辈角色，解决客户问题

将产品卖出去并不代表整个销售环节已经圆满结束，其实，这时候售后才刚刚开始。如果将产品卖出去就回避客户的售后问题，那么这样势必会失去客户的信任，严重影响客户的二次购买意愿，不利于微商产品销量的提升。因此，在售后要做的就是第一时间关心和询问客户的产品和服务体验，并给出宝贵的意见和建议，给客户一种无比温暖的关怀感，有效提升你在客户心目中的形象。

10.6.4 品牌资源型模式

品牌资源型模式就是借助某产品稀有的特点作为其市场竞争的一大优势，利用这一大优势来进行微商销售。由于占有稀有品牌的优势，其他企业在这方面的竞争力就相对较弱，这将有助于商家快速将该稀有品牌带入微商渠道进行销售，通过品牌号召力来强化品牌口碑，从而达到进一步提升营业额的目的。

1. 自己从零开始塑造品牌

这种打造品牌的方法，需要对自己销售的产品非常了解，可以深度挖掘产品的价值和服务，以达到让客户对你和你的产品充分认可，也为发展团队、扩展代理体系打下坚实的基础。

2. 做代理拥有自己的品牌

没有自身产品的情况下，可以通过代理他人产品的方式实现微商创业，但是需要你勤奋好学，能够在短时间内全面了解产品相关信息，并能够完全认可产品，对上级经销商能够充分认可，可以积极配合上级进行培训，并且能够学以致用，能够发展下线，培养属于自己的团队。如果能将这一系列事情都做好，那么很有可能会拥有属于自己的品牌，甚至比上级经销商做得更好。

以上几种微商的经营模式各有各的优势，也各有各的劣势，这就要求微商创业者能够结合自身特点，有针对性地选择更适合自身发展的经营模式，从而帮助自己在微商的创业路上顺风顺水、满载而归。

10.7 社区 O2O 服务

衣服脏了，手机一键预约，就有人上门取走帮你清洗，清洗完后还会如约上门送还给你；上班累了一天，回家不想做饭，还可以一键预约，有人亲自上门帮你做饭，你想吃什么就给你做什么，可以享受贵宾级待遇……

以上这些场景和服务所体现的就是一种“家门口”经济。在“家门口”经济的带动下，社区 O2O 服务逐渐热了起来，资本和创业者也蜂拥而至，抢占用户家门口的生意。

社区 O2O 是以小区为核心，以物业服务为载体，融周边零散商家(生活超市、餐饮、生鲜、药品等)为一体，为小区居民提供各种上门服务。居民可以线上下单，线下享受服务，足不出户就能享受到高效、便捷的高质量生活服务体验。借助社区 O2O 服务创业，无须烧钱，只要一个人、一台手机、一个互联网即可玩转“家门口”经济。

随着 O2O 浪潮一浪高过一浪，一大批创业者涌入社区，从成本最廉价、消费却昂贵的服务做起，直接从社区生活服务平台或者微信社区营销入手，踏上创业征程。

10.7.1 O2O 服务精准设计

“互联网+”时代，线上虚拟世界和线下真实世界的互动使得为用户服务的过程中融入了更多的元素，消费者消费的都是服务，如上门洗车、上门美甲、保洁服务、搬家服务、按摩服务等，这些都是无形的。在服务设计的时候，一定要融入人性化思维，为用户针对其不同的需求提供更加个性化的服务，这样才能让用户更加满意，才能让商家和用户的“合作”关系更加融洽。与此同时，用户获得满意服务体验之后，会将自己的心得或体会分享或推荐给自己的好友，其好友再接受商家带来的极致体验，这样循环往复就形成了一个非常完美的闭环。

10.7.2 与社区相关消费场景合作洽谈

客户能参与体验或消费的行为一定是在熟悉的场景中进行的，如果跳出这个场景，满足其心理安全需求是很困难的。因此，社区O2O项目最重要的问题就是场景。对于社区O2O服务创业者来讲，找到适合自己企业发展和快速盈利的模式才是当务之急，占领场景入口来满足客户在社交圈的生活服务活动才能深入人心。与物业、周边商超合作，满足客户场景需求，是实现社区O2O服务的前提：作为第三方互联网公司，与物业、商超合作，在改善物业、商超产业链系统升级的同时，让其获得相应的利润分成，这也是一种"互利共赢"的思想。

以大学生李辉为例，李辉大学毕业之后，本想考研，但他无意创业却走上了创业道路，并取得了巨大的成功。李辉毕业后，做过教育培训，开过广告公司，师出中国最早、规模最大的本地服务团购平台——24券。这些工作经验的累积，为李辉日后的创业奠定了基础。李辉认为，团购的商业模式太单薄，利润点极低，对资金要求较高，不适合初期创业者，因此，他结合自己的超市经验，将目标锁定在以超市为突破口的社区O2O平台上。于是，在2013年7月20日，他的创业大计正式开始实施，在三个月时间里，李辉单枪匹马在郑州谈下了160个社区超市，并为其免费注册，提供各种优惠活动，这些商超则需要为社区居民免费提供送货服务。2014年，李辉推出了微信平台——爱豆生活。用户在进入平台后，只需选择"默认"设置，即可进入自己所在的生活圈，畅享购物和社区生活：当很多社区超市看到了利润点之后，便每天拿出一元租金占据一个"门面"，在平台上实现粉丝共享，并建立了异业联盟。于是，李辉的社区O2O规模越做越大，利润也越来越多，成了玩转"家门口"经济的草根创业典范。

10.7.3 让社区O2O服务落地

社区O2O服务落地的方式主要有以下几种。

1. 一卡通整合周边商家

在生活中，一卡通的形式随处可见。一卡通的特点在于可以围绕社区生活、社区商业提供一卡通式的便捷消费服务，现在很多人进小区需要门禁卡，而门禁卡可以作为一种载体，承载社区周边商家消费的同时，还可以取代原来的门禁，成为居民出行的钥匙，甚至可以携带更多功能。

2. 家政类上门服务

家庭生活中难免会出现一些琐碎的棘手问题，如电路维修、开门换锁、疏通马桶等；此外还会因为时间有限，需要提供上门洗车、上门美甲、上门保洁、上门按摩、上门做饭等服务。前者小区物业会免费提供服务，但后者则为创业者留下了很大的创业空间。

3. 快递收发、送货上门服务

这类服务大多是与社区周边的商家、超市、快递公司合作，为居民提供收发快递和送货上门服务。

以上门美发为例。以前上门理发，理发师只需带上理发工具即可。但是，如今客户对服务的方式提出了更多的要求，仅凭理发工具是很难让其获得心理上的满足。如果能够在此基础上进行创新，如携带更加舒适的理发椅，既便于携带，又能够给客户提供更加舒适的理发感觉，这是最好不过的了。仅凭这份与其他美发 O2O 有所区别的创新，就能让客户产生一种满意的体验感。

4. 巧妙引进外部资源

当创业企业发展到一定程度，也有了一定规模的业务和客户时，就应当想方设法引进外部资源，加快盈利速度。通常可以采用以下几种方法来实现。

(1) 外包：将部分业务交由专业公司来完成，而在企业内部设有专门的对接人员，这样可以降低运营成本、提高品质，可以将企业自身发展 重点放在人力资源的集中上，从而提高用户的满意度。

(2) 众包：可以自愿地将执行的任务分发给别人来做，之后由你进行对接，聚合大众智慧，研发出更具创新的服务。众包可以很大程度上节省资金成本，从而可以将这些资金用于其他方面的投资。

(3) 交由专门从事某项服务的公司：如果你所创建的企业内部没有专门的负责团队，另外还需聘请外部专业的从事服务性的公司做专业服务顾问或者辅导。

创客通过本章的学习，应该清醒地知道互联网只是一种营销的载体，选择适销对路的产品和适合自己的商业模式才是电子商务经营成功的关键因素。要深刻理解电子商务的盈利模式，深刻体会草根创业的几种商业模式。对于适合网络销售的产品类型，要通过较长时间的市场调查，结合进货渠道和本人的喜爱，经过深思熟虑后，选择出自己创业的产品和盈利模式。

【本章小结】

1. 适合在网上销售的产品包括实体产品、广告、服务。

(1) 适宜的实体产品主要有：

① 不需物流配送的产品。

② 标准化产品。

③ 个性化产品。

④ 隐私类产品。

⑤ 大众消费品。

(2) 适宜的网上服务主要有：

① 广告模式。

② 网络服务模式，如婚庆网站等。

2. 适合草根创业的商业模式有：

(1) 自媒体模式。

(2) 黑科技模式。

(3) 微信微商模式。

(4) 社区 O2O 模式。

【作业】

1. 对身边熟悉的传统企业，做一份电子商务项目建议书，具体写出上网的益处。

2. 请叙述电子商务盈利模式，并对每一种赢利模式举出一个网站案例。

3. 通过较长时间的市场调查，结合进货渠道和本人的喜爱，经过深思熟虑后，选择出自己创业的产品和盈利模式。

第 11 章 chapter 11

创业资源介绍

【关键词】 国内货源、跨境电商、软件工具

青年朋友要创业成功，需要理论和方法指导，需要广泛的人脉，需要自身良好的素养，需要好的货源，需要网络工具。本章就创业资源和工具向读者做介绍，每个网站的介绍内容，均来自该网站的官方介绍。

这些平台是目前使用人数较多的网站，里面的商家有成千上万。这些创业项目类网站，公布了无数的创业项目，这上面有骗子公司，也有很好的项目，创客们要仔细研判它们的电子商务盈利模式，辨别真伪。凡是要交加盟费的一般不要考虑；纯粹推销产品的，看其能否退货退钱，若不能，则不要考虑；凡是进设备做加工的，根据其设备费能否缓交，加工产品是否回收、加工周期长短等因素做出审慎决定。最主要的是，创业的青年朋友要熟悉自己准备进入的行业，要对想进入的行业有至少三个月的考察，才能考虑进入，切忌看了某个加盟公司的宣传而仓促进入。创客选择的时候要仔细甄别，避免上当受骗，或者陷入合同纠纷。

11.1 兼职资源网站

创业的形式可以多种多样，不是一定要注册公司、租赁门店才算创业，兼职也是一种创业形态。刚起步的大学生和青年朋友一定要选择轻资产创业，下面三个平台都属于兼职型的轻资产平台。

1. 淘宝客网站

这类网站都是一个类似于淘宝客的网站联盟，属于综合性导购优惠返佣创业平台，它与淘宝、天猫、拼多多、全球购等知名电商平台合作，得到优惠的购物价格，其商业宗旨是“自购省钱、分享赚钱”，从而达到兼职赚零钱的目的。市面上的淘宝客类网站很多，但都是局限于某一个领域，我们的手机一般不可能装很多 App，也不可能注册多个淘宝客账户，而现在新出现了一批平台，基本汇集了生活中各个领域的返利平台，有腾讯等音乐视频类，有肯德基、星巴克等美食饮品类，有滴滴打车等交通工具类，有游戏卡、电商卡、旅游卡等。此外，还有较大的诱人功能，如手机话费充值 95 折，汽车加油 8 折起，水费煤气费 95 折等刚需省钱项目。由于使用方便，功能齐全，该平台是青年朋友兼职或创业的

选择之一。类似于这样的平台,可通过百度搜索"加油打折""话费打折"等关键词获取。

2. 微帮网站

微帮就是指网民利用闲散时间帮助企业主完成一定任务而获得报酬的新型职业形态,大多数属于帮助商家做私域流量而获得报酬的一种兼职网站。以前商家都是在电视台等主流媒体打广告,以获得客户关注,现在由于流量分流到众多小公众平台和商家自己的平台,所以商家把以前在电视台做广告的钱直接分配给那些关注商家自身平台的粉丝,如网民关注为商家平台粉丝能得到 0.5 元奖励,看一次商家广告视频给 0.03 元奖励等,广大网民利用闲散时间去微帮平台看一些商家的视频、试玩商家的游戏、帮助商家推广宣传都可以得到一些收入,根据投入的时间,每天可得几元至几百元不等的收入。青年朋友一般都喜欢利用坐地铁、公交、课余休息、晚间就寝前的时间玩一下这类私域流量网站,既休闲又赚零花钱,少数青年创客朋友把它选为创业的项目。这类网站目前良莠不齐,有的网站为了片面地追求流量,采用多层级的返利模式,鼓励粉丝发展新的粉丝参加进来,这种做法需要警惕。

3. 灵活用工网站

以猪八戒为代表的企业灵活用工平台,上面有很多电子商务网络营销的工作任务发布,对于有互联网策划技能、软件开发技能、平面设计技能、网络营销技能的大学生和青年朋友,在上面可以得到很多兼职的机会。目前政府大力倡导拓展就业思路,鼓励灵活就业与传统就业互相结合等创业模式下的就业,这个平台在目前大环境下得到了快速发展,大部分青年朋友在上面可以得到兼职机会,少部分青年朋友可以开办小微企业,在平台上面得到业务订单。

11.2 货源网站

11.2.1 国内货源网站

1. 53 货源网

53 货源网是一家网店货源供求网站,旨在为想开淘宝、微商、拍拍网店又没有货源的朋友们解决开网店的货源,为产品生产厂家以及供应商提供产品宣传平台。

网站成立于 2006 年,由会员免费注册后在网站发布货源供应和需求信息,几年来集合了很多信用较好的货源,商品涉及女装、男装、童装、鞋子、化妆品、饰品等各行业货源供应商十万余家,汇聚了众多优质的淘宝开店货源。

2. 生意网

生意网隶属于成都购商云汇信息技术有限公司,是童装贸易信息服务平台,立足于湖州织里童装产业带，面向全国童装市场，为生产源头提供专业的综合电商服务，并通过跨平台分销体系向采购批发市场提供整套的销售支持，旨在打造优质的B2B贸易信息服务平台。

3. 58食品网

58食品网致力于为食品领域相关企业提供基于互联网平台的专业性贸易撮合与促进服务，是一个专业帮助中小食品企业低成本快速招商的网站，成立于2006年。多年来，在业内众多客户的大力支持与推动下，秉持"服务食品行业"的发展理念，凭借资深的行业背景、高效的工作团队和优质的软硬件设施，58食品网已成为中国食品与饮料、酒水行业的门户网站，在未来的发展进程中，公司将继续坚持"垂直化，专业化，多元化"的发展思路，继续保持并扩大平台在食品与饮料、酒水行业的领先优势，矢志将平台打造成为中国食品企业和国际食品企业进行B2B交易的行业门户；成为中国食品行业内网络服务、杂志传播、信息化建设、贸易撮合与促进的品牌。

4. 批发户

PFHOO平台（简称"批发户"）是一个集结整合了出口厂家、外贸批发上下游等优势资源的垂直B2R首饰供应链服务平台，PFHOO平台专业提供时尚穿戴类产品批发，包括戒指、项链、耳饰头饰、手链手镯、首饰套装等时尚饰品和纯银首饰批发，专注于为出口跨境电商提供一站式供应链综合服务，通过与业内顶尖伙伴深度合作，PFHOO平台为外贸出口商家打通了整个供应链专业服务，包括开发采购，仓储物流，产品拍摄，数据制作，一键刊登，订单对接，国际代发，API对接，和账期支付，而外贸卖家只需专注客户销售即可。

PFHOO平台是莱卡尼旗下官方网站，2018年，莱卡尼公司旗下的B2R批发户平台合作客户突破15000户，注册会员超过5万名，访问量超过100万，并仍在飞速增长中。目前与国内多家知名的时尚首饰品牌达成战略合作伙伴关系，批发户平台期待您的加入，诚邀您共赢跨境电商新蓝海。

5. 四季星座

四季星座网站主要经营的是男装，有很多知名品牌。同时还有自己的手机App目前对接的男装档口有好几万。

6. 个秀名妆

个秀名妆是南京个秀商贸有限公司旗下的电子商务平台。在业内声名显赫，自2003年网站成立以来，个秀以绝佳的品质，优质贴心的五星级服务，得到广大客户的一致信赖和支持。85%以上的回头率，骄人的数据足以证明客户的满意程度。目前，个秀实体、网店及团购客户遍及全国，发往城市多达500个。

网站主营上百个畅销品牌的护肤、彩妆、香水及日常洗护。3000余种现货产品供应，且新品牌与产品随时更新补充。100%原装正品！支持专柜验货，假一罚万！

15年坚持,个秀立志打造一个最大、最全、最专业、全新、一站式购齐的批发平台。

7. 义乌购

义乌购是全球领先的小商品线上平台,创立于2012年10月,致力于专业市场升级,服务全球小商品采购商。

专业市场的核心是"找货",专业市场升级的核心是找货方式的升级。义乌购将义乌小商品市场搬上网,通过360°全景、直播、智能搜索、移动技术等,让找货更方便,进而推动更多专业市场、产业带优质供应商入驻,聚焦小商品,助力中小企业开拓线上市场。

目前,义乌购平台入驻商家5.3万,日均访客数50万,日均浏览量(PV)1000万次,注册采购商达到500万,其中10%为海外用户。义乌购已成为全球领先的小商品线上平台。

8. 多商网

多商网,是趋势动力旗下,广州友商信息科技有限公司的电子商务分销平台,总部位于国家高新技术产业基地——广州市天河软件园。

9. 网商园

网商园是浙江云橙控股集团股份有限公司旗下运营的网站,公司成立于2010年,是一家专业的网商一体化服务型电子商务平台公司。以"服务网商、成就网商"为终极目标,是全国最早、最专业的服装服饰类货源分销平台网站。

网商园坚持为广大网商提供专业的服务,并更好地满足供应商与分销商的需求,让分销商获得更多优质的网络实体货源,享受一手货源、一键上传、一件代发、15天可退等用心的服务,实现真正的零风险创业。同时让供应商有效地推广自己的产品和服务,提高销量。希望通过我们的不懈努力,为广大网商提供更多的货源和更优质的服务体验。

网商园一直秉承以用户需求为核心,在专注华东地区市场开拓的同时,也在不断努力开发华南、华北以及西部地区的市场,努力为全国广大供应商和分销商提供更丰富的货源,更具效率的物流服务。

10. 广州17网

"一起做网店"(以下简称17网)是汇集各地网批货源平台,拥有中国广州、杭州、揭阳、潮汕、株洲、白沟、新塘、花都、葫芦岛、成都等货源基地,涵盖包括男女装、童装、鞋包、配饰等在内的多个行业。截至2018年12月,已累计千万级淘宝卖家在17网找货源,依托17网进货的电商创业者也以几何级递增,网站日均访问量达到20 000 000次。

17网始终秉承"一切以用户价值为依归"的理念,为客户提供海量货源和贴心的开店应用工具。卖家不仅可以通过17网向批发商拿到高性价比的实惠爆款货源,也可以在17网站上直接将宝贝一键上传到淘宝、阿里巴巴、拼多多等电商平台,轻松传微信,开店方便快捷,且无库存压力。

11. 湖州织里儿童网

湖州织里儿童网主要经营自家童装产品和整合周边优质童装资源为大家服务，全部是一手货源，欢迎比价。可提供童装一件代发，童装批发，童装零售服务。

创客可先下单购买一件产品回去看看质量，这样心里放心一些，然后再批量进货，所有童装产品 8 天无理由退换货，大宗批发客户收到货后请 3 天内确认，如果有任何疑问可以咨询在线客服。

PC 端网站右侧蓝色竖长条导航栏第一格是“在线客服”模块，可以通过 QQ 直接在线联系工作人员。我们竭诚为您提供满意的服务，倾听您的意见和建议，我们欢迎您的来信！我们将在第一时间和您联系。

12. 包牛牛

包牛牛由北京聚源百成网络科技有限公司管理运营，为各厂家、经销商提供以下服务：

(1) 免费鞋包、服装产品展示与数据资料下载服务。

(2) 免费提供产品图片，产品数据包空间存储服务。

(3) 免费为厂家编辑、代发布产品数据服务。

(4) 免费厂家门牌定制服务。

(5) 免费网站功能使用咨询服务。

(6) 产品推广宣传服务(收费)。

(7) 产品推荐、排名优化服务(收费)。

包牛牛为各网店卖家提供以下服务：

(1) 产品在线选款，进货。

(2) 产品图片外联使用服务。

(3) 淘宝数据包下载服务。

(4) 产品一件代发服务。

13. 慧聪网

慧聪集团有限公司(02280.HK)创立于 1992 年，致力于用互联网和大数据赋能传统产业，成为中国领先的产业互联网集团，香港主板上市公司。作为国内最早的 B 端企业服务商，2018 年 1 月慧聪集团率先提出全面布局产业互联网，2019 年形成了科技新零售、智慧产业、平台与企业服务三大事业群，投资孵化六条垂直跑道，建立起了完整的产业互联网生态。集团愿景：致力于成为中国领先的产业互联网集团；集团使命：用互联网和数据赋能传统产业。

中小企业经营服务平台慧聪网积极拥抱伙伴，共建生态，与腾讯、百度建立了深度的合作关系，通过和头部公司合作，用产品库、企业库、询盘库，以及对 B 端客户的理解、触达客户的能力去和合作伙伴一起构建前台，形成触点。同时，感知客户需求，在中台帮助客户在多个平台形成阵地，引入外部流量，应用日益成熟的互联网工具，让生意闭环。在后台，慧聪网庞大的询盘数据提供底层支持。

慧聪网拥有海量的产业用户沉淀和数据积累，作为国内最早的B端企业服务商，依托27年的发展历练、覆盖63个行业的积累，累计注册用户超过2500万，通过SaaS等产业互联网工具输出连接服务，支撑生意场景，凭借流量优势，已经成为B端企业重要的资源平台，致力于成为中小企业的经营服务工作台。慧聪网与腾讯的战略合作深化开展，共同研发和推广的联合产品已经上线，通过开店、认证、商品发布、买家询价、交易撮合等交易场景重塑，赋能中小企业，回归生意本质。

14. 中国制造网

中国制造网内贸站是由焦点科技股份有限公司(股票代码：002315)运营的国内综合性第三方B2B电子商务服务平台。网站立足内贸领域，致力于为国内中小企业构建交流渠道，帮助供应商和采购商建立联系、挖掘国内市场商业机会。

中国制造网内贸站为买卖双方提供信息管理、展示、搜索、对比、询价等全流程服务，同时提供平台认证、广告推广等高级服务。帮助供应商在互联网上展示企业形象和产品信息，帮助采购商精准、快速地找到诚信供应商。

15. 中国供应商

中国供应商是为了推动中国制造业及对外贸易产业重拳打造的B2B电子商务平台。中国供应商项目应用创新网络技术，为用户提供信息存储、搜索、链接等网络技术服务，将用户自行发布的信息公平、公正地展示在平台上，为企业之间诚信贸易打造良好的互联网交易环境。

中国供应商网站推出后，即获得人民网、新华网、央视网、国际在线、中国日报网、中国经济网、中青网、中国广播网、千龙网、东方网、南方网、北方网、红网、东北新闻网、东南网等大型媒体及官方网站的大力协助；新浪、搜狐、网易、腾讯、中华网、TOM、凤凰网等知名门户网站及谷歌、百度、MSN、奇虎网等各大搜索引擎的一致支持。

中国供应商致力为中国企业营造诚信的网络贸易平台，该项目由北京奇志浩天科技有限公司管理运营。

16. 衣联网

衣联网隶属于广州市衣联网络科技有限公司，是中国服装批发市场新的领航者，也是中国互联网100强企业、广东省电子商务100强企业。衣联网的总部设在广州，并且在杭州、常熟、虎门、泉州等批发基地设立分公司。2014年，衣联网四面出击，进军全国服装市场，在北京、上海、成都、重庆、郑州、西安、深圳、沈阳、株洲、武汉等20个重点服装城市设立分公司。

上万家实体商家依托衣联网开展直批(服装厂直接向服装店供货)业务，数量已远远超过白马等实体市场，规模堪称全国之最。衣联网上的实体批发商主要来自十三行、沙河、白马、虎门、四季青、七浦路等全国各地的服装批发基地，可以直接拿到一手货源。衣联网是中国可信网站示范单位，有健全的保障体系，支持拿货看样，只要通过衣联收银台付款，就能得到非常安全的进货保障。衣联网热销的品类有高中低档的女装、男装、童装、内衣及箱包、配饰、男女鞋类等。

17. 货源之家

货源是指进货或货物商品的来源，货源之家是汇集各类商品货源渠道的货源导航平台，货源之家是专业从事货源批发/代理/加盟信息发布的福利型个人公益网站。

货源之家成立于2009年4月，其时正值国内网店发展迅猛的时段，货源之家免费为初创网店提供创业货源的商业模式迎合了这股潮流，原本由爱好而立的货源之家因此得到了快速的发展，至今已汇集适合网店及实体创业的各类商品批发渠道及货源信息过万家，是名副其实的网店货源之家、实体店货源之家、创业货源之家。

秉持公平、开放、互惠、自由的互联网精神，货源之家不单提供淘宝货源，也提供拍拍货源、微信货源以及为独立网店服务的货源；货源之家不单收录网店货源、也收录实体店货源和工厂货源；并尝试建立进货商家对货源的评价体系、货源之间的商业渠道关系……货源之家的主流用户是小微企业为主的各类网店和实体店，货源之家深深理解小微企业用户的各类苦衷，货源之家不会以企业大小做出好坏的评价，也不会以货源网站的简陋或精美做出取舍，货源之家的评价体系只基于货源本身：质优价廉的商品、体贴细心的服务、快捷安全的物流、持续稳定的供应、真实的商业关系。

18. 搜款网

搜款网(VVIC)隶属于天津搜款网络科技有限公司，成立于2011年10月。作为国内领先的B2B平台，目前已有数万个真实批发商入驻，掌握市场一手货源；并且吸引数十万零售商前来选款进货。

搜款网的核心团队来自兰亭集势、阿里巴巴、美团、聚美优品、猎豹移动、豌豆荚等顶级互联网公司，具有极强的技术开发和创新能力。一直通过产品和技术创新领先同行，致力整合中国服装供应链上下游资源，实现信息化。

11.2.2 跨境电商货源网站

1. 敦煌网

敦煌网由王树彤女士于2004年创立，是领先的B2B跨境电子商务交易平台。敦煌是中国古代丝绸之路上的辉煌驿站，是中国丰富商品走出国门的盛大之城。敦煌网以此命名，正是承载着其创始人兼CEO王树彤女士打造网上丝绸之路，帮助中小企业“买全球，卖全球”的梦想。

作为中国B2B跨境电商领跑者，敦煌网自创办伊始就专注“B to 小 B”赛道不动摇。通过整合传统外贸企业在关检、物流、支付、金融等领域的生态圈合作伙伴，敦煌网打造了集相关服务于一体的全平台、线上化外贸闭环模式，极大降低中小企业对接国际市场的门槛，不仅赋能国内中小产能，也惠及全球中小微零售商，并成为二者之间的最短直线。

敦煌网牵手中国2000多个产业带、2200多万商品、200万供应商与全球222个国家和地区的2100万中小微零售商在线交易，在品牌优势、技术优势、运营优势、用户优势四大维度上建立起了行业难以复制的竞争优势。

2. Shein（英文网站）

Shein是一个国际B2C快速时尚电子商务平台。公司主要经营女装，也提供男装、童装、配饰、鞋、包等时尚用品。它主要针对欧洲、美国、澳大利亚和中东以及其他消费市场。该品牌成立于2008年10月，此后一直坚持"人人都能享受时尚之美"的理念。其业务遍及全球220多个国家和地区。它以为年轻女性和青少年提供时尚风格而自豪，坚持"人人都能享受时尚之美"的理念。它能够在迅速将这些款式推向市场的同时，掌握来自世界各地的最新时尚潮流。因此，无论你是在寻找波霍服装、图形T恤、图案衬衫和别致泳装，Shein是现代而又经济的时尚人士的终极一站式商店。它的目标是迅速提供时尚的高质量的产品，以吸引世界上每一个用户。

目前，它已远航全球220多个国家和地区。在支持美国、西班牙、法国、俄罗斯、德国、意大利、澳大利亚和中东的网站上，Shein从其众多全球定位仓库之一出发。Shein继续蓬勃发展，部分原因是该公司在控制内部生产的卓越方面的价值观念。它的目标是提供最有价值的时尚作品，同时也致力于质量、价值和服务。

3. 兰亭集势（英文网站）

兰亭集势（LightInTheBox，简称：兰亭）是以技术驱动、大数据为贯穿点，整合供应链生态圈服务的在线B2C跨境电商公司。兰亭集势成立于2007年，注册资金300万美元，总部设在北京，在北京、上海、深圳、苏州、成都等地设有分公司。2013年6月6日，兰亭集势在美国纽交所挂牌上市，交易代码为LITB，成为中国跨境电商第一股。

兰亭集势业务涵盖：兰亭主站，兰亭MINI站、兰亭全球买家平台、兰亭智通、鲁智深云ERP软件平台、移动端互联网购物App、共享海外仓业务等。

兰亭集势用"以亲民的价格，将优质的商品带给全球客户"为使命，坚持勇往直前不断开辟新大陆的航海文化理念。"One World One Market"——兰亭集势的使命是为全世界中小零售商提供一个基于互联网的全球整合供应链。通过其创新的商业模式、领先的精准网络营销技术、世界一流的供应链体系，依托包括谷歌、eBay、UPS在内的全球合作伙伴，它已迅速拥有来自一百多个国家和地区数以千万计的访问者，和数以万计的个人消费者与企业客户。

4. 棒谷（英文网站）

棒谷科技股份有限公司（简称棒谷科技），是一家专注于跨境贸易B2C的电子商务公司。总部位于中国广州，在深圳、东莞、长沙、杭州、义乌均设有子公司，现拥有一支数千人的年轻精英团队。最初，棒谷深耕于eBay、Amazon、AliExpress、Wish、Newegg等第三方平台，用优质的产品和悉心的服务赢得了第三方平台和广大顾客的赞誉。

随着销售业绩的迅速上升、企业的不断壮大以及政府政策的大力支持，棒谷于2009

年开始主力运营综合类商城网站,致力于跨境自营平台产品销售,为国内开发商开拓海外市场,以客户需求为主导,自主开发新品,提供个性化购物体验。截至目前,棒谷科技已成为广州地区大型的跨境电子商务综合体,行业中的龙头企业之一。棒谷科技始终以"把中国的优质商品、优质供应链带到全世界"为企业使命,以"成为全球 top 级别客户满意的公司"为愿景,专注于 B2C 跨境出口电子商务。

5. Gearbest(英文网站)

Gearbest 是中国著名跨国企业 Globalegrow 的战略品牌产品,拥有雄厚的资金和资源支持。Gearbest 的供应商通过专业的评级系统进行管理,选择顶级供应商并优化优质商品的采购,同时维护产品类别的全面性。

通过全面的质量控制,保证所有的产品都是真实的。Gearbest 严格遵循 CITST 质量控制的五个步骤,即检查供应商、检查生产、检测样品质量、抽查产品、跟踪销售后,确保所有产品都符合一致的质量标准和用户要求。

6. ZAFUL(英文网站)

ZAFUL 是环球易购旗下的自营服装电商平台,成立于 2014 年,是一个全球快时尚电子商务品牌,致力于为全球 18~25 岁的消费者提供时尚且实惠的时尚产品。

作为快时尚跨境电商,ZAFUL 迎合时尚潮流年轻人的着装喜好,目前在架款式多达 1.5 万,在追求性价比和产品品质的同时,ZAFUL 坚持品牌化运营。另外,凭借自主设计能力与供应链优势,ZAFUL 新品从设计到上架平均仅需 1~2 周,做到了设计周期短、更新快,保证了 50~100 款的日更新,为用户提供款式丰富且时尚度高的服装选择。

ZAFUL 以设计师+买手制模式,为客户提供优质服饰类产品,在海外消费市场拥有较高口碑和品牌知名度。2018 年 BrandZ 中国出海品牌 50 强榜单中,ZAFUL 作为新晋服装品牌以第 34 的排名成功上榜。

7. TBDress(英文网站)

TBDress 为全球买家提供数以百计的专用连衣裙。买家来自美国、欧洲、澳大利亚和亚洲等全球 230 多个国家和地区。国际买家可以以极低的价格购买各种各样的产品。此外客户也可以享受定制的项目。

11.3 软件系统与工具网站

1. 微店

微店致力于打造"口碑小店+回头客"的生意模式,为消费者提供优质服务,帮助有梦想的人更容易创业,是一个基于社交关系的电商购物平台。公司成立于 2011 年 5 月 19 日,办公地点主要位于北京、杭州两地。现有员工近 1000 人,大都来自 BAT 及一线互联网知名公司。微店至今已吸引 8000 万商家入驻,业务遍布全球 211 个国家,平台商品数高达 15 亿，与京东基本持平。App 下载量 1.7 亿次，平均日活百万量级以上。

2. 微盟

微盟集团(Weimob Inc.)，香港主板上市企业(股票代码：2013.HK)，成立于 2013 年 4 月，现有员工超 3200 人，渠道代理商超 1600 家，注册商户超 300 万。

微盟是中国领军的中小企业云端商业及营销解决方案提供商，同时也是中国领军的腾讯社交网络服务平台中小企业精准营销服务提供商。微盟围绕商业云、营销云、销售云打造智慧云端生态体系，通过去中心化的智慧商业解决方案赋能中小企业实现数字化转型。目前旗下拥有：微商城、智慧零售、智慧餐厅、客来店、智慧酒店、智慧休娱、智慧美业、销售推、微站、广告助手等解决方案，帮助客户在新零售时代提高运营效率和盈利能力。微盟精准营销业务以大数据、智能算法、营销自动化等技术及优质媒体源，为广告主提供一站式精准营销投放服务。同时微盟旗下微盟云平台通过开放微盟核心产品技术能力，吸引第三方开发者，打造云端生态体系，为商户提供更多应用选择和更好的服务。

微盟致力于通过产品和服务，助力企业向数字化转型升级，通过科技驱动商业革新，让商业变得更智慧！

3. 有赞

中国有赞有限公司是一家主要从事零售科技服务的企业。目前旗下拥有有赞微商城、有赞零售、有赞美业、有赞教育、有赞小程序、有赞学院等全面帮助商家经营移动社交电商和全渠道新零售的 SaaS 软件产品及人才服务，面向开发者的“有赞云”(PaaS 云)服务，面向品牌商的有赞推广、有赞分销，面向消费者的有赞精选、有赞微小店等服务。同时，中国有赞的子公司北京高汇通商业管理有限公司持有中国人民银行颁发的《中华人民共和国支付业务许可证》，许可证编号：Z2016211000010。可开展全国范围的互联网支付业务，及部分地区的预付卡发行与受理业务，同时可以在全国范围内开展虚拟预付卡业务及跨境结算业务。

4. 媒想到

北京乐营科技有限公司是一家专注于移动互联网营销、运营、推广及技术开发的综合型互联网公司。通过提供最优用户体验的产品和精益求精的优质服务，帮助企业低成本、高效率、指数级获得用户增长。公司旗下产品媒想到——新媒体营销增长引擎，致力于新媒体粉丝增长，低成本解决营销难题，通过任务宝、分享宝、消息宝、渠道码等营销工具突破公众号限制，实现粉丝有效运营。公司服务器每天访问量过百万，每天参与互动兑换奖品的用户达到 10 万以上。公司迄今已服务上万家企业，包括百度、京东、丁香妈妈、学大教育、3 节课、壹伴、新媒体管家、中公教育、新东方、VIPKID、秋叶 PPT、创客贴、插座学院等，涉及各行各业，凭借过硬的技术和优质的服务，在业界收获了良好的口碑，获得了用户的一致好评，为客户创造了非凡的价值。

5. 草料二维码

宁波邻家网络科技有限公司是国内专业的二维码云服务提供商、国家标准化协会理事单位，参与过商品二维码、名片二维码等二维码国家标准的制定，并与微信、阿里云、阿里码上淘、用友等企业建立了合作伙伴关系。

草料二维码是简单实用的二维码在线服务平台，专注于为用户提供二维码生成、美化、印制、统计、管理等技术支持和行业解决方案，帮助用户在不同行业、不同场景下，通过二维码减少信息沟通成本，提升营销和管理效率。

目前，草料已拥有700多万注册用户、数万家付费企业，其中包括中铁、中建、国家电网、宜家家居、中国石油等知名企业。累计生成的几十亿个二维码，覆盖贸易零售、建筑施工、生产制造、教育培训、生活服务等行业。

6. Apa

Apa直播教学、视频教学软件专用于网上教学，具备交互式电子白板、视频互动、动效PPT、共享桌面、随堂测试等在线授课功能。

7. 小鹅通

小鹅通是专注新教育的技术服务商。旗下产品包括知识付费SaaS、新教育SaaS、企业内训、PaaS云服务、内容流量分发服务、商家学院、会务系统等，针对不同场景与行业，提供SaaS软件产品、分发、咨询等服务。

小鹅通致力于从工具、数据、流量、资源、人才等多方位、全面为内容创业者和教育培训机构提供从品牌传播到流量增长，课堂教学到学员运营，效率提升到商业变现的闭环式互联网解决方案。

8. 9000网红

9000网红隶属于江西明志人力资源开发有限公司。9000网红是网红自媒体一站式专业广告自助投放平台，也是国内权威的网红聚集地。横跨微信公众号、微信朋友圈、微博多个平台，覆盖微商、电商、App、金融地产、餐饮、汽车科技、游戏、美容服饰、时尚、母婴、美食、生活购物、旅游摄影等多个行业。用户不仅能够更快速、更精准、更有效地查找网红媒体进行广告精准投放，还可以主动预约网红参与拍摄、车展、派对、合作等活动。企业文化是让网红更具价值，更具影响力。

产品优势：

(1) 网红媒体效果好。网红粉丝活跃度高，粉丝多，互动性比较强，广告投放效果有保障。

(2) 网红媒体影响力。网红本身就是话题，容易引爆流行点，传播速度更快、更广。

(3) 专业一对一服务。用户投放广告后，都会提供给效果结案报告，让效果看得见。

(4) 专业的营销建议。根据用户的项目需求，可免费提供专业的投放和营销建议。

(5) 网红的活动预约。根据用户需求可以自主选择网红发起活动预约要求，网红会选择活动主动联系该用户确认赴约事宜。

9. 微播

北京微播易道网络科技有限公司(简称微播)是国内专业高效的餐饮小程序 Saas 服务商,我们专注于为餐饮企业自主 OMO 运营提供交易系统、营销工具、运营服务等整体解决方案,解决餐饮企业“客流/效率/成本/数据”四大难题。目前以小程序为依托,已经成功为数千家餐饮、零售行业商家提供专业化服务,产品在业内处于领先水平。

10. 短书

短书是专为教育和内容工作者提供 SaaS 技术服务的平台,帮助包括 K12、早幼教、兴趣教育、STEAM、认知教育(知识付费)等领域的教培机构,完成招生营销引流、音视频直播授课、督学考试辅导、学员老师管理等全面的一站式、系统级服务。与此同时,在技术方面率先积极探索 AI+教育解决方案,在业务上深入在线教育的每个核心领域,旨在打造更好用、高效、专业的在线教育解决方案。短书为南京厚建云计算有限公司旗下产品,2004 年开始从事新媒体产品技术研发,拥有数百家省市级媒体客户,覆盖 27 个省和直辖市,积累了丰富的内容生产、发布、互动、管理、交易等服务经验,打造了短书团队在新媒体、内容创作等相关技术领域过硬的实力和沉淀。团队核心成员来自 ViVO、新浪微博、微软等知名企业,有十余年的产品设计和研发经验;我们是一群怀揣移动互联网梦想的创业者,相信“知识传授_x001D_”给教育产业带来的变革、给社会带来的价值;相信在移动互联网和 SaaS 模式的加持下,让知识没有距离。短书于 2017 年正式上线以来,客户覆盖 10 余个行业、30 多个细分领域。得到了传统 K12 教育、STEM 素质教育、_x001D_培训机构、知识 KOL 等客户群体的信赖。截至 2019 年 12 月,超过 20 万以上机构和个人通过短书实现了在线教育、知识分享与传播,安全流水超过一亿元,涵盖终端学员超过 5000 万人次。

11. 醉赞

醉赞为上海毅洋信息科技有限公司旗下品牌,是一家商家服务公司,通过产品和服务,帮助互联网时代的企业,实现微信平台的管理、互动和粉丝增长,帮助商家便捷地搭建小程序体系,帮助商家布局移动互联网,让他们生意做得更好。

公司成立于 2014 年,目前公司一共 100 余人,总部在上海,郑州设立有分公司。服务客户数千家,其中包含网易严选、苏宁、返利网等知名企业,以及 Boss 直聘、良品铺子、差评黑市等新型企业。公司秉承技术驱动营销为理念,为客户创造实际价值为宗旨,获得了众多客户的好评。

12. 微赞

微赞创立于 2015 年,隶属于广州赞赏信息科技有限公司,是一家专注微信生态的企业级直播 SaaS 服务提供商。微赞以成为国内领先的微信营销 SaaS 服务商为发展目标,目前已经建立微赞直播、同城本地生活、微赞论坛、小未程序四大领域的立体化业务体系。微赞成立之初便大受资本追捧，获得了包括高榕、蓝标、IDG等知名资本投资的数千万融资。目前，微赞已累积支持了近150万场专业级直播，服务了60万以上家企业，覆盖5亿以上用户。

13. 456微营销

重庆新外网络科技有限公司是一家专业提供微信公众号自助建设的互联网应用服务商，专业提供微信公众号建设、小程序开发、微商城搭建和微信投票、微抢购等各类微信营销系统，旗下拥有456微营销（www.456wx.com）和456微电商（www.456wd.com）两大知名品牌，拥有超过100项网络营销功能模块和数百款精美微站模板，助力企业快速搭建自己的微信营销平台。

14. 星耀科技

星耀科技致力于打造一个完整的互联网营销闭环，为商户提供移动互联网营销工具、广告推广渠道、用户引导转化工具的全方位互联网营销解决方案，并整合优质企业服务商引进星耀科技企业服务平台，实现企业与企业服务商无缝对接，联合构建成开放式的企业互联网商业生态圈。无论企业是否具有互联网运营经验，我们都将承载他们，助力他们在移动互联网新浪潮中乘风破浪驶向更宽广的未来。

2014年10月加入有赞公司，成为有赞官方合作拍档，公司主营业务以有赞商户运营为主，帮助商户搭建微商城、推广运营转化一站式代运营服务，合作企业成功帮助企业突破微商城100万销售额，并且获得有赞官方优质好评。

2015年10月公司引入营销插件技术开发服务，自助研发适合微信朋友圈传播营销工具，结合有赞微商城，帮助企业进行活动策划，以积分宝裂变营销系统为基础，曾经成功帮助企业商户，从零基础粉丝到一周内增长10万粉丝。

2015年11月至今，公司转型以技术开发及活动运营策划为主，主要协助企业商户进行微信公众号增粉、线下活动推广，实现传统零售业到新电商的全面转型。服务明星企业超1000多家，如方太电商、泸州老窖、欣奕除疤、鲜果多、芭斯罗缤、中国电信、中国移动等。

15. 进群宝

进群宝隶属于湖南涂色网络科技有限公司，专注于提供专业、可靠、易用的社群运营和用户增长一体化解决方案，帮助企业快速完成用户拉新和引流。进群宝提供的升级活码管理系统，解决了扫码次数有限的行业痛点；功能强大的AI助手，更能满足企业多样化的社群运营需求。目前，进群宝已帮助超过1500家企业级客户累计活动超过6000万名新用户，覆盖在线教育、电子商务、互联网金融等多个行业。

【本章小结】

11.1节　国内货源网站

本节介绍了18个国内相对有知名度的货源网站，由于电子商务发展日新月异，平台更替日益频繁，所以这些网站是有时间性的，读者如果打不开网站，说明该平台已经被淘汰了，即使能打开，里面的货源质量和信息真实性也要靠自己去仔细甄别。

11.2节　跨境电商货源网站

本节介绍了7个国内相对有知名度的跨境货源网站，想获取详情可关注官方动态。

11.3节　软件工具网站

本节介绍了15个国内相对有知名度的网络营销工具及营销软件提供商，这些软件目前市场上的知名度相对较高，且包含了很好的商业模式，创业者可酌情选用。

【作业】

打开每个网站，仔细了解网站内容，对于自己感兴趣的网站，与客服沟通，进一步了解合作步骤。

第 12 章 chapter 12

网络创业案例

【关键词】 实体店、私域流量、草根创业、化妆品、牛仔裤

12.1 草根个体创业

与传统创业模式相比，网络创业在资金上的门槛降低了许多，哪怕您手上只有区区 10 万元，也能从容起步，只要方法得当，很快就能脱颖而出。但是资金门槛降低了，技术门槛却提高了，电子商务创业必须以懂得互联网的基本操作为前提。但是您不用着急，只要您按照本书的指引一步一步去操作，一个月内就能学会电子商务创业的基本方法。

进行网络创业，必须具备最基本的网络营销思维和一些常用的软件工具，这在前面各章中已作详细介绍，这里不再赘述。

本节以大学生芳芳为例子来叙述具体的互联网创业实践方法。

该店主的基本情况如下：芳芳小姐今年 23 岁，广州人，大学毕业后，一时没找到合适的工作，由于她对互联网比较感兴趣，经常上网，对网络的操作也比较熟悉，于是决定开始电子商务创业。具体做法是在网上开店批发或零售植物精油，植物精油是女性朋友护理皮肤用的天然护肤品，受到女性朋友的青睐。网店取名为"素肌美人精油批发中心"，启动资金是父母赞助的 15 万元人民币。

下面我们就看看芳芳小姐怎样一步一步实现她的网络创业梦想的。

12.1.1 寻找合适的产品

芳芳知道，互联网再神奇，也不过提供了一种买卖双方联系的桥梁。网络创业毕竟需要选择一种产品和服务作为创业者的经营项目。

1. 网上适宜销售的产品

究竟什么类型的产品在网上创业易于成功呢？芳芳到淘宝进行了大量的调查研究，发现

以下几类产品在网上比较好卖：

(1) 没有物流的产品,如充值卡、中介信息、资料、软件等。

(2) 低值、不易变质的快消品。如50～1000元的服装、包、鞋子、化妆品等。若价格太贵,由于信用问题,其交易缺乏安全感;若价格太低,其运费可能高于商品本身的价格,当然也不能被网民接受。

(3) 标准化的产品。如数码产品、书、电子原材料等,只要说上型号和参数,就能准确定位该产品,买卖双方不会产生理解上的误差。

(4) 个性化产品。如手工刺绣、手工布鞋、电脑瓷像、生日礼品等需要定做的个性化产品,这类产品在一般商店买不到,而网店则独占优势。

芳芳作为一个年轻女孩,对时尚类的商品比较喜欢,摆在她面前的选择有包、服装、鞋类,化妆品等,地处广州的她知道,广州批发市场很多,这几类时尚商品在广州都能找到批发渠道。芳芳逐一进行了分析:鞋类款式、颜色、码数繁多,配货齐全不容易,若断码,就不好卖;网上卖服装需要一个专业模特拍照,这需要的费用目前承担不起,只好忍痛割爱;包也有个拍照和作图的问题,而芳芳最喜欢化妆品,而化妆品对视觉效果要求不高,也能减轻作图的压力,目前流行纯天然化妆品,广州化妆品批发市场也有精油批发,进货渠道现成,于是地理位置、产品操作的难易程度和个人爱好三项因素决定她理所当然地选择了"素肌美人精油批发"这个业务来进行创业。

2. 精油背景知识

现在介绍一下精油的背景知识。

精油是从植物的花、叶、茎、根或果实中,通过水蒸气蒸馏法、挤压法、冷浸法或溶剂提取法提炼萃取的挥发性芳香物质。

精油分为纯精油、配制精油、汽化精油三类:

(1) 纯精油就是百分之百纯天然植物精油,分基础油、单方精油、复方精油三种,价格昂贵。

(2) 配制精油就是用大量廉价的合成香料加少量纯精油配制而成,价格低廉。

(3) 汽化精油就是用95%异丙醇和5%纯精油中的单方精油配制而成,价格适中。

精油本质可防传染病,对抗细菌、病毒、霉菌,可防发炎,防痉挛,促进细胞新陈代谢及细胞再生功能,让生命更美好;而某些精油能调节内分泌器官,促进荷尔蒙分泌,让人体的生理及心理活动,获得良好的发展;精油也能护理和改善皮肤,受到女性朋友的喜欢。

目前市场上流行的产品主要是纯精油。

3. 纯精油分类

(1) 基础油,也有人称为媒介油或是基底油。大多数的精油无法直接抹在皮肤上(除薰衣草和茶树外),它们必须在基础油中稀释后,才可以广泛地用在人体的肌肤上。基础油是取自植物的花朵、坚果或种子的油,很多基础油本身就具有医疗的效果。

(2) 单方精油是某一种植物或植物某一部分萃取的植物精油,通常以该植物名称或植物部位名称命名,一般具有较为浓郁的草本植物气味,并且具有特定的功效及个性特点。单方精油一般不能直接涂抹在皮肤上。

(3) 复方精油是指已搭配好，可供立即使用的配方精油，一般均由研发厂商研究各种不同的精油及化学性质，经组合调配后制成成品，使用上较为方便，犹如配好药方的成药。

我国精油的使用刚刚起步，国内著名品牌的精油几乎没有，国外的名牌精油非常贵，这就给芳芳创业带来了很好的机遇。

12.1.2 网络工具准备

芳芳决定了产品后，便开始行动，她做了下面的准备工作。

(1) 去计算机市场买了一台计算机（是组装的）约2500元，计算机主要配置：CPUIntel赛扬4.2G，内存3G，硬盘1T。

(2) 到中国移动公司去开通光纤宽带网络——200M无流量限制，与手机流量费用绑定，一年的费用（包年）1500元，中国移动的网络工程师帮芳芳的计算机连上互联网，从此芳芳解决了上网的问题。

(3) 到网易注册了免费邮箱作为她与客户联系的电子邮箱。此项工作免费。

(4) 在腾讯网上申请了自己的QQ号。此项工作免费。

(5) 申请了自己的MSN号。此项工作免费。

(6) 到美橙互联网站（https://www.cndns.com/）申请做微信商城＋分销加盟＋三级返佣的网站，一年共计3000元左右，已含计算机公司的服务费、域名费用空间费用等。

12.1.3 选择网店平台

网上开店首先要选择网店平台，网店平台有独立网店系统，也有第三方网店平台。第三方网店平台在市场影响较大的有淘宝、拼多多、小红书、微店等，芳芳衡量再三，开始了下面的行动。

(1) 决定做植物精油的生意，批发兼营零售。一年内代理别人的品牌，一年以后要建立自己的品牌。

(2) 鉴于要建立自己品牌的长期战略，决定要建自己的独立网站，也称自己网店的官方网站。经过仔细比较后，决定采用美橙网店系统。网店的后台设置，如产品栏目、商品上架、图片上传等可仔细阅读美橙网站的说明书。经过一个多星期的网店布置，自己网店的官方网站已大功告成，打开网站一看，效果不错。

现在芳芳每天在这个自己的官方网站至少发布一条新的信息，或者是产品的新款式，或者是精油的咨询信息，或者是自己网站的通知公告，或者是发货清单。发货清单每天更新，一定在自己官方网站的公告栏中播出。

(3) 由于主要采取批发方式销售精油，芳芳决定到阿里巴巴注册诚信通会员。注册中小公司诚信通会员交纳会员费6688元，此项费用为一年的费用。图12.1～图12.2为阿里巴巴诚信通标志图。考虑到注册公司诚信通会员的信誉和形象要好一些，芳芳决定注册公司诚信通会员，但申请公司诚信通会员需要公司的营业执照，芳芳找了一个开公司的朋友合作，把自己的精油网站作为该公司的下属网站，于是解决了注册诚信通会员的事情。芳芳关起门来对阿里巴巴网站整整研究了3天，主要功能差不多都会用了。现在她能在阿里巴巴网站的后台发布自己的产品信息，能够自如地装修自己的商铺了，能查阅别人的采购信息并主动与采购方联系，能用阿里旺旺的贸易通版与客户轻松地洽谈生意了。阿里旺旺上的人流量较大，芳芳快忙不过来了。芳芳坚持每天在阿里巴巴至少发布一条精油的产品信息。

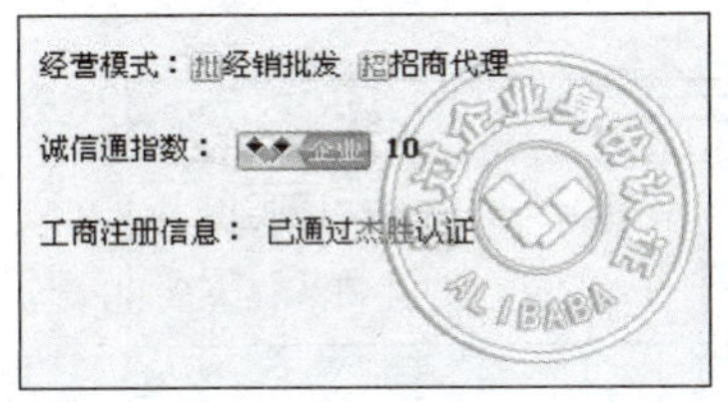

图 12.1　阿里巴巴公司诚信通标志

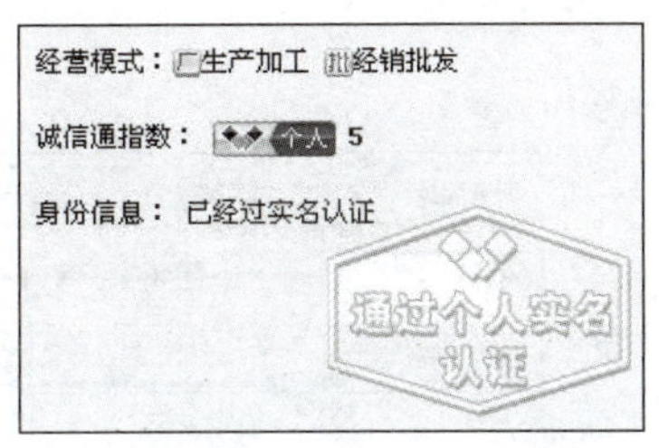

图 12.2　阿里巴巴个人诚信通标志

(4) 考虑到还要做些零售生意，加上芳芳的很多同学也在淘宝开店，据说一个月有2000元左右的收入，于是芳芳决定也在淘宝上开一个店。芳芳对淘宝上开的店是这样定位的：

① 每月以成本价卖60瓶精油，以一口价方式出售，一天两瓶，先到先得，卖完为止。

② 每月以10元价格起拍，以拍卖价方式出售，一个月拍10瓶，平均3天拍1瓶，每瓶亏损20元，共亏损200元，亏损费用当作广告费投入。

③ 凡在阿里旺旺交谈过的客户，立即告诉他关于素肌美人精油的官方网站，以增加自己的品牌效应。

④ 每天在淘宝店至少发布一款精油的新款式。

淘宝店开张了两个星期，芳芳发现自己淘宝店的人流量并不多，一天只有七八个人来询问，买的客户更是寥若晨星，于是芳芳请教了专家，并作了以下改进：

(1) 到淘宝上寻找店铺装修的小店购买装修软件，把自己的精油店铺好好地装修了一番，花费200元。

(2) 客户在淘宝上寻找产品，要么是从产品分类目录里逐层寻找，要么是输入关键词查找，如图12.3所示。无论哪一种方式，都会有成千上万的产品供客户选择，排在前面的产品被客户选中的机会远大于排在后面的产品，因此要想办法让自己的产品排在前面。目前淘宝的排序方式有按时间排序，即下架时间越短的产品排在前面；按价格排序，价格越便宜的产品排在前面；按信用排序，信用越高的排在前面，如图12.4所示。淘宝店铺的信用记录如图12.5所示。

针对时间排序，芳芳在每天下午2点到晚上10点的网上人流量高峰期，每隔10分钟上架一个商品，重复商品只要稍微更改名称即可上传，这样7天后每隔10分钟就有产品下架，使得自己的产品可以不断地排在前面。

针对价格排序，芳芳在标价上拆小计量单位，使得价格最小化，这样就容易排在前面。

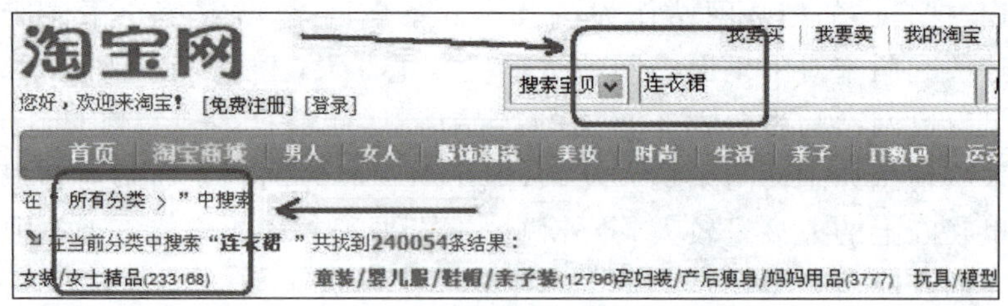

图 12.3　淘宝查找产品的方式

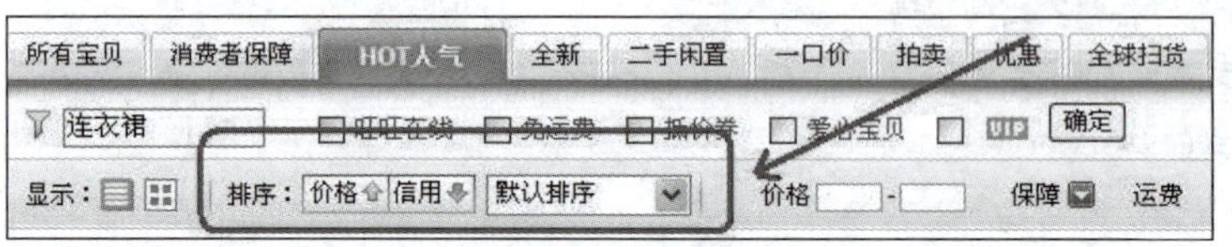

图 12.4　淘宝产品排序的方式

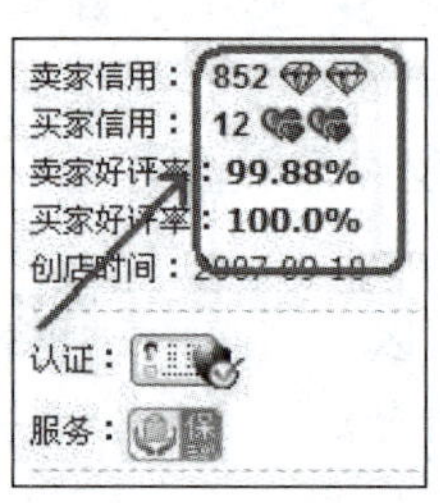

图 12.5　淘宝店铺的信用记录

针对信用排序，由于是刚开张的店铺，信用为零。网上有操作信用的，如花多少钱可以帮店主炒到几钻等，但芳芳坚持诚信经营，从零开始。但有一种变通的办法，客户买 50 毫升的精油，把它变成 5 个 10 毫升的产品，于是芳芳小姐卖一个产品可以得到 5 个好评。

（3）参加消费者保障计划，即向淘宝管理者交 1000 元押金，若小店产品质量有问题发生纠纷，可以将此款先行赔付，再解决纠纷，这样能最大程度上保障消费者利益，如图 12.6 所示。

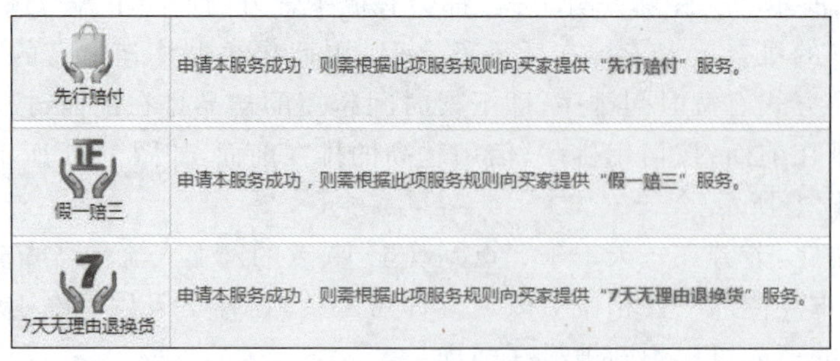

图 12.6　淘宝消费者保障计划

芳芳针对淘宝店铺开展了上述行动后，店铺流量显著增加。

现在，芳芳每天在自己的计算机上挂着3个即时沟通工具：QQ、阿里旺旺淘宝、阿里旺旺贸易通，每天从下午2点到晚上12点，一直在计算机旁守着，随时恭候客户咨询。

12.1.4 选择支付和物流配送方式

自从芳芳开办了独立网站，并在阿里巴巴和淘宝注册了会员后，客户主动找她沟通洽谈的渐渐地多了起来。终于在第五周的某一天，芳芳卖出了第一瓶精油。可是芳芳马上遇到了货款支付的问题：由于是第一次交易，双方互不认识，况且不在同一个城市，买卖双方都缺乏信任感。客户坚持要先发货再付款，芳芳坚持要先付款再发货，双方争执不下，生意差点就要黄了。

芳芳赶紧开通了下面几种支付和物流配送方式。

(1) 开通微信支付、支付宝支付、银联支付三种支付方式。到工商银行、建设银行、农业银行、中国银行、招商银行开设其中一家银行卡账号，并开通了网上银行功能。这样芳芳不用整天跑银行就能方便地查询客户的货款到账情况，轻松地进行转账业务。

(2) 联系了申通快递、圆通快递两家快递公司，与其业务员进行了沟通，约定上门取货事宜。

(3) 在官方精油网站中的帮助中心写上物流配送的公告说明和其他注意事项，在后台写上支付账号。物流配送的公告如下：

① 邮局投递。全国各地均可到达。

a. 邮局平邮。一瓶油12元起，每加一瓶加3元，至发货起约7～15天可到(根据距离的远近而定)。

b. 邮局快邮。一瓶油18元起，每加一瓶加3元，至发货起约5～10天可到(根据距离的远近而定)。

c. EMS。一瓶油30元起，每加一瓶加5元，至发货起约2～3天可到(根据距离的远近而定)。

② 快递公司。一瓶油18元起，每加一瓶加5元，至发货起约2～3天可到。

③ 大宗物流。一般一箱30～50元，一箱可装20瓶左右。至发货起约4～7天可到。通过公路运输，要到货运站自提，提货时自己付运费。

在本节的行动中，芳芳没有资金花费。

对于初次成交的客户，一般选用支付宝比较适宜，客户也比较放心，目前大约有70%以上的客户愿意选择支付宝进行付款。当然也有一部分客户没有支付宝账户，只能选择银行卡转账的方式。对于长三角地区和珠三角地区的客户，还可以与物流公司商量采用货到付款的方式，即由物流公司在客户目的地，当客户取货验收后代收货款，然后再转交给卖方。

12.1.5 搜索引擎营销

无论是独立官方网站，还是淘宝等第三方店铺，建设网站、装修店铺当然要花费很多精力,以后店铺维护也要花一定的力气,但更多的工作量是网站推广、网络营销。芳芳是这样开始行动的。

(1) 谷歌、百度、搜狗、爱问、雅虎中国、MSN、Alexa 等大型搜索引擎进行了免费登录(这些网站的免费登录网址在第 6 章查阅)。

内容描述:素肌美人精油批发中心主要从事精油的批发,兼营零售。素肌美人网的货源都是从厂家直接进货,借助网络优势,为中小零售商提供最新、最接近出厂价的货源。素肌美人精油的服务对象主要是中、小精油批发商、零售商,网络创业者,白领兼营者等。

(2) 到百度去做关键词竞价,交纳 3000 元费用。

关键词竞价的规则是按某个关键词竞价价格的高低来排名。如在 2009 年 3 月 12 日共有 4 人为“精油”关键词竞价,依次为 0.69 元/次、0.48 元/次、0.45 元/次、0.27 元/次,这天芳芳在“精油”这个关键词的竞价为 0.30 元/次,排在第 4 名的位置上。

一般百度的代理商会推荐若干关键词,但它们毕竟属于商业机构,以盈利为目的,因此会推荐尽量多的关键词,有些关键词并不具备合理性,所以一般应自己考虑好后递交给百度的代理商。

芳芳选择了下面几个关键词:精油、单方精油、复方精油、基础油、丰胸精油、瘦身精油、减肥精油、嫩肤精油、去痘精油、淡化疤痕精油、薰衣草、薰衣草精油、玫瑰精油、茶树精油。

关键词的选择一定要仔细斟酌,要选用客户最常用的、最熟悉的关键词。每个关键词的竞价费用一般为 0.30 元/次,但每天要进行竞价值调整,以确保这些关键词在首页能显示。芳芳知道手中的资金有限,因此她一般不要求竞价前 3 名,而是第 4~8 名的范围。在百度 3000 元竞价用完后,再到谷歌上去做关键词竞价。芳芳计划在启动资金 3 万元中花 1 万元去百度、谷歌做关键词竞价。1 万元用完后,在利润中提取 30%继续进行关键词竞价。在多个关键词中,每天轮流选择 3~4 个关键词做竞价,在实践中慢慢摸索哪些关键词是最有效的,从而进一步挑选出带来大流量的关键词。

现在百度、谷歌上的关键词竞价广告都能在后台选择省份和时间,如您可以选择在广东、福建、浙江三个地区做关键词竞价广告,只有在这三个地区的网民搜索广告关键词才显示您的网站,其他省份的网民看不到您的网站。时间可以设置在周一到周五的 9 点到 17 点,也可以设置其他时间段。

(3) 到阿里巴巴去注册公司诚信通会员,做阿里巴巴上的竞技排名(没有资金,可暂时不做)。

这 3 个营销动作完成后,芳芳就开始在计算机前守株待兔了,等待客户前来咨询。

芳芳在计算机上挂着 QQ、阿里旺旺贸易通、阿里旺旺淘宝,每天从下午 2 点至晚上 12 点,在计算机前守着,回答客户问题。每天上午 10~12 点到广州精油批发市场转悠,寻找好的货源,下午 5 点快递公司上门收货。这样一晃,三个月就过去了。自从第五周的第一单生意以来的两个月来,每天都有二十几个准客户咨询,在网站上注册的会员已累计有一百余个。

12.1.6 微信营销

到媒想到网站购买任务宝软件，在微信里安排好友做推广任务，用精油图片请好友裂变。每完成一次任务，客户可以得到红包。发红包的总数量为7万元，每天发200元红包。

整理以前的同学、朋友的通讯录，逐一与他们联系，索要微信号，逐一添加好友，将精油产品进行发送，每周发送一次。注意同一款图片不要重复发送。购买微信群发软件，一年费用100元左右。

在朋友圈发精油护理知识，一个小时发一条，对朋友圈有回应的，应立即打招呼，争取把粉丝变成客户。

12.1.7 开通抖音直播

在抖音平台开通账号，每天坚持直播带货，从下午7点到12点，共6小时。

或者可开通淘宝直播，但是淘宝直播门槛较高。

12.1.8 辅助网络营销方法

芳芳还开展了以下的网络营销工作：

(1) 芳芳在淘宝上的店铺充分利用了赠送的5个橱窗推荐位和6个店铺推荐位。

(2) 芳芳将销量较高的精油图片重新整理打上“素肌美人”水印后，花了1000元请专业公司帮助她做了一本电子杂志，挂在自己的官方网站上供网民下载，也定期以微信的方式向新老客户和网站会员发送。

(3) 芳芳与同学广泛联系，凡是流量与自己网站相当的，立即与对方做了交换链接。

(4) 芳芳每周坚持选用一天中的一个单元(即4小时)到淘宝的社区上去看看，吸取别人一些好的方法，并且每周发一个主帖，回帖两个，大力宣传自己的电子杂志。

(5) 芳芳坚持每天到网上摘录一篇与精油有关的新闻报道或精油护理知识，到自己的独立官方网站上发表，并将某些关键词链接到自己的网址上。

(6) 芳芳在自己的官方网站上，采用会员积分的方法鼓励会员在会员栏目区发表博客文章，或在留言区留言，以聚集网站的人气。如发表一篇文章可以积10分，推荐一个朋友来注册可以加20分，累积到100分可以按半价买一瓶精油等措施。凡是客户在留言单上的咨询，芳芳总是不厌其烦地回答他们的提问。

(7) 芳芳隔天在官方网站上和淘宝店铺上轮流采用特价促销的方式，每天推出一个成本价的产品奖励会员，其方法是由会员申请，芳芳选择积分最高的一个为购买对象，但购买成本价的会员在一个月内不能再申请成本价购买。

(8) 芳芳将官方网站上的会员分为普通会员、银牌会员、金牌会员、批发会员4类，每类会员给予不同的折扣，消费一元给予一分，购买过产品的会员升级为银牌会员，满3000分升级为金牌会员。批发会员的折扣严格保密，根据销量来确定批发价格。

(9) 在微信朋友圈大量招募网店代理，及时给网店代理准备好无水印的图片。网店不分大小，即使一件货也给予发货。招募网店代理既可扩大销售额，又可扩大产品的品牌影响，获得用户的好口碑。对于服装款式图片，一套款式最好拍3～5种图片款式，这样有利于网店代理发展业务。

12.1.9 与传统营销手段相结合

芳芳非常清楚地认识到，自己实力有限，而网上开店的人太多，单纯网上宣传效果是有限的。

芳芳制作了3000个邮寄包装塑料袋，花费1000元，印刷5000份A4纸大小的彩页，共花费1000元，还印刷了10盒名片，花费了100元。在这些宣传品上都印上了网址、电子邮箱、电话等联系方式。

(1) 每次拜访同学、朋友都带上10张彩页、拜托他们代为宣传。

(2) 凡是有客户上门看货，都给客户捎上3～5张彩页。

(3) 每周抽半天时间到零售档口去散发宣传彩页，一般半天能发送50张左右。

(4) 给客户发货时套上自己定做的塑料袋，一是增加自己的品牌形象，显示自己的实力和专业性，二是给自己做广告宣传。

这时芳芳手中还有5850元，主要用于进货。

至此，芳芳在前3个月的创业资金花销汇总如下：

(1) 计算机　2500元

(2) 宽带　1500元

(3) 分销网站　3000元

(4) 关键词竞价　10 000元

(5) 微信发红包　70 000元

(6) 阿里诚信通　6688元

(7) 任务宝软件和其他软件　1000元

(8) 包装塑料袋　1000元

(9) 宣传彩页　1000元

(10) 名片　100元

(11) 商标注册　2200元

(12) 装修淘宝店铺　200元

(13) 淘宝店的消费者保障计划　1000元

共计100 188元，剩余49 812元，其中的30 000元作为备用金，19 812元用于进货。

12.2 小微企业网络创业

当前，各行各业的竞争非常激烈，企业经营成本居高不下，众多小微企业经营困难，尤其是受新冠肺炎疫情的影响，小微企业纷纷倒闭或暂停营业，它们都希望通过电子商务来进行二次创业，重新开展业务，但不知道具体方法，担心投资高、收获小，耽误了传统业务的开展。其实电子商务投资并不需要很多，只要方法得当，见效的周期也较短，一般投资百万元的电子商务项目，在一年内就能收回投资，并获得数倍的业务扩展和投资收益。

本节以小微型的牛仔服装加工企业为例，看看它们是怎样用电子商务来拓展业务的。虽然本章的案例是服装企业，但它的方法适用于各行各业，企业的经理只要按照本书的指引一步一步去操作，一个月内就能创建电子商务的业务班子，一年内就会有丰厚的回报。

12.2.1 背景知识

1. 公司背景

李总，初中文化，做生意已有20年了，辗转几个行业后，最后决定在服装行业发展，他的曼妮服装公司现在专门生产牛仔裤、牛仔裙、牛仔衣等牛仔系列产品，有一个服装加工厂，大约十几个工人，公司在广州的批发市场有一个专卖店，主要从事批发，偶尔也零售。业务部有卖场营业员两名，搬运工一名，业务员两名。原来主要是内销，采用渠道销售的方法，靠经销商批发到全国各地。公司一年的营业额在300万元左右，利润在30万元左右。公司在两年前就做了一个网站，大概花了2000元。由于受新冠肺炎疫情影响，李总决定上马电子商务项目，用互联网来开拓国内市场和国际市场。李总聘请了电子商务专家唐田先生做顾问，帮助公司开展电子商务业务。李总希望在3个月内低成本拿到第一个国际贸易订单，并给出投资费用预算，该费用包含设备费、人工费和营销费用。

2. 牛仔裤背景资料

牛仔市场以15～35岁的中青年消费者为绝对购买主体。这个年龄群中，有时穿牛仔裤的人占50%，经常穿的占41%，不太穿牛仔裤的人数则只有9%。近75%的青年消费者表示牛仔是其衣橱必备的服饰，拥有3～5件牛仔裤已不足为奇，另20%的人群则高达5～7件甚至更多。牛仔消费呈锥形消费趋势依然明显，但随着办公室服饰文化由理性的职业化向感性的休闲化过渡，也推进了40岁以上的顾客对牛仔服装的需求。儿童牛仔服饰也逐渐发展。

消费者购买品牌牛仔裤一般在专卖店的较多，占了50.7%；其次，在百货商场和大型超市购买也有相当高的比例，分别为39.8%和32.8%；在小型商店购买的占调查的消费者的19.1%；在服装市场购买的为11%；其他的为5.7%。

品牌牛仔裤零售单价为300～500，而低档牛仔裤零售单价为80～100元。

批发一条牛仔裤的利润是5～10元。

12.2.2 优劣势分析

李总的曼妮服装公司的优势和劣势如下。

1. 优势

(1) 对行业熟悉，渠道通畅，有多年的服装行业从业经验。
(2) 有一定规模，有自己的品牌，有自己的产品，有一定的老客户积累。
(3) 属于大众消费产品，是高频复购产品，市场需求强劲。

2. 劣势

(1) 行业竞争激烈，属于劳动密集型产业，利润低。
(2) 电子商务人才缺乏。
(3) 资金不足，用于电子商务投资只有120万。

12.2.3 电子商务总体方案

按照一年120万元投资额用于电子商务项目的要求，电子商务专家唐田先生建议李总外贸与内贸一起做，批发与零售一起做。拟定了下面的电子商务创业计划。

1. 组织架构

由于公司原来没有外贸业务，所以外贸组的业务与原来业务部没有冲突；内贸组与原来的业务部的业务可能会有冲突，因此一定要划分范围，以市（地区）为单位，即原来的渠道经销商所在市（地区）范围内的业务归业务部所有，电子商务部不得到该市（地区）发展业务，原来没有经销商的市（地区）范围内，电子商务部可以发展业务，原来业务部也可以在该市（地区）发展业务，呈现竞争格局，谁发展的客户归谁管理，算谁的业绩；零售组可以在全国范围内发展业务，但只能零售，不能批发，只能按零售价销售；计算机与网络的维护外包，设一人负责制作图片等工作。

外贸组设编制一人，由外贸专业或电子商务专业的人员组成。内贸组设编制二人，由营销专业、电子商务专业或有销售特长的人员组成。零售组设编制二人，由营销专业、电子商务专业或有销售特长的人员组成，其中选择一位身材、形象较好的人兼做服装模特。设计组设编制一人，由计算机专业、艺术专业或中文专业的人员组成。

2. 工作职责

(1) 外贸组工作时间的特点是24小时连续上班。从晚上8点到凌晨3点一位员工上班，凌晨3点到上午10点一位员工上班，从上午10点到下午8点一位员工上班。晚上员工上班7小时，白天员工上班10小时。由于很多国家与我国有时差，所以晚上要上班，其中晚上10点到凌晨5点正是美国和欧洲的主要上班时间，所以要根据外贸的对象国家和业务量做出人员的调整。外贸组员工的主要职责是联系业务，负责与客户沟通和业务解答。按业务量考核。

(2) 内贸组的上班时间是早晨9点到晚上12点，从早晨9点到下午5点一位员工上班，从下午5点到晚上12点一位员工上班，从下午2点到晚上10点一位员工上班。网民在下午2点到晚上10点期间人数最多，所以要安排2人上班。内贸组员工的主要职责是联系业务，负责与客户沟通和业务解答。按业务量考核。

(3) 零售组的上班时间是早晨9点到晚上12点，其中兼职模特的业务员的上班时间是从早晨9点到下午5点，另一位业务员上班时间是下午5点到晚上12点。零售组员工的主要职责是联系业务和推广品牌，负责与客户沟通和业务解答。按工作任务考核，不按业务量考核，工资比例应大部分为固定工资，少部分按业务量提成。

(4) 技术组的上班时间是早晨9点到下午5点。其中文案编辑人员的工作职责是编辑电子期刊、电子书、网站内容撰写和维护、牛仔服装博客专题文章撰写等，艺术制作人员负责拍摄照片和图片制作等工作，技术维护人员负责计算机网络维护、广告信息发送、收集整理邮件地址、电子邮件发送、寻找网站链接对象、网站流量分析、网站故障维修、对外技术合作、上传网店产品、软件安装等工作。

可考虑在外贸组、内贸组、技术组的文案编辑人员中选择一位能力较强的员工担任电子商务部经理。

3. 购置设备

(1) 计算机6台，电子商务部共6人，需6台计算机(1.5万元)。

(2) 网络设备(0.5万元)。

(3) 网络维持费(0.5万元)。

(4) 办公桌椅6套(1.2万元)。

(5) 拍照设备、扫描仪、打印机(1万元)。

购置设备总计4.7万元。

4. 人工费用

(1) 外贸业务员底薪(提成不算)是5500元/月，每人每年的费用的7万元(含社保费用，下同)。

(2) 内贸业务员(内贸组和零售组)底薪(提成不算)是4000元/月，4人一年的费用约21万元。

(3) 图片设计、视频制作设一人，9000元/月，一年的费用约11万元。

电子商务部6名员工一年的基本工资约39万元。

12.2.4 网络营销方案

1. 外贸组营销方案

1) 网站建设

按营销型网站要求重做网站，到有赞网站租用SaaS，费用在一万元以内，委托软件公司开发。

(1) 有简体中文/繁体中文/英文三种语言。

(2) 有社群分销功能。

(3) 有拼团、砍价、积分等功能。

(4) 有小程序、H5 等功能。

(5) 内容上既突出产品，也突出企业文化。

此类网站在技术上已经成熟，一个月内完成是有把握的。

2) 网络广告

(1) 在雅虎英文版网站做文字链接广告，费用为 6 万元，从第 2 个月开始做，连做 3 个月。

链接关键词：牛仔裤尽显好身材(英文)。

(2) 在 MSN 和谷歌英文版做关键词竞价广告，从第 2 个月开始做，连做 6 个月。前三个月每月分别以 4000 元为上限，后三月分别以 2000 元为上限，费用共计 3.6 万元。

竞价关键词：牛仔/牛仔裤/牛仔裙/牛仔服装等。

3) 搜索引擎

(1) 在国际上 30 家著名搜索引擎上登录，手工登录，第 2 个月完成。

(2) 在国际上 2000 多个 FFA 登录，每周登一次。

(3) 向国际上 3 万多个商贸网站发布商业信息，每天一次。

4) 虚拟社区营销

(1) 注册阿里巴巴国际诚信通会员，费用为一年 8 万元(会员费每年都有变动，以阿里巴巴官网为准)。

(2) 在 EBAY 英文网站开店，以聚集人气，以推广品牌为目的，开展 1 元拍卖活动，有零售生意也做。拍卖品成本为 1000 元/月，费用为 1.2 万元。

(3) 在公司网站中开设牛仔博客专题，并开展抽奖等促销活动。

5) 病毒营销

在 12 期有关墨盒的电子期刊的基础上，整理编辑成电子书，上传到 BT 上，进行病毒营销。电子书每年升级，提供国际流行牛仔服装款式、服装搭配穿法、服装保养知识、洗涤方法、布料质量鉴别等内容。

外贸组网络营销费用小计约为 19.8 万元。

2. 内贸组营销方案

1) 网站建设

与外贸组共用同一网站，在网站后台的会员组中分清是属于外贸组还是内贸组。

2) 网络广告

(1) 在抖音、今日头条等网站做图片和视频广告，费用为 6 万元，从第 2 个月开始做，连做 3 个月。链接关键词：牛仔裤尽显好身材。

(2) 在百度和谷歌中文版做关键词竞价广告，从第 2 个月开始做，轮流在这两家做，连做 11 个月(按一年计算)。前两个月每月分别以 5000 元为上限，以后每月分别以 2000 元为上限，费用共计 2.8 万元。竞价广告排名只要排在第一页就行，并不要排在前三名。

竞价关键词：牛仔/牛仔裤/牛仔裙/牛仔服装等。

3) 搜索引擎

因与外贸组共用同一网站，此项工作在外贸组营销计划中已做，内贸组不需要重复做。

4）微信营销

到媒想到网站购买任务宝软件，在微信里安排好友做推广任务，把服装图片请好友裂变。每完成一次任务，客户可以得到红包。发红包的总金额为36.5万元，每天发1000元红包。争取快速裂变粉丝，微信加满两个微信个人号，共计一万个好友，也就是一万个潜在客户。

整理以前客户的通讯录，逐一与他们联系，索要微信号，逐一添加好友，将服装产品进行发送，每周发送一次。注意同一款图片不要重复发送。购买微信群发软件，一年费用100元左右。

在朋友圈发新款服装图片知识，一个小时发一条，对朋友圈有回应的，应立即打招呼，争取把粉丝变成客户。

5）开通抖音直播

在抖音平台开通账号，每天坚持直播带货，从下午7点到12点，共6小时。

或者也可开通淘宝直播，但是淘宝直播门槛较高。

6）虚拟社区营销

（1）注册阿里巴巴国内诚信通会员，费用为一年6688元。

国内比较知名的B2B网站有：

① 阿里巴巴 http://china.alibaba.com；

② 慧聪网 http://www.hc360.com；

③ 铭万网 http://www.mainone.com；

④ 买麦网 http://www.com.cn；

⑤ 自助贸易 http://www.diytrade.com；

⑥ 万国商业网 http://www.busytrade.com；

⑦ 中国供应商 http://www.china.cn；

⑧ 阿土伯交易网 http://www.atobo.com.cn；

⑨ 中国商业企业网 http://www.863171.com；

⑩ 商品资源网 http://www.goodsres.com。

读者可在它们中间选择2～3家进行注册来做广告。

（2）在公司网站中开设牛仔博客专题，并开展抽奖等促销活动。

（3）在博客中国、天涯社区等大型社区网站开设牛仔博客，每天坚持发一个帖，并公布公司的产品信息，也在上面开展抽奖等促销活动。

7）病毒营销

方法同外贸组营销方案。

内贸组网络营销费用小计45.9688万元。

3. 零售组营销方案

公司的业务主要靠经销商批发，零售的目的是推广品牌，了解客户对产品的价格定位、款式需求、质量投诉等第一手信息的反馈，所以零售组除了要卖出一些服装外，更要突出与客户的交流。

(1) 到淘宝、拼多多等第三方平台开店，开店的注意事项仔细阅读这两家网站的说明（因为平台的规则经常变化）进行店铺内容布置、产品上架。参加实名论证，参加消费者保障计划，参加各个平台内部的网店关键词竞价，每月每个店铺 500 元，4 家店铺一年共计 2.4 万元。

(2) 大量招募微商代理，及时给微商代理准备好无水印的图片。微商不分大小，即使一件货也给予发货。招募微商代理的目的主要是扩大产品的品牌影响力，获得用户的好口碑。对于服装款式图片，一套款式最好拍 3～5 种图片款式，这样有利于网店代理发展业务。

(3) 要在 24 小时之内回复客户或微商代理的各种咨询，并将客户中有代表性的意见归纳集中，向公司汇报。

零售组的网络营销费用为 2.4 万元。

综上所述，外贸组、内贸组、零售组的网络营销费用为 68.2 万元，工资总额（不含提成）是 39 万元，添置设备费用是 4.7 万元，共计 112 万元，剩余 8 万元作为备用金，这与公司 120 万元电子商务项目预算基本吻合。

从上述费用汇总可以看出，在电子商务项目中，网络设备费用只占电子商务项目投资的 5%左右，而网络营销费用和与员工工资是主要费用，一般各占电子商务项目投资的 9%以上。

电子商务专家认为，按照这个网络营销计划，电子商务部在两个月内就会有大客户主动上门咨询，3 个月就会有大订单，6 个月就会有营业利润，在一年内能将内贸、外贸业务量做到 2000 万元，营业利润 300 万元的规模，相当于原来业务部多年的业务规模，是电子商务部投资额的 3 倍。当然达到这个结果的先决条件是李总的曼妮服装公司生产经营正常，供货及时，牛仔服装质优价平，款式新颖。

12.3 实体店+微信创业（故事体裁）

小马哥生活在广东肇庆市下面的一个县城，高中毕业，今年 27 岁。在竞争激烈的化妆品领域，以一部手机+微信，积攒私域流量，慢慢地开创了属于自己的一片天地。下面我们就一起来看看他的创业故事。

第 1 回 小马哥实体店亏损，到广场地推加微信

笨，是小马哥妈妈说他常用的词。笨笨的，是小马哥女朋友说他常用的词。我不笨啊，是小马哥自己每次的辩解，但并没有底气。

18 岁的小马哥读完高中就在县城打工，卖化妆品一口气卖了 8 年。妈妈说他笨主要是因为 8 年了，每年都挣不到钱，春节回家囊中羞涩，也不想着换个工作。女朋友说他笨笨的主要是因为 8 年了，每天在店里见那么多美女，都没谈上个女朋友，他俩也才刚刚好上一个月。小马哥辩解自己不笨是因为 8 年了，他别的都不懂，只懂化妆品这一件事，他

知道想要养活自己只能在县城卖化妆品。

小马哥找到了女朋友，就开始动念头要开化妆品店，他管进货花钱，女朋友管卖货收钱。

2016年春节过后，山东省潍坊市的一个小县城里新开了一个商业区，小马哥和女朋友就把化妆品店开在了新商业区。店铺面积不大，30多平方米，可免三个月租金，但装修花了3万多元，进货花了5万多元，10万元启动资金是小马哥妈妈支持的。这笔钱本来是留着给儿子娶媳妇用的。现在儿子要和女朋友一起开店，那就全当娶媳妇了，先立业再成家，也可以接受。

化妆品店开了三个月，赔了三个月，一开始三个月没房租压力，小马哥和女朋友赔的主要是精力，三个月之后再赔的可就是真金白银了。房租压力压得小马哥透不过气，他第一次感受到几万块钱装修和几万块钱货压在手里的痛苦。

妈妈和女朋友再也不敢说他笨了，因为小马哥自己开始反反复复抱怨自己笨："我为什么这么笨？我为什么卖不动货？"

2017年年初，《网络营销与创业》出版，小马哥从一个广州的化妆品品牌渠道的微信群里知道这本书，是群主推荐大家学习的。小马哥买了一本，并通过书上的QQ号加上了作者宗棠老师的微信，他觉得自己找到了救星："老师，我怎么才能像小萝莉一样，有上百万个微信好友？"

那时的县城里，微信刚开始普及，除了语音聊天、发发朋友圈，很少有人拿微信做生意。

"你得在店里店外都写明加微信就送化妆品，你舍不舍得送？"

"我舍得，我听老师的。"

过了三天，小马哥又问："老师，进店人少，怎么办？"

宗棠老师说："那就跑出去送，哪里人多去哪里。"

小马哥最可贵的地方在于，只要认准了，相信了，就毫不犹豫地去做。他虽然看上去笨笨的，但微信个人号这种新玩法，只有"听话照做"才能做成。那些一说似乎就明白，一转头就会琢磨"到底行不行"的"聪明人"往往做不成。

一个月后，小马哥来报喜讯："老师，我一次拿着几十盒面膜跑到广场上，看见女的就送并要求加好友，一个小时就加了几十个人，再回去店里换一批口红，换个公园再去加，又加了几十个人。"

"现在多少人了？"宗棠老师问。

"两个微信号都加满，一万人。"

"一个县城里，你的女性客户估计也就十来万人，你加一万人，十分之一的女人都认识你了。"宗棠老师高兴地说。

"老师，我咋卖产品？"

"发朋友圈，邀请大家到店里看看，做双节促销。"

"好的，老师。她们到店里我就卖套装，128元、158元、198元先推这三个。不能零卖，零卖我就赔了，我送的东西，一个人就七八元。"

第 2 回　排除万难写文案，与客户合影亮相朋友圈

小马哥一直想把自己的朋友圈做好，目标是做一个暖男。他希望与每个女客人进行沟通以增加彼此的信任，不过这也就是想想而已，一万个微信好友，两个手机来回切换，根本忙不过来。

“老师，小萝莉的内容太好了，早安晚安都有手绘漫画，我不会写，我能抄吗？”

“写不出来就抄吧，但也不能全抄，你得有自己的特色。”

“有没有简单的方法，越简单越好？”

“你可以跟店里的成交客人合影，让你女朋友拍照，你发朋友圈，这样最简单，也可以让其他人知道你每天都有很多成交。”宗棠老师耐心地说。

“那文字怎么写？”

“夸你的客户有眼光，长得漂亮，皮肤好，脾气好，夸人总会吧？”

小马哥的执行力总是超强，立刻梳洗打扮一番，剪发吹发，穿上西装去店里跟客人拍合影，他遇到一个拍一个，刚拍了一天就遇到麻烦了。

“老师，有客人不让拍怎么办？”

“不让拍脸，还不让拍手吗？你把水乳霜的套盒递给他，就开始拍，先拍一张有你、有盒、有她的手的照片，要是不反对就求合影。”

“这么复杂，能不能不拍？我发点我的产品，发点别人的文章行不行？”

“不行，朋友圈就是以你为主，不是以货为主，也不是以文章为主，你得坚持，让全县城一万多美女记住你的脸。”宗棠老师严肃地说。

小马哥说到做到、绝不打折扣，这一点让人敬佩。

2017 年的春节，小马哥和她女朋友卖了 17 万元的化妆品，虽然挣的钱仅够大半年的房租开支，没有太多的盈利，但是总算不再亏损了。他们能从零成交到每天成交七八千元，全靠了手里的两个微信个人号。

春节刚过完，小马哥就和女朋友领了结婚证，两人对 2018 年全年充满了信心。

开春后，小马哥又开通了两个微信个人号，每天不知疲倦地到县城里人多的地方去送礼物加好友。

“老师，我太累了，手机聊天忙不过来咋办？”

“店里雇个人吧。你先教他加好友，让他去街上加好友，你守着店里聊天。”

“我俩要分开，手机上咋操作？”

“你拿手机，再买个带 4G 网络的 iPad，双登录。让雇员拿 iPad 去街上，别人一看拿 iPad，也会认为店里最起码是有实力的。”

“好的，老师，我觉得雇个人，让他在店里，我去街上加好友。”

“不行。现在有了好友，转化就要排到第一位了。你的聊天和朋友圈水平还不够，你应该聚焦核心业务，把人引到店里来。把流量转化成钱才是核心。”宗棠老师谆谆教导。

“明白了，老师。我在朋友圈里每天做一个点赞抽奖活动，行不行？”

“当然可以。多数到你店里拿奖品的人都不会一个人来，也不会空手走，总要买点啥。”

2017年5月，小马哥用微信朋友圈做了20场点赞活动，最多一场共收到1795个赞，一个月共发送奖品150件，平均每天保持到店人数超过200人。

“老师，你不知道，同在一个市场，还有两家化妆品店都快关门了，天天没什么人，就我的店铺最热闹。”

“你现在是县里的名人了吧？全县都快认识你了。”

“老师，我觉得我们县城15到45岁的美女，估计有十万，我要跟她们每个人都成好友，让她们都来我的店。”

第3回 摈弃杂念专心做化妆品，踏踏实实在县城发展

生意火了，人气旺了，小马哥开始有点飘飘然了。夸他有本事的人多了，夸他帅的人多了，更重要的是小马哥发现在微信上赚钱的机会多了。有些人开始想要蹭他的流量。

“老师，她们好多人找我帮她们发广告。你说发一次我收多少钱合适？”

“别糟蹋你的朋友圈，不要帮别人发广告。”宗棠老师斩钉截铁地说。

“我一天发十来条朋友圈，我就发一条广告不行吗？”

“一条也别发。你知道她们的产品好不好？若是食品，客户吃了出现问题，哪怕只有一次，你就完了。”

“老师，她们说我是自媒体，可以发广告，我也不知道是不是。”

“别听她们忽悠。你还没有那么大的媒体公信力，保持低调，只把自己的化妆品整明白 就可以了。这样你挣钱不少，还可以持续。”

经过一番思想斗争，小马哥总算明白了，甜言蜜语很多时候都是糖衣炮弹。保持在化妆品领域的专业性，才是他应该坚持的方向。

2017年10月，小马哥的微信个人号增长到4个，微信好友接近2万，他开始升级自己的品牌：把原有的20多个品牌丰富到30多个。他还特意到省会广州的美博城对接了三个国际大牌的化妆品，拿下县城的代理。

“老师，我发现虽然国际大牌不怎么赚钱，但只有卖大牌，人家才会一直跟随我们。”

“你别小瞧自己，你手里有2万多微信好友，你就是咱们县城的美博城，美博城一定能进去2万人。”

“我就是美博城啊，太高兴了。”

“所以美博城卖什么，你就卖什么，美博城怎么卖你就怎么卖。”

以“美博城”为标杆的小马哥，每天劲头十足。又是一年忙下来，2018年春节前一盘点，全年销售额达350万元，毛利润90万元。

“老师，我都不敢想，我能一年赚90万元。”

“你们有4个人，人均一年25万元不到，还不够。你应该想办法再优化，想办法完成一年一个人平均30万元利润的目标。”

“老师，好几个人要跟着我干，我准备在县城再开两家店。”

“你的优势在微信里，不开店照样有生意，开多家店，管理很复杂。你会管人吗？你会管店吗？想清楚再说吧。”

“老师，我发展他们做分销，让他们在微信上卖行不行？”

“在县城做分销是不行的,因为人就那么多,你最好的方式是继续加人,把更多人都掌握在你手里,直接成为你的微信好友,你直接销售。县城是熟人圈子,中间不要有人分钱。”

“老师,县城开美容院的人说要跟我合伙开美容院,行不行?”

“你现在跟你的微信好友之间的关系并没有你想得那么牢固,最好慎重,别跑太快,换行业跑偏就得不偿失了。”宗棠老师娓娓道来。

“老师,省级代理商让我从县里去市里发展,我该不该去?”

“你的客人都在县城,肇庆市里没基础,去也是自找苦吃。除非你做好从头再来的准备。”

“笨笨的”小马哥很容易被胜利冲昏头脑,也有永远问不完的问题,但这也正是一个创业者应有的状态:持续探索,永不满足。2018 年全年,不断面临诱惑考验的小马哥走得跌跌撞撞,销售额仍然为 350 万元,毛利为 100 万元,共 6 个人,平均业绩仍然没有突破 30 万元。

第 4 回　稳步发展个体户变成企业主,收缩店铺迈向未来

2019 年,小马哥抵住各种诱惑,稳稳地只做一个店,只做一件事,继续加好友、聊天、发朋友圈,最终他手里握着 6 个微信号,有接近 3 万微信个人好友。

“老师,我也要学着管人,一个一个训练。虽然我没上过大学,但大学本科生我也敢用。”

“岗位不要太多,两个岗位就行,你的店是靠微信来赚钱的,所以,微信客服和店铺销售是同一个岗位,另外一个是内容岗位,负责店铺策划和微信文案。”

“老师,这两个岗位固定还是不固定?”

“如果是大学生,就让他们轮岗,应该都能训练出来。轮岗可以帮助实现优胜劣汰。”

“老师,我要带着他们,我教他们赚钱,将来我们一起干大事。”

“你不是教他们赚钱,你是把钱分好,你是老板,他们是打工的,心态不一样。不合格的人立刻换掉,别拖泥带水,不然对你对他都是不利的。”宗棠老师和蔼地说。

“老师,我想做大。你觉得我能管多少人?”

“这不是你个人能力问题,这是组织能力问题。你要学着搭建组织,强化组织能力,充分利用你的员工的能力,把你的微信个人好友也组织起来,跟你一起形成组织能力。没有组织能力,你管的人再多都是一盘散沙。”

这一年,小马哥先后招了 12 个人,陆陆续续裁掉 8 个,最终留下来 4 个,分别是 3 个销售兼客服,一个策划兼文案,再加上他这个老板和之前的一个财务,6 个人全年业绩虽然还是 350 多万元,但毛利却超过了 150 万元,6 个人这一年平均每人 25 万元毛利。

“小马哥,一年开除了 8 个人,有没有觉得你像变了个人?”

“是的,老师,为什么呢?”

“因为你的生意已经从个人运营升级为组织运营了。反过来,组织对你和你的员工也有很强的改造力。你有组织目标,有组织方法,有组织原则,特别是你的客户、你的微信好友成了组织的中心,你和你的员工一直在围绕着客户进行调整,不会再被外界的力

量轻易改变。”

“是的。现在谁再跟我说广告、分销、美容，我只会笑笑，不再动心。”

2020 年，小马哥把店开进了县城中心新改造完成的大商场，一楼显要的位置有三个专柜，都是小马哥家的。这里有国内大牌也有国际大牌，员工也从 6 个增长到了 20 个，全年销售额 720 万元，毛利 300 万元。钱赚得多了，人均毛利却比 2019 年低了，这让小马哥耿耿于怀。当然，这里有年初新冠肺炎疫情的影响。

“老师，我的组织力还是不行，管不了 20 个人。”

“小马哥你要真觉得累，就收缩战线，老店该关门就关门，集中精力开好新店。”

“好的，老师。2021 年我要一层开十个专柜，把一整层化妆品都开成我的。”

这就是“笨笨的”，永不停歇的小马哥。

【问答】

1. 开店为什么要留一半预算用于获取微信好友？

一个实体店，如果有 5 万商店周边微信个人号好友，不愁没生意。即便不算人工成本，获取每一个好友花费 10 元，那就是 50 万元，控制在最低 1～2 元，也有得 5 万～10 万元预算。所以，开实体店的人不要把钱都花在装修和进货上。生意不好的根本原因是你没有拿出预算盘活用户。想要获取用户并长期获利，你需要提供专项预算。

2. 如果不会发微信朋友圈可以抄别人的吗？

可以抄袭。但通过抄袭，你要体会好的朋友圈为什么那么发，学习并模仿，最终还是要自己原创。每一个人都不一样，每一个运营者的气质和魅力都应该通过一系列独特的朋友圈内容呈现给用户。

3. 为什么店主一定要出镜与客户多拍照？

运营者要始终保持和用户在一起，拍合影发出去，不仅是刷存在感，让更多用户记住你，更重要的是让更多其他好友知道店铺在不断产生销量。人人都有从众心理，看别人都买，自己也会买。

4. 为什么微信生意成功以后再去开新实体店不是好的选择？

用户都在微信个人号上，购买的决策都在手机上做出，店铺的距离和位置不再是问题。为了并不重要的位置去耗巨资开新店，不如把钱花在获取新用户和维护用户关系上，这样在微信个人号上实现成交，要比开新店划算得多。

5. 聊天和添加新好友到底哪个更重要？

很显然，在收获阶段，聊天更重要。聊天可促成销售，可把微信上的聊天对象邀约到店，配合店铺的陈设、产品的展示，尽可能转化成交易。添加好友是一个长期的不能停歇的获客工作，没有获客就没有成交，没有成交，店铺就没有现金流。

6. 微信朋友圈里要不要帮好友发广告?

不要太高估自己作为运营者的影响力，专注于一个品类成为某个领域、某个品类里的专家，推荐好自己的产品，已属不易。帮别人转发不同领域的内容，因为并不专业，没有鉴别能力，胡乱推荐会伤害运营者的公信力。除了发广告推荐产品之外，发广告也会把自己私域流量里的好友推荐给别人。人心难测，不知底细，如果为了点小钱给自己惹上麻烦，得不偿失。微信私域流量运营获取信任难，毁掉信任很容易，切记谨慎。

线下店都有自己的特定辐射半径，谁能在特定区域里获取足够多的客户，并添加为微信好友，谁就能活得精彩。只懂得坐在店里等用户上门，只有死路一条。小马哥在一个县城里，从零开始到一点点做到年销720万元，用的是最笨的方法，走的却又是最智慧的道路。

【本章小结】

12.1节　草根个体创业

与传统创业模式相比，网络创业在资金上的门槛降低了许多，哪怕您手上只有区区10万元，也能从容起步，只要方法得当，很快就能脱颖而出。但是资金门槛降低了，技术门槛却提高了，电子商务创业必须以懂得互联网的基本操作为前提。

12.2节　小微企业网络创业

小微企业的电子商务投资并不需要很多，只要方法得当，见效的周期也较短，一般投资百万元的电子商务项目，在一年内就能收回投资，并获得数倍的业务扩展和投资收益。

12.3节　实体店+微信创业

线上线下结合起来开展经营活动，是电子商务的趋势，也就是马云倡导的新零售。利用微信作为线上营销工具，开展私域流量的经营，是一个容易上手的方法。

【作业】

1. 对芳芳的电子商务创业方法进行点评。
2. 若自己创业，选择怎样的项目比较合适?
3. 对自己的创业设想做一个电子商务创业方案。
4. 对李总的曼妮服装公司的电子商务方案作点评。
5. 请给一个农场做一份投资额在200万的电子商务营销方案。

参考文献

[1] 刘茂福. 网络营销理论与实物[M]. 北京：清华大学出版社，2007.

[2] 冯英健. 网络营销基础与实践[M]. 2版. 北京：清华大学出版社，2004.

[3] 金晓岚. 网络营销[M]. 北京：中华工商联合出版社，2006.

[4] 苏梅. 网络营销[M]. 北京：北京大学出版社，2006.

[5] 刘向晖. 网络营销导论[M]. 北京：清华大学出版社，2005.

[6] 冯英健. Email营销基础[M]. 北京：机械工业出版社，2003.

[7] 徐飞. 网上开店创业手册[M]. 上海：东华大学出版社，2006.

[8] 武新华. 网上创业指南[M]. 北京：机械工业出版社，2007.

[9] 戴建中. 电子商务概论[M]. 3版. 北京：清华大学出版社，2016.

[10] 龙鑫铭. 创业兵法[M]. 北京：地震出版社，2006.

[11] 张忠林. 电子商务概论[M]. 北京：机械工业出版社，2006.

[12] 周曙东. 电子商务概论[M]. 南京：东南大学出版社，2006.

[13] 李洪心. 电子商务导论[M]. 北京：机械工业出版社，2006.

[14] 胡宝介. 搜索引擎优化知识完全手册[EB/OL]. 新竞争力顾问公司，2005.

[15] 王汝林. 网络营销实战技巧[M]. 重庆：重庆大学出版社，2006.

[16] 吕英斌. 网络营销案例评析[M]. 北京：清华大学出版社，2004.

[17] 杨路明. 电子商务概论[M]. 北京：科学出版社，2006.

[18] 蔡余杰. 轻资产创业[M]. 广州：广东人民出版社，2017.

[19] 屈云波. 网络营销[M]. 2版. 北京：企业管理出版社，2006.

[20] 郝戊. 网络营销[M]. 北京：机械工业出版社，2007.

[21] 袁声莉. 网络营销[M]. 武汉：武汉大学出版社，2004.

[22] 冯平. 私域流量[M]. 北京：机械工业出版社，2019.

[23] 黄小仙. 社交裂变[M]. 北京：机械工业出版社，2019.

[24] 阴双喜，何佳讯，王磊. 网络营销基础：网站策划与网上营销[M]. 上海：复旦大学出版社，2001.

[25] 秋叶. 微信营销与运营[M]. 北京：中国工信出版集团，2019.

[26] 张劲珊. 网络营销操作实务[M]. 北京：电子工业出版社，2006.

[27] 后东升. 开一家赚钱的网络商店[M]. 武汉：湖北人民出版社，2006.

[28] 戴建中. 网络营销与创业[M]. 北京：清华大学出版社，2008.

[29] 宋文官. 电子商务概论[M]. 北京：清华大学出版社，2007.

[30] 杨坚争. 电子商务实验教程[M]. 北京：中国人民大学出版社，2006.

[31] 杨飞. 玩赚抖音短视频[M]. 北京：清华大学出版社，2019.

[32] 吴应良. 电子商务概论[M]. 广州：华南理工大学出版社，2008.

图 书 资 源 支 持

感谢您一直以来对清华版图书的支持和爱护。为了配合本书的使用，本书提供配套的资源，有需求的读者请扫描下方的“书圈”微信公众号二维码，在图书专区下载，也可以拨打电话或发送电子邮件咨询。

如果您在使用本书的过程中遇到了什么问题，或者有相关图书出版计划，也请您发邮件告诉我们，以便我们更好地为您服务。

我们的联系方式：

地　　址：北京市海淀区双清路学研大厦 A 座 701

邮　　编：100084

电　　话：010-83470236　010-83470237

资源下载：http://www.tup.com.cn

客服邮箱：2301891038@qq.com

QQ：2301891038（请写明您的单位和姓名）

资源下载、样书申请

书圈

扫一扫，获取最新目录

课 程 直 播

用微信扫一扫右边的二维码，即可关注清华大学出版社公众号“书圈”。